LA EJECUCIÓN DE SENTENCIAS EN EL PROCESO ADMINISTRATIVO IBEROAMERICANO (ESPAÑA, PERÚ, COSTA RICA, COLOMBIA Y VENEZUELA)

MIGUEL ÁNGEL TORREALBA SÁNCHEZ

LA EJECUCIÓN DE SENTENCIAS EN EL PROCESO ADMINISTRATIVO IBEROAMERICANO (ESPAÑA, PERÚ, COSTA RICA, COLOMBIA Y VENEZUELA)

COLECCIÓN MONOGRAFÍAS
N° 6

Centro para la Integración y el Derecho Público

Editorial Jurídica Venezolana y
Centro para la Integración y el Derecho Público

Caracas, 2017

COLECCIÓN MONOGRAFÍAS

Títulos publicados

1. *Derecho Administrativo LOPNNA y Protección de Niños, Niñas y Adolecentes,* Jorge Luis Suárez Mejías, Caracas 2015, 324 páginas.

2. *Casos de Estudio sobre la expropiación en Venezuela,* Samantha Sánchez Miralles, Caracas 2016, 120 páginas.

3. *Constitución, Integración y Mercosur,* Jorge Luis Suárez Mejías, Caracas 2016, 207 páginas.

4. *Derecho Administrativo y arbitraje internacional de inversiones,* José Ignacio Hernández, Caracas 2016, 439 páginas.

5. *El estado de excepción a partir de la Constitución de 1999,* Gabriel Sira Santana, Caracas 2017, 374 páginas.

6. *La ejecución de sentencias en el proceso administrativo iberoamericano (España, Perú, Costa Rica, Colombia y Venezuela),* Miguel Ángel Torrealba Sánchez, Caracas 2017, 499 páginas.

© Miguel Ángel Torrealba Sánchez
ISBN Obra Independiente 978-980-365-396-5
Depósito Legal DC2017001295

CENTRO PARA LA INTEGRACIÓN Y EL DERECHO PÚBLICO (CIDEP)
Avenida Santos Erminy, Urbanización Las Delicias,
Edificio Park Side, Oficina 23, Caracas, Venezuela
Teléfono: +58 212 761.7461 - Fax +58 212 761.4639
E-mail: contacto@cidep.com.ve
http://cidep.com.ve

Editorial Jurídica Venezolana
Sabana Grande, Av. Francisco Solano, Edif. Torre Oasis, Local 4, P.B.
Apartado Postal 17.598, Caracas 1015-A, Venezuela
Teléfonos: 762.2553/762.3842 - Fax: 763.5239
E-mail: fejv@cantv.net
http://www.editorialjuridicavenezolana.com.ve

Impreso por: Lightning Source, an INGRAM Content company
para Editorial Jurídica Venezolana International Inc.
Panamá, República de Panamá.
Email: ejvinternational@gmail.com

Diagramación, composición y montaje
por: Mirna Pinto de Naranjo, en letra Book Antigua 10,
Interlineado 11, mancha 10x16,5

Miguel Ángel Torrealba Sánchez es abogado magna cum laude y especialista en Derecho Administrativo por la Universidad Central de Venezuela.

Es Máster en Política Territorial y Urbanística por la Universidad Carlos III de Madrid y Doctor en Derecho Administrativo Iberoamericano, sobresaliente cum laude, por la Universidade da Coruña.

Es profesor ordinario (agregado) de Derecho Administrativo en la Escuela de Derecho de la Facultad de Ciencias Jurídicas y Políticas de la Universidad Central de Venezuela, donde también fue profesor de la especialización en Derecho Procesal del Centro de Estudios de Postgrado de esa facultad, y es profesor de la especialización en Derecho Administrativo de la Universidad Católica "Andrés Bello".

Es Director Adjunto del Centro de Estudios de Regulación Económica (CERECO) de la Universidad Monteávila.

Dedico esta obra a MARÍA CANDELARIA
Ayer, hoy y siempre

Y a la memoria de mi padre, Miguel Torrealba Vásquez,
quien fuera Doctor en Ciencias Jurídicas y Políticas
por la Universidad Central de Venezuela

AGRADECIMIENTOS

A quien me honra con su amistad, Víctor Rafael Hernández-Mendible. Su oportuna y generosa invitación a incorporarme al Programa de Doctorado en Derecho Administrativo Iberoamericano, su inestimable respaldo y estímulo en todo momento durante la escolaridad, sus préstamos bibliográficos de la doctrina iberoamericana y su revisión formal y sustancial de este texto, entre otras muchas cosas, hicieron posible la culminación de una etapa académica.

A mi muy apreciada co-Directora de tesis, Marta García Pérez. Por su invaluable apoyo durante las diversas circunstancias del Doctorado y sus muy atinadas sugerencias a las páginas que aquí se presentan. Con ellas cumplo un compromiso académico adquirido en abril de 2014, cuando me escribió como dedicatoria de su trabajo sobre Arbitraje y Derecho Administrativo: "...con la ilusión de poder ver muy pronto su tesis doctoral".

A Sandra Orjuela Córdoba, por su respaldo moral y personal.

A mis compañeros del Doctorado, especialmente a María del Carmen, por su ayuda en los trámites de depósito y defensa de la tesis, a Luis Eduardo, por su biblioteca electrónica y a Alejandro, por su apoyo bibliográfico durante sus estancias académicas españolas. Los tres, además de otros estimados amigos, con quienes he compartido jornadas de estudio en El pazo de Mariñán.

A Daniela Urosa Maggi, por su auxilio bibliográfico en materia de inactividad administrativa.

A todo el equipo docente, tanto de la Universidade Da Coruña, especialmente al Grupo de Derecho Público Global, como de las Universidades Iberoamericanas involucradas en este proyecto.

A los Catedráticos Jaime Rodríguez Arana, Fernando López Ramón y Ricardo Rivero Ortega, integrantes del Tribunal evaluador, por sus observaciones y recomendaciones

A las autoridades, previas y actuales, de la Universidad Monteávila de Caracas, Venezuela, por su confianza.

No es que pueda hablarse de la influencia histórica que pueda haber ejercido el derecho español en los ordenamientos hispanoamericanos, ni de la que pueda haber ejercido la ley de la jurisdicción contencioso-administrativa española de 1956, o de la que puedan ejercer los distintos ordenamientos jurídico procesales administrativos entre sí y sobre el derecho español. Es que estamos en presencia de unas legislaciones que son expresión de una misma concepción del Estado y del derecho, del hombre y de sus libertades. Que, indudablemente, requieren una técnica. Y en esta elaboración técnica debemos colaborar todos, a fin de lograr acercarnos lo más posible a ese ideal inaccesible que es garantizar el imperio de la justicia en las relaciones entre la administración y los administrados.

Jesús GONZÁLEZ PÉREZ
Derecho Procesal Administrativo Hispanoamericano.
Temis. Bogotá, 1985, pp. 19-20

…difícilmente puede hablarse de la existencia de un Estado de Derecho cuando no se cumplen las sentencias y resoluciones judiciales firmes.

Rafael GÓMEZ-FERRER RINCÓN
La imposibilidad de ejecución de sentencias en el proceso contencioso administrativo.
Thomson Civitas. Pamplona, 2008, p. 277

El derecho a la tutela judicial efectiva no se agota en obtener una resolución dictada por un órgano jurisdiccional que dé respuesta a la pretensión planteada desde el estricto punto de vista de la legalidad, sino que exige la plena eficacia de lo sentenciado.

José Luis MEILÁN GIL
Dificultades y atajos en la Justicia Administrativa.
En: AA.VV. (Jaime Rodríguez Arana, William Vázquez Irizarry y María del Carmen Rodríguez Martín-Retortillo Coordinadores).
Contenciosos Administrativos en Iberoamérica.
XIV Foro Iberoamericano de Derecho Administrativo.
Tomo II. San Juan de Puerto Rico, 2015

PRÓLOGO

Cada publicación de una investigación jurídica de calidad, se encuentra antecedida de una historia de permanente compromiso personal, académico e institucional de su autor, que le ha motivado a abordar el tema y le ha inspirado para superar las dificultades de distinta naturaleza que se presentan durante el proceso de maduración de la investigación y que pudiendo incidir en el resultado, cuando este se produce, no quedan reflejadas de forma explícita en el contenido final de la obra.

En razón de ello he elaborado el presente prólogo, que dividiré en dos partes: La primera, destinada a exponer el contexto en el cual el autor desarrolla la investigación; y la segunda, se orientará a destacar la importancia de esta publicación en la construcción del *Ius Commune* Administrativo iberoamericano.

I

Cabe comenzar señalando que el autor, Miguel Ángel Torrealba Sánchez es abogado egresado de la Universidad Central de Venezuela, con mención honorífica *"Magna Cum Laude"*, lugar donde luego cursó la Especialización en Derecho Administrativo, habiendo realizado además un Máster en Política Territorial y Urbanística, en la Universidad Carlos III de Madrid. Se ha desempeñado como profesor ordinario, actualmente en el nivel de agregado de la Universidad Central de Venezuela y además es director adjunto del Centro de Estudios de Regulación Económica de la Universidad Monteávila en Venezuela y más recientemente ingresó al programa de Doctorado en Derecho Administrativo Iberoamericano, que se imparte en la Universidad de La Coruña, en virtud de un convenio en el que participan además de la Universidad Monteávila (Venezuela), la Universidad de Montevideo (Uruguay), la Universidad Santo Tomás de Aquino de Tunja (Colombia), la Universidad Hispanoamericana (Nicaragua), la Universidad Veracruzana (México), la Universidad de Guanajuato (México), la Universidad de Santa Cruz do Sul (Brasil), la Universidad Nacional del Nordeste (Argentina), la Universidad Católica de Santiago de Guayaquil (Ecuador), la Universidad de Piura (Perú), la Universidad Nacional de Córdoba (Argentina) y la Universidad del Litoral (Argentina).

Fue en el segundo curso del programa de Doctorado que comenzó en el período académico 2014-2015, que Torrealba Sánchez inició la investigación de su tesis, titulada "Tendencias de la ejecución de sentencia en el proceso administrativo iberoamericano (con especial referencia a España, Perú, Costa Rica, Colombia y Venezuela)". Debe destacarse que la selección de los países atiende a la transcendencia de las reformas recientes que han llevado a cabo en sus respectivos ordenamientos jurídicos, entre las que se encuentran en común, la introducción de las fases orales en el proceso administrativo y la ampliación de los procesos para controlar la actividad e inactividad de los órganos que ejercen el Poder Público, que actúan en ejercicio de la función administrativa.

En los años subsiguientes hasta la lectura de la tesis, se llevó a cabo el desarrollo de la investigación, que fue presentada en enero de 2017, ante el tribunal constituido por el catedrático de la Universidad de La Coruña, Jaime Rodríguez-Arana Muñoz, quien lo presidió; el catedrático de la Universidad de Zaragoza, Fernando López Ramón; y el catedrático de la Universidad de Salamanca, Ricardo Rivero Ortega, entonces Decano de la Facultad de Derecho.

La tesis leída por Torrealba Sánchez es la primera que se presenta en el Programa de Doctorado de Derecho Administrativo Iberoamericano, obteniendo la máxima calificación "*Sobresaliente Cum Laude*".

Dicho lo anterior, pareciera que el desarrollo de la tesis no afrontó mayores dificultades que la búsqueda de los textos legales y la consulta por Internet de las publicaciones académicas, pero lo cierto es que se trató de enfrentar y superar una realidad más compleja, pues el entorno para llevar a cabo la investigación fue un país como Venezuela, tiempo en que la academia y la ciencia no gozan de buena salud, afectados por la situación general que experimenta una profunda crisis política, institucional, económica y social sin precedentes, de la que obviamente no se encuentra ajeno el mundo universitario.

Esto supone que la realización de las actividades que serían cotidianas para una persona en cualquier otro lugar y en concreto para un profesor-investigador, se conviertan en la ejecución de actividades casi vitales, en ocasiones extremas o de alto riesgo para la seguridad personal, evidenciándose de esta manera que el contexto para el desarrollo de la investigación no fue de tranquilidad y sosiego, ni es el más propicio durante este tiempo.

A lo anterior cabe agregar, que en el entorno continental americano el acceso a las fuentes bibliográficas de investigación no son tan abundantes como en Europa, la producción académica de temas especializados es mucho menor y no siempre se encuentran disponibles, a lo que se suma que a pesar de contarse con Internet y la banda ancha para navegar –que actualmente en Venezuela es la más lenta de todo el continente, por razones que no viene al caso explicar en esta ocasión-, no toda la información se encuentra en línea y en muchos casos las conexiones aéreas o por carreteras para viajar de un país a otro, no facilitan la comunicación y el intercambio entre los académicos de los distintos países.

No obstante, las anteriores circunstancias lejos de haberse convertido en barreras que desestimulasen la investigación, se tornaron en aliciente para el autor, quien ha demostrado su auténtica vena académica, al encontrar las pistas que le permitieron ubicar las fuentes bibliográficas más importantes en cada país, contrastarlas y a partir del estudio de los diferentes textos jurídicos, tratar de formular unas propuestas que sirvan de aporte a la reflexión, sobre la idoneidad de la configuración del tema de la ejecución de la sentencia en los procesos administrativos, en los ordenamientos jurídicos estudiados.

II

El tema analizado cobra especial relevancia, en estos tiempos en que el Sistema Interamericano sobre Derechos Humanos ha logrado una proyección tan importante en la configuración del Derecho Constitucional y del Derecho Administrativo en los países americanos signatarios de la Convención Americana sobre Derechos Humanos, pues estas son las disciplinas jurídicas que garantizan el efectivo goce y disfrute de los Derechos Humanos a nivel nacional, sea que estén o no reconocidos en la susodicha Convención o en el resto de normas que constituyen el bloque o *corpus iuris* de la convencionalidad.

La convencionalización del Derecho Constitucional y del Derecho Administrativo proyecta una notable incidencia en los ordenamientos jurídicos nacionales y por ende, en la configuración del sistema procesal nacional más adecuado, expedito y eficaz, para garantizar la ejecución de sentencias en sus propios términos, contra los órganos que ejercen el Poder Público.

Lo contrario, la ausencia de conformación de un sistema procesal que garantice el derecho al debido proceso y a la tutela judicial efectiva, materializaría el vicio de inconvencionalidad al desconocer los artículos 8 y 25 de la Convención Americana sobre Derechos Humanos, generando la paradójica situación que de elevarse la denuncia de tales violaciones ante la Corte Interamericana de Derechos Humanos y ésta reconocer el incumplimiento de los citados artículos de la Convención, así como la posible violación de otros derechos y ordenar las reparaciones o indemnizaciones pertinentes, el medio para llevar a cabo la ejecución de la sentencia condenatoria expedida por la Corte Interamericana, sería el contemplado en el ordenamiento jurídico de cada país, en virtud de lo establecido en el artículo 68.2 de la Convención América sobre Derechos Humanos, es decir, el mismo que por mala, deficiente o inexistente configuración normativa produjo la condena y a que se materializará la responsabilidad internacional del Estado.

Por ello, ante las diversas modalidades que pueden establecer los países para garantizar la ejecución de las sentencias contra los órganos que ejercen el Poder Público, -en función del margen de apreciación nacional-, la selección de los países que han sido estudiados apenas luce como un abrebocas, constituye el comienzo de un peregrinar para profundizar la investigación en los países que han hecho reformas posteriores al inicio de la misma como sucedió con Ecuador o que se encuentran en proceso de aprobación de los proyectos legislativos, como son los casos de El Salvador, Nicaragua o República Dominicana, por mencionar algunos.

Entendiendo esta realidad tan amplia y compleja como la hispanoamericana, es que se debe efectuar la aproximación a la lectura y el estudio de esta publicación del profesor Torrealba Sánchez, titulada "La ejecución de sentencias en el proceso administrativo iberoamericano (España, Perú, Costa Rica, Colombia y Venezuela)", que no brinda respuestas definitivas y únicas a todos las dificultades que plantea la ejecución de las sentencias en el proceso administrativo en Iberoamérica, sino que trata de poner de relieve las coincidencias y distinciones al regular determinados aspectos sobre la ejecución de sentencias, que serán comentados seguidamente.

El plan de trabajo trazado por el autor comienza por identificar la legislación procesal nacional de cada país seleccionado, la doctrina científica y la jurisprudencia relacionada con el proceso administrativo, para proceder a abordar la regulación de la ejecución de sentencias en los ordenamientos jurídicos nacionales estudiados.

En el estudio se efectúa la contextualización histórica, que inicialmente atribuía al orden jurisdiccional administrativo, carácter revisor del acto administrativo, por lo que no había acceso a la jurisdicción sin acto previo y la realización por parte de aquella de un control objetivo de la legalidad (primera generación del control) y cómo se logra su superación al evolucionar a un control jurisdiccional pleno, sin lagunas, de toda la actividad y la inactividad administrativa, que se concibe como un control subjetivo, de tutela de derechos e intereses jurídicos (segunda generación del control).

Ello también supondrá el abandono de la concepción recursiva y meramente impugnatoria del acto administrativo por el afectado y de la potestad anulatoria como única modalidad del control que ejerce el órgano jurisdiccional administrativo; por una concepción procesal mucho más técnica, donde el objeto del proceso se desplaza desde la actividad administrativa formal, para dar paso a los distintos tipos de pretensiones procesales administrativas contra la actividad e inactividad, material o formal imputable a la Administración Pública y que conducirá a la consecuente expedición de las sentencias declarativas, constitutivas o de condena.

Esto lo conduce al análisis de las modalidades de ejecución, poniendo especial dedicación a la potestad otorgada a los órganos jurisdiccionales administrativos, para sustituir a la Administración Pública en el contexto de garantizar la tutela judicial efectiva, mediante la actividad de juzgar y haciendo ejecutar lo juzgado.

Es así como se estudian de manera exhaustiva los tipos de sentencias y los modos de ejecución, poniendo especial énfasis en las sentencias de condena, que conducen a la necesidad de que el órgano jurisdiccional ejerza el poder de sustitución de la Administración Pública en los potenciales supuestos de contumacia de ésta a cumplir el fallo y más considerando que disfruta de algunas prerrogativas procesales, que se constituyen en límites a la materialización efectiva de la sentencia.

Todo esto llevará a centrar las reflexiones en la potencial ejecución de sentencias que condenan al pago de sumas de dinero, así como al estudio de los supuestos que deberían producir la ejecución espontánea por la Administración Pública, en virtud de su deber de actuar con sujeción plena a la Ley y al Derecho. No obstante, ante el supuesto que ésta se rebele a cumplir, se analizan aquellas hipótesis que imponen la ejecución forzosa, mediante la adopción de medidas sobre los bienes y respecto a los funcionarios.

Ello es lo que permite replantear la proyección de los efectos de las sentencias (subjetivos, temporales, formales y materiales) y la determinación de los posibles modos de ejecución que debe considerar el órgano jurisdiccional, a los fines de garantizar la tutela judicial efectiva.

Luego de establecido el marco teórico conceptual, el autor procede a analizar los textos constitucionales y procesales administrativos nacionales, para explorar el régimen de sustitución en el marco de la ejecución de sentencias, que se ha atribuido a los órganos jurisdiccionales en cada país.

Esto lo lleva a abordar un tema clásico, pero de renovada vigencia, como es el control jurisdiccional de la actividad administrativa realizada en ejercicio de las potestades preeminentemente discrecionales y además estudia lo relacionado con el control jurisdiccional de los tradicional y pacíficamente denominados –aunque de manera impropia- "conceptos jurídicos indeterminados" de origen alemán, que en su apelativo castellano deberían ser calificados como "términos jurídicos indeterminados", para no incurrir en la contradicción terminológica que supone hablar de conceptos indeterminados.

Seguidamente aborda la inactividad administrativa y las posibles modalidades de control jurisdiccional sobre la misma, en el contexto de los países iberoamericanos.

En la obra se estudian los distintos regímenes de ejecución de sentencias en los ordenamientos jurídicos nacionales, lo que requirió un meticuloso análisis de las modalidades de sustitución de cada tipo de sentencias en cada realidad local. Esto exigió dedicar especial atención a las sentencias que condenan al pago de sumas de dinero y en especial a aquellas cuya ejecución se encomienda a un tercero.

Igualmente se analizan las especificidades de la ejecución de las sentencias de condena a dar o entregar bienes, así como a cumplir obligaciones de hacer o no hacer.

Finalmente, desde una perspectiva comparativa, se exponen las limitaciones y las restricciones a la modalidad de ejecución forzada de sentencia, en virtud de las prerrogativas procesales otorgadas a la Administración Pública, así como las propuestas para su supresión en virtud del principio de interpretación más favorable al ejercicio de los derechos y en concreto de la tutela judicial efectiva.

En fin, la investigación desarrollada por el profesor Torrealba Sánchez, entre sus varios méritos, tiene el valor de constituir un aporte hacia la construcción del *Ius Commune* Administrativo Iberoamericano.

III

Para los codirectores de la tesis, la catedrática de la Universidad de La Coruña, Marta García Pérez y para mí, ha sido un verdadero privilegio tener al profesor Miguel Ángel Torrealba Sánchez, como nuestro primer doctorando en este programa y en mi caso es un gran honor tener la oportunidad de prologar esta obra, que se encuentra destinada a ser una referencia metodológica para el estudio de los ordenamientos jurídicos nacionales -lo que hace recordar por su proyección como investigación iberoamericana, a don Jesús González Pérez quien es el gran referente en esta materia procesal administrativa-, para los investigadores que llevan adelante las tesis del Doctorado en Derecho Administrativo Iberoamericano y un trabajo de obligatoria consulta para la aproximación al estudio y el conocimiento del derecho procesal administrativo iberoamericano.

Caracas, mayo 2017.
Víctor R. Hernández-Mendible
Profesor-Director del Centro de Estudios de
Regulación Económica en la Universidad Monteávila

INTRODUCCIÓN

Llevar a buen término lo decidido por un Juez cuando se trata de una Administración Pública perdidosa. Es este, en términos muy simples y aproximativos, el tema seleccionado para desarrollar en estas páginas, sobre todo en lo que se refiere a la determinación de los instrumentos normativos destinados a lograr el fin propuesto. La escogencia obedece a múltiples razones. De entre las más importantes se encuentra la trascendencia y actualidad del asunto, partiendo de la premisa hoy indiscutible en lo atinente a que el derecho a la ejecución cabal de la sentencia es un atributo del Derecho a la tutela judicial efectiva (como se constatará de la bibliografía aquí referida y de la revisión de los respectivos marcos constitucionales). Y ello resulta una conclusión obligada, si se parte de la indiscutible realidad de que si la sentencia no se puede ejecutar integralmente y en los términos en que se dictó, se coloca en tela de juicio toda la utilidad del proceso, del Derecho Procesal y, en última instancia, del sistema jurídico[1].

No obstante, la ejecución del fallo judicial en el proceso administrativo sigue siendo uno de los tópicos del Derecho Procesal Administrativo respecto de los cuales, aunque se ha avanzado mucho doctrinariamente desde hace varias décadas en lo que se refiere a aportar soluciones a sus principales pro-

---

[1] Y es que: "La justa paz de la comunidad únicamente es posible en la medida en que el Estado es capaz de crear instrumentos adecuados y eficaces para satisfacer las pretensiones que ante el mismo se formulan" (GONZÁLEZ PÉREZ, Jesús: *El Derecho a la tutela* jurisdiccional. Civitas. Tercera edición. Madrid, 2001, p. 23).

blemas, no ha sido sino hasta fechas más o menos recientes que esos avances se han hecho sentir y determinado el contenido, con mayor o menor acierto, de varias de las legislaciones iberoamericanas.

El tema además, se vincula estrechamente con uno más amplio que lo condiciona, que no es otro que la evolución del control y tutela judicial de la actividad administrativa, es decir, el de la Justicia Administrativa, o lo que es lo mismo, el contencioso-administrativo o proceso administrativo. Y esta multiplicidad de términos destinados a identificar el mismo objeto, aunque pudiera resultar una mera sutileza, en algunas ocasiones viene determinada por la herencia histórica del asunto, que a su vez influye en el objeto de estudio de estas páginas[2].

Tratar además, de abordar el problema de la ejecución de la sentencia en el proceso administrativo, implica entonces la necesidad de enmarcarlo previamente en el estudio –siquiera general- del proceso administrativo. Ello en primer lugar, con miras a encuadrar las propuestas doctrinarias y la soluciones que plantea el Derecho Positivo en el contexto del proceso ad-

---

[2]   Sin pretender profundizar en el asunto, el término *contencioso-administrativo* porta el legado de la expresión en su sentido original en el Derecho Administrativo Francés, como una dependencia administrativa y una especialidad funcional dentro del Consejo de Estado. Referirse al *proceso administrativo* puede entenderse como una previa toma de posición, en cuanto a aceptar que el mismo no es más que Derecho Procesal Administrativo, con las implicaciones de ello. *Justicia Administrativa* es un vocablo aparentemente más neutro, y quizá por eso es ampliamente usado en investigaciones y obras colectivas que abarcan múltiples países y ordenamientos. No obstante, puede entenderse, y así se hará en esta investigación, que las tres expresiones son sinónimas, salvo que del contexto se entienda otra cosa. Posición distinta asume la doctrina colombiana sobre esta multiplicidad terminológica, lo cual es consecuente con las particularidades del contencioso colombiano (*Cfr.* SANTOFIMIO GAMBOA, Jaime Orlando: *Tratado de Derecho Administrativo. Contencioso Administrativo.* Universidad Externado de Colombia. Colombia, 2004, pp. 65-66).

ministrativo que precede al fallo y que suele culminar, como regla general, precisamente con la emanación de esa sentencia definitiva. Esta a su vez, también como principio general, dará lugar a su cumplimiento voluntario por la parte condenada (una Administración Pública en la mayoría de los casos tratándose del contencioso-administrativo), o en su defecto, a la ejecución forzada. De allí que, incluso en el plano lógico y cronológico, para referirse a la ejecución de la sentencia, previamente hay que someter a estudio, siquiera sucinto, tanto a esta última, como al proceso que le dio lugar (al efecto, en los Capítulos I y II se expone un panorama de la moderna concepción del contencioso mismo partiendo de la acogida de la pretensión procesal administrativa y sus tipos –y de las sentencias- como modo de superar la tradicional concepción objetiva y revisora).

En segundo término, como ya se adelantó, en el caso específico de la Justicia Administrativa, toda la materia de la sentencia y de su ejecución viene a estar condicionada no solo por las fases procesales previas, sino en última instancia, por la concepción que se tenga del proceso administrativo, tanto bajo el prisma conceptual, como en la forma en que esa visión haya generado una regulación concreta. Y es que, como es sabido, la evolución del contencioso-administrativo no ha estado exenta de dificultades, avances y retrocesos, producto de su íntima vinculación con el progreso y los cambios del Derecho Administrativo[3].

En ese sentido, y como se recordará en los primeros capítulos de esta investigación (Capítulos I y II), el contencioso-administrativo surge y tiene sus primeros desarrollos bajo la influencia de la concepción francesa, derivada esta a su vez de la premisa que postuló una rígida diferenciación entre las ramas Ejecutiva y Judicial del Poder Público, y por ende, negó toda

---

[3]   *Cfr.* por todos: PROSPER, Weil: *El Derecho Administrativo*. Cuadernos Taurus. Traducción de Luis Rodríguez Zúniga. Madrid, 1968.

posibilidad de control de la primera por la última[4]. No es el caso repasar aquí todo el asunto, sino tener en cuenta que la Justicia Administrativa no es, originariamente, Derecho Procesal en su preciso y moderno sentido técnico-jurídico, sino una derivación del Derecho Administrativo sustantivo, surgida como una suerte de compromiso entre las consideraciones políticas y los condicionamientos jurídicos imperantes luego de la caída del *Antiguo Régimen*.

De allí –y aquí comienza a notarse la íntima vinculación entre los postulados históricos y conceptuales y varios de los problemas que se plantean en el tema objeto de este trabajo, como se verá en su desarrollo– que el contencioso-administrativo se erige originariamente como un mecanismo revisor de control objetivo de la actividad administrativa, básicamente, de la que se manifiesta a través de actividad formal, de actos y contratos administrativos, que se encarga a la propia Administración en función jurisdiccional. Y de allí también la clásica dualidad francesa (aunque ni siquiera en el esquema original se agotaba en esta el contencioso)[5] entre el recurso por exceso de poder y el de plena jurisdicción.

---

[4]   Especial atención al tema se le prestó en España en varias monografías: GARCÍA DE ENTERRÍA, Eduardo: *Revolución Francesa y Administración Contemporánea*. 4° edición. Monografías Civitas. Madrid, 1994, y luego en: *Las transformaciones de la justicia administrativa: de excepción singular a la plenitud jurisdiccional. ¿Un cambio de paradigma?* Thomson Civitas. Navarra, 2007. En la doctrina venezolana, entre otros puede consultarse: ORTIZ ÁLVAREZ, Luis: *Revolución Francesa y justicia administrativa*. Editorial Sherwood. Caracas, 2003.

[5]   Véase al respecto, entre otros: BENOIT, Francis-Paul: *El Derecho Administrativo Francés*. Traducción de Rafael Gil Cremades. Instituto de Estudios Administrativos. Madrid, 1977, pp. 458-462; VEDEL, Georges: *Derecho Administrativo*. Traducción de la 6° edición francesa por Juan Rincón Jurado. Aguilar S.A. Madrid, 1980, pp. 379-388; RIVERO, Jean: *Derecho Administrativo*. Traducción de la 9° edición. Instituto de Derecho Público. Facultad de Ciencias

Ese esquema de inspiración francesa, traspasado primero a España y luego a toda Iberoamérica, tanto como consecuencia de una serie de fenómenos que marcó la propia evolución histórica de cada país, como en general por el prestigio del Derecho Administrativo francés, viene a ser posterior y paulatinamente matizado y hasta replanteado en la comunidad Iberoamericana, e incluso parcialmente en su país de origen. Pero tal legado histórico debe ser tenido en cuenta, como es común en todo lo que se vincula con la génesis de las principales instituciones del Derecho Administrativo, al momento de precisar la situación actual de la ejecución de las sentencias en el Derecho Procesal Administrativo Iberoamericano, toda vez que solo entendiendo los antecedentes se comprenden y explican los avances y carencias existentes en cada sistema jurídico y en cada legislación de nuestra Comunidad.

Así por ejemplo, para entender el tema de los diversos tipos de sentencias en el proceso administrativo, así como sus alcances y efectos (abordados en el Capítulo II), si bien debe partirse de las categorías procesales al uso, no puede olvidarse que estas últimas han sido incorporadas de forma relativamente reciente al ordenamiento jurídico de muchos países, e incluso, en algunos no han sido adoptadas del todo, como parece revelar por ejemplo el caso colombiano, asunto que será considerado en su momento.

Jurídicas y Políticas. Universidad Central de Venezuela. Caracas, 1984, pp. 227-234; CHAPUS, René: *Droit Administratif Général.* Tomo 1. 7e édition. Montchrestien E.J.A. Paris, 1993, pp. 623-631; BRAIBANT, Guy et Bernard STIRN: *Le Droit Administratif Francais.* 4e Edition. Press de Sciences Po et Dalloz. Paris, 1997, pp. 526-534; DE LAUBADERE, André, Jean-Claude VENEZIA et Yves GAUDEMENT: *Traité de Droit Administratif.* Tome 1. Droit administratif général. L.G.D.J. 15e édition. Paris, 1999, pp. 496-539; TRUCHET, Didier: *Droit administratif.* 4° édition. Themis Droit. Presses Universitaires de France, Paris, 2012, pp. 112-142; FRIER, Pierre-Laurent et Jacques PETIT: *Droit Administatif.* 7° edition. Montchrestien. Paris, 2012, pp. 433-494.

Otro tanto cabe decir de las aún existentes limitaciones u obstáculos para lograr una cabal ejecución de las sentencias en sus propios términos, consagradas en algunas legislaciones en forma de prerrogativas de los entes públicos, y que obedecen a supuestos históricos que lamentablemente persisten a pesar de la evolución de la Justicia Administrativa.

Por último, pero no menos importante, se encuentra otra variable a considerar en el desarrollo de la tesis. La propia concepción del vínculo existente entre Administración y Jurisdicción[6]. Por supuesto que no es el caso retomar aquí los complejos problemas teóricos y dogmáticos que plantea el asunto[7], pero sí lo es tomar en cuenta, y plantear cuando sea requerido (y como podrá verse lo es en algunas de las legislaciones bajo estudio), la necesaria actualización de algunas de sus derivaciones prácticas. Así por ejemplo, en cuanto al régimen legal de la ejecución de la sentencia en lo que se refiere a las potestades de sustitución o subrogación declarativa y ejecutiva del juez en la Administración, esta última en tanto sujeto procesal y por tanto sometida al poder jurisdiccional (un panorama general del asunto se describe en el Capítulo III, epígrafe 2 y luego al estudio de su regulación se dedican los siguientes epígrafes del mismo Capítulo e incluso del siguiente).

Y es este uno de los problemas medulares, no solo de la sentencia y de su ejecución, sino del contencioso-administrativo

---

6   Véase al respecto, entre otros: GARCÍA DE ENTERRÍA: *Revolución Francesa… (in totum)*.

7   Para el caso español, por ejemplo, véanse entre otros los trabajos de Alejandro NIETO y José Ramón PARADA VÁZQUEZ, publicados originalmente en la Revista de Administración Pública del Instituto de Estudios Políticos y recogidos luego en: *La Administración y los Jueces*. Editorial Jurídica Venezolana. Marcial Pons. Caracas-Madrid, 1989, así como el Prólogo que realizó Luciano PAREJO ALFONSO a esa compilación. Véase también, entre otros: GARCÍA DE ENTERRÍA, Eduardo: *Democracia, Jueces y Control Judicial de la Administración*. 5° edición. Editorial Civitas. Madrid, 2000.

en general. Y aquí resulta oportuno traer a colación de nuevo el origen francés de la Justicia Administrativa y su influencia hasta nuestros días, lo que determina que la aceptación plena de la necesaria potestad jurisdiccional incluso en lo que se refiere a *hacer ejecutar lo juzgado*, en los términos de varios de los ordenamientos bajo estudio, no ha estado exenta de dificultades en el ámbito teórico. Y en el práctico, de entrada en lo que se refiere a la Ley positiva, como se verá a lo largo de estas páginas, en algunos aspectos todavía luce que hay mucho por hacer.

Pero además de considerar los más inmediatos antecedentes históricos y los originarios postulados teóricos[8], en un estudio de la ejecución de la sentencia contencioso-administrativa resulta necesario partir de los vigentes marcos constitucionales, en tanto ellos evidencian esa evolución posterior que señalamos que ha tenido lugar en la Justicia Administrativa, respecto al primigenio modelo francés. A saber, las Constituciones y demás instrumentos integrantes del llamado Bloque de la Constitucionalidad (sin que el uso de este término implique tomar partido respecto de las diversas polémicas que puedan suscitar en cada ordenamiento), que tanto en el caso español como en el Iberoamericano en general, tienden cada vez más a entrecruzarse también con el llamado Bloque de la Convencionalidad (cabe una acotación similar respecto al término). La regulación que se deriva de ellos evidencia la consagración de la tutela judicial efectiva y el Debido Proceso como mandatos vinculantes para el Legislador y el Juez, así como la necesaria equiparación del proceso administrativo -sobre todo en la fase de ejecución de la sentencia- con los demás procesos judiciales, partiendo de la regla de que corresponde al Juez juzgar y ejecutar sus decisiones. Por consiguiente, a describir resumidamente ese marco normativo, como parece resultar necesario, se han dedicado parte de estas páginas (Capítulo III, epígrafe 1).

---

[8]   No será tema objeto de esta investigación el estudio de los posibles antecedentes remotos de la Justicia Administrativa Iberoamericana, puesto que se centrará en las leyes vigentes, con alguna referencia en caso de ser preciso, a sus antecedentes inmediatos.

Expuesto lo anterior, que será desarrollado con el detalle requerido según el caso a lo largo de este trabajo, toda vez que constituye el marco conceptual de la investigación, parece necesario entonces comenzar a delimitar más el tema, por exigencias metodológicas y lógicas. En ese sentido, de entrada se descarta realizar un estudio general centrado en la dogmática de la potestad judicial de sustitución o de la ejecución de la sentencia contencioso-administrativa, tanto por su extensión y complejidad, como por el hecho de que esa vía ya ha sido transitada, y con éxito, comenzando por la doctrina española. Basta ver los trabajos que ya son clásicos sobre el tema, y agregar los más recientes –varios de ellos que serán citados– que han contribuido a darle soporte teórico a las soluciones propuestas frente a los principales y diversos problemas, teóricos o prácticos, que se han ido planteando a lo largo de la evolución de la Justicia Administrativa en cuanto a la fase o proceso de ejecución del fallo se refiere.

Queda pues el estudio del Derecho Positivo. Y tratándose de una tesis de un Doctorado en Derecho Administrativo Iberoamericano, la elección es obvia en cuanto a las legislaciones a revisar, a saber: las de esa comunidad. Para ir reduciendo el ámbito de estudio, lo que siempre resulta conveniente, se tratarán las leyes más recientes, como regla general[9], pues es de

---

[9] No incluyeron en esta investigación tres leyes recientes. La primera, la del Estado de Nuevo León, de los Estados Unidos Mejicanos, pues la misma aporta pocas regulaciones novedosas e interesantes en lo atinente a la sentencia y su ejecución, y además, por tratarse de una Ley Estadal que se enmarca en un Estado Federal. Tampoco la ley nicaragüense por haber sido objeto de anulación parcial por inconstitucionalidad, lo que incidió en un gran número de sus disposiciones. Y más recientemente, la ley ecuatoriana, cuyo texto, además, fue divulgado ya finalizándose la elaboración de este trabajo, y que al momento de escribir estas líneas aún no entra en vigencia. Esta última porque se trata de un Código Procesal General que, aunque contiene un apartado dedicado al proceso administrativo, en lo concerniente a la materia de sentencia y ejecución de las decisiones judiciales en el proceso

esperar que sean estas las que recojan las tendencias doctrinarias más modernas, a la vez que acometan la solución de problemas que se hayan planteado más recientemente en el plano conceptual o práctico. Por supuesto, ello no quiere decir que las leyes a estudiar sean mejores o peores que otras previas, solo que son las últimas cronológicamente. Y por supuesto, la escogencia de los países no implica que se hayan privilegiado unos ordenamientos jurídicos por encima de otros, por razones subyacentes a las aquí expuestas[10].

---

administrativo no resulta especialmente relevante, toda vez que el asunto es regulado en un solo artículo (lo que plantea la interrogante acerca de la aplicabilidad o no de las normas procesales generales), el cual se limita a prever la posibilidad de indemnización en caso de imposibilidad material o legal de ejecución, régimen que está mucho más desarrollado en otras leyes que sí serán objeto de estudio.

10 A los efectos de esta investigación, la existencia de leyes recientes solo evidencia actividad legislativa sobre el punto, nada más. Ello por cuanto, que un país iberoamericano carezca de regulación actual o remota sobre el proceso administrativo, o incluso, que no cuente con lo que se entiende comúnmente por jurisdicción contencioso-administrativa, no implica que el control jurisdiccional sobre la Administración Pública sea precario o inefectivo. Mucho menos, que su sistema de Derecho Administrativo resulte más o menos imperfecto. Y es que ni el hecho aislado de tener un conjunto orgánico especializado de tribunales con competencias contencioso-administrativas, y ni siquiera tampoco la reciente promulgación de instrumentos legales destinados a regular tales competencias y procesos judiciales, puede hacer pensar que eso determina un índice de que allí el control judicial sobre la Administración cumpla mejor su cometido. Venezuela, que cuenta con cierta tradición en el contencioso-administrativo, con organización judicial en teoría especializada y con un instrumento legal reciente, es en la actualidad un buen ejemplo de ello. Y viceversa, tal inexistencia tampoco es prueba *per se* de carencia práctica, jurisprudencial o doctrinaria alguna, como Uruguay y Chile lo evidencian. De allí que resulta pertinente recordar –con referencia a tal control judicial- que: "…la historia revela que no se ha realizado de la misma manera e, incluso, su existencia formal no re-

Así por ejemplo, aunque no se estudia la legislación argentina, además de por la razón ya explicada, por el hecho de que, tratándose de un Estado compuesto en el que la potestad legislativa en esta materia es tanto federal como provincial, cualquier referencia podría resultar incompleta[11]. No obstante, el auxilio de la doctrina de ese país ha sido valioso para darle soporte bibliográfico a esta investigación.

Y aquí conviene también aclarar que este trabajo no pretende tener pretensiones de exhaustividad, sino al contrario, ofrecer una visión panorámica de la situación actual y de las tendencias legislativas en la materia objeto de investigación, es decir, la ejecución de la sentencia en el proceso administrativo iberoamericano. Y aún más delimitado, del proceso regulado en cinco leyes de la jurisdicción contencioso-administrativa.

¿Cuáles han sido entonces los ordenamientos seleccionados? Una previa y sucinta aproximación nos orientó en la escogencia[12]. Las leyes más recientes que serán objeto de análisis en

---

vela que siempre se haya realizado la justicia, como es el caso de totalitarismos, o se haya realizado parcialmente o se realice deficientemente…" (MEILÁN GIL, José Luis: "Dificultades y atajos en la Justicia Administrativa". En: RODRÍGUEZ ARANA, J., VÁZQUEZ IRIZARRY, W. y RODRÍGUEZ MARTÍN-RETORTILLO, M. (Coords.): *Contenciosos Administrativos en Iberoamérica*. *XIV Foro Iberoamericano de Derecho Administrativo*. Tomo II. San Juan de Puerto Rico, 2015, p. 1.140.

[11] La comparación entonces vendría dada entre las legislaciones del Estado Federal y la de sus componentes, asunto que por ejemplo para el caso argentino ha sido abordado por HUTCHINSON, Tomás: *Derecho Procesal Administrativo*. Rubinzol-Culzoni Editores. Buenos Aires, 2009.

[12] *Cfr*. TORREALBA SÁNCHEZ, Miguel Ángel: "Hacia la ampliación del ámbito del proceso administrativo y su relación con el contenido y ejecución de la sentencia: Algunas tendencias legislativas en Iberoamérica". En: RODRÍGUEZ-ARANA MUÑOZ, J., GARCÍA PÉREZ, M. (Dirs.) AYMERICH CANO, C. y PERNAS GARCÍA, J. (Coords.): *Reforma del Estado y transformación del Derecho Administrativo*. Colección Libros de Actas de Congresos y Jor-

cuanto a los temas contenidos en este trabajo son la española de 1998, la peruana de 2001 con modificaciones en el 2008, la costarricense de 2006, reformada parcialmente en 2014[13], la venezolana de 2010 y la colombiana de 2011[14].

En todas ellas, cada una con sus fortalezas y debilidades (en algunos casos más las últimas que las primeras), se constata, en primer término, que como toda obra humana, incluyendo las leyes, no son enteramente originales ni enteramente meras reproducciones del pasado.

La ley española, por ejemplo, pretende ser a la vez original y continuista, según su Proyectista, lo cual era de esperarse

---

nadas. Universidad Da Coruña. España, 2014, pp. 673-674. Libro disponible en línea: http://www.bubok.es/libros/232196/Reforma-del-Estado-y-Transformacion-del-Derecho-Administrativo.

[13] Se trató de una reforma puntual que no incide en los aspectos tratados en esta investigación.

[14] Respectivamente: España: Ley 29, 1998, del 13 de julio, Reguladora de la Jurisdicción Contencioso-Administrativa, publicada en *BOE* Núm. 167 del 14 de julio de 1998, reforma parcial por la Ley Orgánica 7/2015, de 21 de julio, por la que se modifica la Ley Orgánica 6/1985, de 1 de julio, del Poder Judicial; Perú: Decreto Supremo N° 013-2008-JUS publicado el 29 de agosto de 2008, Texto Único Ordenado de la Ley 27584 que regula el Proceso Contencioso Administrativo del 7 de diciembre de 2001; Costa Rica: Ley N° 8508 publicada en el alcance N° 38 a la Gaceta N° 120 del 22 de junio de 2006, Código Procesal Contencioso Administrativo; Venezuela: Ley Orgánica de la Jurisdicción Contencioso Administrativa, Gaceta Oficial N° 39.451 del 22 de junio de 2010, reimpresión por "error material" y Colombia: Ley 1437 de 2011 publicada en el Diario Oficial N° 47.956 del 18 de enero de 2011, Código de Procedimiento Administrativo y de lo Contencioso Administrativo, reformada parcialmente por la Ley Estatutaria 1755 de 30 de junio de 2015, por medio de la cual se regula el Derecho fundamental de petición y se sustituye un título del Código Administrativo y Contencioso Administrativo de Colombia. Por razones de simplicidad identificaremos a cada instrumento legal como la ley española, peruana, colombiana, etc.

dada la trascendencia que tuvo su antecesora de 1956 no solo en su país sino en buena parte de Iberoamérica. La costarricense también le da proyección, a decir de la doctrina, a su antecedente, e incorpora probablemente como novedad fundamental la regla de la oralidad, asunto que no será tratado en estas páginas por su escasa vinculación con el tema de estudio.

La ley colombiana también tiene sus antecedentes parciales, en las anteriores leyes del contencioso, lo que difícilmente iba a ser de otro modo tratándose de una regulación que tiende a apartarse del modelo Iberoamericano en cuanto al encuadramiento de la jurisdicción contencioso-administrativa dentro de la rama Judicial, y se acerca –también en parte- al arquetipo de la organización jurisdiccional francesa con su Consejo de Estado y al énfasis en el establecimiento de vías procesales como *"numerus clausus"*, conforme lo demuestra su regulación de los "medios de control".

Quedan los casos peruano y venezolano. El primero, una ley que tiene que ser innovadora pues carece de textos legales antecedentes, además de no contar con una tradición tan consolidada en el contencioso-administrativo como la de los otros ordenamientos. Y el venezolano, que aunque careciendo de textos legales previos, contaba con proyectos legislativos desde medio siglo antes, y con una doctrina y jurisprudencia contencioso-administrativa de décadas, bastante desaprovechada[15].

En ese orden de ideas, y consecuentemente con lo ya expuesto, al momento de estudiar el Derecho Positivo de cada

---

[15] *Cfr.* entre otros: BREWER-CARÍAS, Allan R.: "Introducción general al régimen de la jurisdicción contencioso-administrativa". En: *Ley Orgánica de la Jurisdicción Contencioso-Administrativa.* Colección textos legislativos N° 47. 1° Edición. Editorial Jurídica Venezolana. Caracas, 2010, pp. 12-19, también en: BREWER-CARÍAS, Allan R.: *Tratado de Derecho Administrativo. Derecho Público en Iberoamérica. La Jurisdicción Contencioso-Administrativa.* Volumen VI. Civitas Thomson Reuters-Editorial Jurídica Venezolana, Madrid, 2013, pp. 833-840.

país habrá de hacerse referencia a la regulación de institutos muy vinculados con el tema central del trabajo, tales como el alcance del control judicial de la actividad administrativa ejercida sobre la base de potestades discrecionales, así como de la tutela frente a la actividad material y la inactividad de la Administración (al efecto véanse los sub-epígrafes 2.1 al 2.3 del Capítulo III). Ello como necesario antecedente para luego ir al núcleo de la investigación, refiriendo de ser el caso a lo previamente expuesto en los Capítulos iniciales.

En cuanto al régimen de la sentencia y su ejecución, dejamos su reseña para las páginas que siguen (Capítulos IV y V). Baste ahora con señalar, en primer término que una de las hipótesis que se manejan es que el grado de idoneidad, integralidad y precisión de cada regulación, es un indicador del nivel de desarrollo del respectivo instrumento legal, y hasta cierto punto, muestra del diálogo doctrina-jurisprudencia-legislación, salvo el caso venezolano en la actualidad. Y en segundo lugar, que una ampliación del objeto de la pretensión procesal administrativa en el régimen de cada país ha obligado, en la mayoría de los casos, a una correlativa dilatación de los preceptos reguladores de la ejecución de las decisiones judiciales, incluyendo hipótesis tan importantes como la ejecución forzada en caso de inactividad o actividad material, o bien las soluciones a adoptar frentes a eventuales causas de dificultad o imposibilidad (haciendo énfasis en que se trata de asuntos diferentes) de llevar a cabo la ejecución *in natura*.

De igual forma, se encontrará en algunos asuntos la influencia directa o indirecta, no solo de las originarias formas del contencioso-francés, sino de los notables avances que en la materia que ocupa estas páginas ha tenido la reciente doctrina española. Esa influencia, que permea a la doctrina iberoamericana en general, es visible incluso en textos legales, como habrá de verse con el costarricense.

Todos esos instrumentos legislativos –salvo de nuevo quizá el caso venezolano, en lo que parece ser la excepción que confirma la regla–, en mayor o menor medida reflejan las tendencias que se describirán en estas páginas, y tienden a responder al propósito de materializar los lineamientos constitucionales de tutela judicial efectiva, así como los demás derechos constitucionales procesales. Por ende, entendemos que su estudio revela entonces en *dónde se está y hacia dónde se va* en este asunto –ofreciendo un marco referencial y no una investigación exhaustiva claro está de todo el régimen procesal administrativo– una vez estudiado previamente *de dónde se viene*, en lo que se refiere a Iberoamérica.

Por otra parte, hemos considerado necesario, en un estudio de la ejecución de la sentencia en el proceso administrativo, incluir una referencia sucinta al debatido tema de la justificación actual de las prerrogativas procesales del Estado y demás entes públicos, especialmente, del alcance de la inembargabilidad de los bienes públicos (Capítulo VI). Se trata de problemas, como ya señalamos, indisolublemente vinculados, entre otras razones pues parten de realidades históricas comunes. Pero existiendo también en ese caso abundante bibliografía, centramos la exposición en describir el estado actual de tales asuntos en cada legislación, y de ser necesario, las posiciones doctrinarias dominantes. Se está en presencia, sin duda, de uno de los tópicos más polémicos, incluso por los pronunciamientos judiciales que se han ameritado en algunos países, aunque la doctrina haya ido decantando lo que tendrá que ser el resultado final, enmarcado en la reconducción de tales prerrogativas a límites razonables que permitan proteger el interés general sin sacrificar la tutela jurisdiccional.

Por último, más allá de la influencia doctrinaria española, que en este tema ha sido especialmente importante dada su abundancia y riqueza, sobre todo a partir de la segunda mitad del siglo pasado, existe otra hipótesis de trabajo que puede ser reveladora. Y es que la presencia común de instituciones, términos, conceptos, y quizá hasta de formas de enfocar los problemas y de plantear soluciones al respecto, evidencia justamente la existencia –con sus matices, peculiaridades y discrepancias, como por ejemplo el caso colombiano– de una comunidad de origen y de visión del mundo[16]. O para no ser tan ambiciosos, al menos del mundo jurídico de la ejecución de las sentencias en el proceso administrativo.

Por ello, hay también tendencias similares en cuanto a mejorar el diseño de los institutos normativos con el propósito de hacer cada vez más viable el *desiderátum* de todas las Constituciones y de los instrumentos internacionales y supranacionales, en lo atinente al logro de una tutela judicial efectiva también al momento de materializar una decisión judicial que impone prestaciones al Poder Público, en este caso representado por una Administración. Y si aún se encuentran deficiencias en el régimen de tales institutos, también se constatan las tendencias a proponer las interpretaciones progresivas o correctivas que correspondan, basadas en los lineamientos constitucionales (Véanse los Capítulos V y VI).

---

[16] Valga aquí una digresión de lo estrictamente jurídico, para recordar que: "Es preciso salir fuera de esa malla tejida de datos heterogéneos para convencerse de que la Comunidad Iberoamericana existe. De que precisamente sus contradicciones irreconciliables articulan un sistema y de que ese sistema posee un perfil que le delimita e individualiza como tal" (PÉREZ PRENDES, José Manuel: "Unidad y diversidad. La necesidad y las posibilidades de integración. Aspiraciones de la Comunidad Iberoamericana ante el mundo de hoy. Qué somos, con qué contamos y qué podríamos ser". En: *Iberoamérica una comunidad*. Monte Ávila Editores (Edición original por Ediciones de Cultura Hispánica, 1989). Caracas, 1992, p. 812), por lo cual: "Reconocida la existencia de esa comunidad creada por la historia, sería inconcebible no realizarla en plenitud, con elevación de criterio y realismo político para definir los objetivos deseables y alcanzables" (ÚSLAR PIETRI, Arturo: "Unidad y diversidad. La necesidad y las posibilidades de integración. Aspiraciones de la Comunidad Iberoamericana ante el mundo de hoy. Qué somos, con qué contamos y qué podríamos ser". En: *Iberoamérica una comunidad*. Monte Ávila Editores (Edición original por Ediciones de Cultura Hispánica, 1989, p. 821).

No se trata pues en este caso, me atrevo a afirmar, de la mera reiteración de los vínculos históricos, lingüísticos, culturales y de toda especie, que permiten señalar que Iberoamérica es una comunidad, asunto que no corresponde a un trabajo de esta índole. De lo que se trata es de ir confirmando, y a esto pretende contribuir a apuntar este trabajo, que también en el tema del Derecho Público, en el Derecho Administrativo y, en este caso específico en el de la Justicia Administrativa[17], cabe hablar, haciendo las salvedades de cada particular situación nacional o regional, de *un Derecho Iberoamericano en vías de consolidación*.

Queda entonces continuar la senda para el logro de tal propósito, en aras de contribuir con el mejoramiento de nuestras Administraciones Públicas, en atención, además de a los similares postulados constitucionales, al incipiente pero ya *común* marco normativo de esa *Comunidad*[18], que se encuentra en sus albores, como lo evidencian por ejemplo en el Derecho Público y Administrativo, las Declaraciones emanadas de las reuniones de Ministros Iberoamericanos de Administraciones Públicas en el marco de las Conferencias Iberoamericanas de Ministros de Administración Pública y Reforma del Estado llevadas a cabo en los últimos tres lustros.

Y en ese sentido, cabe recordar que cualquier optimización en el funcionamiento de la Justicia Administrativa, además de

---

[17] Referencia obligada es la obra de Jesús GONZÁLEZ PÉREZ, especialmente con su *Derecho Procesal Administrativo Hispanoamericano*. Temis. Bogotá, 1985.

[18] Cabe recordar lo expresado justamente por GONZÁLEZ PÉREZ, en cuanto a que: "Si la existencia de una comunidad nacional implica un conjunto normativo que sea la expresión de la vida que anime esa comunidad (derecho nacional), la existencia de la comunidad de pueblo que llamamos Hispanidad ha de implicar la existencia de una idea de la vida que debe plasmar en las normas de sus distintos ordenamientos (…) de cómo estructuran su sistema de garantías del administrado frente a la administración pública" (*Ibídem*, p. 19).

mejorar los mecanismos de tutela judicial de la persona frente a la Administración Pública, que ya es un fin loable en sí mismo en tanto se destina a la protección de los derechos de la persona, permitirá también una más eficaz aplicación de ese marco normativo. Ello, toda vez que coadyuvará al control jurídico del funcionamiento de esa Administración, y por consiguiente a prevenir o corregir, según el caso, sus conductas patológicas, vinculadas por ejemplo, con el preocupante tema del auge de la corrupción en el ejercicio del Poder. Se revela entonces aquí, una vez más, la permanente presencia del interés general como concepto delimitador y determinador del Derecho Administrativo y del Derecho Procesal Administrativo.

En la medida en que esa tendencia prosiga y se consolide, correlativamente se irá avanzando también en contribuir con la mejora de las condiciones de vida de las personas que conforman la comunidad Iberoamericana, centrándolas como punto de partida y a la vez destino de todo el marco jurídico y, en última instancia, de toda la actividad del Estado. Y es que, parece necesario insistir, a las personas está llamado a servir el Poder Público, y no al revés.

CAPÍTULO I

LA PAULATINA SUPERACIÓN DEL CARÁCTER REVISOR Y OBJETIVO DEL PROCESO ADMINISTRATIVO CENTRADO EN EL CONTROL DEL ACTO ADMINISTRATIVO

LA TENDENCIA A SU REEMPLAZO POR LA CONCEPCIÓN QUE PARTE DEL VÍNCULO ENTRE PRETENSIÓN PROCESAL ADMINISTRATIVA, GARANTÍA JURISDICCIONAL Y SENTENCIA

EL CONSECUENTE ABANDONO DEL TRADICIONAL NEXO ENTRE EL TIPO DE "ACTIVIDAD ADMINISTRATIVA IMPUGNABLE" Y EL CONTENIDO DE LA SENTENCIA

En el estado actual de desarrollo del Derecho Procesal parece estar fuera de discusión el hecho de que todo estudio de la sentencia y de su ejecución está íntimamente vinculado con el la pretensión procesal como objeto del proceso, al punto de que bien puede considerarse a ese último como una premisa del primero.
De allí que el primer asunto a abordar en estas páginas, no con el propósito de fijar nuevas pautas -toda vez que la doctrina ya ha dado los pasos necesarios en ese sentido y además porque ello no es el objeto de esta investigación- sino para dar cuenta del estado de la cuestión en el Derecho Procesal Administrativo Iberoamericano, más concretamente a la luz de los instrumentos legales seleccionados para su revisión, no puede ser otro que el del tratamiento de la pretensión procesal administrativo y de sus clases, tanto en lo dogmático, como sobre todo en el Derecho Positivo[19].

---

[19] La importancia del estudio de las pretensiones procesales en el proceso administrativo es destacada, entre otros, por HUERGO LORA, Alejandro: *Las pretensiones de condena en el contencioso-administrativo*. Editorial Aranzadi. Navarra, 2000, p. 18, y con relación al vínculo pretensión-sentencia, señala el mismo autor: "El contenido de la sentencia también depende fundamentalmente de consideraciones sustantivas, sobre todo por lo que se refiere a la distinción entre sentencias meramente anulatorias, que remiten el asunto nuevamente a la Administración y por tanto desestiman parcialmente la pretensión de condena, y sentencias que indican exactamente a la Administración qué es lo que debe hacer y por tanto satisfacen plenamente la pretensión formulada" (*Ibídem*, p. 32). De varios de estos asuntos se tratará en estas páginas, con especial referencia al Derecho Positivo pero con el correspondiente apoyo doctrinal.

Por lo que se refiere a esa regulación, se hará referencia en los siguientes Capítulos de esta investigación.

El asunto se relaciona además con la moderna visión general del contencioso-administrativo, que abandona la tradición del paradigma originario francés surgido como solución de compromiso entre las exigencias del principio de juridicidad[20] y las conveniencias políticas de sustraer el control de la Admi-

---

[20] Entendido como la conformidad de las actuaciones del Poder Público no solo a la Ley sino a todo el ordenamiento jurídico, incluyendo por supuesto la Constitución pero también a los Principios Generales del Derecho. Esa es la posición predominante en Venezuela, incluso partiendo de la literalidad de la Constitución y el resto del ordenamiento jurídico, como puede verse, entre otros: PEÑA SOLÍS, José: *Manual de Derecho Administrativo. Adaptado a la Constitución de 1999.* Volumen 1. Colección de Estudios Jurídicos. Tribunal Supremo de Justicia. Caracas, 2000, pp. 657-662; ARAUJO JUÁREZ, José: *Derecho Administrativo. Parte general.* Ediciones Paredes. Caracas, 2007, pp. 11-113. Una posición análoga a la aquí adoptada –siguiendo a Merkl– en el uso de los términos puede verse en: HERNÁNDEZ-MENDIBLE, Víctor Rafael: "Los actos administrativos: Generales e individuales". En: HERNÁNDEZ-MENDIBLE, V.R. (Dir.): *La actividad e inactividad administrativa y la Jurisdicción Contencioso-Administrativa.* Colección Estudios Jurídicos N° 96. Editorial Jurídica Venezolana. Caracas, 2012, pp. 118-120. En la doctrina española, entre otros: GARCÍA DE ENTERRÍA, Eduardo: *Reflexiones sobre la Ley y los Principios Generales del Derecho.* Editorial Civitas. Madrid, 1984. Más recientemente: MEILÁN GIL, José Luis: *Los Principios Generales del Derecho desde la perspectiva del Derecho Público.* Categorías Jurídicas en el Derecho Administrativo. Iustel. Madrid, 2011, pp. 63-82; SÁNCHEZ MORÓN, Miguel: "Legalidad y sometimiento a la Ley y al Derecho. Legalidad y sometimiento a la Ley y al Derecho". En: SANTAMARÍA PASTOR, J.A. (Dir.): *Los Principios Jurídicos del Derecho Administrativo. La Ley.* Madrid, 2010, pp. 56-59. Una visión actual más general puede verse en: REBOLLO PUIG, Manuel: "Los Principios Generales del Derecho (Atrevimiento atribulado sobre su concepto, funciones e inducción)". En: SANTAMARÍA PASTOR, J.A. (Dir.): *Los Principios Jurídicos del Derecho Administrativo. La Ley.* Madrid, 2010, pp. 1.521 -1.583.

nistración revolucionaria a unas Cortes Judiciales no proclives al nuevo *status quo* que va surgiendo del derrocamiento del Antiguo Régimen. Esa superación del primigenio arquetipo, que se ha venido imponiendo a partir de la segunda mitad del pasado siglo, plantea la reinserción del contencioso-administrativo dentro de la disciplina del Derecho Procesal, sin desmedro de tomar en cuenta sus peculiaridades, que se originan en la posición y cometidos constitucionales de la Administración Pública como servidora y protectora del interés general[21].

Para lograr ello, la concepción actual entre otras cosas plantea la superación de la noción objetiva y revisora de unos *contenciosos*, entendidos como vías procesales legislativamente prediseñadas y destinadas al control jurisdiccional de las diversas formas de manifestación del actuar administrativo, diseño que obedece, entre otros parámetros, a lo reclamado por el *recurrente*, a la manera como se manifiesta la actuación lesiva al particular y al tipo de afectación de derechos e intereses que se verifica en cada caso. Lo primero se mantiene y profundiza en la visión moderna[22], los dos últimos pierden importancia, puesto que se parte de la necesidad de tutela jurídica de las partes, no de la forma en que se manifestó el actuar administrativo ni del tipo de legitimación aducido o evidenciado según el caso.

---

21 Así lo destaca HUAPAYA TAPIA, Ramón A.: *Tratado del Proceso Contencioso Administrativo*. Jurista Editores. Lima, 2006, p. 482: "La teoría general del proceso contencioso-administrativo, necesariamente deberá fundarse en los postulados de la teoría general del proceso, puesto que no existen diferencias de grado o mayores entre el proceso contencioso-administrativo y el resto de procesos existentes en el orden jurisdiccional".

22 Como señala GUASP DELGADO, Jaime: *La pretensión procesal*. Editorial Civitas S.A. Segunda edición. Madrid, 1985, p. 61: "No hay más que un posible elemento objetivo básico del proceso: la reclamación que una parte dirige frente a otra y ante el Juez. En torno a esta reclamación giran todas y cada una de las vicisitudes procesales".

Esa noción tradicional entonces, es remontada y suplantada[23], si se quiere, mediante –entre otras cosas– la adopción de la pretensión procesal, entendida como el acto por el que se reclama frente a persona distinta y ante el juez de una conducta determinada[24], o con más precisión, como el acto de declaración de voluntad mediante la cual un sujeto activo pide un bien de la vida ante un Juez frente a un sujeto pasivo[25].

Pretensión procesal que en el proceso administrativo deviene entonces administrativa, y es definida como la declaración de voluntad fundada en Derecho, frente a un sujeto pasivo y formulada ante el órgano jurisdiccional, solicitando que se haga algo jurídico, o más concretamente, la declaración de voluntad por la cual se solicita del órgano jurisdiccional una actuación frente a una persona determinada y distinta de autor de la declaración. Se pide pues del órgano jurisdiccional que una persona haga o deje de hacer algo (GONZÁLEZ PÉREZ)[26]. De

---

23 No solo en las leyes procesales administrativas que se estudiarán en estas páginas, sino en otros ordenamientos procesales iberoamericanos, y sobre todo en la doctrina, como puede verse en el caso Argentino en: HUTCHINSON, *op. cit.*, Tomo II…, pp. 21-31.

24 *Cfr.* GUASP DELGADO, *op. cit*, p. 62.

25 *Ibídem*, p. 75.

26 De GONZÁLEZ PÉREZ, pueden consultarse, entre otros: "La pretensión procesal administrativa". *Revista de Administración Pública* N° 12. Instituto de Estudios Políticos. Madrid, 1951, pp. 83-84; "Acciones declarativas, constitutivas y de condena de la Administración Pública". *Revista de Derecho Público* N° 26. Editorial Jurídica Venezolana. Caracas, 1986; *Derecho Procesal Administrativo…*, pp. 151-156; *Manual de Derecho Procesal Administrativo.* 3° edición. Civitas Ediciones S.L. Madrid, 2001, pp. 211-232; *Comentarios a la Ley de la Jurisdicción Contencioso-Administrativa (Ley 29/1998, del 13 de julio).* 7° edición. Thomson Reuters Civitas. Editorial Aranzadi, S.A. Navarra, 2013, pp. 349-350. En similar sentido: GIMENO SENDRA, Vicente, Víctor MORENO CATENA y Pascual SALA SÁNCHEZ: *Derecho Procesal Administrativo.* 2° edición. Editorial Centro de Estudios Ramón Areces, S.A. Madrid, 2004, pp. 63-66. Esa posición ha tenido gran influencia en la doc-

este modo, se recalca, la tutela procesal se centra en lo pedido por el actor, en atención al principio de congruencia procesal –aunque el mismo pueda encontrar matices e incluso excepciones en el caso del proceso administrativo– lo que determinará entonces el diseño de la correlativa garantía jurisdiccional, y en última instancia, el tipo y contenido de decisión judicial a dictarse en caso de acogerse la pretensión.

Es esa la propuesta planteada por la doctrina procesal administrativa española partiendo de los lineamientos dogmáticos de GUASP, y que fue recogida, al menos parcialmente, en la Ley Española de 1956, desmarcándose expresamente de la tradicional noción francesa del "exceso de poder" (nulidad) *versus* "plena jurisdicción" (reparación y condena a la Administración)[27].

Por consiguiente, ya no se trata de considerar al contencioso como una vía impugnatoria o recursiva, por lo que no habrá un acto a *recurrir*[28], ni siquiera una *actividad administrativa*

---

trina procesal administrativa iberoamericana, tanto la que se cita en este trabajo al comentar las diversas leyes bajo estudio, como la de otros países, por ejemplo, Argentina (*Cfr.* HUTCHINSON, *op. cit.,* Tomo II…, pp. 21-22).

[27] *Cfr.* GONZÁLEZ PÉREZ, *Comentarios*…, pp. 349-350; MEILÁN GIL, *Dificultades y atajos*…, p. 1.141. Sobre ese instrumento legal señala MEILÁN GIL, José Luis: "Prólogo". En: GARCÍA PÉREZ, Marta: *El objeto del proceso contencioso-administrativo.* Editorial Aranzadi. Navarra, España, 1999, p. 16, que: "Fue un punto de referencia para la realización del Estado de Derecho, pese a sus clamorosas limitaciones preconstitucionales". Véase también: *Ibídem,* pp. 17-18. Por su parte, destaca HUERGO LORA, *Las pretensiones*…, p. 19, que la Ley Española de 1956 "…rompe la vinculación básica con el Derecho francés al judicializar totalmente el contencioso (primer elemento contrario a la tradición francesa) y orientar todo el proceso alrededor del concepto básico de pretensión procesal, frente a la pluralidad casuística de recursos que sigue caracterizando a ese antiguo modelo histórico".

[28] Y es que: "La sistematización de todo el Derecho Administrativo en torno a las formas típicas de actuación de la Administración (acto y contrato) dejó durante largo tiempo marginada a toda ac-

impugnable[29]. De lo que se tratará será de identificar a todas y cada una de las manifestaciones del actuar administrativo susceptibles de ser objeto de pretensiones procesales administrativas. Ello, sin menoscabo de que puedan plantearse pretensiones frente a la Administración que no se destinen propiamente a cuestionar la juridicidad de una determinada manifestación administrativa, sino a lograr que se despeje una incertidumbre por necesidades de tutela jurídica, reconociendo una situación jurídica frente a la Administración y, de ser necesario, declarando sus efectos frente a terceros. O bien, a lograr la materialización de un título ejecutivo, por citar otro ejemplo.

Y con esta última afirmación comienza a evidenciarse que, como sostuvimos en precedente oportunidad[30] basándonos en la doctrina[31], con la adopción del instituto de la pretensión

---

tuación administrativa ajena a aquel esquema, concretándose en nuestro Derecho en la generación de instrumentos de defensa frente a patologías en el campo de la actividad formal mediante la técnica del silencio" (GARCÍA PÉREZ, Marta: *El objeto del proceso contencioso-administrativo*. Editorial Aranzadi. Navarra, España, 1999, p. 36).

[29] Habida cuenta de que, conforme señala la doctrina española: "...no tiene sentido que el proceso contencioso deje de gravitar en torno al elemento formal 'acto' si de ello resulta que lo hará en torno al elemento subjetivo 'Administración'. De lo que se trata es de poner la 'pretensión' en el centro del sistema de garantías jurisdiccionales, y esto que constituye 'objeto' del proceso lo que el demandante **pretende** de los Tribunales, independientemente de frente a quién se pretende o a raíz de qué acto, actuación o inactividad se haya abierto el proceso" (GARCÍA PÉREZ, *op. cit.*, p. 115).

[30] TORREALBA SÁNCHEZ, Miguel Ángel: "El acto administrativo como objeto de la pretensión procesal administrativa y su tratamiento jurisprudencial en la Ley Orgánica del Tribunal Supremo de Justicia". En: *AA.VV.: El contencioso-administrativo a partir de la Ley Orgánica del Tribunal Supremo de Justicia*. Fundación Estudios de Derecho Administrativo (FUNEDA). Caracas, 2009, pp. 124-125.

[31] En el caso de la doctrina española, la premisa es la recuperación de la pretensión como objeto del proceso, lo que replantea el

procesal en el contencioso-administrativo no se trata simplemente de un cambio terminológico, ya de por sí deseable a los efectos de depurar de equívocos y de precisar los institutos empleados en la disciplina al uso, sino de contribuir a deslastrar a la Justicia Administrativa de sus originarias insuficiencias. Carencias que, si bien eran comprensibles e incluso justificables en los orígenes del modelo original, en el que cumplieron su cometido, no parecen encontrar razón de ser a estas alturas de desarrollo del Derecho Procesal, por un lado, y de los Derechos Constitucionales Procesales por el otro.

Y es que la inserción de la pretensión procesal en el contencioso coadyuva, de entrada, con la puesta al día de este último con relación a la visión moderna del proceso, en el cual participan partes en una relación jurídica-procesal. Así pues, se va abandonando el modelo de contencioso *objetivo* y *revisor*, y sustituyendo por la centralidad de la persona también en el ámbito adjetivo, como premisa y destino de todo el ordenamiento jurídico, y por tanto también, del ordenamiento procesal[32].

En efecto, al partirse de la pretensión procesal, el proceso y su estudio se está iniciando a partir de lo que pretenden las partes[33], del *bien de la vida*[34] perseguido a través de la interposi-

---

ámbito objetivo del último (*Cfr.* GARCÍA PÉREZ, *op. cit.*, p. 31, y también las pp. 68-69).

[32] Con razón se ha sostenido en esa orientación que: "El sistema procesal administrativo se ve empujado a cambiar su centro de gravedad, tradicionalmente determinado por referencia a los actos de la administración, y empieza a configurarse en torno a los intereses y derechos subjetivos de los ciudadanos" (MEILÁN GIL, José Luis y Marta GARCÍA PÉREZ: *Cuestiones actuales de la Justicia Administrativa en España*, p. 436. Disponible en línea consulta octubre 2015: http://biblio.juridicas.unam.mx/libros/7/3282/25. pdf).

[33] Cabe destacar que la definición de pretensión procesal administrativa viene determinada pues por la petición del demandante y no por la actuación previa de la Administración (*Cfr.* HUERGO LORÁ, *Las pretensiones…*, p. 25).

ción de la demanda[35] contentiva de la pretensión y mediante la cual se ejerce el derecho de acción[36]. Deberá entonces el contencioso instrumentar mecanismos de garantía jurisdiccional a través de procesos eficaces e idóneos que permitan el ejercicio del derecho a la tutela jurisdiccional efectiva en un proceso sin dilaciones indebidas. Y a su vez, esos diseños adjetivos habrán de culminar, caso de acogerse la o las pretensiones planteadas[37], con sentencias que no se limitarán a expulsar o extraer del ordenamiento jurídico un acto formal a la usanza –quirúrgica si se acepta la expresión– del original "recurso por exceso de poder"[38].

Y es que cabe recordar que esa limitación en el exceso de poder, como es bien sabido, trajo al modelo francés la necesidad de instrumentar una serie de mecanismos como paliativos frente a sus insuficiencias (*v.g.* la creación de la "vía de hecho" o las diversas aproximaciones en la teoría de los "actos separables" a los contratos administrativos), y que conllevaron también ciertas

---

34   Entendido este como "una materia por su naturaleza apta para satisfacer las necesidades o conveniencias objetivamente determinables de los sujetos" (GUASP DELGADO, *op. cit.*, p. 71).

35   Conceptuado genéricamente como acto de iniciación procesal (*Cfr. Ibídem*, p. 56). La demanda suele ser el acto de iniciación del proceso, contiene la o las pretensiones y es una manifestación del ejercicio del derecho de acción (HUTCHINSON, *op. cit.*, Tomo II…, pp. 19 y 28-31).

36   Concebido como el derecho a provocar la actividad jurisdiccional (*Ibídem*, pp. 52-53). Véase también, en el caso del proceso administrativo, entre otros: HUTCHINSON, *op. cit.*, Tomo II…, p. 11.

37   De allí que se acota: "La pretensión se correlacionará congruentemente con lo que se pide al Tribunal, con los 'remedies' que, en terminología de la **judicial review** se solicita de ellos y así se entiende que en el Derecho inglés las normas sobre aquéllos precediesen a las normas sustantivas" (MEILÁN GIL, *Prólogo…*, p. 21).

38   *Cfr.* GARCÍA PÉREZ, *op. cit.*, p. 31. Véase también: MEILÁN GIL, *Prólogo…*, p. 25.

dificultades en los ordenamientos que importaron el modelo original dicotómico "exceso de poder-plena jurisdicción"[39].

En cambio, al ser suplantado este mediante la adopción de los institutos procesales correspondientes, en este caso por la pretensión, se centra al proceso en su objetivo primordial. Esto es, en la necesidad de tutela jurídica a la persona que la requiere[40], a la vez que en la instrumentación de mecanismos idóneos para la aplicación del Derecho Sustantivo frente a su inobservancia espontánea, incluso en contra de la voluntad del titular del correspondiente deber u obligación jurídica, asunto este que se abordará posteriormente.

El modelo que ha venido siendo reemplazado –en mayor o menor medida– en el Derecho Procesal Administrativo Iberoamericano, en cambio, partía de una concepción jurídica que parece recordar el dicho de *poner las carretas delante de los caballos*, al centrarse primero en el establecimiento de una serie de vías o medios procesales, "recursos" en los términos más empleados incluso en el Derecho Positivo (al margen de su impropiedad)[41]. Vías adjetivas con sus características propias en

---

[39] Habida cuenta de que: "La articulación global del proceso en torno a la pretensión anulatoria resulta muchas veces insuficiente para dar una respuesta al conflicto jurídico que lo motivó, incluso en los casos en que se plantea, de forma complementaria, una pretensión de plena jurisdicción" (GARCÍA PÉREZ, *op. cit.,* p. 68).

[40] Pues como bien se señala: "El papel central del acto administrativo debe ser cedido hoy al de los derechos fundamentales de la persona..." (MEILÁN GIL, *Prólogo...,* p. 20).

[41] Y es que: "La expresión 'recurso' hace referencia a la impugnación de un acto jurídico dotado de una especial eficacia (...) de modo que la utilización de esta expresión es una reminiscencia de la etapa histórica en que el contencioso-administrativo sólo servía para revisar 'a posteriori' la legalidad de los actos administrativos y obtener, en su caso, su anulación" (HUERGO LORA, *Las pretensiones...,* p. 36). Véase también sobre los recursos, entendidos como impugnaciones: HUTCHINSON, *op. cit.,* Tomo II..., pp. 16-18.

cuanto a "materia objeto del recurso" o más recientemente "actividad administrativa impugnable", legitimación del recurrente, lapsos de caducidad o prescripción según el caso, causales de inadmisibilidad, tramitación de través de procesos plenarios o sumarios, ordinarios o especiales, y modalidades de sentencias (de anulación, de reconocimiento de una situación jurídica individualizada, de mandato de restablecimiento).

Partiendo de tal esquema prefijado, es que luego la persona requerida de tutela judicial habría de desentrañar el diseño legislativo existente (no siempre presidido por la mayor racionalidad, claridad y simplicidad) con el fin de detectar cuál era el medio aplicable a sus requerimientos, cuidándose entonces de *encuadrar* su pretensión en la casilla correspondiente, so pena de encontrarse con dificultades procesales para el ejercicio de su derecho a la tutela jurisdiccional en alguna de sus fases o modalidades[42]. Concepción pues, que vista a la luz de la moderna Teoría General del Proceso no parece encontrar cabida[43],

---

[42] Con razón se ha señalado, refiriéndose a las limitaciones de la tutela jurisdiccional frente a la inactividad administrativa en el caso español en el que aún persistirían algunas manifestaciones en las que el particular queda sin protección expresa, y por tanto proponerse la adopción de un sistema abierto de múltiples pretensiones, crítica que consideramos aún más aplicable en general a la concepción revisora y objetiva centrada en un elenco de "recursos" o "vías procesales" según corresponda a cada manifestación del actuar administrativo, que: "Nuestro sistema jurisdiccional contencioso administrativo, pretendidamente tan moderno y avanzado, recuerda en ocasiones el arcaico sistema procesal romano de las *legis actiones*, prolongado durante varios siglos en el Continente europeo y todavía más en las Islas británicas..." (NIETO, Alejandro: "La vía de hecho omisiva". En: MONTORO CHINER, M.J. (Coord.): *La Justicia Administrativa. Libro Homenaje al Prof. Dr. D. Rafael Entrena Cuesta*. Atelier. Barcelona, España. 2003, p. 421).

[43] No parece lógico desde el punto de vista procesal, tener que comenzar por *adaptar* las pretensiones a las enumeraciones legislativas. De allí que, incluso para el caso de leyes recientes, como la Española, la incorporación de nuevas pretensiones no ha supe-

y que ha persistido en el contencioso-administrativo Iberoamericano más por la fuerza de la tradición y de la inercia que por un examen objetivo de sus virtudes y carencias[44].

Por supuesto que ese esquema originario no quedó inalterado en su devenir Iberoamericano, y más bien fue sufriendo modificaciones, bajo el influjo de la propia evolución del Derecho Procesal. Tal fue el caso de la recepción del instituto de la acumulación de pretensiones, que permitió en cierta medida morigerar algunas de las rigideces originales. Pero lo cierto es que la concepción persistió, conjuntamente con la noción del contencioso como un medio objetivo y revisor de la juridicidad del actuar administrativo.

Se pasó así del paradigma original a una solución de compromiso, en la cual se sustituyó el esquema acto-actuación y su correlativa nulidad-condena, al de la "actividad administrativa impugnable" mediante diversos "recursos", y según la doctrina, muchas legislaciones se encuentran a medio camino en este tránsito[45].

---

rado del todo los inconvenientes de tal enumeración, por tratarse en criterio de la doctrina de un sistema cerrado de pretensiones "...cuando la práctica ha demostrado que la realidad es tan cambiante y tan sorprendente que siempre podrá surgir una pretensión de difícil encaje en alguno de los cuatro supuestos anteriores" (GARCÍA PÉREZ, *op. cit.*, p. 90).

[44] Para el caso español así lo ha destacado MEILÁN GIL, *Prólogo...*, p. 21. Por su parte, para ese mismo ordenamiento señala GARCÍA PÉREZ, *op. cit.*, p. 35: "La integridad del control jurisdiccional, el reconocimiento de un proceso pleno entre partes y los poderes ilimitados de los jueces en el proceso son, sin duda, los grandes ausentes de la justicia administrativa de nuestro tiempo, que no ha sabido sobreponerse a una jurisprudencia eminentemente formalista, capaz de vaciar de contenido las claras intenciones del legislador de tener por superado el ámbito del recurso objetivo por exceso de poder del ordenamiento francés".

[45] Respecto al caso español, en relación con la Ley vigente señala por ejemplo MEILÁN GIL, *Prólogo...*, p. 21: "Pero la Ley no se li-

Pero como también señala esa doctrina, resta aún mucho por hacer para adoptar plenamente las categorías procesales fundamentales, comenzando por la de la pretensión procesal.

Otras consecuencias de la inadecuación del modelo clásico del contencioso y de su falta de asimilación de la pretensión, se relacionan con la necesidad de mayor subjetivización de este (proceso entre partes)[46]; el replanteamiento del interés procesal como determinante de la legitimación; la aplicación de la excepción de cosa juzgada; así como la motivación y la congruencia de la sentencia (sobre esto último se hará referencia más adelante)[47].

Se requiere entonces, según postula la doctrina mayoritaria de los países cuyas leyes serán objeto de estudio, la necesaria adopción de la pretensión procesal en sus ordenamientos y en su práctica jurisprudencial. Y estos planteamientos, como ya se señaló, han sido recogidos, con mayor o menor acierto, por las legislaciones objeto de estudio, aunque la doctrina de cada país

---

bera de lo que hoy es ya un lastre doctrinal. Se sigue poniendo un excesivo énfasis en el recurso que 'admite modificaciones de relieve en función del objeto sobre el que recae', sean actos administrativos expresos o presuntos, inactividad de la Administración o actuaciones materiales constitutivas de vía de hecho". En similar sentido, para GARCÍA PÉREZ, *op. cit.*, pp. 71 y 158, el referido texto legal no logra superar del todo el carácter revisor del contencioso. Como una oportunidad perdida la califica HUERGO LORA, *Las pretensiones...*, p. 18. Sobre ello se volverá más adelante en posteriores Capítulos.

[46] Véase: HUERGO LORA, *Las pretensiones...*, pp. 34-35.

[47] *Cfr.* GARCÍA PÉREZ, *op. cit.*, pp. 111-189. Respecto a las consecuencias de la asunción del instituto de la pretensión en el Derecho Procesal en general, véase: GUASP DELGADO, *op. cit.*, pp. 67-101.

haya destacado las insuficiencias o incoherencias en la adopción del nuevo[48] modelo[49].

---

[48] No tan nuevo en algunos casos, como el español, en el cual la Ley de 1956 recogía varias de las premisas aquí apenas esbozadas (*Cfr.* GARCÍA PÉREZ, *op. cit.*, pp. 112-113). Para una crítica de la Ley de 1998, véase entre otros: *Ibídem*, pp. 87-109. Más benévolo con el referido instrumento legal, desde una perspectiva externa, se muestra HUTCHINSON, *op. cit*, Tomo I..., pp. 116-118, quien se refiere a la paulatina superación en ésta de la concepción del proceso al acto.

[49] No solo la doctrina española ha cuestionado su Ley vigente respecto a la parcial asunción del instituto de la pretensión procesal administrativa. Así también lo han hecho los autores venezolanos en lo atinente a la Ley de ese país, destacando, además de su precariedad, la limitada adopción de la pretensión procesal en sustitución de la visión revisora, objetiva y basada en un *numerus clausus* de "recursos". *Cfr.* entre otros: HERNÁNDEZ G., José Ignacio: "Pasado, presente y futuro de la nueva Ley Orgánica de la Jurisdicción Contencioso Administrativa". En: *AA.VV.: Comentarios a la Ley Orgánica de la Jurisdicción Contencioso Administrativa.* Volumen I. Fundación Estudios de Derecho Administrativo (FUNEDA). Caracas, 2010, pp. 112-116; HERNÁNDEZ G, José Ignacio: "El cambio de paradigma: Las pretensiones procesales administrativas". En: BREWER-CARÍAS, A. y HERNÁNDEZ-MENDIBLE, V.R. (Dirs.): *El Contencioso Administrativo y los Procesos Constitucionales.* Colección Estudios Jurídicos N° 92. Editorial Jurídica Venezolana. Caracas, 2011, pp. 117-129; UROSA MAGGI, Daniela: "Las pretensiones procesales en la nueva Ley Orgánica de la Jurisdicción Contencioso Administrativa". En: *AA.VV.: Comentarios a la Ley Orgánica de la Jurisdicción Contencioso Administrativa.* Volumen I. Fundación Estudios de Derecho Administrativo (FUNEDA). Caracas, 2010, pp. 211-224; y de la misma autora: *Breves comentarios al Proyecto de Ley Orgánica de la Jurisdicción Contencioso-Administrativa.* Anuario de Derecho Público N° 3. Centro de Estudios de Derecho Público. Universidad Monteávila. Fundación Estudios de Derecho Administrativo (FUNEDA). Caracas, 2011, pp. 183-197; TORREALBA SÁNCHEZ, Miguel Ángel: *Problemas fundamentales del contencioso-administrativo venezolano en la actualidad.* Fundación Estudios de Derecho Administrativo (FUNEDA). Caracas, 2013. pp. 115-122. Para la ley

En conclusión, como sostiene la doctrina española: "La solución pasa por concebir un sistema plural o abierto de pretensiones procesales, que permita afirmar distintas vías aptas para
el resarcimiento de las diversas necesidades de protección jurídica. De forma que surgido el conflicto, los Tribunales se limiten a determinar cuál es la concreta necesidad del litigante, cuál
su reclamación, cuál en definitiva, su pretensión"[50].

Alcanzada esa meta[51], habrá de partirse entonces del consecuente estudio de los diversos tipos de decisiones que dicta el

---

peruana, pueden verse los comentarios respecto de la necesaria
asunción de la pretensión procesal, que expone: HUAPAYA
TAPIA, *op. cit.*, pp. 485-514. Contrasta con ello la adopción más
cabal de la pretensión procesal en la ley costarricense, a la luz de
su artículo 42, que concibe al proceso administrativo como un
instrumento de satisfacción de pretensiones mediante el sistema
de un *numerus apertus* de estas (sobre ello se volverá en
posteriores Capítulos en lo atinente a los tipos de pretensiones y
de sentencias), alabada por la doctrina de ese país: *Cfr.* JINESTÁ
LOBO, Ernesto: "Pretensiones". En: JIMÉNEZ MEZA, Manrique,
JINESTA LOBO, Ernesto, MILANO SÁNCHEZ y Óscar GON-
ZÁLEZ CAMACHO: *El nuevo Proceso Contencioso-Administrativo.*
Poder Judicial. San José, Costa Rica, 2006, pp. 223-229; y del mismo
autor: *La nueva Justicia Administrativa en Costa Rica. Revista de*
Administración Pública N° 179. Mayo-Agosto 2009. Centro de
Estudios Políticos y Constitucionales. Madrid, 2009, pp. 2-8.

50   GARCÍA PÉREZ, *op. cit.*, pp. 87 y 192.

51   Quizá el ordenamiento que más se aproxima a ello sea la fórmula
costarricense, cuya Ley establece en su artículo 42: "1) El demandante podrá formular cuantas pretensiones sean necesarias, conforme al objeto del proceso. 2) Entre otras pretensiones, podrá solicitar: a) La declaración de disconformidad de la conducta administrativa con el ordenamiento jurídico y de todos los actos o las
actuaciones conexas. b) La anulación total o parcial de la conducta administrativa. c) La modificación o, en su caso, la adaptación de la conducta administrativa. d) El reconocimiento, el restablecimiento o la declaración de alguna situación jurídica, así como
la adopción de cuantas medidas resulten necesarias y apropiadas
para ello. e) La declaración de la existencia, la inexistencia o el
contenido de una relación sujeta al ordenamiento jurídico-admi-

Juez contencioso-administrativo, que no será otra cosa que el correlato de las diferentes clases de pretensiones procesales administrativas. Y a su vez, esa clasificación permitirá formar un panorama de los efectos de cada modalidad de fallo, lo que contribuye a facilitar la aproximación al tema de la ejecución de las sentencias en el proceso administrativo.

Será pues bajo esta visión que se continuará abordando el tema objeto de estudio. Pero antes, conviene hacer algunas precisiones respecto al ordenamiento hasta ahora faltante en estos comentarios, que es el colombiano, y que por las razones que se explican de seguidas ha sido considerado aparte de los otros, al menos en este primer acercamiento al tema objeto de la presente investigación.

En efecto, la excepción a lo aquí expuesto lo constituye, al menos parcialmente, el contencioso-administrativo colombiano, y hasta cierto punto ello se refleja en su Ley Procesal Administrativa. Esta peculiaridad vendría dada por múltiples causas, de las que no es posible dar cabal cuenta en esta oportunidad, además de que detallar el asunto excedería los objetivos trazados en este trabajo. En todo caso, un primer punto a considerar es el hecho de que Colombia ostenta, de manera parcialmente similar a la usanza francesa, un Consejo de Estado, que es órgano consultivo de la Administración Pública y a la vez cúspide de la jurisdicción contencioso-administrativa.

---

nistrativo. **f)** La fijación de los límites y las reglas impuestos por el ordenamiento jurídico y los hechos, para el ejercicio de la potestad administrativa. **g)** Que se condene a la Administración a realizar cualquier conducta administrativa específica impuesta por el ordenamiento jurídico. **h)** La declaración de disconformidad con el ordenamiento jurídico de una actuación material, constitutiva de una vía de hecho, su cesación, así como la adopción, en su caso, de las demás medidas previstas en el inciso d) de este artículo. **i)** Que se ordene, a la Administración Pública, abstenerse de adoptar y ejecutar cualquier conducta que pueda lesionar el interés público o las situaciones jurídicas actuales o potenciales de la persona. **j)** La condena al pago de daños y perjuicios".

Se evidencia entonces una dualidad jurisdiccional, entre los Tribunales "Ordinarios" o "comunes" y los integrantes del contencioso-administrativo[52], tradición organizativa y funcional que ya alcanza el siglo de funcionamiento ininterrumpido, y que encuentra sus antecedentes remotos en los textos constitucionales del siglo XIX, materializándose en la segunda década del pasado[53]. Ello viene a determinar –y aquí hay ciertas semejanzas con el modelo original francés– que ese contencioso-administrativo sea considerado una particularidad, e incluso, algo distinto al resto de los órdenes jurisdiccionales de los países vecinos e Iberoamericanos en general. De allí también que su enfoque ha sido prevalentemente dado desde las premisas del Derecho Sustantivo, específicamente del Derecho Administrativo o del Constitucional más recientemente, y no desde el Derecho Procesal.

Incluso, el Contencioso-Administrativo Colombiano es considerado aún hoy en día por un reputado sector doctrinario

---

[52] Véanse entre otros: CÁRDENAS MEJÍA, Juan Pablo: "El objeto de la jurisdicción contencioso administrativa". En: AA.VV.: *Memorias del Seminario Internacional de presentación del nuevo Código de Procedimiento Administrativo y de lo Contencioso Administrativo. Ley 1437 de 2011.* Consejo de Estado. Imprenta Nacional de Colombia, s/f. p. 275 (documento en línea: http://www.consejodeestado. gov.co/publicaciones/LIBRO%20MEMORIAS%20Nuevo%20CCA .pdf. Consulta noviembre 2014). Véase también, desde una perspectiva externa: HUTCHINSON, *Derecho Procesal Administrativo...* Tomo I..., pp. 86-91.

[53] Véase al respecto, entre otros: CÁRDENAS MEJÍA, *op. cit.,* pp. 276-277; SARRÍA OLCOS, Consuelo: *¿Acciones o pretensiones contencioso administrativas?* Ponencia presentada en las *Jornadas de Derecho Administrativo,* realizadas en la Universidad Externado de Colombia, durante el 7, 8 y 9 de septiembre de 2010. pp. 79-86. Revista digital de Derecho Administrativo N° 4, segundo semestre/2010. Universidad Externado de Colombia. Bogotá, 2010. Documento en línea consultado octubre de 2015. file:///C:/Users/ User1/Downloads/Dialnet-AccionesOPretensionesContencioso Administrativas-5137223.pdf.

de ese país[54], como algo distinto del Derecho Procesal, lo que demuestra una concepción bastante alejada de las tendencias actuales en la Justicia Administrativa Iberoamericana[55]. Por ello, la recepción de las nociones e institutos de la Teoría General del Proceso no parecen haberse concretado en toda su extensión, ni en su estudio doctrinario, ni en su regulación positiva, al margen de que se encuentren también ejemplos de acogidas concretas. Tal ha sido el caso del instituto de la pretensión procesal, incluso empleada en regulaciones positivas (*v.g.* los artículos 157, primer aparte, 162.2 y 165 de la ley colombiana).

Aunado a lo anterior, se encuentra el hecho de que, aunque la ley colombiana bajo estudio introduce novedosas pautas en muchos aspectos, inclusive en materia de ejecución de sentencias como luego se verá, lo cierto es que su estructura fundamental en cuanto a las vías procesales, viene determinada por las leyes previas, al punto que lo que se nota es una evolución de las originales "acciones contencioso-administrativas"[56], establecidas desde la Ley de 1941, hasta los actuales "medios de

---

[54] *Cfr.* SANTOFIMIO GAMBOA, Jaime Orlando: *Tratado...*, pp. 65-66.

[55] Cfr. entre otros: GONZÁLEZ PÉREZ, *Derecho Procesal...*, pp. 13-17; HUTCHINSON, *Derecho Procesal Administrativo...* Tomo I..., pp. 35-55.

[56] Cabe destacar que, como bien destaca un sector de la doctrina procesal colombiana, crítico con el tratamiento dado al tema en el contencioso-administrativo: "Las acciones no son, pues, ni civiles, ni laborales, ni contencioso-administrativas; escuetamente son acciones procesales. Más bien, si se quiere en tal sentido sí podría hablarse de las pretensiones que se hacen valer mediante el ejercicio de las respectivas acciones" (RAMÍREZ ARCILA, Carlos: *Fundamentos procesales y pretensiones contencioso-administrativas*. Editorial Temis Librería. Bogotá, 1983, p. 117). Sobre el punto puede también verse, entre otros: SARRÍA OLCOS, Consuelo: *Acciones contencioso-administrativas, contenido y clases de sentencias*. En: AA.VV.: Primeras Jornadas Internacionales de Derecho Administrativo "Allan R. Brewer-Carías". *Contencioso-administrativo. Fundación Estudios de Derecho Administrativo*. Caracas, 1995, pp. 447-458.

control" que básicamente mantienen el enfoque original y se centran en todo caso en ampliar sus vertientes, como lo reconoce la propia doctrina[57].

De tal suerte que, aunque un sector doctrinario sostiene la plena acogida del instituto de la pretensión procesal administrativa en el contencioso-administrativo colombiano, parece evidenciarse que tal asunción ha sido solo parcial, en el sentido de que dentro de esas "acciones contencioso-administrativas" o "medios de control" en la Ley vigente[58], se incluye la

---

[57] *Cfr.* BASTIDAS BÁRCENAS, Hugo Fernando: *Los Medios de Control en la Ley 1437 de 2011.* En: AA.VV.: Memorias del Seminario Internacional de presentación del nuevo Código de Procedimiento Administrativo y de lo Contencioso Administrativo. Ley 1437 de 2011. Consejo de Estado. Imprenta Nacional de Colombia, s/f., p. 293 (documento en línea: http://www.consejodeestado. gov.co/publicaciones/LIBRO%20MEMORIAS%20Nuevo%20 CCA . pdf.).

[58] Entendemos que el cambio sigue siendo meramente de términos, no de fondo. Véase al respecto la explicación y la referencia a la Exposición de Motivos de la vigente Ley Colombiana en: SARRÍA OLCOS, *¿Acciones…,* pp. 86-96; así como: BASTIDAS BÁRCENAS, *op. cit.,* p. 293, toda vez que aunque el Proyectista señala que se asumen los "medios de control" con el fin de destacar que hay una única acción en el sentido procesal y diversos medios de control mediante los cuales se pueden interponer múltiples pretensiones, por lo que se evitaría que debido a equivocaciones en la selección del medio de control se haga nugatorio el efectivo ejercicio del derecho de acceso a la Jurisdicción, lo cierto es que la Ley le sigue dando tratamientos diferentes a esos "medios de control" en varios aspectos procesales. Por ende, siguen siendo diversas vías procesales clasificadas por la Ley, no por la naturaleza jurídico-procesal de cada pretensión o pretensiones, lo que se constata incluso con la simple lectura del Título III del Código y su énfasis en la enumeración legal. De allí que nos preguntemos si cabe la siguiente afirmación en tan categóricos términos: "En síntesis, la propuesta de reforma al Código vigente [propuesta que ya es Ley] convierte en Legislación positiva el criterio que en el derecho procesal elaboró y se desarrolló con la teoría moderna de la acción, para referirse a las diferentes pretensiones, y que en

posibilidad de acumular diversas pretensiones destinadas al restablecimiento de las situaciones jurídicas subjetivas.

Pero en lo que respecta al cambio de concepción fundamental, del original esquema francés dicotómico de exceso de poder-plena jurisdicción (obviando los otros *contenciosos* previstos en ese paradigma original), que implica, como señala por ejemplo la doctrina española, o como establece la ley costarricense, que se parta del petitorio contenido en las pretensiones, como premisa para el diseño e instrumentación del diseño pro-

---

el derecho contencioso administrativo, también ha sido acogido por autores nacionales y extranjeros" texto entre corchetes añadido (SARRÍA OLCOS, *¿Acciones...*, p. 99), sobre todo cuando en el mismo trabajo se señala: "La propuesta [actual Código] busca que el legislador defina el tema para evitar las múltiples interpretaciones tal vez contradictorias, partiendo de recoger el criterio obvio de que la acción de pura nulidad generalmente se ejerce contra actos de contenido general, mientras que cuando se trata de impugnar actos que afectan derechos subjetivos, es decir, actos particulares, se ejerce la acción de nulidad y de restablecimiento del derecho" texto entre corchetes añadido (*Ibídem*, p. 100), lo que parece evidenciar que la selección del medio procesal idóneo no depende entonces únicamente de la pretensión procesal a interponer, sino de múltiples criterios que han venido siendo jurisprudencialmente delineados. Ello es corroborado con la siguiente duda doctrinaria, que evidencia que no se ha asumido la posibilidad de acumular pretensiones como regla general en ese esquema de "medios de control", al plantear: "Sería importante que se aclarara, con relación a las pretensiones a que se refiere el proyecto, si son acumulables las pretensiones de restablecimiento del derecho y la de reparación del daño. Lo anterior, por cuanto en la jurisprudencia han existido diferentes tesis que han llevado a decisiones contradictorias en el Consejo de Estado, por cuanto en algunos casos, además de la nulidad del acto y del restablecimiento del derecho se han reconocido sumas de dinero, a título de indemnización de perjuicios, mientras que en otros casos se ha decidido en el sentido de que la reparación del daño solamente es viable cuando no es posible el restablecimiento del derecho" (*Ibídem*, p. 101).

cesal y de la sentencia y su contenido, ello no parece haber sido plenamente asumido en el caso colombiano[59]. Por ende, todavía un sector doctrinario se refiere a que las pretensiones a encauzar mediante el correspondiente medio de control estén *autorizadas* por este último, lo que equivale a admitir que lo determinante no es la pretensión del demandante, sino el encuadramiento de la misma en el cauce legalmente prefijado[60].

De allí que en la Justicia Administrativa de ese país se siga partiendo, como premisa fundamental, de que la o las pretensiones interpuestas contra la Administración se correspondan a una de las vías procesales legalmente preestablecidas (y no a una de las categorías dogmáticas o conceptuales conocidas como los tipos de pretensiones procesales), lo que va a determinar entonces una serie de consecuencias adjetivas, dada la diversidad de tratamiento que se le da a cada "acción" o "me-

---

[59] En similar sentido señala PAREJO ALFONSO, Luciano: *El Nuevo Código de Procedimiento Administrativo y de lo Contencioso Administrativo desde la perspectiva del Derecho Comparado*. En: AA.VV.: Memorias del Seminario Internacional de presentación del nuevo Código de Procedimiento Administrativo y de lo Contencioso Administrativo. Ley 1437 de 2011. Consejo de Estado. Imprenta Nacional de Colombia, s/f., pp. 110, http://www.consejodeesta do.gov.co/publicaciones/LIBRO%20MEMORIAS%20Nuevo%20C CA.pdf. Consulta noviembre 2014), lo siguiente: "…por lo que hace al sistema de acciones dispuesto en el Código, hay que decir que es más propio del modelo anglosajón/alemán, que del francés/español, aunque es cierto que del sistema francés procede sin duda la diferenciación entre acción de nulidad (proceso objetivo a la decisión) y acción de nulidad y restablecimiento/reparación (recurso de plena jurisdicción). Es más que discutible que ante la proteica acción administrativa ese sistema sea superior al de cláusula general en función de la legitimación activa (pretensiones no tipificadas) que es el español, pero nada impide su adaptación a las circunstancias y su evolución, siempre que se aplique de forma flexible en sede judicial".

[60] *Cfr.* BÁSTIDAS BÁRCENA, *op. cit.*, p. 293.

dio de control"[61], lo que incluso ha generado críticas doctrinarias[62].

Lo antes señalado no deja de suscitar una serie de problemas, y un buen ejemplo de ello lo constituye la teoría de los "motivos o finalidades", creada y desarrollada jurisprudencialmente, y acogida en la Ley vigente, para determinar la procedencia y los alcances adjetivos de la interposición de pretensiones de nulidad de actos administrativos generales o particulares frente a las de reparación directa de daños[63].

Esa teoría confirma entonces que el contencioso-administrativo colombiano no ha recibido, o al menos no lo ha hecho

---

[61] Y es que, se insiste, el cambio ha sido de términos, sustituyendo las "acciones contencioso-administrativas" por "medios de control", y no de concepción. De allí que se ha señalado que: "El nuevo código no crea ningún medio nuevo de control de los ya existentes ni crea una nueva acción judicial bajo el nombre de medio de control. Lo que hace es compilar los mecanismos judiciales existentes diseñadas para controlar en general, las actividades tanto materiales como jurídicas del Estado, actividades regidas fundamentalmente por el derecho administrativo" (BASTIDAS BÁRCENAS, *op. cit.*, p. 293).

[62] Concluye al respecto: *Ibídem*, p. 310: "Como se vio, subsisten varios procedimientos según el medio de control ejercido; no todos los jueces conocen de todas las acciones; no siempre hay conexidad. Es decir, la acumulación plausible o posible de pretensiones es una ilusión. Ha debido dejarse intacto el nombre de las acciones como acciones. Hasta aquí cuento con siete maneras de atacar la validez de los actos administrativos. Se trataría, a mi juicio, de un sistema exuberante y confuso de someter a juicio la actividad jurídica de la Administración".

[63] Además de la bibliografía que más adelante se citará, véase también sobre los orígenes de esta teoría, entre otros: RAMÍREZ ARCILA, *op. cit.*, pp. 125-126; SARRÍA OLCOS, Consuelo: "Artículo 137". En: *AA.VV.: Código de Procedimiento Administrativo y de lo Contencioso-Administrativo. Ley 1437 de 2011.* Comentado y concordado. José Luis Benavides Editor. Universidad Externado de Colombia. Bogotá, 2013, p. 313-315.

integralmente, la concepción de la pretensión procesal administrativa como sustituto del clásico esquema nulidad-condena
a indemnización propio de la dicotomía ya referida, de exceso
de poder (nulidad)-plena jurisdicción (condena a dar, hacer o
deshacer, con posibilidad de sustitución judicial)[64], más allá de
los cambios en los términos[65].

Lo expuesto adquiere trascendencia a la luz del tema
desarrollado en estas páginas, por múltiples razones. En primer
lugar, porque, dado que el contencioso-colombiano se inspira

---

[64] Asunción terminológica de los vocablos franceses (con añadido
de la "acción indemnizatoria") adoptada a partir del Código
Contencioso Administrativo de 1941 (SARRÍA OLCOS, *¿Acciones…*, p. 83). Aunque en la Ley actual se emplee el término: medios de control, nos luce aún aplicable la siguiente consideración
doctrinaria: "…se habla de contencioso de anulación, contencioso
de plena jurisdicción, contencioso de legalidad, de ejecución material, de comprobación, de exceso de poder, etc." (RAMÍREZ
ARCILA, *op. cit.*, p. 119). Ilustrativa es la siguiente explicación: "el
vocabulario jurídico procesal empleado por el Código Contencioso Administrativo ha sido inadecuado, principalmente en lo
relacionado con la acción y las pretensiones, no por ignorancia
culpable de los redactores del Código, quienes al contrario, fueron ilustres juristas, sino por la época de su redacción (1939),
cuando apenas comenzaban a difundirse en nuestra patria las
primeras noticias sobre los avances de la nueva ciencia del derecho procesal, de las cuales también estuvo ausente el derecho
francés, de donde se nutrió nuestro derecho contencioso-administrativo" (*Ibídem*, p. 147). Si se toma en cuenta que la Ley Colombiana actual mantiene el esquema aunque cambia los términos "acciones" por "medios de control", surge la interrogante
acerca de hasta dónde se han remozado las concepciones originales.

[65] A partir de 1984 se sustituye el término: acción de plena jurisdicción por acción de restablecimiento del derecho y se incluye una
acción autónoma de reparación directa (*Cfr.* SARRÍA OLCOS,
¿Acciones…, p. 84).

parcialmente en el primigenio modelo francés[66], ello habrá de implicar que, a semejanza de este, no se le preste especial atención al tema de la ejecución de la sentencia. Eso habida cuenta que en ese arquetipo el asunto no era de considerable importancia, al punto que se ha llegado a sostener, como luego se verá, que la consolidación del recurso por exceso de poder tuvo como contrapartida en Francia el mantenimiento de la "Justicia Retenida" en el ámbito o fase de la ejecución de los fallos condenatorios, cuyo cumplimiento y ejecución correspondía –y por tanto dependía– de la Administración.

Y en segundo término, porque parece ser una tradición del contencioso-administrativo colombiano, el que el tema de la ejecución de la sentencia sea objeto de poca consideración[67], al punto que se le haya concebido como una competencia propia de los jueces "ordinarios", e incluso –como se verá más adelante– hasta fecha reciente y comprendiendo también la

---

[66] En la Exposición de Motivos del proyecto de Código Contencioso Administrativo de 1941 (antecedente de todos los posteriores incluso de la actual ley colombiana) se señaló por ejemplo: "Las acciones ante la jurisdicción contencioso-administrativa son objeto de una revisión fundamental en el proyecto, en el cual se han tenido en cuenta los principios dominantes en la legislación de otros países y la experiencia administrativa del nuestro. Siguiendo los pasos de la doctrina francesa, y hasta donde ello ha sido posible dentro de las peculiaridades de la organización política y administrativa de Colombia, se echan las bases legales que estructuran el contencioso de anulación y el contencioso de plena jurisdicción" (RAMÍREZ ARCILA, *op. cit.*, p. 119). Véase también: *Ibídem*, pp. 132-138 y 142-147.

[67] Al punto que destacó la propia doctrina, comentando el proyecto que se hizo Ley actual: "El proyecto de reforma no hace especial referencia en relación con lo que denomina pretensión ejecutiva, ya que solamente la incluye cuando hace la enumeración enunciativa de las pretensiones que se pueden plantear mediante la que denomina acción administrativa, pero no propone ninguna definición o regulación específica" (SARRÍA OLCOS, *¿Acciones...*, p. 103). El asunto será retomado más adelante.

Ley vigente, la competencia en este asunto era y sigue siendo compartida entre los jueces contenciosos y los otros. O bien, entre la jurisdicción contencioso-administrativa y la propia Administración, todo lo cual luce una solución ajena a la situación actual de las otras leyes bajo estudio.

De tal suerte que resulta una consecuencia lógica que, partiendo de tales esquemas, el contencioso colombiano no le dedique especial tratamiento al asunto objeto de esta investigación[68]. Aunque veremos que la desatención dista de ser absoluta, sino que más bien, la ejecución de las sentencias contencioso-administrativas se tramita y materializa a través de una serie de mecanismos casuísticos inusuales –no necesariamente más idóneos o inidóneos– para los demás ordenamientos bajo análisis.

Es pues el contencioso colombiano (parece más apropiado denominarlo así que el Derecho Procesal Administrativo Colombiano, no solo por su particularidades sino porque como se destacó un sector de la doctrina le niega el carácter propio de este último), la excepción que confirma las reglas que veremos inspiran a la ejecución de las sentencias en el proceso administrativo a la luz de las legislaciones bajo estudio. Aunque ello no deje de contrastar también con los puntos comunes que mantienen todos los ordenamientos que se revisarán, sobre todo en atención a los respectivos marcos constitucionales.

Sin embargo, nos parece riesgoso señalar que esa originalidad llega a apartar del todo a Colombia de la Justicia Administrativa Iberoamericana, máxime a la luz de las más recientes tendencias de la primera. Más bien, el ejercicio comparativo entre la regla y la excepción revela inclusive puntos comunes entre ambas, asunto cuyo desarrollo queda para otra investigación, más allá de lo que aquí se destacará en el tema objeto de estas páginas.

---

[68] Incluso, durante la preparación de la Ley vigente, se llegó a discutir la conveniencia de asignar o no la competencia para el conocimiento de los procesos ejecutivos a la jurisdicción contencioso-administrativa (*Cfr.* CÁRDENAS MEJÍAS, *op. cit.*, p. 289).

Vistas pues en sus líneas generales la tendencia general y la excepción, resulta conveniente ahora referir, siquiera brevemente, las principales líneas conceptuales del tema de la tipología de la pretensiones procesales y correlativas sentencias, así como los principales efectos producidos por esas últimas, lo que pasa a hacerse en el siguiente Capítulo.

CAPÍTULO II

LOS TIPOS DE PRETENSIONES PROCESALES ADMINISTRATIVAS Y SUS CORRELATIVAS CLASES DE SENTENCIAS EN EL MARCO DE LAS TENDENCIAS LEGISLATIVAS ACTUALES DEL PROCESO ADMINISTRATIVO IBEROAMERICANO

LOS EFECTOS GENERALES Y ESPECÍFICOS DE LA SENTENCIA EN EL PROCESO ADMINISTRATIVO

I. LOS TIPOS DE PRETENSIONES PROCESALES Y SU APLICACIÓN EN EL DERECHO POSITIVO

Habiendo revisado en el primer Capítulo la necesidad de insertar al instituto adjetivo de la pretensión procesal en la Justicia Administrativa, partiendo de las tesis postuladas por GUASP y adaptadas por GONZÁLEZ PÉREZ al proceso administrativo, corresponde entonces describir, con cierto grado de detalle, cómo se ha producido ese fenómeno en las tendencias legislativas Iberoamericanas. Para ello, se comenzará por repasar la tradicional clasificación de las pretensiones procesales, con el fin de detallar luego cómo se manifiesta la misma en los diversos regímenes bajo estudio (incluyendo el colombiano, más allá de las precisiones expuestas al final del Capítulo anterior). Cabe señalar que se tratará de un ejercicio fundamentalmente descriptivo, pues el asunto será abordado con mayor detalle en el Capítulo VI, al revisarse los diversos tipos de sentencias establecidos en el Derecho Positivo.

Luego de ello, se estará en mejores condiciones para revisar los diversos efectos de la sentencia. No obstante, como no es tarea de esta investigación profundizar en un tema arduo y en algunos aspectos polémico en el proceso en general, y también en el proceso administrativo, nos limitaremos a exponer sus principales lineamientos apoyándonos en la doctrina. Lo anterior, toda vez que el estudio de los efectos concretos de las diversas sentencias de acuerdo con cada regulación, serán abordados con mayor detalle en los Capítulos III al V de esta obra.

En cuanto a las diversas pretensiones que pueden plantearse, a la luz de la doctrina, la categorización que será objeto de atención en este Capítulo en cuanto a las pretensiones y más adelante en lo atinente a los fallos judiciales, es aquella que clasifica cuatro tipos: Declarativas o Mero-declarativas, Constitutivas, De condena y Ejecutivas[69]. Veamos primeramente la definición de cada tipo.

Se entiende por PRETENSIONES DECLARATIVAS, aquellas en las que se pide al órgano jurisdiccional la mera declaración de la existencia o inexistencia de una relación jurídica. La finalidad perseguida es la certeza, la desaparición de la incertidumbre en que se halla el demandante. La petición tiende a la constatación de una situación jurídica existente, sin que se imponga a persona determinada, aunque la declaración puede darse en interés del demandante frente a alguien[70]. Se trata de una pretensión que tiene por objeto el reconocimiento de la existencia o inexistencia de una situación jurídica.

Como ejemplos de pretensiones procesales administrativas declarativas, propone la doctrina: la declaratoria judicial de

---

[69] Los párrafos que describen los diversos tipos de pretensiones se basan en lo que expusimos en anterior oportunidad en: *El acto administrativo como objeto de la pretensión...*, pp. 127-129. Para el caso venezolano, más recientemente: UROSA MAGGI, *Las pretensiones procesales...*, pp. 213-214. Véase también por ejemplo, en la doctrina argentina, HUTCHINSON, *op. cit.*, Tomo II, pp. 46-48. Otra clasificación, también de GONZÁLEZ PÉREZ, opta por referirse a las declarativas, de anulación, de plena jurisdicción, de interpretación, de definición de competencias administrativas (legislación colombiana) y ejecutivas, pero aclarando que a tal fin se adopta el criterio tradicional del derecho procesal administrativo hispanoamericano -para la época, agregamos nosotros- (*Cfr. Derecho Procesal Administrativo...*, pp. 156-163). Véase también una clasificación similar para el caso español antes de la Ley de 1956, igualmente del mismo autor en: *La pretensión...*, pp. 91-105, clasificación felizmente abandonada a partir de esa Ley, en opinión del mismo GONZÁLEZ PÉREZ, *Comentarios...*, p. 444. Mantienen la distinción entre anulación y plena jurisdicción como la clasificación tradicional de las pretensiones, entre otros: GIMENO SENDRA, MORENO CATENA y SALA SÁNCHEZ, *op. cit.*, p. 63.

[70] GONZÁLEZ PÉREZ, *Manual...*, p. 217. Véase en general en la misma obra las pp. 211-232.

nulidad de un acto administrativo nulo de nulidad absoluta[71], y sentencias declarativas serán aquellas que declaren esa nulidad, o bien denieguen una pretensión de ese tipo[72].

Serán PRETENSIONES CONSTITUTIVAS, en cambio, aquellas en las que se pide al órgano jurisdiccional la creación, modificación o extinción de una situación jurídica, determinando la mutación de la realidad jurídico-material[73]. Para un sector de la doctrina son el supuesto normal en el proceso administrativo, afirmación que luce discutible, toda vez que más bien son las pretensiones de condena el supuesto normal aún en la hipótesis de impugnación de actos administrativos, pues no basta con pedir la anulación de éstos, sino que generalmente se pretenderá también que la Administración modifique la situación jurídica creada por la ejecución del acto administrativo anulado[74].

---

[71] HUERGO LORA, *op. cit.* p. 47.

[72] GONZÁLEZ PÉREZ, *Acciones…*, p. 12.

[73] *Ibídem,* p. 14

[74] Esta distinción parece ponerla de manifiesto el mismo GONZÁLEZ PÉREZ, al señalar que "…para que pueda hablarse de una sentencia administrativa constitutiva es necesario que la modificación de la relación jurídica sea un efecto directo de la sentencia, que la sentencia en sí misma produzca la modificación de la realidad jurídica…", para luego agregar "…No es que la sentencia constitutiva no excluya la necesidad de realizar actos consecuenciales que no tienen carácter ejecutivo (…), sino que no excluye la posibilidad de medidas de ejecución. Sin necesidad de que a la pretensión constitutiva se acumule otra de condena y sin que la sentencia constitutiva contuviera otro pronunciamiento en tal sentido, el reconocimiento en el fallo de la existencia de una relación jurídica, será título ejecutivo suficiente para toda vía ejecutiva encaminada a acomodar la realidad con aquella relación jurídica". (*Ibídem*, p. 15). Añade el autor: "… (no) que en un proceso concreto únicamente pueda pretenderse una sentencia que sea declarativa, constitutiva o de condena. Sino que puede pretenderse una sentencia que contenga pronunciamientos que permi-

A su vez, las PRETENSIONES DE CONDENA se manifiestan en el supuesto de que lo que se reclama del órgano jurisdiccional es la imposición de una situación jurídica al demandado, condenándolo a unas prestaciones (positivas o negativas), o a un hacer. No basta el respeto a la situación jurídica reconocida o creada por la sentencia, sino que se requiere que se realice una prestación concreta, positiva o negativa[75], se trata de un dar, un hacer o un no hacer[76].

En ese sentido, se señala que las pretensiones de condena en el contencioso-administrativo son aquellos actos mediante los cuales el demandante pide a un órgano de este orden jurisdiccional que ordene a la Administración la realización de una determinada conducta, ya consista ésta en el pago de una cantidad de dinero, la realización de otra actuación material, el dictado de un acto administrativo o la aprobación de un Reglamento[77].

Un ejemplo derivado de las anteriores referencias, permitirá mostrar la distinción: si se pretende la declaración de la condición de un ciudadano como funcionario público, la pretensión (y la sentencia) será meramente declarativa; si se pretende además la anulación del acto administrativo que lo separó de manera ilegal de su cargo, se estará en presencia de una pretensión (y sentencia) constitutiva; y si a ello se añade la petición de condena a su reincorporación y al pago de las remune-

---

tan catalogarse en más de una de las categorías señaladas" (texto entre paréntesis añadido). Esto será lo normal en un proceso administrativo, puesto que para el pleno restablecimiento de la situación jurídica vulnerada no bastará la anulación del acto administrativo y consiguiente modificación de la relación jurídica (que sería objeto de una pretensión de sentencia constitutiva), sino de la condena de la Administración Pública demandada a realizar una determinada prestación (*Ibídem*, p. 9).

[75]   *Ibídem*, p. 19-20

[76]   MEILÁN GIL, *Dificultades y atajos…*, p. 1.146.

[77]   HUERGO LORA, *op. cit.* p. 25.

raciones dejadas de percibir durante el tiempo que el acto anulado produjo efectos, en tal caso la pretensión y la correlativa sentencia serán de condena.

Por último, serán PRETENSIONES EJECUTIVAS aquellas en que se solicita del órgano jurisdiccional un hacer, una manifestación de voluntad, la realización de una conducta, física o material, en contra de la voluntad del obligado[78]. Tendrán su origen en un título ejecutivo.

Esta clasificación o tipología puede encontrarse en la regulación de las diversas Leyes bajo estudio. Así por ejemplo, y a reserva de que el estudio más detallado de varias de estas se hará en Capítulos posteriores, serán pretensiones declarativas o constitutivas[79], bajo la ley española, las de anulación de actos administrativos y de disposiciones[80], en la hipótesis de no solicitarse el reconocimiento de alguna situación jurídica individualizada (artículo 31.1)[81]; de condena, aquellas en que, además de la anulación judicial, se pida el reconocimiento de la situación jurídica individualizada y la adopción de las medidas adecuadas para el pleno restablecimiento de la misma, entre ellas la indemnización de daños y perjuicios (artículo 71.1.b)[82], el recurso contra la inactividad (artículo 32.1)[83] y el recurso

---

[78]   Cfr. GONZÁLEZ PÉREZ, Derecho Procesal..., pp. 160-161, y del mismo autor: Manual..., p. 221.

[79]   En el caso de la anulación de actos administrativos, la diferencia entre pretensiones y sentencias mero declarativas y constitutivas es sutil, toda vez que todo dependerá de que la relación jurídica exista o no con anterioridad (GONZÁLEZ PÉREZ, Manual..., p. 219). Véase también del mismo autor: Comentarios..., pp. 436-437.

[80]   Analizando los dispositivos correspondientes, véase: GONZÁLEZ PEREZ, Comentarios..., pp. 352-357 y 372-381.

[81]   Cfr. GIMENO SENDRA, MORENO CATENA y SALA SÁNCHEZ, op. cit., p. 64; GARCÍA PÉREZ, op. cit., pp. 91-94.

[82]   Ibídem, p. 64; HUERGO LORA, op. cit. pp. 185-186.

[83]   Véase, sin perjuicio de que el punto será desarrollado más adelante, entre otros: GARCÍA PÉREZ, op. cit., p. 95; HUERGO

frente a la actuación material constitutiva de vía de hecho (artículo 32.2)[84]. Por último, serán pretensiones ejecutivas, por ejemplo, la de ejecución de actos firmes no ejecutados (artículo 29.2)[85].

En el supuesto de la ley peruana, serán pretensiones declarativas o constitutivas, la declaración de nulidad de actos administrativos (artículo 5.1)[86]; de condena las de reconocimiento o restablecimiento del derecho o interés jurídicamente tutelado y la adopción de las medidas o actos necesarios para tales fines (artículo 5.2)[87]; el llamado por la doctrina "contencioso contractual"[88] (artículo 4.5), el "contencioso funcionarial"[89] (artículo 4.6), la de que se declare contraria a derecho y el cese de una actuación material que no se sustente en acto administrativo (artículo 5.3)[90]; la de que se ordene a la Administración Pública la realización de una determinada actuación a la que se encuentre obligada por mandato de ley o en virtud de acto administrativo firme (artículo 5.4)[91], la de indemnización de daños y perjuicios[92], entre otras.

LORA, *op. cit.* pp. 186-191; GONZÁLEZ PÉREZ, *Comentarios...*, p. 449.

[84] *Cfr.* GIMENO SENDRA, MORENO CATENA y SALA SÁNCHEZ, *op. cit.*, p.65; GARCÍA PÉREZ, *op. cit.*, p. 98.

[85] Véase: GARCÍA PÉREZ, *op. cit.*, pp. 107-109, aunque para la doctrina el trámite dado a esta pretensión sigue siendo el de un proceso de cognición (*Cfr.* HUERGO LORA, *op. cit.* pp. 191-193).

[86] Véase al respecto: HUAPAYA TAPIA, *op. cit.*, pp. 760-765.

[87] Véase: *Ibídem*, pp. 845-848.

[88] *Cfr. Ibídem*, p. 851.

[89] *Cfr. Ibídem*, pp. 852-853.

[90] *Cfr. Ibídem*, pp. 860-862.

[91] *Cfr. Ibídem*, pp. 867-877.

[92] *Cfr. Ibídem*, pp. 883-890.

La ley costarricense contiene, como ya se señaló, una enumeración enunciativa de pretensiones, en su artículo 42[93]. En todo caso, en el elenco de las expresamente enunciadas en el precepto, serán pretensiones declarativas aquellas en que se solicite lo siguiente, en atención al contenido de los diversos literales o apartados: a) La declaración de disconformidad de la conducta administrativa con el ordenamiento jurídico y de todos los actos o las actuaciones conexas; b) La anulación total o parcial de la conducta administrativa (que podrá ser también constitutiva, conforme aclara la doctrina según ya se señaló)[94], c) El reconocimiento o la declaración de alguna situación jurídica, y d) La declaración de la existencia, la inexistencia o el contenido de una relación sujeta al ordenamiento jurídico-administrativo. En cuanto a las pretensiones constitutivas, ellas serán en las que se pida[95]: a) La declaración de disconformidad de la conducta administrativa con el ordenamiento jurídico y de todos los actos o las actuaciones conexas; b) La anulación total o parcial de la conducta administrativa, c) La modificación o, en su caso, la adaptación de la conducta administrativa[96], d) La declaración (no el mero reconocimiento) de alguna situación jurídica, e) La declaración de la existencia, la inexistencia o el contenido de una relación sujeta al ordenamiento jurídico-administrativo, y f) La fijación de los límites y las reglas impuestos por el ordenamiento jurídico y los hechos, para el ejercicio de la potestad administrativa. Y serán pretensiones de condena aquellas en que se peticione: a) La modificación o, en su caso, la

---

93 Véase JINESTA LOBO, *La nueva Justicia Administrativa...*, p. 2; JINESTA LOBO, *Pretensiones...*, pp. 229-230.

94 Las pretensiones previstas en los apartados a y b del artículo 42 son catalogadas como declarativas por JINESTA LOBO, *Pretensiones...*, p. 225.

95 Recuérdese que la línea divisoria entre una pretensión declarativa y una constitutiva puede ser bastante difusa en el proceso administrativo, como aclara la doctrina según ya se destacó.

96 Pretensión calificada como predominantemente constitutiva por JINESTA LOBO, *Pretensiones...*, p. 232.

adaptación de la conducta administrativa, **b)** El restablecimiento o la declaración de alguna situación jurídica, así como la
adopción de cuantas medidas resulten necesarias y apropiadas
para ello[97], **c)** Que se condene a la Administración a realizar cualquier conducta administrativa específica impuesta por el ordenamiento jurídico[98], **d)** La declaración de disconformidad con el
ordenamiento jurídico de una actuación material, constitutiva de
una vía de hecho, su cesación, así como la adopción, en su caso,
de las demás medidas previstas en ese mismo artículo 42[99], **f)**
Que se ordene a la Administración Pública, abstenerse de adoptar y ejecutar cualquier conducta que pueda lesionar el interés
público o las situaciones jurídicas actuales o potenciales de la
persona, y **g)** La condena al pago de daños y perjuicios[100]. Como
puede verse, será bastante común la acumulación de pretensiones de condena con otras, como también ha destacado la doctrina[101].

En el caso de la ley colombiana, ya se adelantó que la misma
parte de una interpretación quizá más teórica que real del modelo francés original, basándose entonces en la dicotomía nuli-

---

[97]   Se trata de una pretensión que puede ser constitutiva o de condena. Véase al respecto: *Ibídem*, p. 233.

[98]   *Cfr.* sobre este precepto véase: *Ibídem*, pp. 233-234.

[99]   Pretensión declarativa y de condena, según: *Ibídem*, p. 233.

[100] Catalogadas estas dos últimas como pretensiones de condena, en:
Ibídem, p. 234.

[101] HUERGO LORA, *op. cit.*, p. 27 y ss. De allí que también se hable
de pretensiones mixtas, es decir, de combinación de las anteriores,
toda vez que "...en la práctica las pretensiones no son formuladas
de manera químicamente pura, de modo que lo normal es que
asuman un carácter mixto" (JINESTA LOBO, *Pretensiones...*, p.
225). En este trabajo optaremos, cuando no nos limitemos a describir a la doctrina, por emplear más bien el vocablo acumulación
de pretensiones ante tal hipótesis. Véase en sentido similar:
BREWER-CARÍAS, Allan R.: *Nuevas tendencias en el contencioso-
administrativo venezolano*. Editorial Jurídica Venezolana. Caracas,
1993, p. 206.

dad-plena jurisdicción, que como hemos visto, irradió a los orde-namientos Iberoamericanos hasta fecha relativamente reciente, y que justamente está en proceso de abandono. Pero también se señaló que el colombiano no es un modelo copiado al calco de esa interpretación del original sistema francés, y que ha venido desarrollándose a su manera, hasta llegar a la Ley actual. De allí que baste por ahora, sin perjuicio de lo que agregará en los Capítulos posteriores, señalar que bien pueden identificarse como pretensiones declarativas o constitutivas, las de nulidad de actos administrativos generales y particulares[102], y al acumu-larse estas con la de restablecimiento de derecho (hasta la Ley vigente conocidas como de plena jurisdicción)[103], se estará en presencia también de pretensiones de condena.

En el caso de la de nulidad electoral, aunque la misma inicia con una solicitud de pronunciamiento de tipo constitutivo, lo cierto es que la lógica indica que en la mayoría de los casos ter-minará persiguiendo una condena a la repetición parcial o total de actos electorales con el propósito de modificar resultados, por lo que también podrá ser de condena[104]. Y respecto a la repara-

---

[102] Véase entre otros: SARRÍA OLCOS, ¿Acciones..., p. 99. Más recientemente: PAZOS GUERRERO, Ramiro: "Medios de control judicial. Los cambios que introdujo la Ley 1437 de 2011 a la fisca-lización judicial de la Administración". En: ARENAS MENDOZA, H.A. (Edit.): *Instituciones de Derecho Administrativo. Responsabilidad, contratos y procesal*. Tomo II. Grupo Editorial Ibáñez-Universidad Del Rosario Editorial. Bogotá, 2016, pp. 339-352

[103] *Cfr.* SARRÍA OLCOS, ¿*Acciones*..., pp. 99-100; PAZOS GUE-RRERO, *op. cit.*, pp. 352-354.

[104] Sobre ese medio de control de nulidad electoral en la Ley Colom-biana, véase: SARRÍA OLCOS, ¿*Acciones*..., pp. 101-102. En todo caso, respecto a ella se ha señalado que: "La nulidad de carácter electoral es una especie de la acción de simple nulidad y sin em-bargo contiene algunas características del restablecimiento del de-recho..." (TORRES CUERVO, Mauricio: *El contencioso electoral en el Nuevo Código de Procedimiento Administrativo y de lo Contencioso Ad-ministrativo*. En: AA.VV.: Memorias del Seminario Internacional de presentación del nuevo Código de Procedimiento Administrativo y

ción directa por responsabilidad patrimonial, es evidente que también será condenatoria, y algunos aspectos de su régimen serán objeto de estudio en posteriores Capítulos[105].

En el supuesto de las controversias contractuales, habrá que estar atento al petitorio concreto, pero serán básicamente constitutivas en cuanto se solicite únicamente la anulación de la relación jurídica y de condena en las hipótesis de reclamos indemnizatorios por terminación del vínculo convencional[106]. En cuanto al "medio de control" de nulidad de las cartas de naturaleza y de las resoluciones de autorización de inscripción, su propia denominación indica -al menos en principio- su naturaleza de pretensión constitutiva

Luego de ello está lo que denomina un sector de la doctrina "acciones constitucionales"[107], esto es, protección de derechos e intereses colectivos y difusos, reparación de perjuicios a un número plural de personas y cumplimiento de normas con

---

de lo Contencioso Administrativo. Ley 1437 de 2011. Consejo de Estado. Imprenta Nacional de Colombia, s/f, p. 385, documento en línea: http://www.consejodeestado.gov.co/publi caciones/LIBRO %20MEMORIAS%20Nuevo%20CCA.pdf. Consulta noviembre 2014). No obstante, el asunto parecería requerir de un estudio más concreto sobre ese medio procesal, lo que escapa al objeto de estas páginas, toda vez que de seguidas el mismo autor da a entender que los efectos de un fallo en el caso de tal medio de control no autoriza a declarar nulidades parciales o totales de la elección, sino "...a ajustar su declaración a los verdaderos resultados, sin esperar a que después de varios meses lo haga la jurisdicción previo trámite de un juicio de carácter electoral con todas las etapas y cumplimiento del debido proceso" (*Ibídem*, p. 391). Véase también, más recientemente: PAZOS GUERRERO, *op. cit.*, pp. 354-357.

[105]   *Cfr.* SARRÍA OLCOS, *¿Acciones...*, p. 102. Véase también, más recientemente: PAZOS GUERRERO, *op. cit.*, pp. 357-363.

[106]   Sobre tal medio véase: SARRÍA OLCOS, *¿Acciones...*, p. 102. Véase también, más recientemente: PAZOS GUERRERO, *op. cit.*, pp. 363-365.

[107]   *Cfr.* SARRÍA OLCOS, *¿Acciones...*, pp. 104-106.

fuerza de ley o actos administrativos[108], se trata de vías procesales mediante las que se canalizan pretensiones de condena, aunque dado que se trata de cauces adjetivos que encuadran como medios de protección constitucional, el asunto no está libre de controversia[109].

Adicionalmente, la ley colombiana contempla la nulidad por inconstitucionalidad, el control inmediato de legalidad, la pérdida de investidura y el control por vía de excepción dentro de sus "medios de control"[110]. Se está en presencia básicamente de pretensiones constitutivas pero que en algunos casos incluyen también de condena.

Como puede verse, la peculiaridad del diseño legislativo de los "medios de control" de la ley colombiana, se refleja entre otras cosas en una multiplicidad en la que no luce como prevalente el orden y la sencillez en lo que se refiere al tipo de pretensiones a plantear. Ello parece ser producto, una vez más, de que bajo su óptica la premisa a partir es la enumeración legislativa, y no el tipo de petición que plantee el demandante.

Resta por hacer referencia a la Ley venezolana. Lo primero que se evidencia en su texto es, por un lado, la escasa uniformidad y precisión terminológica, al emplear indistintamente los términos "demanda", "pretensión", "reclamo" y "recurso" para referirse en realidad a pretensiones procesales administrativas. Y lo segundo, la precaria sistematicidad en la agrupación de las diversas pretensiones en los correspondientes procedimientos.

En ese sentido, mientras el artículo 9 establece un elenco de pretensiones procesales administrativas, de forma más o menos

---

[108] A este último "medio de control" se hará referencia al estudiarse el control y tutela judicial frente a la inactividad administrativa.

[109] Véase para un panorama general de los "medios de control" de la Ley Colombiana: BASTIDAS BÁRCENAS, *op. cit.*, pp. 293-310.

[110] Respecto a estos "medios de control", véase: SARRÍA OLCOS, *¿Acciones...*, pp. 106-108; PAZOS GUERRERO, *op. cit.*, pp. 352-354.

sistemática, al desplegarse luego las competencias específicas de los órganos de la Justicia Administrativa, se evidencia un retorno a los tradicionales "recursos contencioso-administrativos" de la legislación previa, aunque no se les denomine propiamente de esa forma.

Esa falta de orden y sistematización[111] impone que, en el caso de pretensiones declarativas, las ley no las prevea expresamente, salvo quizá la del "recurso de interpretación de leyes de contenido administrativo" (artículo 9.6)[112]. En el caso de las pretensiones constitutivas, serán mayoritariamente de nulidad de actos administrativos[113], denominadas indistintamente "impugnaciones" (artículo 9.1) o "demandas de nulidad" (artículos 23.5, 23.6, 24.5 y 25.6). El grueso de las pretensiones serán de índole condenatoria, comenzando por las de condena al pago de sumas de dinero y la reparación de daños y perjuicios originadas en responsabilidad contractual o extracontractual de los órganos del Poder Público (artículo 9.4)[114], las que se interpongan frente a la inactividad administrativa, es decir, la "absten-

---

[111] Que analizamos críticamente en: TORREALBA SÁNCHEZ, *Problemas fundamentales…*, pp. 115-122, y reiteramos en: TORREALBA SÁNCHEZ, Miguel Ángel: "Consideraciones sobre la ejecución de sentencias en el proceso administrativo venezolano". *Revista Aragonesa de Administración Pública (RArAP)* N° 43-44, Zaragoza, 2014, pp. 471-476 (Documento en línea: http://www.aragon.es/estaticos/GobiernoAragon/Organismos/InstitutoAragonesAdministracion Publica/Documentos/13%20M%20Angel%20Torealba.pdf. Véase también, en similar sentido: UROSA MAGGI, *Las pretensiones procesales…*, pp. 218-224; HERNÁNDEZ G, José Ignacio: *El cambio de paradigma…*, pp. 126-129.

[112] *Cfr.* BREWER-CARÍAS, *Nuevas tendencias…*, p. 213.

[113] En similar sentido, véase en el marco de la legislación derogada: *Ibídem*, p. 208.

[114] *Cfr.* UROSA MAGGI, *Las pretensiones procesales…*, p. 220; BREWER-CARÍAS, *Nuevas tendencias…*, p. 213.

ción o negativa" a producir o cumplir actos (artículo 9.2)[115], las "reclamaciones" frente a las vías de hecho[116] (artículo 9.3), los "reclamos" por la prestación de servicios públicos y el restablecimiento de las situaciones jurídicas subjetivas lesionadas (artículo 9.5)[117]. También serán en la mayoría de los casos, pretensiones constitutivas y de condena, aquellas vinculadas con las controversias administrativas entre entidades o autoridades (artículos 9.7, 23.7, 23.8 y 25.9)[118].

---

[115]   La falta de coherencia terminológica preside la redacción legislativa, así como el mantenimiento inercial de vocablos de las leyes previas. En todo caso, el asunto de la tutela judicial frente a la inactividad en la Ley venezolana será retomado en Capítulos posteriores.

[116]   Pretensiones de condena como las catalogamos en anterior oportunidad: TORREALBA SÁNCHEZ, Miguel Ángel: *La vía de hecho en Venezuela*. Fundación Estudios de Derecho Administrativo (FUNEDA). Caracas, 2011 pp. 201-206.

[117]   Sobre la naturaleza condenatoria de tal pretensión, véase: UROSA MAGGI, Daniela: *Demanda de prestación de servicios públicos. Estado actual y perspectivas de cambio*. Revista Electrónica Venezolana de Derecho Administrativo N° 4. Centro de Estudios de Derecho Público de la Universidad Monteávila. Septiembre-Diciembre 2014, pp. 93-94. Documento en línea consulta octubre 2015: http://redav.com.ve/wp-content/uploads/2015/04/Daniela-Urosa-Maggi.pdf. Véase también en similar sentido: BLANCO GUZMÁN, Armando: *Los procesos surgidos por la prestación de los servicios públicos y la realidad contemporánea*. En: HERNÁNDEZ-MENDIBLE, V.R. (Dir.): Los servicios públicos domiciliarios. Colección Centro de Estudios de Regulación Económica (CERECO). Universidad Monteávila. Editorial Jurídica Venezolana. Fundación Estudios de Derecho Administrativo. Caracas, 2012, pp. 307-308.

[118]   *Cfr.* BREWER-CARÍAS, *Nuevas tendencias...*, p. 214. Más recientemente: BLANCO GUZMÁN, Armando: *Las pretensiones en materia de controversias administrativas*. En: BREWER-CARÍAS, A. y HERNÁNDEZ-MENDIBLE, V.R. (Dirs.): *El Contencioso Administrativo y los Procesos Constitucionales*. Colección Estudios Jurídicos N° 92. Editorial Jurídica Venezolana. Caracas, 2011, pp. 143-144.

La redacción legislativa parece apuntar a un sistema de *númerus clausus*[119], contrariando las propuestas doctrinarias. Pero lo cierto es que el empleo del término "demandas", que como ya se destacó es una suerte de continente de la pretensión, podría ayudar a sostener, mediante una interpretación progresiva de los apartados 8 y 9 del artículo 9 de la ley venezolana, que *encuadrarían* aquí las demás pretensiones no expresamente previstas en ella[120].

Expuesto el anterior y primer ejercicio aproximativo al Derecho Positivo, partiendo del correspondiente marco dogmático, corresponde ahora realizar una descripción de los efectos generales y específicos de las sentencias en el proceso administrativo. En ese sentido, caben dos aclaraciones. La primera, que el tema será abordado brevemente y con el único fin de recordar los principales lineamientos doctrinarios sobre el tema[121],

---

[119] Y es que más allá de la reordenación de los antiguos "recursos contencioso-administrativos", la Ley no asume a cabalidad la pretensión procesal administrativa. Basta con comparar el texto vigente con la clasificación de las sentencias contencioso-administrativas de acuerdo con la derogada Ley Orgánica de la Corte Suprema de Justicia que en su oportunidad hizo la doctrina. *Cfr.* BREWER-CARÍAS, *Nuevas tendencias...*, pp. 200-213, contenida también en: BREWER-CARÍAS.: *Tratado de Derecho Administrativo. La Jurisdicción...*, pp. 387-408.

[120] *Cfr.* TORREALBA SÁNCHEZ, Miguel Ángel: "Las demandas de contenido patrimonial en la Ley Orgánica de la Jurisdicción Contencioso Administrativa". En: *AA.VV.: Comentarios a la Ley Orgánica de la Jurisdicción Contencioso Administrativa.* Volumen II. Fundación Estudios de Derecho Administrativo (FUNEDA). Caracas, 2011, p. 306.

[121] Nos guiaremos por el esquema y análisis que respecto a ese asunto han sido desarrollados en el trabajo monográfico de: PÉREZ ANDRÉS, Antonio Alfonso: *Los efectos de las sentencias de la Jurisdicción Contencioso-Administrativa.* Editorial Aranzadi. Navarra, 2000, obra que además recoge y desarrolla la mayoría de los contenidos expuestos en la doctrina previa reconocida e influyente en la Justicia Administrativa Iberoamericana, principal-

puesto no es ese asunto el objeto central de estas páginas, pero sí requiere de una aproximación con el fin de darle soporte conceptual a los comentarios y descripciones que luego se realizarán.

La segunda aclaración se refiere a que en este epígrafe el tema será tratado desde el punto de vista fundamentalmente teórico, puesto que la regulación específica de la sentencia en las Leyes bajo análisis se hará en los Capítulos posteriores.

II. EFECTOS GENERALES DE LAS SENTENCIAS

Enuncia la doctrina como primer tipo de efectos generales de la sentencia, los jurídico-procesales, es decir, en el proceso propiamente dicho. Entre ellos está la eficacia ejecutiva, es decir, la actividad orientada a hacer cumplir lo dispuesto en el fallo[122] -asunto que será retomado más adelante-, y la eficacia declarativa, a saber, la cosa juzgada[123], que los autores mayoritarios clasifican como: cosa juzgada formal (imposibilidad de impugnación de la sentencia recaída en un proceso por no existir recurso alguno contra ella o por haber transcurrido el término para interponerlo[124]), y cosa juzgada material, que se refiere a que dictada y firme la sentencia está fuera de discusión

---

mente los de Jesús GONZÁLEZ PÉREZ, varias de cuyas obras ya fueron referidas en la nota al pie 26.

[122] PÉREZ ANDRÉS, *Los efectos...*, p. 52; HUTCHINSON: *op. cit.,* Tomo III..., p. 120.

[123] Respecto a la cosa juzgada se la conceptúa: "...en sentido estricto, consiste en la influencia del fallo en ulteriores actividades declarativas de carácter jurisdiccional, es decir, la imposibilidad de que cualquier órgano jurisdiccional dicte un nuevo fallo sobre el mismo asunto" (GONZÁLEZ PÉREZ, *Comentarios...*, pp. 711-712).

[124] PÉREZ ANDRÉS, *Los efectos...*, p. 53.

lo afirmado y concluido en ella, pronunciamiento que se extiende a procesos futuros[125].

También existen los efectos jurídico-materiales de la decisión, que son los que pueden producirse sobre las relaciones jurídicas extraprocesales, y que habrán de ser, en primer lugar, directos, es decir, que inciden directamente en esa realidad jurídico-material (*v.g.* en el proceso administrativo la anulación de un acto administrativo o el reconocimiento de una situación jurídica individualizada). O bien los indirectos, que son las consecuencias mediatas o reflejas que produce el fallo (*v.g.* el otorgamiento de firmeza a la relación jurídica reconocida en una sentencia mero declarativa, o la responsabilidad patrimonial de la Administración que puede originar un fallo anulatorio de un acto o disposición)[126].

Por último, están los efectos económicos, que consisten en el gravamen de esa misma índole que pueden sufrir las partes, dependiendo de la condenatoria en costas[127].

Veamos ahora brevemente los efectos de las sentencias en el proceso administrativo de acuerdo con su clasificación, correlativa a la de las pretensiones procesales.

III. EFECTOS ESPECÍFICOS DE LAS SENTENCIAS SEGÚN SU TIPO

En el caso de las sentencias mero-declarativas o declarativas, que son aquellas en las que se satisface o deniega una pretensión de declarar la existencia y constatar una determinada situación jurídica[128], el fallo, ante la hipótesis de declarar la pro-

---

[125]   *Cfr. Ibídem,* p. 53. Un estudio crítico del instituto de la cosa juzgada puede verse en: NIEVA FENOLL, Jordi: *La cosa juzgada.* Atelier. Barcelona, España, 2006.

[126]   PÉREZ ANDRÉS, *Los efectos…,* pp. 54-55.

[127]   *Cfr. Ibídem,* p. 55.

[128]   *Cfr.* BREWER-CARÍAS, *Nuevas tendencias…,* p. 200; HERNÁNDEZ-MENDIBLE, Víctor Rafael: "La ejecución de sentencias en el

cedencia de lo pretendido, se limitará a dar firmeza a la situación jurídica sobre la que versa[129]. Serán decisiones de este tipo, de acuerdo con la doctrina[130], las que estimen pretensiones de nulidad de pleno derecho de un acto administrativo o disposición[131], así como todas aquellas que desestimen la pretensión[132]. Solo producen efectos jurídico-procesales declarativos y económicos[133].

Dentro de las decisiones que desestiman la pretensión, se encuentran también las que lo hacen en fase procesal previa, mediante una declaración de inadmisibilidad. Estas últimas no tendrán, como se señaló, ningún efecto jurídico-material, ni siquiera en la hipótesis de que se tratase de pretensiones de nulidad de actos administrativos, en cuyo caso si no existe algún obstáculo procesal, es teóricamente posible interponer nuevamente la pretensión de nulidad contra el mismo acto[134].

En cambio, ante el supuesto de las sentencias que desestiman la pretensión pero pronunciándose sobre el mérito de la

---

proceso administrativo venezolano". En: *AA.VV.: 20 Años de FUNEDA y el contencioso-administrativo.* Volumen II. Fundación Estudios de Derecho Administrativo. Caracas, 2015, p. 128; GONZÁLEZ CAMACHO, Óscar Eduardo: "Sentencia". En: JIMÉNEZ MEZA, Manrique, JINESTA LOBO, Ernesto, MILANO SÁNCHEZ y Óscar GONZÁLEZ CAMACHO: *El nuevo Proceso Contencioso-Administrativo.* Poder Judicial. San José, Costa Rica, 2006, p. 442.

[129] PÉREZ ANDRÉS, *Los efectos...,* p. 56.

[130] Véase: *Ibídem, Los efectos...,* p. 56.

[131] *Cfr. Ibídem,* pp. 56, 157-158. Previamente se hizo referencia a la sutileza de esta distinción en los casos prácticos.

[132] Véase, por ejemplo, en la doctrina costarricense: GONZÁLEZ CAMACHO, *Sentencia...,* p. 442.

[133] PÉREZ ANDRÉS, Los efectos..., p. 56 y 159; HUTCHINSON: *op. cit.,* Tomo III..., pp. 317-318.

[134] *Cfr. Ibídem,* pp. 105-107. Véase también: GONZÁLEZ PÉREZ, *Comentarios...,* p. 724.

controversia, aunque se sigue tratando de sentencias declarati-vas[135], además de que generan los efectos jurídico-procesales y económicos ya descritos, producirían efectos jurídico-materiales, en cuanto a la confirmación del acto, actuación o disposición cuestionada[136].

En cuanto a los efectos ejecutivos, las sentencias declarati-vas, teóricamente no los tendrán, más allá de que en muchos casos, tratándose de pretensiones acumuladas, podrá entonces tratarse de una sentencia mixta, que sí ostentará tales efectos en

---

[135] Véase en similar sentido: BREWER-CARÍAS, *Nuevas tendencias…*, p. 217.

[136] PÉREZ ANDRÉS, *Los efectos…*, pp. 115-116. A reserva de un estu-dio más detallado, somos del criterio de que en realidad no se trata de una *confirmación* propiamente dicha, sino de la declara-ción de que la manifestación de la actividad administrativa cues-tionada no adolece de la antijuridicidad que había sido alegada. De allí que tenemos reservas de la siguiente afirmación: "…en el caso de las sentencias desestimatorias que se limitan a declarar la adecuación a Derecho del acto impugnado, es lógico que el título ejecutivo no sea la sentencia sino el propio acto administrativo que ha resultado confirmado" (*Ibídem*, p. 116). Realmente la sen-tencia no declarará la adecuación a Derecho del acto o actuación, sino la improcedencia de la pretensión en cuanto a los alegatos concretos planteados por el demandante. En ese sentido, nos luce más precisa la siguiente afirmación: "El acto administrativo con-firmado por la sentencia no puede ser objeto de revisión, por mo-tivo en que se fundó el fallo" (GONZÁLEZ PÉREZ, *Comenta-rios…*, p. 726). De forma aún más contundente, se ha señalado: "Suele predicarse en aquellas sentencias que cuestionaban la ile-galidad de un acto que la sentencia desestimatoria es 'confirmato-ria' de tal acto. Nada más erróneo. La pretensión procesal admi-nistrativa tiene autonomía, por lo tanto lo que ocurre es el rechazo de aquélla. El acto no necesitaba ser confirmado; era exigible, obligatorio, lo que se ponía en tela de juicio era su validez, lo que la sentencia hace es desestimar ese cuestionamiento pero no le agrega al acto en sí" (HUTCHINSON: *op. cit.*, Tomo III…p. 346). Véase también: BREWER-CARÍAS, *Nuevas tendencias…*, pp. 218-219.

cuanto a las otras pretensiones interpuestas[137]. No obstante, más adelante se evidenciará como el Derecho Positivo matiza la contundencia original de esta postura[138].

Respecto a las sentencias constitutivas, en las que se determina la creación, modificación o extinción de una relación jurídica[139], como por ejemplo las que anulan un acto administrativo viciado de nulidad relativa dado que en tal caso se modificará una determinada relación jurídica, producirán el efecto de cosa juzgada, así como efectos jurídico-materiales[140].

En lo atinente a las diversas manifestaciones de sentencias constitutivas, las primeras que se plantean son las de anulación de actos administrativos[141] (más allá de que –como ya se señaló– en el supuesto de nulidades absolutas la doctrina se inclina por entender que también pueden encuadrarse como sentencias declarativas), la regla general será que produzcan efectos generales o *erga omnes*[142].

---

[137] PÉREZ ANDRÉS, *Los efectos...*, p. 116. Véase también: HUTCHINSON: *op. cit.*, Tomo III..., p. 324.

[138] En sentido similar se señala: "En teoría, como ya analizamos, las únicas sentencias que tienen efectos jurídico-procesales ejecutivos son las de condena, es decir, aquellas en las que se resuelve una pretensión de imposición de una situación jurídica preexistente a la Administración. Pero, en realidad, la ejecución de las sentencias con asiduidad es necesario tanto para las sentencias declarativas como para las constitutivas" (HUTCHINSON: *op. cit.*, Tomo III..., p. 348).

[139] *Cfr.* HERNÁNDEZ-MENDIBLE, *La ejecución...*, p. 128; GONZÁLEZ CAMACHO, *Sentencia...*, p. 442. En la doctrina argentina: HUTCHINSON: *op. cit.*, Tomo III..., p. 314.

[140] PÉREZ ANDRÉS, *Los efectos...*, p. 57; GONZÁLEZ PÉREZ, *Comentarios...*, p. 735.

[141] BREWER-CARÍAS, *Nuevas tendencias...*, p. 202; HUTCHINSON: *op. cit.*, Tomo III..., p. 334.

[142] GONZÁLEZ PÉREZ, *Comentarios...*, pp. 703 y 743; PÉREZ ANDRÉS, *Los efectos...*, pp. 162-164. Sin perjuicio de lo que se se-

Ante la hipótesis de sentencias de condena, que resuelven pretensiones de esa misma índole, previamente tendrán un efecto declarativo o constitutivo según el caso, y de seguidas se impondrá a la Administración una situación jurídica preexistente[143], o también, se le impondrá una obligación de dar, hacer o no hacer[144] (*v.g.* una condena a indemnizar por concepto de los daños y perjuicios o a hacer frente a una inactividad administrativa[145]). En cuanto a sus efectos según la clasificación expuesta en el anterior sub-epígrafe, servirán como título de ejecución, es decir, tendrán efectos jurídico-procesales, así como la correspondiente cosa juzgada[146]. Producirán además, efectos jurídico-procesales y económicos[147].

Por último, como ya se adelantó, un sector de la doctrina se refiere a las sentencias mixtas[148], a saber, decisiones judiciales que acogen múltiples pretensiones acumuladas en una misma demanda. Se trata, como también se señaló, del supuesto más común en el proceso administrativo[149], y un ejemplo de ello

---

ñalará en el Capítulo IV, véanse los comentarios que para el régimen español se exponen en: *Ibídem*, pp. 168-179. Para el caso venezolano antes de la Ley actual, puede verse: BREWER-CARÍAS, *Nuevas tendencias...*, pp. 217-219.

[143] PÉREZ ANDRÉS, *Los efectos...*, p. 57. Por ello se señalan que crean un título ejecutivo: GONZÁLEZ CAMACHO, *Sentencia...*, pp. 443-444.

[144] BREWER-CARÍAS, *Nuevas tendencias...*, p. 206; HERNÁNDEZ-MENDIBLE, *La ejecución...*, p. 130; GONZÁLEZ CAMACHO, *Sentencia...*, p. 443.

[145] PÉREZ ANDRÉS, *Los efectos...*, p. 57. Sobre la tutela judicial frente a la inactividad, remitimos a los Capítulos siguientes.

[146] *Cfr. Ibídem*, 159.

[147] Véase: *Ibídem* p. 161.

[148] *Cfr. Ibídem*, p. 57.

[149] *Cfr.* En similar sentido: BREWER-CARÍAS, *Nuevas tendencias...*, p. 209. En contra parece manifestarse GONZÁLEZ CAMACHO, *Sentencia...*, p. 443, quien entiende que son las sentencias constitutivas las normales en el proceso administrativo.

será la acumulación de la pretensión declarativa o constitutiva de anulación de un acto administrativo conjuntamente con una de condena a indemnizar[150]. Otro lo sería la decisión que ordena el cese de una actividad material (llamada también vía de hecho) luego de haber declarado su falta de adecuación al marco jurídico, así como consiguientemente condene al restablecimiento de la situación jurídica individualizada que venía siendo desconocida por la Administración[151]. Igualmente, serán de condena aquellas que estimen pretensiones que se deduzcan frente a la inactividad de la Administración, en cuanto ordenen dictar un acto o realizar una actuación[152].

En ese sentido, ante las hipótesis de sentencias condenatorias *puras*, o bien *mixtas*, la doctrina se inclina por señalar que sus efectos solo se producirán para las partes, y no para terceros que puedan tener los mismos derechos e intereses, es decir, el llamado *"efecto inter partes"*[153].

Esbozado entonces el tema atinente a la relación entre el instituto de la pretensión procesal y sus clases, con el de las sentencias y sus tipos, así como los principales efectos de estas últimas, que no ha pretendido por supuesto ser tratado con absoluta profundidad, sino únicamente exponer sus lineamientos principales, consideramos conveniente haber recordado algunos asuntos. A saber, entre otros, el rol preponderante que debe tener el instituto de la pretensión también en el proceso administrativo, superada la concepción original revisora, objetiva e impugnatoria centrada

---

[150] PÉREZ ANDRÉS, *Los efectos…*, pp. 57-58 y 160-161.

[151] *Cfr. Ibídem,* pp. 58 y 160. También sobre el control y tutela judicial frente a las actuaciones materiales administrativas se volverá a tratar en Capítulos posteriores.

[152] *Ibídem,* p. 159. Véase también: HUTCHINSON: *op. cit.,* Tomo III…, p. 325. Sobre las pretensiones y sentencias de condena frente a la inactividad, se volverá en Capítulos posteriores.

[153] Véanse entre otros: *Ibídem,* pp. 248-250; GONZÁLEZ PÉREZ, *Comentarios…,* p. 702 y 704.

en los "recursos contencioso-administrativos", destinados primeramente al mero control de juridicidad de actos formales o al restablecimiento de situaciones jurídicas subjetivas ante ciertas hipótesis. Alcanzado esto, se requiere pues ir más allá, trascendiendo la noción de los tipos "actividad administrativa impugnable", o en todo caso, combinando esta con la atención que debe dársele a lo que piden las partes justamente a través de la interposición de la o las correspondientes pretensiones procesales administrativas.

Con este replanteamiento del proceso administrativo, que como quedó evidenciado tampoco es algo especialmente novedoso en la doctrina Iberoamericana, pero que ha sido adoptado de forma paulatina en el Derecho Positivo, entonces correlativamente el estudio de la sentencia y sus efectos parte también de los análogos tipos de decisiones judiciales que se pronuncian. Ello en atención al principio de congruencia, sobre lo pedido por las partes[154], y no sobre la base -o al menos no de forma prevalente y exclusiva-, de considerar el tipo de manifestación de la actividad o inactividad administrativa que haya sido cuestionada jurídicamente, abandonando también un sistema tasado de "recursos" o "acciones contencioso-administrativas", sino reemplazándolo por un *números apertus* de pretensiones procesales administrativas que respondan a las necesidades de tutela judicial efectiva y de pleno restablecimiento de las situaciones jurídicas subjetivas lesionadas por la actividad de la Administración, en cualquiera de sus modalidades.

Son esas las premisas conceptuales, ya decantadas por la doctrina española y en general también por la Iberoamericana, que informarán el resto del estudio contenido en estas páginas. Corresponde ahora continuar con el esquema temático planteado, comenzando por referir en el Capítulo siguiente los principales problemas dogmáticos y prácticos que se presentan en la actualidad en el tema de la sentencia y su ejecución en el pro-

---

[154] *Cfr*. GONZÁLEZ PÉREZ, *Comentarios…*, pp. 691 y 732.

ceso administrativo, para luego describir el tratamiento de los mismos en las Leyes bajo estudio. A tal fin, se iniciará con una revisión panorámica de los lineamientos normativos que imperan en cada ordenamiento en lo atinente al tema objeto de esta investigación, comprobando que se está en presencia de principios jurídicos comunes en lo que se refiere al propósito de establecer garantías para el logro de la tutela judicial efectiva y demás Derechos Procesales Constitucionales, incluyendo por supuesto, en el ámbito de la ejecución de la sentencia.

CAPÍTULO III

VISIÓN GENERAL SOBRE LA EJECUCIÓN DE LA SENTENCIA EN EL PROCESO ADMINISTRATIVO IBEROAMERICANO

I. LOS MARCOS NORMATIVOS

Repasado brevemente en el primer bloque de esta investigación por una parte lo concerniente al moderno marco conceptual y dogmático del proceso administrativo, que parte de la pretensión procesal como instituto que, vinculado con la garantía jurisdiccional y sobre todo con los tipos de sentencias, contribuye a aproximar aún más al contencioso-administrativo a esa "normalización" postulada por la doctrina desde hace décadas[155], por una parte.

Y por la otra, dando por sentado que el contencioso es Derecho Procesal Administrativo y, por ende, habrá de estudiarse entonces partiendo de las categorías procesales al uso, también en el caso de la sentencia judicial, sin menoscabo de considerar los matices y especificidades que sin duda ostenta, tratándose de que por regla general uno de los sujetos procesales en el mismo habrá de ser la Administración Pública, en la mayor de las ocasiones como parte demandada. Resta entonces pasar analizar el régimen de la ejecución de las sentencias en las leyes procesales administrativas seleccionadas.

---

[155] *Cfr.* GARCÍA DE ENTERRÍA, Eduardo: *Los postulados constitucionales de la ejecución de las sentencias contencioso-administrativas.* Documentación Administrativa N° 209. La ejecución de las sentencias condenatorias de la Administración. Instituto Nacional de Administración Pública. Madrid, 1987, pp. 7-11. Más recientemente: MARTÍN DELGADO, Isaac: *Función jurisdiccional y ejecución de sentencias en lo contencioso-administrativo. Hacia un sistema de ejecución objetivo normalizado.* Marcial Pons. Madrid, 2005, *in totum.*

Pero antes, conviene situar el asunto dentro de sus lineamientos normativos, básicamente refiriendo las normas constitucionales y convencionales que enmarcan el tema y que condicionan la labor legislativa en cuanto a los fines perseguidos (restablecimiento de las situaciones jurídicas subjetivas a la vez que control de la juridicidad) y a los medios proporcionados para ello (el proceso judicial diseñado en función del logro de la tutela judicial efectiva con apego al respeto de los Derecho Constitucionales Procesales).

Realizada esta delimitación, resultará más viable entonces evidenciar si los diseños legislativos concretos se apegan o no, y en qué medida, a los postulados que los propios ordenamientos jurídicos imponen en esta materia.

Ahora bien, en una primera aproximación, el análisis en cuestión demuestra que los lineamientos a seguir parten del derecho constitucional o fundamental a la Tutela judicial efectiva, que debe otorgarse mediante un Debido Proceso sin dilaciones indebidas, destinado a finalizar ordinariamente con una sentencia judicial. Pronunciamiento que, de acoger la pretensión procesal del demandante, ordena como regla general el restablecimiento de la situación jurídica subjetiva vulnerada por la actividad administrativa, en cualesquiera de sus manifestaciones.

Y ante la falta de cumplimiento voluntario de la decisión judicial por la parte perdidosa, una Administración Pública como regla general tratándose del proceso administrativo, procede entonces la ejecución forzada, en la cual el Juez contencioso ya no solo juzgará, sino que ejecutará lo juzgado, bien por sí mismo[156], de ser el caso, o bien mediante el auxilio de terceros.

---

[156] Toda vez que: "La actividad judicial en ejecución de sentencias no ha de ser siempre, pues, subsidiaria ni tampoco tasada, pudiendo realizar el órgano judicial aquellas acciones que sean apropiadas a la efectividad de lo resuelto..." (GARCÍA DE ENTERRÍA, *Los postulados constitucionales...*, p. 29).

Solo en caso de evidenciada la imposibilidad material o jurídica para darle cumplimiento a la decisión, obstáculo que habrá de basarse en tasadas y excepcionales causales de Ley, procederá entonces pasar al cumplimiento por equivalente, es decir, la indemnización por los daños y perjuicios causados al demandante ganador, por expresas y taxativas razones legal y concretamente reguladas, se insiste. Ello como consecuencia de la constatación judicial del perjuicio a sus derechos o intereses, vulnerados por una actividad administrativa, de lo que tendría derecho al correspondiente mandato judicial de plena restitución. Pero que en el caso concreto, no se materializará en la ejecución forzada del fallo, sino en una prestación sustitutiva la mayoría de las veces de tipo dineraria.

Esos postulados son recogidos -con sus matices- por todos los marcos normativos de los ordenamientos bajo estudio. Así por ejemplo, en cuanto al Derecho a la Tutela judicial efectiva[157], en el caso español, su Constitución[158] plantea en el artículo 24, lo siguiente[159]: "1. Todas las personas tienen derecho a obtener la tutela efectiva de los jueces y tribunales en el

---

[157] En una primera aproximación conceptual, definido como el derecho de toda persona a que se le haga justicia, a que cuando pretenda algo de otra, esa pretensión sea atendida por un órgano jurisdiccional a través de un proceso con unas garantías mínimas (GONZÁLEZ PÉREZ, *El derecho...*, p. 33). Véase también, entre otros: BELTRÁN DE FELIPE, Miguel: *El poder de sustitución en la ejecución de las sentencias condenatorias de la Administración*. Editorial Civitas, S.A. Madrid, 1996, pp. 224-230.

[158] De ella se ha dicho que rompe los esquemas históricos en cuanto al régimen de ejecución de sentencias en el proceso administrativo (MARTÍN DELGADO, *Función jurisdiccional...*, p. 90).

[159] Sobre el artículo 24 de la Constitución Española y las implicaciones de su categorización como Derecho Fundamental, véase por todos: GONZÁLEZ PÉREZ, *El derecho...*, in totum. Respecto a la influencia constitucional sobre el contencioso-administrativo, puede consultarse entre otros: HUERGO LORA, *Las pretensiones...*, pp. 115-147.

ejercicio de sus derechos e intereses legítimos, sin que, en ningún caso, pueda producirse indefensión"[160].

Como bien señala GONZÁLEZ PÉREZ para el caso español, pero que resulta extrapolable en general al resto de los ordenamientos bajo estudio, la consagración de este Derecho implica que el mismo es además un principio informador de toda la labor interpretativa del juez, dado que se trata además de un Principio General del Derecho[161]. Adicionalmente, el precepto en cuestión habrá de interpretarse en armonía con las normas internacionales en materia de Derechos Humanos, comenzando por la Declaración Universal de Derechos Humanos, como lo ha hecho el Tribunal Constitucional Español[162].

En Colombia, el derecho a la tutela judicial efectiva está recogido en la Constitución en los siguientes términos: "Artículo 229. Se garantiza el derecho de toda persona para acceder a la administración de justicia. La ley indicará en qué casos podrá hacerlo sin la representación de abogado"[163].

---

[160] Respecto al contenido del derecho a la tutela jurisdiccional efectiva en el ordenamiento español, se señala que el mismo despliega sus efectos en: 1) El acceso a la Justicia (interdicción de exclusiones arbitrarias, constitucionalidad de requisitos procesales, costes de los procesos); 2) El proceso ya iniciado (Juez imparcial y predeterminado, derecho a la asistencia de Letrado, derecho a la defensa, proceso sin dilaciones indebidas); y 3) Una vez dictada la sentencia, en el momento culminante de la ejecución y plena efectividad de los pronunciamientos (ejecución de las sentencias en cuanto derecho a la ejecución, deber de cumplir los fallos y ejecución forzosa) (GONZÁLEZ PÉREZ, *El derecho…, in totum*).

[161] GONZÁLEZ PÉREZ, *El derecho…*, pp. 43-44.

[162] *Cfr. Ibídem*, p. 47.

[163] La doctrina colombiana señala que este derecho comprende: "…el derecho de toda persona a acudir a la Administración de Justicia y obtener de ella una respuesta de fondo motivada y adecuada a las fuentes del derecho y a las pretensiones formuladas, de manera autónoma, independiente e imparcial y dentro de un plazo razonable y de otro lado, como el deber del Estado de prestar un

La Constitución Costarricense, por ser la más antigua en su redacción original, contempla el derecho en cuestión[164] en unos términos más clásicos: "Artículo 41.- Ocurriendo a las leyes, todos han de encontrar reparación para las injurias o daños que hayan recibido en su persona, propiedad o intereses morales. Debe hacérseles justicia pronta, cumplida, sin denegación y en estricta conformidad con las leyes"[165].

---

servicio público continuo, eficiente y eficaz en este ámbito" (CORREA PALACIO, Ruth Estella: *Fundamentos de la reforma del Libro Segundo del Nuevo Código de Procedimiento Administrativo y de lo Contencioso Administrativo*. En: AA.VV.: Memorias del Seminario Internacional de presentación del nuevo Código de Procedimiento Administrativo y de lo Contencioso Administrativo. Ley 1437 de 2011. Consejo de Estado. Imprenta Nacional de Colombia, s/f., p. 79. http://www.consejodeestado.gov.co/publicaciones/LIBRO%20MEMORIAS%20Nuevo%20CCA.pdf. Consulta noviembre 2014). Comentando la norma, señala la doctrina colombiana que la justicia contencioso-administrativa encarna ese postulado para las relaciones entre la Administración y las personas (SANTOFIMIO GAMBOA, Jaime Orlando: *Tratado...*, pp. 45). No obstante, hay que recordar, como ya se señaló en los Capítulos precedentes y sobre ello se volverá, que el caso colombiano es atípico en la Justicia Administrativa Iberoamericana, pues desde hace poco más de un siglo ese país adoptó un Consejo de Estado como órgano supremo de su jurisdicción contencioso-administrativa, la cual no forma parte de la jurisdicción ordinaria –artículos 236 al 238 de la Constitución Colombiana– (Véase: *Ibídem*, pp. 52-57 y 70-74).

[164] Identificado como "el derecho fundamental a una justicia pronta y cumplida" (JINESTA LOBO, Ernesto: *La nueva Justicia...*, p. 3).

[165] No obstante, la doctrina ha interpretado el precepto de forma progresiva, al señalar: "Si bien el ordenamiento jurídico costarricense no dedica una norma específica sobre la garantía a una tutela judicial efectiva como derecho fundamental, no hay razón para cuestionar su raigambre constitucional. El artículo 49 de la Constitución Política incorpora a la jurisdicción contencioso-administrativa no bajo una óptica meramente orgánica en el Poder Judicial (...) tiene un propósito mucho más profundo, pues la aspiración del Constituyente de 1949 fue la de colocar los mecanismos

En ese mismo sentido, establece la Constitución venezolana, en forma especialmente completa a decir de la doctrina[166]:

Artículo 26. Toda persona tiene derecho de acceso a los órganos de administración de justicia para hacer valer sus derechos e intereses, incluso los colectivos o difusos, a la tutela efectiva de los mismos y a obtener con prontitud la decisión correspondiente. El Estado garantizará una justicia gratuita, accesible, imparcial, idónea, transparente, autónoma, independiente, responsable, equitativa y expedita, sin dilaciones indebidas, sin formalismos o reposiciones inútiles[167].

---

judiciales de control de la función administrativa a la par de los derechos fundamentales del ciudadano" (HIDALGO CUADRA, Ronald: "Hacienda pública y ejecución de sentencias en lo contencioso administrativo". *Revista de Ciencias Jurídicas* N° 104 Universidad de Costa Rica. Facultad de Derecho. San José de Costa Rica, 2004, p. 147, nota al pie 4).

[166] *Cfr.* GONZÁLEZ PÉREZ, *El derecho...*, p. 28.

[167] Véase CANOVA GONZÁLEZ, Antonio: "Tutela judicial efectiva, contencioso administrativo y Sala Constitucional". *Revista de Derecho Administrativo* N° 7. Editorial Sherwood. Caracas, 1999, pp. 15-61, quien enumera como contenido del derecho constitucional a la tutela judicial efectiva para el ordenamiento venezolano: 1) El acceso a la jurisdicción sin obstáculos injustificados o arbitrarios; 2) El principio *pro actione*; 3) La justicia gratuita; 4) El derecho a una sentencia: oportuna, fundada en Derecho, congruente, efectiva; y 5) El derecho a la ejecución de la sentencia. Más recientemente, comentando ese dispositivo en el ámbito de la ejecución de las sentencias en el contencioso-administrativo venezolano: HERNÁNDEZ-MENDIBLE, *La ejecución de sentencias...*, pp. 111-127, incluye dentro del contenido del derecho a la tutela judicial efectiva: 1) El derecho de acceso a la justicia, 2) El derecho a formular alegatos, 3) El derecho a presentar medios probatorios; 4) El derecho a solicitar medidas cautelares, 5) El derecho a una sentencia fundada en Derecho y 6) El derecho a la ejecución del fallo.

Por su parte, en lo atinente a la garantía del Debido Proceso, establece la Constitución Española[168]:

Artículo 24. 1. Asimismo, todos tienen derecho al Juez ordinario predeterminado por la ley, a la defensa y a la asistencia de letrado, a ser informados de la acusación formulada contra ellos, a un proceso público sin dilaciones indebidas y con todas las garantías, a utilizar los medios de prueba pertinentes para su defensa, a no declarar contra sí mismos, a no confesarse culpables y a la presunción de inocencia.

Mientras que la Carta Fundamental Colombiana lo hace en los siguientes términos:

Artículo 29. El debido proceso se aplicará a toda clase de actuaciones judiciales y administrativas.

Nadie podrá ser juzgado sino conforme a leyes preexistentes al acto que se le imputa, ante juez o tribunal competente y con observancia de la plenitud de las formas propias de cada juicio.

En materia penal, la ley permisiva o favorable, aun cuando sea posterior, se aplicará de preferencia a la restrictiva o desfavorable.

Toda persona se presume inocente mientras no se la haya declarado judicialmente culpable. Quien sea sindicado tiene derecho a la defensa y a la asistencia de un abogado escogido por él, o de oficio, durante la investigación y el juzgamiento; a un debido proceso público sin dilaciones injustificadas; a presentar pruebas y a controvertir las que se alleguen en su contra; a impugnar la sentencia condenatoria, y a no ser juzgado dos veces por el mismo hecho.

---

[168] Sobre el tema puede verse, entre otros: PICÓ I JUNOY, Joan: *Las garantías constitucionales del proceso*. José María Bosch Editor. Barcelona, 1997; HOYOS, Arturo: *El Debido Proceso*. Temis S.A. Bogotá, 1998, pp. 17-50. Por su parte, para el caso colombiano, señala la doctrina la vinculación entre tutela judicial efectiva y debido proceso: SANTOFIMIO GAMBOA, *Tratado...*, p. 45.

Es nula, de pleno derecho, la prueba obtenida con violación del debido proceso[169].

La Constitución del Perú consagra por su parte en su artículo 139° como principios y derechos de la función jurisdiccional, vinculados tanto a la garantía del Debido Proceso como al contencioso-administrativo, entre otros:

3. La observancia del debido proceso y la tutela jurisdiccional. Ninguna persona puede ser desviada de la jurisdicción predeterminada por la ley, ni sometida a procedimiento distinto de los previamente establecidos, ni juzgada por órganos jurisdiccionales de excepción ni por comisiones especiales creadas al efecto, cualquiera sea su denominación[170].

---

[169] En relación con el contenido del Debido Proceso, señala la doctrina colombiana que comprende como elementos: el ser oído antes de la decisión; participar efectivamente en el proceso desde su inicio hasta su conclusión; ofrecer y producir pruebas; obtener decisiones fundadas o motivadas; notificaciones oportunas y conforme a la Ley; acceso a la información y documentación sobre la actuación; controvertir los elementos probatorios antes de la decisión; obtener asesoría legal y posibilidad de interponer mecanismos impugnatorios contra las decisiones (*Cfr.* SANTOFIMIO GAMBOA, Jaime Orlando: "Fundamentos de los procedimientos administrativos en el Código de Procedimiento Administrativo y de lo Contencioso Administrativo –Ley 1437 de 2011-". En: *AA.VV.: Memorias del Seminario Internacional de presentación del nuevo Código de Procedimiento Administrativo y de lo Contencioso Administrativo. Ley 1437 de 2011.* Consejo de Estado. Imprenta Nacional de Colombia, s/f, p. 171 (documento en línea: http://www.consejodeestado. gov.co/publicaciones/LIBRO%20MEMORIAS%20Nuevo%20CCA. pdf. Consulta noviembre 2014).

[170] Sobre la vinculación de este precepto con el contencioso-administrativo peruano, así como sus manifestaciones en cuanto al acceso a la Jurisdicción, el Derecho a un proceso justo y a la eficacia de las sentencias, véase: HUAPAYA TAPIA, *op. cit.*, pp. 391-437.

4. La publicidad en los procesos, salvo disposición contraria de la ley.

5. La motivación escrita de las resoluciones judiciales en todas las instancias, excepto los decretos de mero trámite, con mención expresa de la ley aplicable y de los fundamentos de hecho en que se sustentan.

6. La pluralidad de la instancia.

10. El principio de no ser penado sin proceso judicial.

14. El principio de no ser privado del derecho de defensa en ningún estado del proceso. Toda persona será informada inmediatamente y por escrito de la causa o las razones de su detención. Tiene derecho a comunicarse personalmente con un defensor de su elección y a ser asesorada por éste desde que es citada o detenida por cualquier autoridad.

15. El principio de que toda persona debe ser informada, inmediatamente y por escrito, de las causas o razones de su detención.

18. La obligación del Poder Ejecutivo de prestar la colaboración que en los procesos le sea requerida.

A su vez, la Constitución venezolana regula la garantía del Debido Proceso en estos amplios términos[171]:

---

[171] Véase respecto a la garantía del Debido Proceso, especialmente en el ámbito del proceso administrativo venezolano, entre otros los trabajos recientes: HERNÁNDEZ-MENDIBLE, Víctor Rafael: "Los Derechos Constitucionales Procesales". En: BREWER-CARÍAS, A. y HERNÁNDEZ-MENDIBLE, V.R. (Dirs.): *El Contencioso Administrativo y los Procesos Constitucionales*. Colección Estudios Jurídicos N° 92. Editorial Jurídica Venezolana. Caracas, 2011, pp. 95-114; TORREALBA SÁNCHEZ, Miguel Ángel: "Notas sobre la situación actual de los Derechos Constitucionales Procesales en la Justicia Administrativa Venezolana". En: OTERO SALAS, F.;

Artículo 49. El debido proceso se aplicará a todas las actuaciones judiciales y administrativas; en consecuencia: 1. La defensa y la asistencia jurídica son derechos inviolables en todo estado y grado de la investigación y del proceso. Toda persona tiene derecho a ser notificada de los cargos por los cuales se le investiga, de acceder a las pruebas y de disponer del tiempo y de los medios adecuados para ejercer su defensa. Serán nulas las pruebas obtenidas mediante violación del debido proceso. Toda persona declarada culpable tiene derecho a recurrir del fallo, con las excepciones establecidas en esta Constitución y la ley. 2. Toda persona se presume inocente mientras no se pruebe lo contrario. 3. Toda persona tiene derecho a ser oída en cualquier clase de proceso, con las debidas garantías y dentro del plazo razonable determinado legalmente, por un tribunal competente, independiente e imparcial establecido con anterioridad. Quien no hable castellano o no pueda comunicarse de manera verbal, tiene derecho a un intérprete. 4. Toda persona tiene derecho a ser juzgada por sus jueces naturales en las jurisdicciones ordinarias, o especiales, con las garantías establecidas en esta Constitución y en la ley. Ninguna persona podrá ser sometida a juicio sin conocer la identidad de quien la juzga, ni podrá ser procesada por tribunales de excepción o por comisiones creadas para tal efecto. 5. Ninguna persona podrá ser obligada a confesarse culpable o declarar contra sí misma, su cónyuge, concubino o concubina, o pariente dentro del cuarto grado de consanguinidad y segundo de afinidad. La confesión solamente será válida si fuere hecha sin coacción de ninguna naturaleza. 6. Ninguna persona podrá ser sancionada por actos u omisiones que no fueren previstos como delitos, faltas o infracciones en leyes preexistentes. 7. Ninguna persona podrá ser sometida a juicio por los mismos hechos en virtud de los cuales hubiese sido juzgada anteriormente. 8. Toda persona podrá solicitar del Estado el restablecimiento o reparación de la situación jurídica lesionada por error judicial, retardo u omisión injustificados. Queda a salvo el derecho del o de la particular de exigir la

---

SALINAS GARZA, J.A. y RODRÍGUEZ LOZANO, L.G. (Coords): *Derecho y Justicia Administrativa*. Universidad Autónoma de Nuevo León, Monterrey, México, 2015, pp. 355-386.

responsabilidad personal del magistrado o de la magistrada, del juez o de la jueza; y el derecho del Estado de actuar contra éstos o éstas.

Por último, en lo atinente al Debido Proceso, cabe recordar que se trata de una garantía recogida además en el marco de las Convenciones Internacionales de Derechos Humanos, tanto en lo que concierne al artículo 6 del Convenio para la protección de los Derechos Humanos y de las Libertades Fundamentales (Europa)[172], como a la Convención Americana de Derechos Humanos, en su artículo 8 referido a las Garantías Judiciales[173], al artículo 14 del Pacto Internacional de Derechos Civiles y Políticos, así como a la propia Declaración Universal de Derechos Humanos, artículos 8, 10 y 11, entre otros Instrumentos internacionales. De allí que, además de su expresa constitucionalización, la regulación supranacional determina la aplicación preferente de tal garantía en los ordenamientos jurídicos y en la práctica administrativa y judicial de esos Estados.

En lo relativo a la atribución al juez contencioso-administrativo de la función jurisdiccional de juzgar y ejecutar lo juzgado, lo que incluye la ejecución forzada de las sentencias en caso de incumplimiento por el perdidoso[174], se trata de un atri-

---

[172] Véanse, entre otros, los comentarios de GONZÁLEZ PÉREZ, *El derecho...*, pp. 416-424. Sobre las consecuencias de la referida Convención Europea en la tutela judicial efectiva en el ámbito del proceso administrativo español, puede verse entre otros: HUERGO LORA, *Las pretensiones de condena...*, pp. 98-114.

[173] Respecto a la regulación en la Convención Americana sobre Derechos Humanos, véase entre otros: IBÁÑEZ RIVAS, Juana María: "Comentario al artículo 8. Garantías Judiciales". En: STEINER, K. y URIBE, P. (Edit.): *Convención Americana Sobre Derechos Humanos. Comentarios.* Konrad Adenauer Stifung. Bolivia, 2014, pp. 207-254. Documento en línea (consulta junio 2015. http://www.kas.de/ wf/ doc/kas_38682-1522-1-30.pdf?140922172843)

[174] *Cfr.* GONZÁLEZ PÉREZ, *El derecho...*, p. 337 y 345-348. Más allá de que la Administración, en caso de resultar perdidosa, tiene en tal caso el deber de cumplir los fallos (*Ibídem*, pp. 341-345). Véase

buto o manifestación del Derecho a la Tutela Judicial efectiva, pues como destaca la doctrina: "El derecho a la tutela jurisdiccional despliega sus efectos en tres momentos distintos: primero, en el acceso a la Justicia; segundo, una vez en ella, que sea posible la defensa y obtener solución en un plazo razonable, y tercero, **una vez dictada la sentencia, la plena efectividad de sus pronunciamientos**" (resaltado añadido)[175].

Esa tutela judicial no será efectiva si la sentencia no se cumple[176], por lo que la efectividad del fallo no puede depender de la voluntad las partes. De allí que dentro de la función jurisdiccional se incluye la actividad judicial destinada a "juzgar y ejecutar lo juzgado"[177], también en el orden contencioso-administrativo, frente a una Administración Pública perdidosa[178].

---

también: MARTÍN DELGADO, *Función jurisdiccional...*, pp. 93-100; FONT I LLOVET, Tomás: "Justicia administrativa y ejecución de sentencias". En: MONTORO CHINER, M.J. (Coord.): *La Justicia Administrativa. Libro Homenaje al Prof. Dr. D. Rafael Entrena Cuesta*. Atelier. Barcelona, España. 2003, pp. 821-822.

[175] GONZÁLEZ PÉREZ, *El derecho...*, p. 57. Véanse también las referencias doctrinarias y jurisprudenciales referidas por BELTRÁN DE FELIPE, *El poder de sustitución...*, pp. 231-244, quien concluye señalando: "De manera que la exigencia de efectividad de la tutela judicial en sede ejecutiva tiene como consecuencia que las medidas indirectas son insuficientes (y precisamente por no ser capaces de garantizar siempre y en todo caso la ejecución en sus propios términos). Por ello la efectividad, requisito constitucional de la tutela judicial del art. 24.1 CE, obliga a afirmar la existencia del poder de sustitución entre las facultades jurisdiccionales de ejecución forzosa" (*Ibídem*, p. 244). Sobre el poder de sustitución judicial se volverá más adelante.

[176] *Cfr.* GONZÁLEZ PÉREZ, *El derecho...*, p. 337.

[177] Para el caso español véanse las referencias doctrinarias y jurisprudenciales de GONZÁLEZ PÉREZ, *El derecho...*, pp. 349-368. Véase también: BELTRÁN DE FELIPE, *El poder de sustitución...*, p. 184.

[178] Y es que como ya se señaló, en atención a las normas constitucionales españolas (lo que resulta extrapolable a los otros ordenamientos): "...la Administración, como sujeto público, al igual que

En efecto, así lo establece por ejemplo, primeramente el artículo 117.3 de la Constitución Española[179]: "Artículo 117.3. El ejercicio de la potestad jurisdiccional en todo tipo de procesos, juzgando y haciendo ejecutar lo juzgado, corresponde exclusivamente a los Juzgados y Tribunales determinados por las leyes, según las normas de competencia y procedimiento que las mismas establezcan"[180].

los particulares, está obligada al cumplimiento de lo resuelto judicialmente..." (GARCÍA DE ENTERRÍA, *Los postulados constitucionales...*, p. 28). No otra cosa se desprende además, de la vinculación de la Administración Pública al principio de juridicidad, como lo establecen los artículo 9.1 y 103.1 de la Constitución Española, por lo que el cumplimiento de las sentencias (artículo 118) es un de las vertientes de esa sujeción (BELTRÁN DE FELIPE, *El poder de sustitución...*, pp. 173-180). Para el caso Peruano, puede verse: HUAPAYA TAPIA, *op. cit.*, pp. 431-436.

[179] Calificado como sistema de autoejecución judicial por MARTÍN DELGADO, *Función jurisdiccional...*, p. 101. Sobre este precepto véanse, entre otros, los comentarios de PICÓ I JUNOY, *op. cit.*, pp. 76-79. En el ámbito del proceso administrativo, citando la jurisprudencia constitucional española: GONZÁLEZ PÉREZ, *El derecho a la tutela jurisdiccional...*, pp. 337-348. Se trata de una potestad estrechamente vinculada con el derecho a la ejecución del fallo como manifestación del derecho fundamental a la tutela judicial efectiva, como ha reiterado el Tribunal Constitucional Español, por ejemplo en la sentencia 115/2005 de 9 de mayo; BOE Núm. 136 de 8 de junio de 2005, al señalar que: "...ha de traerse a colación la reiterada doctrina de este Tribunal, según la cual el derecho a la ejecución de Sentencias forma parte del derecho a la tutela judicial efectiva (art. 24.1 CE), ya que, en caso contrario, las decisiones judiciales y los derechos que en ellas se reconocen no serían más que meras declaraciones de intenciones y, por tanto, no estaría garantizada la efectividad de la tutela judicial". Documento en línea consulta junio 2016: http://hj.tribunalconstitucional.es/docs/BOE/BOE-T-2005-9523.pdf.

[180] Comentando este precepto, se señala que: "...la tutela de los derechos no es lo que justifica en primera instancia la atribución frente a la Administración de poderes de ejecución a los jueces y tribunales a los jueces y tribunales del orden contencioso-administra-

Y lo complementa el artículo 118 de la misma Carta Fundamental, al disponer: "Es obligado cumplir las sentencias y demás resoluciones firmes de los Jueces y Tribunales, así como prestar la colaboración requerida por éstos en el curso del proceso y en la ejecución de lo resuelto"[181].

En esa misma orientación, lo que no deja de sorprender tratándose de un precepto que data de casi tres cuartos de siglo, la Constitución Costarricense consagra, tanto la condición judicial del contencioso-administrativo (es decir, un orden competencial dentro de la organización de la rama judicial), como la potestad de juzgar y ejecutar lo juzgado, que por tanto constitucionalmente es plenamente aplicable al proceso administrativo, en estos términos:

Artículo 153.- Corresponde al Poder Judicial, además de las funciones que esta Constitución le señala, conocer de las causas civiles, penales, comerciales, de trabajo y **contencioso ad-**

---

tivo, sino el hecho de posibilitar el ejercicio de la propia función jurisdiccional: el órgano judicial es poseedor de la potestad de ejecutar lo juzgado y de poderes concretos porque sólo así puede cumplir su función jurisdiccional" (MARTÍN DELGADO, *Función jurisdiccional...*, p. 106). Sin pretensiones de entrar a cuestionar lo afirmado, parece necesario preguntarse si la existencia de la función jurisdiccional no se justifica en última instancia justamente en orden a garantizar la tutela de los derechos de la persona. De hecho, esta afirmación parece desprenderse de lo concluido por el autor más adelante, como se refiere en una posterior nota al pie en este mismo epígrafe.

[181] Sobre las relaciones entre el marco constitucional y los caracteres del contencioso-administrativo español, puede verse recientemente, entre otros: MEILÁN GIL, José Luis y Marta GARCÍA PÉREZ: *Cuestiones actuales de la Justicia Administrativa en España*, pp. 425-465. Disponible en línea consulta octubre 2015: http://biblio.juridicas.unam.mx/libros/7/3282/25.pdf. Véase también: ORTEGA ÁLVAREZ, Luis: "La ejecución de sentencias". *Revista Justicia Administrativa número extraordinario. Ley de la Jurisdicción Contencioso-Administrativa*. Editorial Lex Nova. Valladolid, 1999, pp. pp. 154-155.

ministrativas así como de las otras que establezca la ley, cualquiera que sea su naturaleza y la calidad de las personas que intervengan, resolver definitivamente sobre ellas y **ejecutar las resoluciones que pronuncie, con la ayuda de la fuerza pública si fuere necesario** (resaltados añadidos)[182].

Una norma que regula también el asunto, se encuentra en el artículo 253, primer aparte, de la Constitución venezolana: "Corresponde a los órganos del Poder Judicial conocer de las causas y asuntos de su competencia mediante los procedimientos que determinen las leyes, y **ejecutar o hacer ejecutar sus sentencias**" (resaltado añadido).

A lo cual, en lo que se refiere al proceso administrativo, se agrega la consagración del principio de juridicidad de toda la actividad administrativa. Así por ejemplo, en el caso español, la Constitución dispone el mismo en dos preceptos[183], a saber:

---

[182] Complementado el precepto con una norma incluso aún más de avanzada para la época, al establecer inequívocamente el deber de la Administración de cumplimiento de las decisiones judiciales: "...el apartado 9) del artículo 140 de la misma Constitución cuando establece como deberes y atribuciones del Presidente de la República con el respectivo Ministro de Gobierno: 'Ejecutar y hacer cumplir todo cuanto resuelvan o dispongan en los asuntos de su competencia los tribunales de justicia y los organismos electorales, a solicitud de los mismos'" (GONZÁLEZ CAMACHO, Óscar Eduardo: "La ejecución de sentencia". En: JIMÉNEZ MEZA, Manrique, JINESTA LOBO, Ernesto, MILANO SÁNCHEZ y Óscar GONZÁLEZ CAMACHO: *El nuevo Proceso Contencioso-Administrativo. Poder Judicial*. San José, Costa Rica, 2006, p. 578). Sobre la relación entre la Constitución y la Ley de la Jurisdicción Contenciosa Costarricenses, véase entre otros: JIMÉNEZ MEZA, Manrique: "Bases constitucionales para la reforma de la Jurisdicción Contencioso Administrativa". En: JIMÉNEZ MEZA, Manrique, JINESTA LOBO, Ernesto, MILANO SÁNCHEZ y Óscar GONZÁLEZ CAMACHO: *El nuevo Proceso Contencioso-Administrativo. Poder Judicial*. San José, Costa Rica, 2006, pp. 17-30.

[183] Véase respecto a la relación entre tales dispositivos y el contencioso-administrativo, entre otros: MEILÁN GIL, José Luis: "La Ju-

Artículo 103. 1. La Administración Pública sirve con objetividad los intereses generales y actúa de acuerdo con los principios de eficacia, jerarquía, descentralización, desconcentración y coordinación, con sometimiento pleno a la ley y al Derecho[184].

---

risdicción Contencioso-Administrativa y la Constitución Española de 1978". En: GARCÍA PÉREZ, M. (Coord.): *Jornadas de Estudio sobre la Jurisdicción Contencioso-Administrativa*. Universidade Da Coruña. Coruña, 1997, pp. 11-30.

[184] Normas más o menos similares se encuentran en las Constituciones de los otros ordenamientos bajo estudio. En el caso colombiano, su artículo 209 dispone: "La función administrativa está al servicio de los intereses generales y se desarrolla con fundamento en los principios de igualdad, moralidad, eficacia, economía, celeridad, imparcialidad y publicidad, mediante la descentralización, la delegación y la desconcentración de funciones. Las autoridades administrativas deben coordinar sus actuaciones para el adecuado cumplimiento de los fines del Estado. La Administración Pública, en todos sus órdenes, tendrá un control interno que se ejercerá en los términos que señale la ley". En el caso costarricense: "Artículo 11. Los funcionarios públicos son simples depositarios de la autoridad y no pueden arrogarse facultades que la ley no les concede. Deben prestar juramento de observar y cumplir esta Constitución y las leyes. La acción para exigirles la responsabilidad penal de sus actos es pública". En el caso venezolano la influencia de la Constitución Española es especialmente marcada: "Artículo 141. La Administración Pública está al servicio de los ciudadanos y ciudadanas y se fundamenta en los principios de honestidad, participación, celeridad, eficacia, eficiencia, transparencia, rendición de cuentas y responsabilidad en el ejercicio de la función pública, con sometimiento pleno a la ley y al derecho", la cual viene a ser un desarrollo del artículo 137, que consagra el principio de juridicidad de toda la actividad del Estado en estos términos: "La Constitución y la ley definen las atribuciones de los órganos que ejercen el Poder Público, a las cuales deben sujetarse las actividades que realicen".

Artículo 106. 1. Los Tribunales controlan la potestad reglamentaria y la legalidad de la actuación administrativa, así como el sometimiento de ésta a los fines que la justifican[185].

Es pues, la potestad de juzgar y ejecutar lo juzgado, un atributo necesario e inherente a la potestad jurisdiccional en el contexto jurídico actual, sobre todo si se le vincula con el derecho a la tutela judicial efectiva[186], que incluye el derecho a obtener la ejecución forzada de la sentencia frente al perdidoso reticente a acatarle por propia voluntad[187].

En ese orden de razonamiento, plenamente aplicable al contencioso-administrativo, establece la Constitución Costarricense:

---

[185] La importancia de esta norma y su efecto vinculante sobre la regulación del contencioso-administrativo español es destacada por la doctrina (*v.g.* HUERGO LORA, *Las pretensiones de condena...*, pp. 143-147).

[186] Por cuanto: "No puede hablarse así de tutela judicial si al Juez no se le otorgan poderes de ejecución, porque si tales poderes no están en sus manos, no puede garantizar la protección de los intereses y derechos del administrado. Por ello, el art. 117 está funcionalmente encaminado al art. 24; pero, al mismo tiempo, el art. 24 presupone el 117, dado que si se le atribuye al Juez el deber de tutelar es porque ésta es precisamente su función: juzgar y hacer ejecutar lo juzgado. La consecuencia lógica de la falta de ejercicio de esa función es la vulneración del derecho a la tutela judicial..." (MARTÍN DELGADO, *Función jurisdiccional...*, pp. 108-109). En análogo sentido véase: MEILÁN GIL, *Dificultades y atajos...*, p. 1.143.

[187] Y es que: "La ejecución de lo juzgado no es más que el complemento necesario de la potestad de juzgar, y ambas integran la función jurisdiccional. Por esta razón, los poderes de ejecución de sentencias no son más que medios para garantizar el cumplimiento de la función jurisdiccional y, sólo indirectamente, instrumentos para tutelar los derechos de los administrados" (MARTÍN DELGADO, *Función jurisdiccional...*, p. 108).

Artículo 49. Establécese la jurisdicción contenciosos-adminis-
trativa como atribución del Poder Judicial, con el objeto de garantizar la legalidad de la función administrativa del Estado,
de sus instituciones y de toda otra entidad de derecho público.
La desviación de poder será motivo de impugnación de los
actos administrativos. La ley protegerá al menos, los derechos
subjetivos y los intereses legítimos de los administrados[188].

Mucho más limitada es la consagración del contencioso
que hace la Constitución Peruana[189], al disponer: "Artículo 148°.
Las resoluciones administrativas que causan estado son susceptibles de impugnación mediante la acción contencioso-administrativa"[190].

---

[188] Texto así reformado por ley No. 3124 de 25 de junio de 1963.

[189] Señala la doctrina que la consagración judicialista del contencioso-administrativo es tradicional en la evolución constitucional
peruana. No obstante el laconismo de la Carta Fundamental de
ese país, la misma doctrina deriva de tal regulación, además de la
integración de la jurisdicción contencioso-administrativa dentro
de la rama judicial del Poder Público, la no existencia de áreas de
la actividad administrativa exentas de control (DANÓS ORDÓ-
ÑEZ, Jorge: "El proceso contencioso administrativo en el Perú".
Documento en línea consulta septiembre 2015: http://www.
jusdem.org.pe/webhechos/N010 /contencioso%20administrativo.
htm). En similar sentido: HUA-PAYA TAPIA, *op. cit.*, p. 483. Sobre
la vinculación entre la Constitución y el contencioso-administrativo, puede verse en la doctrina peruana, entre otros: ESPI-
NOSA-SALDAÑA BARRERA, Eloy: "Notas sobre el Anteproyecto
de Ley del Proceso Contencioso Administrativo hoy en debate en el
Perú". En: DANÓS ORDÓÑEZ, J., HUAPAYA TÁPIA, R., ROJAS
MONTES, V., TIRADO BARRERA, J.A. y VIGNOLO CUEVA, O.
(Coords.), *Derecho Administrativo, Innovación, Cambio y Eficacia.*
Libro de Ponencias del Sexto Congreso Nacional de Derecho
Administrativo. ECB Ediciones-Thomson Reuters. Lima, 2014, pp.
418-422.

[190] Véanse los comentarios a este precepto y a su aplicación jurisprudencial, de HUAPAYA TAPIA, *op. cit.*, pp. 437-468.

Por su parte, la Constitución Colombiana, si bien encuadra al Consejo de Estado dentro de la rama Judicial del Poder Público (Título VIII), lo ubica como cúspide de la Jurisdicción Contencioso-Administrativa (Capítulo III), separada de la Jurisdicción Ordinaria (Capítulo II), y le atribuye, en el artículo 137, entre otras, la competencia para: "1. Desempeñar las funciones de tribunal supremo de lo contencioso administrativo, conforme a las reglas que señale la ley", así como para: "2. Conocer de las acciones de nulidad por inconstitucionalidad de los decretos dictados por el Gobierno Nacional, cuya competencia no corresponda a la Corte Constitucional".

Atribuciones que complementa con la peculiar consagración en el rango constitucional de la potestad cautelar para "suspender provisionalmente, por los motivos y con los requisitos que establezca la ley, los efectos de los actos administrativos que sean susceptibles de impugnación por vía judicial" (Artículo 238).

Como última referencia normativa[191], el artículo 259 de la Constitución venezolana, basándose en preceptos precedentes, establece:

Artículo 259. La jurisdicción contencioso administrativa corresponde al Tribunal Supremo de Justicia y a los demás tribunales que determine la ley. Los órganos de la jurisdicción contencioso administrativa son competentes para anular los actos administrativos generales o individuales contrarios a derecho, incluso por desviación de poder; condenar al pago de sumas de dinero y a la reparación de daños y perjuicios originados en responsabilidad de la Administración; conocer de reclamos por la prestación de servicios públicos; y disponer lo

---

[191] Ya en los Capítulos previos se destacó la excepcionalidad de la regulación constitucional del contencioso-administrativo colombiano, con su Consejo de Estado como cúspide.

necesario para el restablecimiento de las situaciones jurídicas subjetivas lesionadas por la actividad administrativa[192].

Partiendo entonces de los preceptos fundamentales en materia de ejecución de sentencias en el proceso administrativo, puede sostenerse como necesaria derivación de este marco normativo, los siguientes postulados que imperan en los ordenamientos jurídicos en referencia:

a. La incorporación del derecho fundamental o constitucional, según el caso, de tutela jurisdiccional efectiva, que incluye el derecho a obtener la ejecución de la sentencia - de manera forzada- de ser necesario.

---

[192] Consagra la norma el común sistema judicialista Iberoamericano, apartándose del primigenio modelo francés (*Cfr.* entre otros: MOLES CAUBET, Antonio: "Rasgos generales de la jurisdicción contencioso administrativa". En: *AA.VV.: El Control Jurisdiccional de los Poderes Públicos en Venezuela.* Instituto de Derecho Público. Universidad Central de Venezuela. Caracas, 1979, pp. 67-77; BREWER-CARÍAS, *Nuevas tendencias en el contencioso-administrativo venezolano.* Editorial Jurídica Venezolana. Caracas, 1993, pp. 13-17). Más recientemente: BREWER-CARÍAS, Allan R.: *Sobre la Justicia Constitucional y la Justicia Contencioso-Administrativa. A 35 años del inicio de la configuración de los procesos y procedimientos constitucionales y contencioso administrativos (1976-2011).* En: BREWER-CARÍAS, A. y HERNÁNDEZ-MENDIBLE, V.R. (Dirs.): *El Contencioso Administrativo y los Procesos Constitucionales.* Colección Estudios Jurídicos N° 92. Editorial Jurídica Venezolana. Caracas, 2011, pp. 19-74. Véase también: ARAUJO JUÁREZ, José: "La Justicia Administrativa y el Derecho Administrativo. Antecedentes, consolidación y principios fundamentales". En: BREWER-CARÍAS, A. y HERNÁNDEZ-MENDIBLE, V.R. (Dirs.): *El Contencioso Administrativo y los Procesos Constitucionales.* Colección Estudios Jurídicos N° 92. Editorial Jurídica Venezolana. Caracas, 2011, pp. 87-91; ARAUJO JUÁREZ, José: "La configuración constitucional del contencioso administrativo en Venezuela. Antecedentes, origen, evolución y consolidación". En: HERNÁNDEZ-MENDI-BLE, V.R. (Dir.): *La actividad e inactividad administrativa y la Jurisdicción Contencioso-Administrativa.* Colección Estudios Jurídicos N° 96. Editorial Jurídica Venezolana. Caracas, 2012, pp. 24-34.

b. La consagración de un contencioso-administrativo en-
    marcado orgánica y funcionalmente en la rama Judicial
    del Poder Público (en el caso Colombiano, separado de
    la "Jurisdicción Ordinaria"). Y correlativamente al pos-
    tulado previo, la inclusión dentro de la función ju-
    risdiccional, no solo de la potestad de sentenciar, sino
    también de hacer ejecutar lo juzgado, salvo las excep-
    ciones legalmente previstas y debidamente justificadas.

c. La consagración de los Derechos Constitucionales Pro-
    cesales en el ámbito del contencioso-administrativo.

d. Y por último pero no menos importante, la acogida del
    principio de Juridicidad de la actividad administrativa
    (en tanto esta constituye ejercicio de funciones públicas)
    así como el correlativo establecimiento de la Justicia
    Administrativa (a través de una jurisdicción conten-
    cioso-administrativa especializada), destinada a ejercer
    ese control y tutela sobre la actividad administrativa. Y
    ello sin que quepan ámbitos exentos de inmunidad,
    más allá del respeto a la regla constitucional de la sepa-
    ración de las ramas del Poder Público en atención a la
    posición de cada una de ellas en el sistema diseñado
    por las Cartas Fundamentales.

Bajo esas premisas, procede entrar en los Capítulos siguientes a estudiar con mayor detalle cómo se instrumentan
esos marcos normativos tanto en los principios como en la legislación. Y con tal propósito, es conveniente comenzar por
varios de los problemas medulares de la ejecución de la sentencia en el proceso administrativo, principiando con el siempre
debatido asunto del alcance del control jurisdiccional sobre el
ejercicio de las potestades discrecionales de la Administración,
así como de seguidas en lo atinente al control y tutela frente a la
actividad material y a la inactividad administrativa. A desarrollar ello se dedican los Capítulos que siguen.

II. LA SUSTITUCIÓN DECLARATIVA Y EJECUTIVA. NO-CIÓN Y LÍMITES

A continuación se expondrán resumidamente los principales lineamientos de la doctrina en cuanto al poder de sustitución declarativa del juez[193], es decir, la potestad que tiene este, en la emanación de la sentencia, para sustituirse o reemplazar a las partes resolviendo la controversia e imponiendo el cumplimiento de un deber legal.

Ello viene complementado con el poder de sustitución ejecutiva, en el cual el órgano judicial suple a la parte condenada en caso de incumplimiento de la sentencia, ejecutando el fallo de forma forzada[194].

---

[193] En ese epígrafe y el siguiente la referencia obligada, y que seguiremos, es: BELTRÁN DE FELIPE, Miguel: "El poder de sustitución..., *in totum*". En la doctrina venezolana, específicamente en el contencioso-administrativo, véase: HERNÁNDEZ G., José Ignacio: "El poder de sustitución del juez contencioso administrativo: contenido y ejecución de la sentencia". En: *AA.VV.: El contencioso administrativo hoy. Jornadas 10° Aniversario.* Fundación Estudios de Derecho Administrativo. Caracas, 2004, pp. 305-346.

[194] Ya la clásica doctrina procesal apuntaba sobre la sustitución o subrogación judicial, que los medios ejecutivos de subrogación (por oposición a los de coacción que requieren la participación del obligado y buscan influir en su voluntad, como las multas o los arrestos) son "...los medios con los que los órganos jurisdiccionales tienden por su cuenta a conseguir para el acreedor el bien a que tiene derecho, independientemente de la participación, y por lo tanto, de la voluntad del obligado. Tales son el tomar directamente las cosas determinadas a que el acreedor tiene derecho; la aprehensión de las cosas muebles o inmuebles del deudor para convertirlas en dinero, con el fin de satisfacer las deudas; la realización directa de la actividad debida por el deudor, si es fungible; el empleo de la fuerza para impedir que el deudor realice una actividad contraria a la obligación de no hacer..." (CHIOVENDA, Giuseppe: *Instituciones de Derecho Procesal Civil.* Volumen I. Traducción del italiano por E. Gómez Urbaneja. Editorial Revista de

Y es que únicamente acudiendo al poder de sustitución judicial, se puede lograr la ejecución de la sentencia en los términos en que se dictó, en la hipótesis de incumplimiento por parte de la Administración perdidosa[195]. Sobre todo, frente a las

Derecho Privado. Madrid, 1954, pp. 333-334). Como puede verse, se trata de la sustitución judicial ejecutiva frente a pretensiones de condena a dar dinero u otros bienes, a hacer o a no hacer, lo cual es detallado en: *Ibídem*, pp. 334-354. Por su parte, señala la moderna doctrina española que con el poder de sustitución se supera la distinción entre juzgar y hacer ejecutar lo juzgado (*Cfr.* MARTÍN DELGADO, Isaac: *La ejecución subrogatoria de las sentencias contencioso-administrativas.* Iustel, Madrid, 2006, p. 98). Véase esa misma obra, que reseña la posición de la doctrina española sobre el poder de sustitución del juez contencioso-administrativo a la luz de la ley vigente (*Ibídem*, pp. 102-108). En la doctrina venezolana, se ha definido a la potestad de sustitución –declarativa y ejecutiva– en estos términos: "...el Juez se sustituye en las partes cuando se subroga a fin de dictar la sentencia definitiva y cuando se subroga en su voluntad a fin de dar cumplimiento al fallo emitido" (HERNÁNDEZ G., *El poder de sustitución...*, p. 309), para posteriormente agregarse: "Se distinguen dos tipos de sustitución. Por un lado, encontramos la sustitución declarativa, es decir, aquella que procede cuando el Juez se sustituye en la voluntad de la Administración para estimar o desestimar la pretensión (...) una vez efectuada esa sustitución declarativa procederá la sustitución ejecutiva, si la Administración se resistiere al cumplimiento de lo ordenado en el fallo. El alcance de la sustitución ejecutiva dependerá del alcance de la sustitución declarativa, de tal suerte que en la ejecución de la sentencia no podrá el Juez sobreexcederse de lo acordado en el propio contenido del fallo" (HERNÁNDEZ G., José Ignacio: "Ejecución de la sentencia en el orden contencioso administrativo". En: *AA.VV.: El contencioso administrativo en el ordenamiento jurídico venezolano y en la jurisprudencia del Tribunal Supremo de Justicia. III Jornadas sobre Derecho Administrativo en Homenaje a la Dra. Hildegard Rondón de Sansó.* Funeda. Caracas, 2006, p. 305).

[195]   *Cfr.* BELTRÁN DE FELIPE, *El poder de sustitución...*, p. 108. En similar sentido se ha señalado que: "El poder de sustitución es, así, elemento imprescindible, en la afirmación del carácter coactivo de la relación entre Juez y Administración en la fase de ejecu-

obligaciones consistentes en un hacer material o formal, es decir, en una prestación positiva[196].

Ello es especialmente relevante para este trabajo, toda vez que, durante el siglo XIX, imperante la doctrina liberal, la formación del contencioso-administrativo se centra en la protección del interés del particular frente a la actuación positiva de la Administración, expresada preponderantemente en la emisión de actos formales. De allí el protagonismo del "recurso por exceso de poder" (pretensión básicamente declarativa-constitutiva) y el interés centrado en la anulación del acto, como manifestación suficiente de tutela judicial[197].

Ese modelo de contencioso –como ya se destacó en los Capítulos precedentes– ha sido ampliamente superado en la actualidad, incluso en el Derecho Positivo de los países iberoamericanos cuya legislación se revisará en estas páginas. Y es que en esos últimos, por obra de la doctrina y de la jurisprudencia, acogida de forma más o menos integral según el caso conforme al Derecho Positivo, se ha ampliado el objeto de la pretensión procesal administrativa (materia impugnable en la concepción tradicional)[198]. Consecuentemente, también se ha extendido entonces, con mayor o menor acierto dependiendo de cada instrumento legal, el poder de sustitución declarativa y ejecutiva del juez, que ya no puede limitarse, incluso por obra de la legislación, a la mera anulación de actos administrativos.

---

ción de sentencias e instrumento necesario para la objetivación del sistema" (MARTÍN DELGADO, Isaac: *La ejecución subrogatoria...*, p. 25). En la doctrina argentina, especial atención al tema de la sustitución le dedica: HUTCHINSON, *op. cit.*, Tomo III..., pp. 406-436, quien señala: "Si no fuera posible acudir a dicho instituto (la potestad sustitutiva del órgano judicial), el actor podría no obtener nunca la ejecución *in natura* o en sus propios términos de la sentencia, permitiendo a la Administración convertir su obligación de hacer en una dineraria" (*Ibídem*, pp. 406-407).

[196] BELTRÁN DE FELIPE, *El poder de sustitución...*, pp. 109-110.

[197] *Ibídem*, pp. 113-114.

[198] *Cfr.* TORREALBA SÁNCHEZ, *Hacia la ampliación...*, pp. 669-684.

Por ello, el poder de sustitución es especialmente importante para el caso de la materialización de las pretensiones de condena[199]. Incluso puede sostenerse que es indispensable para estas[200].

La doctrina ha precisado no solamente que el juez contencioso-administrativo, en ejercicio de su función de juzgar y hacer ejecutar lo juzgado, puede proceder a la ejecución de la sentencia en lugar del órgano administrativo que la ha incumplido[201], sino también bajo qué modalidades[202].

El primer obstáculo aparente que se esgrime en el ámbito del proceso administrativo frente al poder de sustitución judicial, viene dado por la existencia del principio de separación de las ramas del Poder Público[203]. Específicamente, del Ejecutivo y

---

[199] Véase sobre el punto: BELTRÁN DE FELIPE, *El poder de sustitución...*, pp. 239-244; HERNÁNDEZ G., *El poder de sustitución...*, p. 314.

[200] Como complemento procesal de las pretensiones de condena y cierre de las pretensiones prestacionales, lo caracteriza BELTRÁN DE FELIPE, *El poder de sustitución...*, p. 117, afirmaciones que hace suyas MARTÍN DELGADO, *La ejecución subrogatoria...*, p. 96. De allí que se ha señalado recientemente que el poder de sustitución del juez contencioso-administrativo ante la inejecución de las sentencias es un imperativo constitucional (MEILÁN GIL, *Dificultades y atajos...*, p. 1.152).

[201] BELTRÁN DE FELIPE, *El poder de sustitución...*, p. 106. Véase también: MARTÍN DELGADO, *Función jurisdiccional...*, pp. 204-205.

[202] BELTRÁN DE FELIPE, *El poder de sustitución...*, p. 108.

[203] Una referencia a los obstáculos tradicionales para la ejecución de sentencias en el contencioso-administrativo, y que por ejemplo implicaron que en España, al menos hasta 1956, y luego parcialmente, la ejecución de la sentencia condenatoria a la Administración correspondiera a esta, puede verse entre otros en: GUAITA, Aurelio: "Ejecución de sentencias en el proceso administrativo español". *Revista de Administración Pública* N° 9. Instituto de Estudios Políticos. Madrid, 1952, pp. 64-90.

Judicial. Pero en realidad es lo contrario, pues como afirma la doctrina, las reglas de las relaciones entre los poderes del Estado no solo no impiden sino que lo reafirman, precisamente, para restablecer el equilibrio vulnerado por la falta de cumplimiento voluntario de la sentencia por la Administración perdidosa (ya aquí estamos frente a la sustitución ejecutiva). Y ello por cuanto, al ser sustituida la Administración por el órgano jurisdiccional, este, lejos de asumir funciones de otra rama del Poder (la Ejecutiva), no está haciendo otra cosa que un típico acto judicial en cuanto a su atribución de ejecutar lo juzgado[204].

De allí la difícil cobertura constitucional del mantenimiento en la actualidad de la tesis de la prohibición de sustitución del juez contencioso en la Administración. La ejecución forzada de la sentencia es parte de la función jurisdiccional (juzgar y hacer ejecutar lo juzgado). Ni el principio de la separación de las ramas del Poder Público, ni la condición de la Administración como garante de los intereses generales, pueden constituirse en límites al poder de sustitución ejecutiva, a la luz del derecho a la tutela judicial efectiva (dentro del cual se incluye el derecho a la ejecución de la sentencia en sus términos salvo circunstancias excepcionales plenamente justificadas) y el resto de los dere-

---

[204] *Cfr.* BELTRÁN DE FELIPE, *El poder de sustitución...*, pp. 120, 141-193, 217, 268-269. Somos del criterio que las reflexiones de este autor, vertidas a la luz del estudio del contexto constitucional español, son aplicables en líneas generales al resto de los países bajo estudio, vistas las similitudes y afinidades de regulación constitucional, como quedó puesto de manifiestamente previamente. En ese sentido, para el caso venezolano puede verse: HERNÁNDEZ G., *El poder de sustitución...*, pp. 311-313; GALLOTTI, Alejandro: *El poder de sustitución del juez en la función administrativa*. Cuadernos de la Cátedra Fundacional Allan R. Brewer-Carías. Universidad Católica Andrés Bello. N° 34. Editorial Jurídica Venezolana. Caracas, 2015, pp. 125-132 y 175. Sobre el mismo tema, puede verse también, desde la perspectiva constitucional venezolana: HERNÁNDEZ-MENDIBLE: *La ejecución de sentencias...*, pp. 112-117 y 125-127. Para el caso costarricense puede verse: GONZÁLEZ CAMACHO: *Sentencia...*, pp. 486-487.

chos constitucionales procesales ampliamente consagrados en la mayoría de las Constituciones Iberoamericanas, como ya se vio precedentemente[205].

De lo anterior deriva la inconstitucionalidad de establecer como regla general la posibilidad de conversión del poder de sustitución ejecutiva en condena patrimonial. El derecho a la tutela judicial efectiva implica el derecho a la ejecución de la sentencia *in natura* o en especie[206]. Solo en caso de imposibilidad fáctica o amenaza a la continuidad de la prestación de los servicios públicos debe aceptarse la conversión a cumplimiento por equivalente[207], pues, como se señala invocando una célebre frase de RIVERO: "la Administración no puede comprar su Derecho a incumplir la sentencia"[208].

El origen del problema en el Derecho Procesal Administrativo viene dado, al menos en principio, por el prolongado mantenimiento de la justicia retenida en Francia en cuanto a la ejecución de la sentencia por la Administración, si se quiere a cambio del surgimiento del recurso por exceso de poder[209].

---

[205] Para el caso español, véanse entre otros: BELTRÁN DE FELIPE, *El poder de sustitución...*, pp. 224-239.

[206] En similar sentido: MARTÍN DELGADO, *La ejecución subrogatoria...*, p. 101.

[207] Sobre la imposibilidad fáctica y jurídica de ejecutar la sentencia, puede verse entre otros, en la doctrina procesal: CARNELUTTI, Francesco: *Instituciones de Derecho Procesal Civil*. Biblioteca Clásicos del Derecho. Volumen 5. Traducción y compilación de *Sistema di Diritto Processuale Civile* de Enrique Figueroa Alfonzo. Harla S.A. México, 1997, pp. 36-37.

[208] *Cfr.* BELTRÁN DE FELIPE, *El poder de sustitución...*, pp. 258-262.

[209] Un estudio de esta evolución histórica puede verse en: BELTRÁN DE FELIPE, *El poder de sustitución...*, pp. 130-139. En similar sentido: MARTÍN DELGADO, *Función jurisdiccional...*, p. 90, quien señala que: "Toda la historia del contencioso-administrativo (...) ha sido la lucha por ir reconquistando terreno a la Administración, hasta normalizar su situación jurisdiccional con respecto al

Pero todo lo antes sostenido no significa que el poder de sustitución sea ilimitado[210]. Y ese límite no es otro que la posición constitucional de la Administración, que no puede ser reemplazada por el Juez[211]. A precisar entonces esos límites debe destinarse el esfuerzo de la doctrina, y ulteriormente de la legislación, lo cual, como se verá en los Capítulos posteriores, es una tarea parcialmente realizada dependiendo de cada uno de los países bajo estudio.

Entre tanto, la doctrina ha enunciado como límites generales del poder de sustitución, los siguientes[212]. En primer lugar, se ha preguntado respecto a la existencia de obligaciones personalísimas en el caso de las condenas a hacer[213], entendiendo estas, como aquellas en las que la satisfacción del acreedor implica que no resulta indiferente quién cumpla la obligación (infungibilidad de la prestación), lo cual va a depender de la configuración concreta que las partes hayan dado a la relación obligatoria[214]. Pero hay que tener en cuenta que en el caso de las

---

resto de los sujeto sometidos al ordenamiento jurídico" (*Ibídem,* p. 22). Sobre el mismo asunto en el caso español, véase: *Ibídem,* pp. 25-89.

[210] *Cfr.* HERNÁNDEZ G., *El poder de sustitución…*, p. 313.

[211] *Cfr.* BELTRÁN DE FELIPE, *El poder de sustitución…*, pp. 107, 141, 272; HERNÁNDEZ G., *El poder de sustitución…*, p. 312

[212] Un sector de la doctrina venezolana agrega que este poder de sustitución varía según se trate de cada tipo de pretensión procesal (HERNÁNDEZ G., *El poder de sustitución…*, pp. 313-316; HERNÁNDEZ G., *Ejecución de la sentencia…*, p. 305), lo cual es cónsono con lo expuesto en los Capítulos previos. En similar sentido, respecto a la ejecución de sentencias según sus tipos: HERNÁNDEZ-MENDIBLE, *La ejecución…*, pp. 128-130.

[213] *Cfr.* BELTRÁN DE FELIPE, *El poder de sustitución…*, p. 277. Véase también: MEILÁN GIL y GARCÍA PÉREZ, *Cuestiones actuales…*, p. 457.

[214] *Cfr.* BELTRÁN DE FELIPE, *El poder de sustitución…*, pp. 277-280. Sobre el punto véase también: MARTÍN DELGADO, *La ejecución subrogatoria…*, pp. 148-163.

obligaciones impuestas por el ordenamiento jurídico y no por voluntad de las partes (caso de las que se derivan de potestades administrativas, agregamos nosotros), no podrían ser personalísimas, por lo que las prestaciones administrativas son fungibles y procesalmente sustitutibles[215].

---

[215] BELTRÁN DE FELIPE, *El poder de sustitución...*, pp. 281-283. En similar sentido: GARCÍA PÉREZ, *op. cit.*, p. 82. Refiriendo la doctrina italiana, señala MARTÍN DELGADO, *La ejecución subrogatoria...*, pp. 46-48, que más que infungibilidad jurídica, lo que puede haber es infungibilidad material. Agrega este último que, bajo la perspectiva del Derecho Administrativo, raramente se dará una obligación de carácter personalísimo, ya que la asunción de estas bajo la visión de esta rama jurídica no se origina sobre la base de la elección del órgano administrativo a la hora de entablar una relación jurídica, salvo el caso excepcional de que el órgano administrativo a ejecutar la sentencia sea el único que disponga de la competencia técnica y material para llevarla a cabo (*Ibídem*, pp. 152-154). Similar es la posición de la doctrina costarricense, al señalar: "Lo que ha de entenderse de una vez por todas, es que no existen actividades u obligaciones personalísimas de la Administración Pública. ¿Cómo se haría entonces con la separación (por la causa que fuere) de un funcionario técnico especializado? Ningún comportamiento o actividad de la Administración Pública (material o funcional) es infungible, pues los recursos materiales y humanos no son únicos ni propios, ni mucho menos para el exclusivo servicio de sus intereses, sino para la satisfacción de las necesidades colectivas y el cumplimiento del interés público, de los cuales es garante, precisamente el Juez. De no ser así, la función jurisdiccional quedaría reducida en última instancia, al ámbito de la reparación patrimonial" (GONZÁLEZ CAMACHO, *La ejecución de sentencia...*, pp. 591-592). En análogo sentido para la doctrina argentina: *Cfr.* HUTCHINSON, *op. cit.*, Tomo III..., pp. 408-409. Y es que al momento de determinar la fungibilidad de una prestación derivada de una relación jurídico-administrativa que origina la condena de la Administración: "...no son aplicables los criterios del derecho privado, sino los que se derivan de la posición constitucional de la Administración en relación con los demás poderes del Estado" (CORDÓN MORENO, Faustino: "El control judicial del uso por la Administración de sus facultades discrecionales". *Revista Jurídica de Castilla y León* N° 1. Septiembre

En segundo término, ya estableciéndolo como un verdadero límite al poder de sustitución judicial, se apunta hacia la discrecionalidad administrativa, aclarando que toda decisión discrecional es controlable judicialmente, más no siempre sustituible[216]. Entendida la discrecionalidad administrativa como la posibilidad de elegir entre actuar o no actuar (sobre ello se volverá más adelante)[217].

En cambio, como también puede haber discrecionalidad administrativa en la modalidad de cumplimiento de la obligación, es decir, el acto debido puede tener varios contenidos y la Administración está facultada para adoptar cualquiera de ellos, viene impuesta entonces lo que un sector de la doctrina llama opcionalidad, vinculando esta con las obligaciones de resultado y en fase de ejecución de sentencia[218], que se entiende es sustituible[219].

2003, p. 168. Documento en línea (septiembre 2014) http://dialnet.unirioja.es/servlet/articulo?codigo=758675).

[216] *Cfr.* BELTRÁN DE FELIPE, *El poder de sustitución...*, p. 285. En análogo sentido: HUTCHINSON, *op. cit.,* Tomo III..., p. 409.

[217] *Cfr.* BELTRÁN DE FELIPE, *El poder de sustitución...*, p. 289.

[218] *Ibídem,* pp. 291-304. Cuestionando la diferencia entre opcionalidad y discrecionalidad: GÓMEZ PUENTE, Marcos: *La inactividad de la Administración.* 2° edición. Editorial Aranzadi. Elcano, Navarra, 2000, pp. 186-188. Tampoco acepta la diferenciación en los términos planteados por BELTRÁN DE FELIPE: MARTÍN DELGADO, *La ejecución subrogatoria...*, pp. 128-129, aun cuando señala que la discrecionalidad que ostenta la Administración luego de dictada una sentencia no puede ser la misma que antes, pues esta la limita (*Ibídem,* p. 133). En la doctrina costarricense se opta por referirse a la discrecionalidad "residual" o "latente" luego de dictada la sentencia (*Cfr.* GONZÁLEZ CAMACHO, *Sentencia...*, pp. 491-494.

[219] BELTRÁN DE FELIPE, El *poder de sustitución...*, pp. 305-323. En similar sentido: HUTCHINSON, *op. cit.,* Tomo III..., pp. 410-412.

En tal caso, lo que procederá frente a la condena a cumplir obligaciones de contenido discrecional[220], será en primer lugar, la reducción de la discrecionalidad[221], y en segundo término, la técnica de las "sentencias marco", ante la presencia de obligaciones de irreductible contenido discrecional[222].

El otro límite sería la ejecución ilegal (de la sentencia), entendida como aquella lesiva a los intereses generales, y que amenaza al principio de continuidad de los servicios públicos[223]. En tal caso, se procederá a la sustitución de la obligación administrativa de dar cumplimiento al fallo por una indemnización de daños y perjuicios[224], que en el caso español, se traduce en la conversión del derecho a la ejecución de la sentencia en una indemnización mediante la técnica de la expropiación de los derechos e intereses reconocidos en el fallo (sobre ello se volverá en Capítulos posteriores)[225]. No obstante, desde ya hay que recalcar que se trata de una hipótesis excepcional y poco probable en la práctica, como se verá al estudiar los específicos regímenes legales.

---

220 Puede verse también sobre la discrecionalidad administrativa como límite a la sustitución judicial: MARTÍN DELGADO, *La ejecución subrogatoria...*, pp. 125-148.

221 Aunque un sector de la doctrina señala que no hay que reducir la discrecionalidad sino velar porque se ejerza correctamente (SÁNCHEZ MORÓN, Miguel: "Función, límites y control de la discrecionalidad administrativa". *Revista Ius et Veritas*. Facultad de Derecho de la Pontificia Universidad Católica del Perú. Vol. 21 N° 43. Lima, 2011, p. 264. Documento en línea consulta septiembre 2015 http://revistas.pucp.edu.pe/index.php/ iusetveritas /article/view/12064/12631).

222 Sobre el punto puede verse, en el Derecho venezolano, entre otros: HERNÁNDEZ G., *El poder de sustitución...*, pp. 316-327; GALLOTTI, *El poder...*, pp. 140-143. Para Costa Rica, véase GONZÁLEZ CAMACHO, *Sentencia...*, pp. 489-491.

223 *Cfr.* BELTRÁN DE FELIPE, *El poder de sustitución...*, pp. 324-325.

224 *Cfr. Ibídem*, p. 331.

225 *Cfr. Ibídem*, pp. 389-390.

El cuarto límite será el tema de la ejecución material de la sentencia, por ejemplo en el caso de una condena a prestación de hacer frente a una inactividad administrativa. Si se trata de una condena a un hacer jurídico (*v.g.* emitir un acto administrativo) la sentencia puede sustituirlo, así como en algunos supuestos de sentencias condenatorias a dar[226], mas si se trata de incidir en la realidad material (*v.g.* derribar o construir una edificación, prestar un servicio público)[227], se presenta un obstáculo.

Pero asumiendo el hecho de que la sustitución es ejercicio de la función jurisdiccional también en estos casos[228], como lo es, lo que procederá como principio general será la sustituibili-

---

[226] Al respecto se señala: "La posibilidad de sustitución directa no se limita simplemente a los supuestos de dictar un acto, sino que también podrá afectar a las sentencias de condena a entregar una cosa determinada, en las que el Juez podrá poner al ejecutor en posesión de la misma, haciendo uso, incluso, de la policía judicial" (MARTÍN DELGADO, *La ejecución subrogatoria...*, p. 188). Sobre esta sustitución directa en el caso venezolano, puede verse: HERNÁNDEZ G., *Ejecución de la sentencia...*, p. 315.

[227] De allí que se señala que el órgano judicial puede ejecutar la sentencia por sus propios medios en los supuestos de actividad formal de carácter reglado (MARTÍN DELGADO, *La ejecución subrogatoria...*, pp. 110, 181 y 183-198, en similar sentido: CORDÓN MORENO, *op. cit.*, pp. 164-165). Se señala también que: "...cuando existan elementos suficientes, el deber del órgano judicial de hacer ejecutar lo juzgado cuando la Administración se niega a hacerlo voluntariamente exigirá que sea él mismo que lleve a cabo la actividad que ésta no realizó. Tales supuestos serán aquéllos en los que sea clara la opción que debió tomar la Administración por tratarse de una potestad de carácter reglado o haber agotado la sentencia la discrecionalidad administrativa (...) se tratará de una actividad jurídica, consistente en la emisión de una declaración de voluntad jurídica" (MARTÍN DELGADO, *La ejecución subrogatoria*, pp. 183-184).

[228] En similar sentido, afirmando que la actividad de ejecución es también ejercicio de la función judicial: MARTÍN DELGADO, *Función jurisdiccional...*, pp. 195-202.

dad o fungibilidad de la ejecución de las obligaciones a cargo de la Administración (por un tercero o por otras Administraciones Públicas)[229]. Es decir, la realización de la actividad material por parte de un tercero con cargo al patrimonio de la Administración condenada y remisa al cumplimiento[230]. No habrá en tales casos ni un hacer personalísimo, ni existirán mayores problemas constitucionales, sino puramente prácticos, toda vez que el ordenamiento jurídico permite que terceras personas se subroguen en los poderes del Estado mediando una orden judicial[231].

Y no cabrá, en estos últimos casos, invocar el marco competencial existente, puesto que la colaboración puede exigirse al margen del régimen ordinario de distribución competencial,

---

[229] "En los supuestos en que la plena eficacia del acto requiera de la intervención de autoridades o agentes de la propia Administración condenada o de otra distinta que posea los medios adecuados –lo que normalmente ocurrirá cuando el acto administrativo debido exija una actividad de carácter técnico o necesite de una intervención posterior de carácter físico para que produzca efectos en plenitud, el Juez de la ejecución requerirá su intervención en aplicación del deber de colaboración..." (MARTÍN DELGADO, *La ejecución subrogatoria...*, pp. 192-193), lo que aplica tanto a la Administración condenada, a otras Administraciones e incluso a particulares ((*Ibídem*, p. 193).

[230] *Cfr.* BELTRÁN DE FELIPE, *El poder de sustitución...*, pp. 390-394 y MARTÍN DELGADO, *La ejecución subrogatoria...*, p. 181 y 188. Por ello se señala que el tercero o comisario encargo de la ejecución del fallo, no es más un órgano judicial que ejerce materialmente función administrativa (*Ibídem*, pp. 92-93).

[231] *Cfr.* BELTRÁN DE FELIPE, *El poder de sustitución...*, pp. 394-399. De allí que se señale también que los obstáculos al poder de sustitución judicial se presentan en su ejercicio práctico (HERNÁNDEZ G., *El poder de sustitución...*, p. 316). También se destaca al respecto que la sustitución tiene límites de aplicación procesal para el caso concreto, a saber: obligaciones personalísimas y la discrecionalidad administrativa (*Cfr.* HUTCHINSON, *op. cit.*, Tomo III..., p. 408).

existan o no mecanismos legales de subrogación interadministrativa. De allí que el Juez podrá solicitar la colaboración de la misma[232] o de otra Administración Pública distinta de la condenada a fin de que proceda a ejecutar la prestación ordenada en la sentencia de condena, con cargo a la Administración perdidosa, lo que en muchos casos será además la mejor solución práctica atendiendo a los medios con que cuentan las Administraciones Públicas[233].

Los medios de lograr la ejecución forzada en caso de sentencias condenatorias contra la Administración son varios, dependiendo de cada caso, y pueden resumirse así[234]: a) Ejecución sustitutiva: la sentencia sustituye al acto formal no dictado o

---

[232] Señala al respecto MARTÍN DELGADO, *La ejecución subrogatoria...*, p. 111: "...debe darse preferencia a la hora de requerir colaboración a los funcionarios del propio órgano obligado al cumplimiento, tanto por cuestiones de índole práctica y de economía administrativa (...) como por razones de carácter competencial (aunque no rige el régimen de reparto competencial (...) resulta más conveniente no implicar en la ejecución a órganos diferentes, salvo que sea necesario para el buen término de la misma". Véase también: *Ibídem*, pp. 141-148 y 220.

[233] *Cfr.* BELTRÁN DE FELIPE, *El poder de sustitución...*, pp. 400-418. La doctrina costarricense parece pronunciarse en similar sentido (GONZÁLEZ CAMACHO, *La ejecución...*, p. 588).

[234] Pueden verse también las distintas hipótesis de incumplimiento: "(a.- se trate del ejercicio de potestades regladas (actuadas o no actuadas) b.- existiendo discrecionalidad originaria, se reduce a cero durante el transcurso del proceso, con lo cual asume el equivalente a reglada. c.- exista renuencia reiterada para la adopción de la conducta debida, aunque fuere discrecional (omisión plena, pese a los requerimientos fijados para ello). d.- aún decidiendo o actuando, muestre renuencia reiterada para dictar o realizar la que es correcta, pese a los plazos, límites y mandatos establecidos por el Juez (reiteración de conductas inválidas en ejercicio de discrecionalidad frente a la misma situación fáctico-jurídica discutida en el proceso)" y las correlativas consecuencias en el ejercicio de poderes judiciales, según el esquema que plantea: GONZÁLEZ CAMACHO, *Sentencia...*, pp. 494.

mal dictado por la Administración[235]; b) Ejecución subsidiaria:
por un tercero o por otras Administraciones públicas[236]; c)
Posibilidad de nombrar un comisionado o comisario[237] encargado de cumplir la sentencia[238].

---

[235] Intervención sustitutiva directa del Juez, la denomina MARTÍN
DELGADO, *La ejecución subrogatoria...*, p. 113, o bien sustitución
ejecutiva (GONZÁLEZ CAMACHO, *La ejecución...*, p. 589;
HERNÁNDEZ G., *El poder de sustitución...*, p. 325), o bien sustitución judicial (CORDÓN MORENO, *op. cit.*, p. 165). En el caso del
proceso civil, un sector de la doctrina española más moderna opta
por referirse a los medios de subrogación (*v.g.* ORTELLS RAMOS,
Manuel: *Derecho Procesal Civil*. Aranzadi Editorial. 2º edición. Elcano, Navarra, 2001, pp. 731-732) mientras que otro se refiere expresamente a la ejecución forzosa como *actividad sustitutiva de la
conducta del destinatario de la condena* (CORTÉS DOMÍNGUEZ,
Valentín, GIMENO SENDRA, Vicente y Víctor MORENO CATENA: *Derecho Procesal Civil*. Tirant Lo Blanch Libros. Valencia,
España, 1995, p. 352).

[236] *Cfr.* MARTÍN DELGADO, *La ejecución subrogatoria...*, pp. 114-120.
Para este autor la ejecución comisarial es una especie de la ejecución subsidiaria, pues esta última se refiere en general a la ejecución de la sentencia por alguien distinto al ejecutado.

[237] Definido por la doctrina como: "un órgano del juez (...) de carácter público o privado, al cual se le habilita, con independencia del
régimen ordinario de distribución competencial, para llevar a
cabo la concreta actividad exigida por la sentencia con el fin de
dar ejecución a la misma, a través de los procedimientos establecidos al efecto y bajo el control del juez de la ejecución, ante el
cual son impugnables sus actos" (MARTÍN DELGADO, *La ejecución subrogatoria...*, p. 202). Sobre los aspectos procedimentales de
tal figura, además de lo que se expresará en Capítulos posteriores,
puede verse: *Ibídem*, pp. 207-255. Por su parte, la doctrina costarricense define a la ejecución comisarial como: "la orden girada a
otro funcionario del mismo órgano o ente público obligado, distinto del originariamente conminado, o bien, la orden que se gire
a órgano o ente distinto del que originariamente estaba obligado a
cumplir" (GONZÁLEZ CAMACHO, *La ejecución...*, p. 586. Más
adelante agrega: "La ejecución comisarial se constituye entonces
en el auxilio o más propiamente, en la orden que el tribunal eje-

En ese último caso (ejecución de la sentencia mediante un tercero designado por el Tribunal a tal fin), un sector de la doctrina afirma que la discrecionalidad no puede erigirse en límite a la actividad del comisario o comisionado[239], aunque de seguidas matiza su posición, expresando que será el ordenamiento jurídico el que determine el alcance de tal poder de sustitución, determinando sus supuestos y condiciones[240]. Concluye que, en todo caso, serán muy pocas las hipótesis en

---

cutor emite, dirigida a un órgano de la Administración diferente del llamado a cumplir con el mandato judicial, o un tercero ajeno al Estado, para que realice la conducta requerida por la sentencia y que el órgano administrativo deudor se rehúsa a realizar" (*Ibídem*, p. 587).

[238] *Cfr.* BELTRÁN DE FELIPE, *El poder de sustitución...*, pp. 421-424. Véase también: MARTÍN DELGADO, *La ejecución subrogatoria...*, pp. 43-52. Para el caso de la designación de un comisario, véanse los comentarios, aunque más referidos al Derecho Italiano, en *Ibídem*, pp. 52-93. El mismo autor señala también que en el caso de la ejecución de la sentencia a través de un tercero encargado, no rige el sistema ordinario de distribución de competencias, puesto que se está ante el ejercicio de actividad jurisdiccional (*Ibídem*, p. 141). Señala a su vez sobre el punto la doctrina costarricense: "La utilización del comisario o comisionado sirve para vencer dos problemas muy importantes para el órgano jurisdiccional, problemas que de no contarse con el auxilio de esta figura no encontrarían ningún tipo de solución. Estos dos obstáculos son el hacer material, o sea la realización en el plano fáctico de lo dispuesto en sentencia, y el hacer jurídico relativo a la valoración de material científico o técnico. Sobre el último supuesto se debe indicar que los jueces por carecer muchas veces de la preparación técnica en temas concretos, deben recurrir a terceros para que los ayuden a emitir la conducta correcta tomando en cuenta las recomendaciones de estos funcionarios que de hecho son peritos" (GONZÁLEZ CAMACHO, *La ejecución...*, p. 587).

[239] *Cfr.* MARTÍN DELGADO, *La ejecución subrogatoria...*, 145.

[240] *Cfr. Ibídem*, pp. 147-148.

que se requiera la designación de un comisario para dar cumplimiento a la sentencia[241].

Y finalmente, ante la imposibilidad de lograr la sustitución en cualquiera de esas modalidades[242], que no se deriva *per se* de límites constitucionales sino de obstáculos prácticos, fácticos o materiales[243], procede entonces la ejecución por equivalente ante la existencia de una obligación lesiva al interés público por amenazar la continuidad de los servicios públicos.

De allí la importancia de definir en cuáles supuestos procede la sustitución directa, en cuáles la indirecta, y en cuáles, ante la imposibilidad de ejecución de la sentencia, procede el cumplimiento por equivalente[244]. Solo haciendo un uso ade-

---

[241] Véase: *Ibídem*, pp. 160-161. Sería el supuesto, que tiene que constatar el juez, de: "...inejecución de una sentencia que condena a un hacer discrecional, complejo o puramente material", en tal caso "...cabe la sustitución, a través de un tercero igualmente capacitado para llevar a cabo la actividad exigida por el fallo, que ocupará el lugar de la Administración condenada y cuya actuación suplirá la omitida y surtirá sus mismos efectos" (*Ibídem*, p. 199).

[242] Sobre la imposibilidad legal o material se volverá en Capítulos posteriores en ocasión de referir las legislaciones bajo estudio. En todo caso, puede verse entre otros: HUTCHINSON, *op. cit.*, Tomo III..., pp. 413-417.

[243] *Cfr.* BELTRÁN DE FELIPE, *El poder de sustitución...*, p. 418. Comentando el caso italiano, señala MARTÍN DELGADO, *La ejecución subrogatoria...*, p. 49, que el poder de sustitución judicial es tan amplio que el Juez puede llevar a cabo por sus propios medios los mismos actos que la Administración debería haber adoptado para dar cumplimiento al fallo judicial. Agrega este último que la discrecionalidad como tal no debe considerarse un límite de principio al poder de sustitución, sino a la luz del alcance en cada caso concreto (*Ibídem*, pp. 136-137).

[244] Y es que como señala la doctrina: "...el correcto entendimiento del poder judicial de la sustitución de la Administración en la ejecución de las sentencias contencioso-administrativa y su aplicación ordinaria por los Jueces y Tribunales son el último paso que debe darse para que la completa normalización del proceso con-

cuado y conforme a las exigencias constitucionales y doctrinarias de tales opciones, se logra garantizar la cabal ejecución de la sentencia, como atributo del derecho a la tutela jurisdiccional[245].

Descrito sucintamente el marco doctrinario de las potestades judiciales de sustitución declarativa y ejecutiva, en cuanto a su noción y límites, procede ahora referirse con algo más de detalle a algunos de los principales obstáculos que pueden plantearse a su cabal aplicación, como lo son: el clásico tema del control judicial de la discrecionalidad administrativa, así como en el caso de la sustitución ejecutiva, en las hipótesis de control y tutela judicial frente a la inactividad administrativa y a la actividad material de la Administración. A ellos se destinan los siguientes epígrafes.

---

tencioso-administrativo, sea una realidad" (*Ibídem*, p. 276). Cabe señalar que el requerimiento de esa "normalización" del contencioso-administrativo, es decir, de su equiparación con el resto de los ámbitos competenciales judiciales, especialmente en lo atinente a la ejecución de la sentencia, incluso forzada en la hipótesis de incumplimiento voluntario por el perdidoso, fue advertida por GARCÍA DE ENTERRÍA, Eduardo: *Los postulados...*, p. 8. Véase entre otros, para el caso venezolano: HERNÁNDEZ G., *El poder de sustitución...*, pp. 330-333.

[245] Y es que, como señala recientemente la doctrina venezolana: "Si el poder judicial no tuviese la potestad de ejecutar las sentencias para garantizar la protección de los derechos y las libertades públicas, sería sumamente difícil hablar de la existencia de un Estado democrático de Derecho..." (HERNÁNDEZ-MENDIBLE, *La ejecución...*, p. 154). En similar sentido afirma la doctrina argentina: "Cabe sentar como principio que, en un Estado de Derecho, constituye una exigencia observar la más absoluta identidad entre lo fallado y lo ejecutado, debiendo acudirse a las soluciones compensatorias del efectivo cumplimiento de la prestación sólo en los supuestos de imposibilidad material o jurídica de llevar a puro y debido efecto lo establecido en la sentencia..." (HUTCHINSON, *op. cit.*, Tomo III..., p. 408).

1. *Las potestades discrecionales de la Administración. El estado actual de la cuestión en las leyes procesales administrativas más recientes en Iberoamérica*

No es el caso pretender estudiar a fondo -ni mucho menos replantear- el tema de los alcances y límites del control judicial de la discrecionalidad administrativa[246], asunto respecto del cual se produjo una ardua polémica en la doctrina española a fines del pasado siglo[247], a la cual se aludirá aquí brevemente mediante la referencia a las posiciones de algunos de sus exponentes. Se trata, sin duda, de uno de los aspectos de mayor complejidad y dificultad tanto en lo dogmático como en plano de las regulaciones concretas, en el ya de por sí arduo tema de las relaciones entre el juez contencioso-administrativo y la Administración[248].

---

[246] Prescindiendo de que la propia doctrina expone que, en puridad de términos, es discutible incluso hablar de control de la discrecionalidad propiamente dicha, como sostiene por ejemplo, en Argentina: HUTCHINSON, *op. cit.*, Tomo I..., pp. 299, y en España ha destacado, entre otros: REQUENA LÓPEZ, Tomás: "Ideas en torno a una expresión falaz: El control de la discrecionalidad administrativa". En: HINOJOSA MARTÍNEZ, E. y GONZÁLEZ DELEITO-DOMÍNGUEZ, N. (Coords.): *Discrecionalidad administrativa y control judicial. I Jornadas del Gabinete Jurídico de la Junta de Andalucía*. Editorial Civitas, S.A. Madrid, 1996, pp. 89-95.

[247] La cual tuvo resonancia en Iberoamérica. Para el caso colombiano así lo señala: MARÍN HERNÁNDEZ, Hugo Alberto: *El debate sobre el alcance y los límites del control judicial de la discrecionalidad administrativa en la doctrina española*. Revista Derecho del Estado N° 13. Universidad Externado de Colombia. Diciembre 2002, p. 133. Documento en línea septiembre 2015: http://revistas.uexternado.edu.co/index.php/derest/article/view/834/790.

[248] De allí que se señala que no carece de sustento sostener que alrededor de la discrecionalidad gira el problema fundamental del Derecho Administrativo y que el control judicial de esta constituye el núcleo central de tal problema, al punto de entender que se trata de uno de los asuntos de mayor trascendencia para la protección de los derechos e intereses individuales y colectivos

No obstante, en un estudio de la ejecución de la sentencia en el proceso administrativo, no puede faltar una referencia al estado actual del control judicial de la discrecionalidad administrativa a la luz del Derecho Positivo de los países ya identificados[249]. Y ello es especialmente importante, porque como ya se ha esbozado y luego se verá con mayor detalle al revisar el Derecho Positivo, la identificación y definición de lo que es una potestad discrecional, así como la determinación del contenido y alcance de las potestades de control y de sustitución del juez en la Administración, vienen en muchos casos siendo condicionados por el enfoque que se dé al tema de la discrecionalidad administrativa[250].

En ese orden de razonamiento, antes de pasar al examen de los regímenes normativos concretos, es necesario pues enmarcar conceptualmente el tema, siquiera sucintamente, siguiendo los esfuerzos doctrinarios ya asentados, con miras a contrastar las correspondientes disposiciones legales con los principales

---

(*Cfr.* CASSAGNE, Juan Carlos: *El principio de legalidad y el control judicial de la discrecionalidad administrativa*. Marcial Pons. Buenos Aires-Madrid-Barcelona, 2009, p. 173). También ha destacado la trascendencia y polémica de tal tema en la misma doctrina argentina: HUTCHINSON, *op. cit.*, Tomo I…, p. 297. De igual forma, se ha señalado que la discrecionalidad y su control es uno de los temas clásicos del Derecho Administrativo (CORDÓN MORENO, *op. cit.*, p. 143).

[249] Y es que el control judicial de la discrecionalidad administrativa se vincula directamente con el tema de la justiciabilidad de los actos en general (*Cfr.* LÓPEZ MENUDO, Francisco: "El control judicial de la Administración en la Constitución Española". En: HINOJOSA MARTÍNEZ, E. y GONZÁLEZ DELEITO-DOMÍNGUEZ, N. (Coords.): *Discrecionalidad administrativa y control judicial. I Jornadas del Gabinete Jurídico de la Junta de Andalucía.* Editorial Civitas, S.A. Madrid, 1996, p. 23), para agregar luego que el asunto también se relaciona con el poder de sustitución del juez respecto a la solución administrativa, sobre todo en el ámbito de la actividad reglada (*Ibídem*, p. 39).

[250] *Cfr.* MARÍN HERNÁNDEZ, *El debate…*, pp. 133-134.

aspectos abordados por la doctrina en el plano teórico. Así las cosas, a continuación se expone brevemente una serie de consideraciones generales sobre este asunto, con apoyo en la doctrina Iberoamericana –y alguna referencia a la de otros países cuando se ha creído oportuno–, reiterando que ello no tienen otro fin que facilitar luego el análisis normativo correspondiente.

A. *Breve aproximación conceptual a la discrecionalidad administrativa*

Como es sabido, para un amplio sector de la doctrina iberoamericana, la discrecionalidad administrativa es expresión –y no excepción– del principio de legalidad[251]. Y es que –justa-

---

[251] En la doctrina española, recalcando la relación entre la atribución de la potestad y la discrecionalidad, partiendo de la concepción del principio de legalidad en su vinculación positiva, entre otros: GARCÍA DE ENTERRÍA, Eduardo y FERNÁNDEZ, Tomás Ramón: *Curso de Derecho Administrativo*. Duodécima edición. Volumen I. Thomson Civitas. Madrid, 2004, pp. 442-452. En la doctrina argentina, entre otros: CASSAGNE, *op. cit.*, p. 174. Y es que como se ha señalado: "La discrecionalidad (y el margen de apreciación de ciertos conceptos) no trae su causa del proceso electoral, sino del legislador (...) Con carácter general, es la Ley la que concede, reduce o suprime las potestades discrecionales o el margen de apreciación de determinados conceptos jurídicos indeterminados..." (BARNÉS VÁZQUEZ, Javier: "Una nota sobre el análisis comparado. A propósito del control judicial de la discrecionalidad administrativa". En: HINOJOSA MARTÍNEZ, E. y GONZÁLEZ DELEITO-DOMÍNGUEZ, N. (Coords.): *Discrecionalidad administrativa y control judicial. I Jornadas del Gabinete Jurídico de la Junta de Andalucía*. Editorial Civitas, S.A. Madrid, 1996, pp. 228-229). Más adelante agrega el mismo autor que: "...las concretas potestades discrecionales y el margen de apreciación para la interpretación de ciertos conceptos jurídicos indeterminados y su control judicial constituye, ante todo, una creación del ordenamiento jurídico..." (*Ibídem*, p. 230). En análoga orientación, sostiene recientemente la doctrina venezolana, que: "Legalidad y discrecionalidad, lejos de ser nociones opuestas, son complementarias, en la medida en que la segunda requiere de la

mente– ella se presenta ante una expresa remisión normativa, y no ante la inexistencia de la norma[252]. No hay discrecionalidad administrativa, pues, al margen de la Ley, sino más bien en virtud de ella y en la medida en que ésta lo disponga[253], ya que

consagración legal de un margen de libertad de apreciación" (CO-RREA, María Alejandra: "El principio de la legalidad administrativa". En: HERNÁNDEZ G., J.I. (Coord.): *Libro Homenaje a las Instituciones Fundamentales del Derecho Administrativo y la Jurisprudencia Venezolana del Profesor Allan R. Brewer-Carías en el cincuenta aniversario de su publicación* 1964-2014. Editorial Jurídica Venezolana. Caracas, 2015, p. 105).

[252] Siguiendo a la doctrina española, en el caso venezolano, entre otros: PEÑA SOLÍS, José: *Manual de Derecho Administrativo. Adaptado a la Constitución de 1999*. Volumen 1. Colección de Estudios Jurídicos. Tribunal Supremo de Justicia. Caracas, 2000, pp. 726-727; MOLES CAUBET, Antonio: "El principio de legalidad y sus implicaciones. El principio de legalidad y sus implicaciones". En: *Estudios de Derecho Público* (ACOSTA-HOENICKA, O. Comp.). Facultad de Ciencias Jurídicas y Políticas. Universidad Central de Venezuela. Caracas, 1997, p. 343, ARAUJO JUÁREZ, José: *Derecho Administrativo. Parte general*. Ediciones Paredes. Caracas, 2007, pp. 115-116 y 121.

[253] GARCÍA DE ENTERRÍA y FERNÁNDEZ, *op. cit.*, pp. 460-462. En similar sentido, entre otros: RIVERO YSERN, José Luis: "Reflexiones sobre la discrecionalidad administrativa en el urbanismo. Breve reseña jurisprudencial". En: HINOJOSA MARTÍNEZ, E. y GONZÁLEZ DELEITO-DOMÍNGUEZ, N. (Coords.): *Discrecionalidad administrativa y control judicial. I Jornadas del Gabinete Jurídico de la Junta de Andalucía*. Editorial Civitas, S.A. Madrid, 1996, p. 561. Al respecto, se ha señalado en gráfica expresión: "Recordando la famosa metáfora de Dworkin sobre la discrecionalidad judicial, podemos decir que la discrecionalidad es el vacío de la rosquilla, pero que ese agujero no puede existir sino dentro de un borde, rodeado por la normatividad que la hace aparecer. Por amplia que sea la discrecionalidad se encuentra siempre rodeada de un borde de elementos reglados que sirven de base para el control judicial" (CASTILLO VEGAS, Jesús Luis: "Debate de la doctrina española sobre el control judicial de la discrecionalidad administrativa". *Revista Tachirense de Derecho* N° 23. San Cristóbal. Venezuela, 2012, p. 59).

la potestad discrecional debe emanar del propio ordenamiento jurídico, no de la ausencia de norma aplicable[254].

---

[254] De allí que se expresa que, ante la inexistencia de norma que otorgue la potestad, no puede hablarse de discrecionalidad sino de laguna legal (PÉREZ ANDRÉS, Antonio: "La limitación constitucional de la remisión legislativa al planeamiento (Hacia la reducción de la discrecionalidad)", En: HINOJOSA MARTÍNEZ, E. y GONZÁLEZ DELEITO-DOMÍNGUEZ, N. (Coords.): *Discrecionalidad administrativa y control judicial. I Jornadas del Gabinete Jurídico de la Junta de Andalucía*. Editorial Civitas, S.A. Madrid, 1996, p. 663). En la doctrina venezolana, véanse entre otros: LARES MARTÍNEZ, Eloy: *Manual de Derecho Administrativo*. 12° Edición (reimpresión). Facultad de Ciencias Jurídicas y Políticas. Universidad Central de Venezuela. Caracas. 2002, p. 172; BREWER-CARÍAS, Allan: *Los límites del poder discrecional de las autoridades administrativas*. Revista de la Facultad de Derecho de la Universidad Católica Andrés Bello. Caracas, 1966, p. 12; BRE-WER-CARÍAS, Allan R.: *Algunos aspectos del control judicial de la discrecionalidad en Venezuela*. Ponencia para el Congreso de Derecho Administrativo, paralelo al VIII Foro Iberoamericano de Derecho Administrativo, Panamá septiembre 2009. Documento en línea: http://www. allanbrewercarias.com/Content/449725d9-f1cb-474b-8ab2-41efb849fea2/Content/II,%204,%20606,%20Control %20judicial%20de%20la%20discrecionalidad%20en%20Venezuela .%20Foro%20IDA,%20Panam%C3%A1.%20Sept.%202009.doc).pd f, pp. 3-5; BREWER-CARÍAS, Allan R.: *Notas sobre la discrecionalidad administrativa, y sobre su delimitación y límites*, pp. 1-2. Documento en línea: http://www.allanbrewercarias.com/ Con tent/449725d9-f1cb-474b-8ab2-41efb849fea2/Content/I,%201,%209 53. %20Sobre%20la%20discrecionalidad%20administrativa.%20M %C3%A9xico.pdf, pp. 3-4; BREWER-CARÍAS, Allan R.: "Los actos de gobierno y los actos preeminentemente discrecionales". En: HERNÁNDEZ-MENDIBLE, V.R. (Dir.): *La actividad e inactividad administrativa y la Jurisdicción Contencioso-Administrativa*. Colección Estudios Jurídicos N° 96. Editorial Jurídica Venezolana. Caracas, 2012, p. 175; BREWER-CARÍAS, Allan R.: *Tratado de Derecho Administrativo. Derecho Público en Iberoamérica. La acción de la Administración: poderes, potestades y relaciones con los Administrados*. Volumen V. Civitas Thomson Reuters-Editorial Jurídica Venezolana, Madrid, 2013, pp. 219-321; RUAN SANTOS, Gabriel: *El*

principio de la legalidad, la discrecionalidad y las medidas administrativas. Ediciones FUNEDA. Caracas, 1998, p. 42. Se agrega
que la potestad discrecional no puede concebirse separada del
principio de legalidad (sentencia de la Sala Político-Administrativa de la Corte Suprema de Justicia venezolana del 30 de julio
de 1984, citada por BALZÁN, Juan Carlos: Los límites a la
discrecionalidad, la arbitrariedad y razonabilidad de la Administración.
V Jornadas Internacionales de Derecho Administrativo "Allan
Randolph Brewer-Carías". Los requisitos y vicios de los actos
administrativos. Fundación Estudios de Derecho Administrativo
(FUNEDA). Caracas, 2000, p. 64). Para el caso argentino, véase
entre otros: DIEZ, Manuel María: El acto administrativo. 2° edición.
Tipográfica Editora Argentina S.A. Buenos Aires, 1961, pp. 59-62.
En la doctrina peruana: VIGNOLO CUEVA, Orlando: Discrecionalidad y arbitrariedad administrativa. Palestra Editores. Lima, 2012,
pp. 223-224. Parcialmente en contra, entre otros: GARRIDO
FALLA, Fernando: Tratado de Derecho Administrativo. Parte
General. Volumen I. 12° Edición. Editorial Tecnos S.A. Madrid,
1994, pp. 182-184, quien señala que la potestad discrecional es una
delimitación del principio de legalidad desde el punto de vista
negativo. Este autor agrega que también hay potestad discrecional en ausencia de reglamentación en una materia y que sobre tal ámbito de actuación administrativa no exista un principio
prohibitivo, aunque admite que su posición no encuadra con la
tesis de la vinculación positiva imperante en España. Véase también en la doctrina peruana, entre otros: BACA ONETO, Víctor
Sebastián: "La Discrecionalidad Administrativa y la Jurisprudencia del Tribunal Constitucional". Revista de Derecho Administrativo. Círculo de Derecho Administrativo. Lima, 2012, pp. 184-
185. También se ha señalado que en el ejercicio de las potestades
discrecionales, la Administración se encuentra en una situación
semejante al caso de las potestades domésticas o internas, en el
sentido de que podrá hacer todo aquello que no esté prohibido
(VILLAR PALASÍ, José Luis y José Luis VILLAR EZCURRA:
Principios de Derecho Administrativo. Tomo II. Universidad
Complutense de Madrid. Madrid, 1999, p. 11), aunque haciendo
la matización de las distintas posiciones jurídicas en que se
encuentra la Administración y los particulares (Ibídem, p. 31). En
similar sentido, se acota que la discrecionalidad se da precisamente, en ausencia de vinculación positiva, entendida ésta como
aquella que se da cuando el ordenamiento establece exactamente

En cuanto a su justificación, la discrecionalidad administrativa ha sido, es y seguirá siendo uno de los grandes problemas del Derecho Público[255]. Y es que la potestad discrecional de la Administración es indispensable para que esta última sea capaz de realizar sus funciones, toda vez que la Ley no puede regular las múltiples, cambiantes y complejas relaciones sociales[256]. De allí que el Legislador no está en capacidad de prever

---

cuál es el sentido que ha de tener la actuación administrativa en un supuesto de hecho determinado (BACIGALUPO, Mariano: *La discrecionalidad administrativa (estructura normativa, control judicial y límites constitucionales de su atribución)*. Monografías Jurídicas. Marcial Pons. Madrid, 1997, pp. 207-209). Tal concepción es invocada incluso en Venezuela por BALZÁN, *op. cit.*, p. 64, y planteada por RONDÓN DE SANSÓ, Hildegard: *Teoría General de la Actividad Administrativa. Organización. Actos internos*. Facultad de Ciencias Jurídicas y Políticas, Universidad Central de Venezuela. Editorial Jurídica Venezolana. Caracas, 1981, p. 54; al señalar esta última que la discrecionalidad se produce en una esfera de libertad dentro del círculo de la legalidad, lo que permite a la Administración actuar en ciertos campos más allá de la simple ejecución. En análoga orientación en la doctrina argentina, por ejemplo: HUTCHINSON, *op. cit.*, Tomo I..., p. 319. También en la doctrina argentina se ha señalado que "...la discrecionalidad queda atrapada dentro de la juridicidad de donde proviene en forma expresa o implícita. Es decir, que no se desarrolla fuera del Derecho..." (SESÍN, Domingo: "El control judicial de la discrecionalidad administrativa". En: *Documentación Administrativa*. N° 269-270. 2004. Instituto Nacional de Administración Pública. Madrid, 2004, p. 89). Para el caso de la doctrina costarricense, puede verse entre otros: GONZÁLEZ CAMACHO, *Sentencia...*, p. 476.

[255] *Cfr.* BACIGALUPO, *op. cit.*, p. 21.

[256] *Cfr.* BREWER-CARÍAS, *Los límites...*, p. 11; BREWER CARÍAS, Allan R.: *Los actos de gobierno...*, p. 175; ARAUJO JUÁREZ, *Derecho Administrativo...*, p. 117. En la doctrina argentina: CASSAGNE, *op. cit.*, pp. 177-179.

la gama de circunstancias que pueden presentarse y conciliarlas adecuadamente con las exigencias del interés público[257].

Por consiguiente, la potestad discrecional es ineludible para el funcionamiento de la actividad administrativa[258], como lo es la necesidad de apreciar las circunstancias singulares, de estimar la oportunidad concreta en el ejercicio del poder público[259]. El Legislador no puede conocer de antemano todos los motivos de oportunidad y conveniencia que habrán de influir en una decisión administrativa, y el Juez nunca podrá sus-

---

[257] En la doctrina italiana, así lo ha señalado, entre otros: ALESSI, Renato: *Instituciones de Derecho Administrativo*. Tomo I. Traducción de la 3° edición italiana. Bosch, Casa Editorial. Barcelona, España, 1970, p. 189.

[258] *Cfr.* GARCÍA DE ENTERRÍA y FERNÁNDEZ, *op. cit.*, p. 461.

[259] *Cfr. Ibídem*, p. 463; BREWER-CARÍAS, *Notas sobre la discrecionalidad...*, pp. 2-3. La doctrina colombiana señala al respecto que el otorgamiento de libertad relativa a la Administración por parte del Legislador no es una opción en el Estado Social, es una necesidad, pues no puede este establecer de forma detallada y exhaustiva el quehacer administrativo, sino más bien establecer enunciados normativos de contenido programático finalístico, indicando nada o casi nada en relación con los medios a emplear para conseguir los resultados, concluyendo que: *"...la discrecionalidad, por tanto, no es una opción sino una necesaria característica, no constituye una alternativa de técnica legislativa sino un dato, la más importante técnica regulatoria a la cual acuden los estados constitucionales y sociales contemporáneos..."* (MARÍN HERNÁNDEZ, Hugo Alberto: *Algunas anotaciones en relación con la discrecionalidad administrativa y el control judicial de su ejercicio en el Derecho Urbanístico Colombiano*. Revista digital de Derecho Administrativo N° 2. Universidad Externado de Colombia. Julio-diciembre, 2009, pp. 164-165. http://portal.uexternado.edu.co/pdf/Derecho/Revista%20Digital%20de%20Derecho%20Administrativo/Edici%C3%83%C2%B3n%202/Art%C3%83%C2%ADculos/5_hugoMarin.pdf).

tituir tales motivos por los suyos sin excederse de su papel de contralor de la legalidad[260], o mejor aún, de la juridicidad.

De allí que se postule que Administración está en mejor posición por su capacidad técnica y operativa así como por su mayor relación con el medio económico y social, para resolver con prontitud y eficacia las cambiantes necesidades sociales[261], mientras que la Ley no puede regular con todo el detalle requerido los preceptos idóneos para la resolución de los problemas cotidianos[262].

En ese mismo orden de ideas, se señalan también como elementos de justificación de la existencia de la discrecionalidad administrativa: a) Razones de equidad en la aplicación de la Ley; b) La necesidad de que la Administración escoja los medios más idóneos para el interés público; y c) La imposibilidad del Legislador para anticipar todos los cambiantes aspectos de la realidad y la evolución social[263].

---

[260]   Véase: GARRIDO FALLA, *op. cit.*, pp. 182-183. En la doctrina peruana puede verse: BACA ONETO, Víctor Sebastián: "La discrecionalidad administrativa y la jurisprudencia del Tribunal Constitucional". *Revista de Derecho Administrativo*. Círculo de Derecho Administrativo. Lima, 2012, pp. 189-190.

[261]   *Cfr.* PAREJO ALFONSO, Luciano, JIMÉNEZ BLANCO, Antonio y Luis ORTEGA ÁLVAREZ: *Manual de Derecho Administrativo*. Volumen 1. 4° Edición. Editorial Ariel S.A. Barcelona, España, 1996, p. 376.

[262]   Véase, entre otros: BACIGALUPO, *op. cit.*, p. 27; SÁNCHEZ MORÓN, Miguel: *Derecho Administrativo. Parte General*. Cuarta Edición. Editorial Tecnos. Madrid, 2008, p. 89; SÁNCHEZ MORÓN, *Función, límites y control...*, pp. 262-263.

[263]   RUAN SANTOS, *op. cit.*, 40, invocando doctrina italiana. En la doctrina peruana, puede verse la enumeración de las razones que justifican la discrecionalidad expuestas por: VALVERDE GONZÁLES, Manuel Enrique: "Notas sobre el ejercicio o limitaciones de la Plena Jurisdicción respecto a la Discrecionalidad Administrativa". *Revista de Derecho Administrativo*. Círculo de Derecho Administrativo. Lima, 2012, pp. 212-213.

Ahora bien. ¿Cómo identificar ante qué supuestos normativos se aprecia la discrecionalidad administrativa? Para un
sector de la doctrina, es el margen de apreciación y escogencia
libre por parte de la Administración para resolver el caso concreto, otorgado mediante la correspondiente norma atributiva
de competencia. Se habla así de libertad de escogencia entre
varias soluciones posibles[264], o bien de existencia de una facultad disyuntiva o alternativa[265], dejando a un lado los supuestos
específicos de discrecionalidad en el *an* o en el *quando*[266].

Al contrario de lo que sucede con las potestades regladas,
en las que la Administración se limitaría a verificar la existencia
del supuesto de hecho y a aplicar la consecuencia jurídica pertinente, sin que haya margen de escogencia, en la potestad discrecional la norma no establece todos y cada uno de los requisitos para su ejercicio. Libertad de selección entre múltiples
opciones (adoptar o no la decisión, cómo, cuándo y bajo qué

---

[264] BREWER-CARÍAS, *Algunos aspectos...*, p. 4; BREWER-CARÍAS,
Los actos de gobierno..., p. 176; LARES MARTÍNEZ, *op.cit.*, p. 171;
BALZÁN, *op. cit.*, pp. 65 y 78; RUAN SANTOS, *op. cit.*, pp. 41-44,
quien agrega que la escogencia se hace en base a valoraciones
fácticas; MUCI BORJAS, José Antonio: "Los poderes del juez
administrativo. Tutela judicial efectiva y control integral de la
actividad administrativa". En: ARISMENDI A., A y CABALLERO
ORTIZ, J. (Coords.): *El Derecho Público a comienzos del Siglo XXI.
Estudios en Homenaje al Profesor Allan R. Brewer Carías.* Tomo II.
Tercera Parte. Derecho Administrativo. Civitas Ediciones. Madrid,
2003, pp. 2.226-2.227; ARAUJO JUÁREZ, *Derecho Administrativo...*,
p. 119; HUTCHINSON, *op. cit.*, Tomo I..., pp. 290-296. En la
doctrina costarricense, puede verse por ejemplo: GONZÁLEZ
CAMACHO, *Sentencia...*, p. 476. En la doctrina peruana: BACA
ONETO, *La Discrecionalidad...*, p. 184.

[265] RONDÓN DE SANSÓ, *op. cit.*, p. 60.

[266] FERNÁNDEZ, Tomas Ramón: *De la arbitrariedad de la Administración.* 3° edición ampliada. Civitas Ediciones, S.L. Madrid, 1999, p.
247.

modalidades)[267], sería pues, el criterio esencial para apreciar ante qué hipótesis normativas se está en presencia del ejercicio de potestades discrecionales[268].

También se señala que se estará en presencia del conferimiento de potestades discrecionales, en el caso de remisión legal a la Administración para la fijación de alguna de las condiciones de ejercicio de una potestad, bien en cuanto a la inte-

---

[267] *Cfr.* LARES MARTÍNEZ, *op.cit.*, p. 171. Una autora venezolana señala como elementos identificadores de la potestad discrecional (varios de ellos discutibles), los siguientes: 1) Forma facultativa de actuación (uso de términos como: podrá, cuando juzgue conveniente); 2) Establecimiento de un conceptos jurídicos indeterminados en la norma atributiva de competencia cuya constatación corresponda a la Administración (véase al respecto los argumentos en contra *ut infra*); 3) Facultades residuales (aplicar otras medidas, las restantes formas, asumir cualquiera otras decisiones); 4) Facultad disyuntiva o alternativa; 5) Establecimiento de límites mínimos y máximos; 6) Facultad de respuesta a solicitudes "por vía de gracia" (consideramos que tal norma sería inconstitucional en la actualidad por contrariar el derecho de petición); 7) Facultades residuales para resolver casos no previstos y aclarar dudas; 8) Posibilidad legal de dispensar de obligaciones para un caso concreto (establecer excepciones; 9) Adopción o no de dictámenes no vinculantes (RONDÓN DE SANSÓ, *op. cit.*, pp. 60-67).

[268] La doctrina colombiana, no obstante, enfatiza que esa libertad no es absoluta, sino limitada, toda vez que siempre se encuentra obligada a razonar y justificar objetivamente por qué la decisión adoptada es la que mejor sirve al interés general (MARÍN HERNÁNDEZ, *Algunas anotaciones...*, pp. 164 y 166). En análoga orientación en ese mismo país: OSPINA SEPÚLVEDA, Roosvelt Jair: "Límites jurídicos y políticos de la decisión de la Administración Pública en nuestro sistema constitucional". *Revista Electrónica* N° 2 Año 1. Facultad de Derecho y Ciencias Políticas. Universidad de Antioquia. Septiembre-Diciembre, 2009, p. 25. Documento en línea: http://aprendeenlinea.udea.edu.co/revistas/index.php/derypol/article/viewFile/3286/3049 (consulta julio 2015).

gración última del supuesto de hecho[269], bien en lo concerniente al contenido concreto, dentro de los límites legales, de la decisión aplicable (fijación del *quantum*)[270]. La potestad discrecional es entonces, aquella que no está definida anticipadamente en todos sus aspectos, por lo que remite la toma de posición pertinente (en grado variable) al juicio o a la voluntad de la Administración[271].

Así pues, la discrecionalidad en sentido estricto se refiere a los casos en que la Ley define el supuesto de hecho[272], pero omite (por no regularlo o por plantear varias alternativas) precisar la consecuencia jurídica. Se trata de una hipótesis de remisión legal a la discreción de la Administración, de lo que sea el Derecho en el caso concreto. Esta remisión, se puntualiza, es perfectamente admisible en el Estado de Derecho siempre que respeten los límites de la reserva legal y de las relaciones Ley-Reglamento[273].

Otra manera de identificar a la potestad discrecional en el Derecho positivo se manifiesta a través de la asignación de una competencia dejando a la Administración la libertad de apreciar, en vista de las circunstancias, si debe utilizarla y de qué

---

[269] Conforme señala MARÍN HERNÁNDEZ, *Algunas anotaciones…*, pp. 166-167, ese es también, por ejemplo, el criterio seguido por la jurisprudencia colombiana. En similar sentido, también en el caso colombiano: OSPINA SEPÚLVEDA, *op. cit.*, p. 25.

[270] *Cfr.* GARCÍA DE ENTERRÍA y FERNÁNDEZ, *op. cit.*, p. 461.

[271] PAREJO ALFONSO, Luciano, JIMÉNEZ BLANCO, Antonio y Luis ORTEGA ÁLVAREZ, *op. cit.*, p. 371. De allí que se señala que hay diferentes variantes de discrecionalidad (*v.g.* CASSAGNE, *op. cit.*, p. 193).

[272] *Cfr.* MARÍN HERNÁNDEZ, *Algunas anotaciones…*, p. 166.

[273] *Cfr.* PAREJO ALFONSO, Luciano, JIMÉNEZ BLANCO, Antonio y Luis ORTEGA ÁLVAREZ, *op. cit.*, p. 376. Tal tesis no es del todo acogida por algún sector de la reciente doctrina Iberoamericana (*v.g.* VIGNOLO CUEVA, *op. cit.*, pp. 197-225).

manera[274]. Como ejemplos del ejercicio de tal potestad, se señala la adopción facultativa de la consecuencia jurídica prevista en la norma (dicrecionalidad en el *an*)[275]. También se alude, siguiendo a la doctrina italiana, a que la potestad discrecional se puede dar en el elemento temporal o cuándo (*an*), es decir, si se adopta el acto y cuándo, el contenido del acto (*quid*), esto es, qué providencia se adopta, y las modalidades o el cómo (*quomodo*), a saber, monto, forma, medida, extensión[276].

En el ejercicio de potestades predominantemente regladas, por el contrario, la Administración se limita pues a constatar la existencia del supuesto de hecho legalmente definido y a aplicar la consecuencia, sin mayores consideraciones subjetivas, salvo la operación de subsunción, mientras que en las discrecionales se agrega en la aplicación una estimación subjetiva que completa la norma y que condiciona el ejercicio de la potestad o su contenido particular[277]. Se trata de una escogencia sobre las circunstancias de lugar y tiempo que llevan a adoptar la decisión[278].

---

[274]   *Cfr*. por ejemplo en la doctrina francesa: RIVERO, *op. cit.*, p. 87.

[275]   BACIGALUPO, *op. cit.*, p. 29.

[276]   *Cfr*. por ejemplo, en España: VILLAR PALASÍ y VILLAR EZCU-RRA, *op. cit.*, pp. 33-34. En Venezuela: RONDÓN DE SANSÓ, *op. cit.*, pp. 58-59. En la doctrina argentina, entre otros: CASSAGNE, *op. cit.*, p. 192; HUTCHINSON, *op. cit.*, Tomo I…, pp. 292-293.

[277]   *Cfr*. GARCÍA DE ENTERRÍA y FERNÁNDEZ, *op. cit.*, pp. 461-462, DIEZ, *op. cit.*, p. 64.

[278]   *Cfr*. FARÍAS MATA, Luis Enrique: *La doctrina de los actos excluidos en la jurisprudencia del supremo tribunal*. Archivo de Derecho Público y Ciencias de la Administración. Instituto de Derecho Público. Facultad de Derecho. Universidad Central de Venezuela. Caracas, 1971, p. 330. Otros señalan que la actividad reglada es la mera ejecución de normas, y no el ejercicio de poder alguno (RUAN SANTOS, *op. cit.*, p. 44, citado también por BALZÁN, *op. cit.*, p. 67).

Sin embargo, hay que recordar que no hay actos puramente discrecionales, sino más o menos discrecionales (y por tanto más o menos reglados)[279]. Y es que incluso en la competencia reglada pura, la Administración dispone del poder de "elección del momento"[280] (siempre y cuando, agregamos, así lo permita la norma), mientras que el ejercicio de la potestad discrecional es la conjunción de elementos legalmente determinados y de otros configurados por la apreciación subjetiva de la Administración[281].

---

[279] Véanse entre otros: GARCÍA DE ENTERRÍA, Eduardo: *La lucha contra las inmunidades del poder (Poderes discrecionales, poderes de gobierno, poderes normativos)*. Reimpresión de la 3° edición. Cuadernos Civitas. Editorial Civitas, S.A. Madrid, 1995, p. 26; SÁNCHEZ MORÓN, *Derecho Administrativo...*, p. 89; RIVERO YSERN, *Reflexiones...*, pp. 561-562; CORDÓN MORENO, *op. cit.*, pp. 146-147; PEÑA SOLÍS, *op. cit.*, pp. 727-728 y 749-751, FARÍAS MATA, *op. cit.*, p. 330; HAURIOU, citado por GARRIDO FALLA, *op. cit.*, p. 182; RIVERO, *op. cit.*, p. 88; BALZÁN, *op. cit.*, p. 69; VIGNOLO CUEVA, *op. cit.*, pp. 133-134; MARÍN HERNÁNDEZ, *Algunas anotaciones...*, p. 173; GARRIDO FALLA, *op. cit.*, p. 185; CASTILLO VEGAS, *op. cit.*, p. 59; CASSAGNE, *op. cit.*, pp. 176 y 190-191 y 194, quien añade que las fronteras entre lo reglado y lo discrecional no siempre son tan nítidas (*Ibídem*, p. 183). Véase también, por ejemplo, en la doctrina argentina: HUTCHINSON, *op. cit.*, Tomo I..., p. 296, y en la costarricense: GONZÁLEZ CAMACHO, *Sentencia...*, p. 476, quien agrega que en la actividad administrativa se mezclan discrecionalidad administrativa jurídica, técnica y política (*Ibídem*, p. 481). Para el caso peruano, señala BACÁ ONETO, *La Discrecionalidad...*, pp. 186-188, que "...no existen actos discrecionales, sino únicamente elementos discrecionales de los actos administrativos, que coexisten con elementos reglados, que sí pueden ser controlados jurisdiccionalmente" (*Ibídem*, p. 186). En relación con ese mismo país, sobre la discrecionalidad política y su tratamiento jurisprudencial, puede verse, entre otros: *Ibídem*, pp. 195-202.

[280] *Cfr.* VEDEL, *op. cit.*, p. 264.

[281] El tema es especialmente desarrollado, entre otros, por GARCÍA DE ENTERRÍA y FERNÁNDEZ, *op. cit.*, pp. 460-464, a quienes seguimos en líneas generales. Véase también, entre otros: PA-

Por otra parte, esta breve aproximación conceptual sobre la potestad discrecional y su control por el Juez, quedaría incompleta si no se hace referencia a un asunto especialmente debatido por los tratadistas, y que contribuye, aunque no esté exento de polémica, a precisar los contornos del asunto controvertido. Nos referimos a la distinción o aproximación, según el punto de vista, de la discrecionalidad administrativa con los conceptos jurídicos indeterminados. A ello pasa a hacerse sucinta alusión de seguidas.

B. *La diferenciación entre potestades discrecionales y conceptos jurídicos indeterminados*[282]

Para un amplio sector de la doctrina iberoamericana, aunque no deje de reflejar cierto "simplismo didáctico"[283], los conceptos jurídicos indeterminados son aquellas fórmulas jurídicas que regulan la actividad de la Administración, en los que la indeterminación de sus enunciados no se traduce en una indefinición de sus aplicaciones, pues solo se permite una unidad de solución justa[284]. La Ley no determina con exactitud los límites

---

REJO ALFONSO, Luciano, JIMÉNEZ BLANCO, Antonio y Luis ORTEGA ÁLVAREZ, *op. cit.*, p. 378. En la doctrina venezolana, véase por ejemplo: ARAUJO JUÁREZ, *Derecho Administrativo...*, p. 115.

[282] Conceptos legales indeterminados sería el término más preciso, partiendo de la doctrina alemana (*Cfr.* HERNÁNDEZ-MENDIBLE, Víctor Rafael: *Estudio Jurisprudencial de las nulidades, potestades de la Administración y Poderes del Juez en el Derecho Administrativo.* Fundación Estudios de Derecho Administrativo (FUNEDA). Caracas, 2012, p. 90). No obstante, emplearemos aquí la expresión más usada por la doctrina iberoamericana.

[283] *Cfr.* HUTCHINSON, *op. cit.*, Tomo I..., p. 313. En similar sentido, la doctrina costarricense pone reparos a la rigidez de la distinción entre potestades discrecionales y conceptos jurídicos indeterminados (*Cfr.* GONZÁLEZ CAMACHO, *Sentencia...*, p. 477).

[284] Por ejemplo, o hay o no justo precio, hay o no falta de probidad, como señalan: GARCÍA DE ENTERRÍA, *La lucha...*, pp. 34 y 48; FERNÁNDEZ, *De la arbitrariedad...*, p. 45. En la doctrina venezo-

de esos conceptos porque los mismos no admiten una cuantificación o determinación rigurosas[285].

No obstante, tal indeterminación no impide la precisión del caso concreto, y es tarea del intérprete obtener la solución justa contenida en tales supuestos[286]. Se trata, en el caso de los conceptos jurídicos indeterminados, de la técnica legal que permite que la medida concreta a ser aplicada en una hipótesis particular, no esté precisada con exactitud en la norma que los establece[287].

Los criterios para identificar los conceptos jurídicos indeterminados, serían: 1) La interpretación debe encontrar una única solución justa para el caso singular; 2) La aplicación está sujeta a revisión por el juez en los aspectos fáctico y jurídico, salvo casos excepcionales (a diferencia del núcleo duro o de la libertad de selección propia de la potestad discrecional)[288]; 3) Son empíricos o descriptivos (peligro, ruina, nocturnidad, nevada) o normativos o de valor (urgencia, orden público, probidad, interés general)[289], en cuyo caso el juez puede revisar su

---

lana, entre otros: BALZÁN, *op. cit.*, p. 79; LINARES BENZO, Gustavo: "Notas sobre los actos administrativos". *El Derecho Público a los 100 números de la Revista de Derecho Público 1980-2005.* Editorial Jurídica Venezolana. Caracas, 2007, p. 765.

[285] GARCÍA DE ENTERRÍA y FERNÁNDEZ, *op. cit.*, p. 465.

[286] *Cfr. Ibídem*, pp. 465-466. En similar sentido en la doctrina venezolana, entre otros: PEÑA SOLÍS, *op. cit.*, 746-747; CORREA, *op. cit.*, pp. 107-108.

[287] *Cfr.* GARCÍA DE ENTERRÍA, *La lucha…*, p. 34.

[288] *Ibídem, La lucha…*, pp. 48-49. Esta afirmación no deja de ser polémica, como pone de relieve SÁNCHEZ MORÓN, *Derecho Administrativo...*, p. 93, y como se reflejará más adelante.

[289] *Cfr.* MOLES CAUBET, *op. cit.*, p. 348. En contra, en la doctrina venezolana por ejemplo: LINARES BENZO, *op. cit.*, p. 765, quien entiende que el concepto de "interés público", "interés general" u otros semejantes construyen una potestad discrecional y no conceptos jurídicos indeterminados.

aplicación mediante la revisión de los hechos relevantes y el auxilio pericial[290]. Estos últimos, a saber, los conceptos jurídicos indeterminados valorativos, son los que presentan mayores problemas en su interpretación[291], y en los que el control judicial es más limitado, pero no inexistente[292], puesto que se trata de casos de "dificultad de control", más no de exención[293].

---

[290] GARCÍA DE ENTERRÍA y FERNÁNDEZ, *op. cit.*, p. 470.

[291] BARNÉS VÁZQUEZ, *Una nota...*, pp. 236 y 241; PAREJO ALFONSO, Luciano, JIMÉNEZ BLANCO, Antonio y Luis ORTEGA ÁLVAREZ, *op. cit.*, p. 373. En similar sentido en la doctrina venezolana: PEÑA SOLÍS, *op. cit.*, p. 747.

[292] *Cfr.* GARCÍA DE ENTERRÍA y FERNÁNDEZ, *op. cit.*, p. 469. En la doctrina peruana, aunque matizando luego la contundencia de esta diferenciación: VIGNOLO CUEVA, *op. cit.*, pp. 147 y 197-199.

[293] GARCÍA DE ENTERRÍA y FERNÁNDEZ, *op. cit.*, pp. 470-471. No obstante, esta concepción no es unánime, pues, como apunta también un sector de la doctrina, se trata de una distinción en cierto modo forzada toda vez que la solución, incluso en el caso de potestades discrecionales, debe atender a los principios de la actividad administrativa en atención a la finalidad de tutela del interés general (RIVERO YSERN, Enrique y Jaime RODRÍGUEZ-ARANA MUÑOZ: *Con miras al interés general.* Derecho Público Global. Madrid, 2014, pp. 79-81. Libro en línea: http://www.bubok.es/libros/232201/Con-miras-al-interes-general); en similar sentido: MEILÁN GIL, *Dificultades y atajos...*, p. 1,144. Así por ejemplo, en contra, además de algún sector doctrinario (GARCIA-TREVIJANO FOS, José Antonio: *Los actos administrativos.* 2° Edición actualizada. Tratados y Manuales. Editorial Civitas, S.A. Madrid, 1991, p. 65; BOQUERA OLIVER, José María: *Estudios sobre el acto administrativo.* 5° edición. Tratados y Manuales. Editorial Civitas, S.A. Madrid, 1988, p. 102), se sostiene que el origen de esta distinción entre conceptos empíricos y de valor se le atribuye a OTTO BACHOF (BACIGALUPO, *op. cit.*, p. 127), quien señala que sólo en los primeros rige el principio de solución justa, mientras que en los últimos cabe la posibilidad de que en su aplicación se llegue a soluciones diversas pero igualmente sostenibles. Más recientemente, se señala que "no todos los conceptos jurídicos indeterminados son iguales. Algunos funcionan en oca-

Así las cosas, los conceptos jurídicos indeterminados se diferenciarían de las potestades discrecionales, básicamente en lo siguiente:

Primero: Los conceptos jurídicos indeterminados únicamente admiten una unidad de solución, mientras que la potestad discrecional permite a la Administración optar por varias soluciones, todas justas, o al menos indiferentes jurídicamente[294] (aunque esta premisa encuentra reparos[295]) siempre y

---

siones como medio de atribución de la discrecionalidad administrativa" (En la doctrina peruana, aunque matizando luego la contundencia de esta diferenciación: VIGNOLO CUEVA, *op. cit.*, pp. 197 y 203). Para el supuesto costarricense, se ha indicado al respecto que: "Quiérase o no, todo concepto jurídico indeterminado lleva implícito un margen de valoración o interpretación, y con ello, un porcentaje de discrecionalidad" (GONZÁLEZ CÁMACHO, *Sentencia...*, p. 477).

[294] GARCÍA DE ENTERRÍA, *La lucha...*, pp. 35-38; GARCÍA DE ENTERRÍA y FERNÁNDEZ, *op. cit.*, pp. 465-466; GARRIDO FALLA, *op. cit.*, p. 186. En la doctrina venezolana: BREWER-CARÍAS, *Los límites...*, p. 21; BREWER-CARÍAS, *Notas sobre la discrecionalidad...*, pp. 7-10; HERNÁNDEZ MENDIBLE, Víctor: *Los vicios de anulabilidad en el Derecho Administrativo*. Revista de la Facultad de Ciencias Jurídicas y Políticas. Universidad Central de Venezuela. Caracas, 1996, pp. 405-406. Más recientemente del mismo autor: *Estudio Jurisprudencial...*, pp. 90-92. Véase también, comentando los criterios jurisprudenciales del Tribunal Constitucional Peruano: BACA ONETO, *La Discrecionalidad...*, p. 182. Por su parte, para VALVERDE GONZÁLES, *op. cit.*, p. 213, el Tribunal Constitucional Peruano aún no logra establecer claramente la diferencia entre discrecionalidad y conceptos jurídicos indeterminados.

[295] *V.g.* MEILÁN Gil, José Luis: *La argumentación en el contencioso administrativo*. Anuario de la Facultad de Derecho de la Universidade Da Coruña. N° 15. La Coruña, 2001, p. 49, quien expone: "...cobra especial importancia el control de la potestad discrecional que el ordenamiento reconoce no para elegir una entre varias posiciones igualmente justas, como se dice con frecuencia por autorizada doctrina, sino la que se estima justa en un proceso volitivo que se diferencia del cognoscitivo o de constatación que es propio de los conceptos jurídicos indeterminados, a través de los

cuando el Juez no evidencie objeciones de naturaleza jurídica. Se trata de la distinción fundamental aportada por la doctrina mayoritaria[296].

Y segundo: Los conceptos jurídicos indeterminados son un problema intelectivo, de interpretación y aplicación jurídica, perfectamente revisables por el Juez (hay o no ruina, alteración del orden público, interés general)[297], solo que su fijación normativa en cada caso presenta mayores dificultades[298]. Mientras que la potestad discrecional es un asunto de volición, de adoptar una decisión sobre la base de criterios extrajurídicos[299], de tal forma que esta voluntad queda libre para: a) Decidir si, concurriendo el supuesto de hecho de la norma, actúa o no (discrecionalidad de actuación), o b) Optar por alguna de las diversas posibilidades igualmente legítimas previstas por Ley (discrecionalidad de elección)[300].

Se aprecia pues, la diferencia con los conceptos jurídicos indeterminados. En estos últimos, la única solución posible se obtiene de un proceso interpretativo, de subsunción de los hechos en las categorías legales, y en el que no hay libertad de

---

cuales se pretende controlar la potestad de la Administración a ellos vinculada".

[296] *Cfr.* FERNÁNDEZ, *De la arbitrariedad...*, p. 151; VILLAR PALASÍ y VILLAR EZCURRA, *op. cit.*, pp. 30-33; LINDE PANIAGUA, Enrique: *Fundamentos de Derecho Administrativo. Del Derecho del poder al derecho de los ciudadanos.* 4° edición. Universidad Nacional de Educación a Distancia. Colex Editorial. Madrid, 2012, pp. 274; BREWER-CARÍAS, *Algunos aspectos...*, pp. 7; 20-22.

[297] GARCÍA DE ENTERRÍA, *La lucha...*, pp. 36-37.

[298] PAREJO ALFONSO, Luciano, JIMÉNEZ BLANCO, Antonio y Luis ORTEGA ÁLVAREZ, *op. cit.*, p. 373.

[299] *Cfr.* BREWER-CARÍAS, *Los límites...*, pp. 21-22. En similar sentido, más recientemente: HUTCHINSON, *op. cit.*, Tomo I..., p. 315.

[300] PAREJO ALFONSO, Luciano, JIMÉNEZ BLANCO, Antonio y Luis ORTEGA ÁLVAREZ, *op. cit.*, pp. 377; VIGNOLO CUEVA, *op. cit.*, p. 165.

decisión o una esfera de indiferencia jurídica en virtud de criterios metajurídicos[301]. Por ello, los conceptos jurídicos indeterminados admiten control de juridicidad, no así el ejercicio de la potestad discrecional[302] (o al menos, el "núcleo duro" de esta).

No obstante, como ya se adelantó, esa posición no es unánime[303]. Así por ejemplo, en contra de la distinción tajante entre potestad discrecional y conceptos jurídicos indeterminados, se muestra BACIGALUPO[304]. Nos detendremos especialmente en

---

[301] *Cfr.* GARCÍA DE ENTERRÍA, *La lucha…*, p. 38.

[302] Véase: GARCÍA DE ENTERRÍA y FERNÁNDEZ, *op. cit.*, pp. 466-469; PAREJO ALFONSO, Luciano, JIMÉNEZ BLANCO, Antonio y Luis ORTEGA ÁLVAREZ, *op. cit.*, p. 373. Una vez por supuesto, agregamos, reducida la discrecionalidad a sus justos límites.

[303] Señala en ese sentido DESDENTADO DAROCA, Eva: *Los problemas del control judicial de la discrecionalidad técnica (Un estudio crítico de la jurisprudencia).* Editorial Civitas, S.A. 1997, pp. 26-27, que según un sector doctrinario "…es preciso reconocer que también en la interpretación y aplicación de los conceptos jurídicos indeterminados dispone la Administración de un margen de discrecionalidad", y que en el supuesto de casos difíciles, no es la unidad o pluralidad de soluciones la distinción fundamental entre la discrecionalidad y los conceptos jurídicos indeterminados.

[304] Aunque siguiendo la doctrina mayoritaria, también se acepta que tales distinciones o límites entre las potestades regladas, las discrecionales y los conceptos jurídicos indeterminados, son "borrosos" (LINDÉ PANIAGUA, *op. cit.*, p. 274). En similar sentido en el caso argentino: CASSAGNE, *op. cit.*, p. 185, y para el costarricense: GONZÁLEZ CAMACHO, *Sentencia...*, p. 477. Más tajante aún: MARÍN HERNÁNDEZ, *Algunas anotaciones…*, pp. 168-171, quien sostiene que no hay diferencia entre discrecionalidad y conceptos jurídicos indeterminados al entrarse en la zona de incertidumbre o vaguedad de estos últimos, posición acogida por el Consejo de Estado colombiano. En la doctrina peruana, da cuenta también de la discrepancia en cuanto a aceptar la distinción tajante entre discrecionalidad administrativa y conceptos jurídicos indeterminados en todos los casos, entre otros: BACA ONETO, *La Discrecionalidad…*, pp. 190-192, aunque concluye que como regla

este autor pues, al margen de la importancia y utilidad de la tesis mayoritaria, nos parece que sus cuestionamientos a la concepción tradicional son especialmente certeros y contundentes. Además, ha resultado una posición influyente en la doctrina iberoamericana, que no acoge del todo la rigidez de la distinción[305].

Este autor afirma que, en lo referente al halo de incertidumbre (o halo conceptual) de los conceptos jurídicos indeterminados, su determinación por la Administración es de naturaleza volitiva[306], pues no cabe juicio cognoscitivo sobre la vaguedad. Por ende, tal diferenciación teórica es más cuantitativa (la intensidad del control judicial) que cualitativa[307].

De seguidas, el autor desarrolla su tesis distinguiendo la teoría que él califica como "reduccionista" (antes descrita), la cual, a su modo de ver, limitaría el margen de la libertad de decisión administrativa al ámbito de las consecuencias jurídi-

---

general es preciso seguir distinguiendo la primera de los últimos, a tenor además de la doctrina jurisprudencial peruana.

[305] En la doctrina peruana, VIGNOLO CUEVA, *op. cit.*, pp. 189-196, se detiene especialmente en la tesis de BACIGALUPO, al formular sus reparos a la adopción de una distinción tajante en todos los supuestos entre discrecionalidad y conceptos jurídicos indeterminados, sobre la base de las tesis atinentes a la "zona de incertidumbre" en los últimos (*Ibídem*, pp. 198-210 y 225). En sentido semejante al referido autor español, pueden verse las consideraciones más recientemente expuestas por SÁNCHEZ MORÓN, *Derecho Administrativo...*, pp. 92-93. En orientación similar, luego de exponer la tesis que diferencia entre potestades discrecionales y conceptos jurídicos indeterminados, señala HUTCHINSON, *op. cit.*, Tomo I..., p. 316, que ella no supera los casos difíciles. Para el caso colombiano, véanse entre otros: MARÍN HERNÁNDEZ, *Algunas anotaciones...*, pp. 167-168; OSPINA SEPÚLVEDA, *op. cit.*, pp. 31-32.

[306] *Cfr.* BACIGALUPO, *op. cit.*, p. 72.

[307] *Cfr. Ibídem*, p. 111. Siguiendo esta orientación, para el caso colombiano puede verse a OSPINA SEPÚLVEDA, *op. cit.*, p. 30.

cas. La describe como aquella que identifica potestad discrecional como indeterminación normativa, bien por no configurarse su aplicación como facultativa y no obligatoria siempre que concurra el supuesto de hecho, bien por aceptar varias consecuencias jurídicas posibles, o por no determinar el contenido de la consecuencia jurídica, que es discrecional para la Administración. Se trata de discrecionalidad de elección, y no de actuación, y el margen de volición está en la elección de la consecuencia jurídica[308], el *an* (si se hace algo); el *quid* (qué se hace en concreto) y el *quomodo* (cómo se hace). Estos últimos se limitan a discrecionalidad de elección[309].

Por tanto, agrega BACIGALUPO, solo la teoría tradicional acepta la distinción tajante entre potestad discrecional y conceptos jurídicos indeterminados, puesto que la primera se limita a estar en la consecuencia jurídica, mientras que los últimos en el supuesto de hecho normativo[310]. Agrega además, que en los conceptos jurídicos indeterminados de valor, dado que existe un margen de apreciación reconocible, la diferencia (respecto a la discrecionalidad) será entre la intensidad del control judicial, mas no en su esencia[311].

Para desarrollar su tesis divergente, el autor señala que en los conceptos jurídicos indeterminados hay que distinguir entre sus distintos componentes, se trate de un análisis estructural bizonal o trizonal. En el primero se distingue entre el "núcleo" (lo no necesariamente ni comprendido ni excluido) y el "halo

---

[308]   *Cfr.* BACIGALUPO, *op. cit.*, pp. 115-116.

[309]   *Cfr. Ibídem*, p. 117.

[310]   *Idem.*

[311]   *Cfr. Ibídem*, pp. 129 y 137. En similar sentido, por ejemplo en la doctrina colombiana: OSPINA SEPÚLVEDA, *op. cit.*, p. 27, quien sostiene que en este halo de incertidumbre o zona de penumbra, no existe premisa mayor y por tanto no opera la subsunción, sino más bien la justificación sobre la base de criterios extrajurídicos razonables. Sobre el punto puede verse también, entre otros, en la doctrina argentina: SESÍN, *op. cit.*, pp. 92-100.

del concepto" (lo indudablemente incluido), y en el segundo, las dos zonas de certeza, es decir, la positiva (lo que necesariamente entra en el concepto), la negativa (lo que necesariamente no entra en el concepto), y la zona intermedia, la de la neutralidad, aquella aplicación que ni es admisible *a priori*, pero tampoco resulta inadmisible. Tanto en el "núcleo" como en la zona intermedia, el margen de apreciación no se resuelve mediante un proceso cognitivo, sino volitivo[312].

Por tanto, agregamos nosotros, el proceso de apreciación intelectiva (susceptible por tanto de control jurisdiccional, que es el tema que nos interesa), vendría entonces limitado a las zonas de certeza, positiva y negativa, lo que necesariamente se incluye o se excluye.

El resto (las zonas de incertidumbre) sería pues el "margen de apreciación" no susceptible de obtenerse mediante una operación de subsunción, sino de volición, puesto que no habría supuesto normativo o premisa mayor que sirva de parámetro para subsumir la premisa menor, y por ende, de muy limitado control jurídico[313], análogo entonces a la potestad discrecional[314].

De allí que BACIGALUPO, apoyándose en la doctrina alemana[315], expone que entre el margen de apreciación, núcleo o zona de incertidumbre de los conceptos jurídicos indeterminados y la potestad discrecional, más bien existen las siguientes semejanzas: 1) Tienen por finalidad la concreción en sede apli-

---

[312] En similar sentido, en la doctrina peruana: VIGNOLO CUEVA, *op. cit.*, p. 210.

[313] BACIGALUPO, *op. cit.*, pp. 138-140 y 198-203.

[314] *Cfr. Ibídem*, p. 188.

[315] Sobre el punto también pueden consultarse, entre otros: BARNÉS VÁZQUEZ, Javier: "La tutela judicial efectiva en la Grundgesetz (Art. 19.V)". En: BARNÉS VÁZQUEZ, J. (Coord.): *La Justicia Administrativa en el Derecho Comparado*. Editorial Civitas, S.A. Madrid, 1993, pp. 170-183.

cativa de normas abiertas; 2) Su ejercicio requiere de una ponderación de intereses contrapuestos (lo cual, en nuestro criterio, es común a toda labor de interpretación y aplicación del Derecho); y 3) Comparten la misma tipología de vicios jurídicos[316].

Ampliando el punto, sostiene que en el caso de los conceptos jurídicos indeterminados, habría que distinguir entre las condiciones *suficientes* y las *necesarias* para su aplicación e inaplicación. La existencia de las últimas (las *necesarias*), se ubican en las zonas de determinación, pero la zona intermedia entre la condición *suficiente* para su aplicación y la condición *suficiente* para su inaplicación, es la zona de incertidumbre, el "núcleo" del concepto, la zona neutral, en la cual el operador jurídico tiene un margen de apreciación para concretar el concepto, margen de apreciación volitivo[317]. Las condiciones necesarias remiten a conceptos determinados o a potestades regladas, las suficientes (pero no necesarias), a conceptos jurídicos indeterminados o a potestades discrecionales[318].

Concluye esta postura señalando que: "...la aplicación de conceptos normativos indeterminados en su zona de incertidumbre y el ejercicio de la discrecionalidad no son sino modalidades de un mismo fenómeno: la perfección o integración en sede aplicativa del supuesto de hecho imperfecto (indeterminado o inacabado) de una norma jurídico-administrativa"[319].

En un sentido más o menos similar, aunque sin la prolijidad teórica de BACIGALUPO, un sector de la doctrina venezolana señala que, en lo que concierne a la precisión del halo del concepto jurídico indeterminado, hay también un margen de apreciación de la autoridad administrativa que podría justificar una especie de deferencia del Juez frente al criterio admi-

---

316 BACIGALUPO, *op. cit.*, p. 176.

317 *Cfr. Ibídem*, p. 197.

318 *Cfr. Ibídem*, pp. 199 y 202.

319 *Ibídem*, p. 206.

nistrativo, salvo que haya un error en cuanto a los hechos determinantes[320]. También argumenta que "...En ciertas ocasiones, la determinación del interés público más que delimitar un concepto jurídico indeterminado conlleva a una verdadera escogencia de objetivos dentro de los fines postulados por el constituyente o por el legislador, lo cual se ubica en el ámbito del legítimo poder discrecional..."[321].

Más recientemente, otro doctrinario venezolano[322], al referirse al tema de los conceptos jurídicos indeterminados, emplea la terminología alemana (recogida por BACIGALUPO, entre otros), toda vez que señala la existencia de una zona de certeza negativa, en la que es absolutamente cierto que el concepto no se da en la práctica y en las que se deja un sector de maniobra a la Administración que el juez debe respetar. Con lo cual, la aplicación técnica de los conceptos jurídicos indeterminados "...es mucho más asequible para el manejo de las potestades de la Administración..."[323].

Expuesta esta breve aproximación conceptual sobre la potestad discrecional y su relación con los conceptos jurídicos

---

[320]   Cfr. RUAN SANTOS, op. cit., p. 57.

[321]   Ibídem, p. 58.

[322]   Cfr. LINARES BENZO, op. cit., pp. 765-766.

[323]   Cabe señalar que este autor va en contra de la tendencia mayoritaria y entiende que vocablos como los de "interés público" e "interés general", generan potestades discrecionales a favor de la Administración y no conceptos jurídicos indeterminados, tesis que argumenta sobre la base de que la Administración es la organización que tiene la información necesaria para tomar la decisión adecuada e idónea en el caso concreto, y no el poder judicial, es decir, que la Administración se encuentra en una mejor posición para decidir qué es el interés general o público en el caso concreto. En nuestra opinión, se trata de argumentos que fueron ya objeto de debate en el desarrollo del tema de la discrecionalidad y los conceptos jurídicos indeterminados, como se evidencia incluso de esta breve reseña doctrinaria.

indeterminados, antes de entrar a analizar el régimen de cada país de los estudiados en este trabajo, resulta conveniente reseñar también de forma muy sucinta la evolución del control judicial de la discrecionalidad administrativa.

C. *El control judicial del ejercicio de las potestades discrecionales*

En una primera etapa, la Jurisprudencia del Consejo de Estado Francés se centró en el control sobre los elementos reglados tradicionales del acto administrativo[324]. Se trata de los primeros intentos de controlar la potestad discrecional, más como medio de depurar la actividad administrativa que como salvaguarda de los derechos de los administrados[325]. En la actualidad está claro que la verificación de los elementos reglados del acto no implica control alguno de discrecionalidad[326].

Con posterioridad, el control jurisdiccional ha ido avanzando hasta entrar a revisar: La existencia de la potestad y su dimensión (el *an*, *quid* y *quando* de la doctrina italiana[327]); la

---

[324] Seguimos aquí a GARCÍA DE ENTERRÍA y FERNÁNDEZ, *op. cit.*, p. 475. Véase también en la doctrina venezolana: PEÑA SOLÍS, *op. cit.*, pp. 735-737. En la doctrina colombiana puede consultarse, entre otros: MARÍN HERNÁNDEZ, *Algunas anotaciones...*, p. 173.

[325] Cfr. FERNÁNDEZ, *De la arbitrariedad...*, pp. 28 y 31.

[326] Cfr. *Ibídem*, pp. 130 y 247. De allí que se haya señalado que la discrecionalidad propiamente dicha es incontrolable (REQUENA LÓPEZ, *op. cit.*, pp. 89-95).

[327] ALESSI, *op. cit.*, pp. 190 y 195. Más recientemente: AZZENA, Alberto: "L´atto administrativo". En: MAZZAROLLI, L., PERICU, G., ROMANO, A., ROVERSI MONACO, F.A., SCOCA, F.G. (Dirs.): *Diritto Amministrativo*. Volume II. Monduzzi Editore. Bologna, 1993, p. 1.196; Más reciente aún: CERULLI IRELLI, Vincenzo: *Lineamenti del Diritto Amministrativo*. G. Giapichelli Editore. Terza edizione. Torino, 2012, p. 289. En España, véase por ejemplo: GARCÍA DE ENTERRÍA, *La lucha...*, pp. 25-26; GARCÍA DE ENTERRÍA y FERNÁNDEZ, *op. cit.*, pp. 462-463.

competencia para ejercer la potestad[328]; la finalidad -su ausencia determina la desviación de poder, es decir, que el acto procure una meta distinta (aún de interés público) a sus fines legales específicos-[329]. Este control de la finalidad se vincula con la necesaria consecución del interés público[330], y por su propia naturaleza, se trata de un asunto de dificultad probatoria más no de imposibilidad[331]. También se agregan como elementos

---

[328]   *Cfr.* GARCÍA DE ENTERRÍA, *La lucha...,* pp. 25-26; GARCÍA DE ENTERRÍA y FERNÁNDEZ, *op. cit.,* p. 462; BREWER-CARÍAS, *Los límites...,* p. 15; ALESSI, *op. cit.,* pp. 189-190; FARÍAS MATA, *op. cit.* P. 330; RIVERO, *op. cit.,* p. 88; VEDEL, *op. cit.,* p. 264.

[329]   *Cfr.* GARCÍA DE ENTERRÍA, *La lucha...,* p. 26; VILLAR PALASÍ y VILLAR EZCURRA, *op. cit.,* pp. 36-37; SÁNCHEZ MORÓN, *Derecho Administrativo...,* p. 95; LARES MARTÍNEZ, *op. cit.,* p. 169; BREWER-CARÍAS, *Los límites...,* pp. 15 y 23; FARÍAS MATA, *op. cit.,* p. 330; VIGNOLO CUEVA, *op. cit.,* pp. 134-135. Más recientemente, enfatizando la importancia del control de la finalidad en el ejercicio de las potestades administrativas, entre ellas las discrecionales: RIVERO YSERN y RODRÍGUEZ-ARANA MUÑOZ, *op. cit.,* pp. 65-72. Este elemento de control es destacado especialmente en el caso de la llamada "discrecionalidad técnica" (GARCÍA DEL RÍO, Luis: "El control judicial de la discrecionalidad técnica. Los procedimientos de selección de personal al servicio de las Administraciones Públicas". En: HINOJOSA MARTÍNEZ, E. y GONZÁLEZ DELEITO-DOMÍNGUEZ, N. (Coords.): *Discrecionalidad administrativa y control judicial. I Jornadas del Gabinete Jurídico de la Junta de Andalucía.* Editorial Civitas, S.A. Madrid, 1996, pp. 382-387).

[330]   ALESSI, *op. cit.,* p. 189; RIVERO, *op. cit.,* p. 88; VEDEL, *op. cit.,* p. 265. Más recientemente, se ha señalado que: "La discrecionalidad, en cualquiera de sus especies (se refiera a la oportunidad misma de intervenir, por ejemplo, o a los medios que deban escogerse) no está nunca desvinculada del Derecho en la medida en que la Administración ha de considerar en cada caso singular los fines para que fue otorgada esa potestad, la *ratio legis*; así como ponderar los intereses públicos y privados en su presencia" (BARNÉS VÁZQUEZ, *Una nota...,* p. 236).

[331]   *Cfr.* GARCÍA DE ENTERRÍA y FERNÁNDEZ., *op. cit.,* pp. 477-478.

susceptibles de control: el procedimiento y las formalidades previas a la emisión del acto[332].

Adicionalmente, la revisión judicial ha ido profundizándose sobre los elementos reglados de la actuación administrativa, con una tendencia a ampliarse[333]. Así por ejemplo, el control sobre los hechos determinantes (supuestos fácticos, veracidad, exactitud y congruencia de los hechos)[334]. Y es que toda potestad discrecional se apoya en una realidad de hecho que funciona como presupuesto fáctico de la norma de cuya aplicación se trata[335], por lo que no puede la Administración inventar o desfigurar los hechos aunque tenga facultades discrecionales para su valoración. Por consiguiente, habrá de ser consistente con la realidad[336], so pena de anulación judicial.

El control sobre los hechos opera sobre la necesaria determinación que debe realizar la Administración del supuesto fáctico contemplado en la norma, de cuya existencia o realiza-

---

[332] RIVERO YSERN, *Reflexiones...*, p. 562; ALESSI, *op. cit.*, p. 189; FARÍAS MATA, *op. cit.*, p. 330; ARAUJO JUÁREZ, *Derecho Administrativo...*, p. 121.

[333] Apoyándose en la doctrina francesa, se señala que esos elementos reglados clásicos serán: competencia, motivos y fin (*Cfr.* MARÍN HERNÁNDEZ, *Algunas anotaciones...*, p. 173). Véase también, entre otros: CORDÓN MORENO, *op. cit.*, pp. 150-151.

[334] *Cfr.* GARCÍA DE ENTERRÍA, *La lucha...*, p. 31; MEILÁN GIL, *La argumentación...*, p. 49; RIVERO YSERN, *Reflexiones...*, pp. 563-564. En similar sentido, entre otros: LÓPEZ MENUDO, *El control judicial...*, pp. 40-41; BARRERO RODRÍGUEZ, María Concepción: "Discrecionalidad administrativa y patrimonio histórico". En: HINOJOSA MARTÍNEZ, E. y GONZÁLEZ DELEITO-DOMÍNGUEZ, N. (Coords.): *Discrecionalidad administrativa y control judicial. I Jornadas del Gabinete Jurídico de la Junta de Andalucía*. Editorial Civitas, S.A. Madrid, 1996, p. 299.

[335] *Cfr.* GARCÍA DE ENTERRÍA y FERNÁNDEZ, *op. cit.*, p. 478; RIVERO, *op. cit.*, p. 281. En la doctrina colombiana, puede verse en similar sentido, entre otros: OSPINA SEPÚLVEDA, *op. cit.*, p. 7.

[336] *Cfr.* FERNÁNDEZ, *De la arbitrariedad...*, pp. 50, 87, 162 y 247.

ción depende el ejercicio de la potestad discrecional, pues la libertad de apreciación subjetiva no se extiende a la decisión de la existencia o no de tal supuesto (hecho determinante)[337]. Y es que no existe libertad de la Administración en cuanto a decidir si concurre o no el supuesto legal, sino solo para actuar o no o adoptar alguna de las soluciones una vez que concurra este[338].

Cabe advertir, no obstante, que según puntualiza un sector de la doctrina, este control implica un verdadero examen sobre la discrecionalidad, ya que los hechos son previos a la decisión, así como también es previa la calificación de los mismos[339]. Así pues, las consideraciones relativas a la situación de hecho y de Derecho que fundan una decisión deben ser siempre material y jurídicamente exactas, incluso si la Administración dispone de potestad discrecional para apreciar la amplitud y consecuencias de la decisión[340]. Este control se realiza sobre el examen objetivo del expediente que da origen al acto discrecional[341]. Su violación acarrea el vicio de falso supuesto de hecho, que, por ejemplo, en el caso francés parte del vicio del error manifiesto, controlable aún en los actos discrecionales, a través de ese llamado "control mínimo"[342].

De tal suerte que el control sobre los hechos determinantes que dan origen al ejercicio de la potestad discrecional, se da sobre la configuración y apreciación del presupuesto de hecho

---

[337] Véase en Venezuela, entre otros: PEÑA SOLÍS, *op. cit.*, pp. 737-738. Pero la discrecionalidad sí tendrá cierto margen de acción en lo que concierne a la valoración o ponderación del significado o trascendencia de esos hechos en ciertos casos, como matiza por ejemplo: SÁNCHEZ MORÓN, *Derecho Administrativo...*, p. 94.

[338] *Cfr.* PAREJO ALFONSO, Luciano, JIMÉNEZ BLANCO, Antonio y Luis ORTEGA ÁLVAREZ, *op. cit.*, p. 379.

[339] *Cfr.* FERNÁNDEZ, *De la arbitrariedad...*, p. 130.

[340] VEDEL, *op. cit.*, p. 264.

[341] PEÑA SOLÍS, *op. cit.*, p. 738.

[342] *Cfr.* VEDEL, *op. cit.*, pp. 265-266.

del acto[343] y no comprende ningún elemento de apreciación ni juicio. Se trata de la constatación de los hechos. Deben pues verificarse: los presupuestos de hecho del acto, la certeza de los hechos y la calificación de los hechos[344]. En el caso de la calificación de los hechos habrán de evitarse los errores de método, es decir, no considerar debidamente elementos esenciales o darle excesiva importancia a los accesorios[345].

En cuanto a la calificación de los hechos, cuando esta deriva de criterios subjetivos y no objetivos, la frontera con la apreciación de las razones de oportunidad es tenue[346].

Se trata pues, de que imperen los principios de proporcionalidad y racionalidad en relación con el presupuesto de hecho y la decisión que se adopte, así como en la calificación de los hechos[347].

De allí que se señala que:

…el acto discrecional será inválido si emana de un órgano incompetente, si se funda en un hecho inexistente o deja de considerar el hecho relevante para tomar la decisión, o no considera la norma jurídica conducente para el mismo fin, o resuelve lo imposible de cumplir, u omite seguir el procedimiento debido, o carece de motivación o presenta una motivación ilógica, o persigue un fin distinto que el autorizado por la

---

[343] Exactitud de los hechos en términos de MOLES CAUBET, *op. cit.*, p. 347.

[344] BREWER-CARÍAS, *Los límites…*, pp. 15-16; RIVERO, *op. cit.*, pp. 282-284; VEDEL, *op. cit.*, p. 266.

[345] *Cfr.* BREWER-CARÍAS, *Los límites…*, p. 19.

[346] RIVERO, *op. cit.*, pp. 283-284.

[347] Véase entre otros: BREWER-CARÍAS, Allan: *Instituciones Políticas y Constitucionales. La Justicia Contencioso-Administrativa.* Tomo VII. Editorial Jurídica Venezolana-Universidad Católica del Táchira. Caracas-San Cristóbal, 1997, p. 425.

norma que otorgó la competencia al órgano emisor, o se encuentra afectado en la necesaria relación, que debe respetar, entre medios y fines...[348].

Llegado a este estadio de la evolución del control judicial de la discrecionalidad, se entra entonces en el difícil asunto del control de su llamado "núcleo"[349], que no es otro que la libertad

---

[348] BARRA, Rodolfo Carlos: "Comentarios acerca de la discrecionalidad administrativa y su control judicial". En: MARTÍN-RETORTILLO BAQUER, L. (Coord): *La protección jurídica del ciudadano (Procedimiento administrativo y garantía jurisdiccional). Estudios en Homenaje al Profesor Jesús González Pérez*. Tomo III. Editorial Civitas, S.A. Madrid, 1993, p. 2243.

[349] Ejemplos en la doctrina alemana, invocados por un sector de la española (*Cfr.* BACIGALUPO, *op. cit.*, pp. 130-134), de ese "núcleo" irrevisable de la potestad discrecional y de los conceptos jurídicos indeterminados se da en: 1) La evaluación y calificación de exámenes y pruebas de aptitud profesional, en los "aspectos específicamente valorativos de la evaluación", basándose en la irrepetibilidad de la situación en que se produjo la evaluación y el principio de igualdad de oportunidades, que impediría revisar aisladamente la situación del recurrente sin considerar el rendimiento promedio de todos los evaluados; 2) La evaluación del rendimiento de funcionarios públicos, basándose en criterios similares; 3) Las decisiones valorativas adoptadas por órganos colegiados independientes dotados de una composición plural o de una especial competencia (funcional, técnica o social), y aquí el margen de apreciación se funda en la voluntad de la Ley de remitir la valoración a una apreciación ponderada de expertos independientes o representantes de los sectores afectados; y 4) La emisión de juicios prospectivos de carácter valorativo, técnico o político-valorativo (decisiones técnicas complejas relacionadas con el medio ambiente y la planificación. Ante tales casos, ese margen de apreciación, de acuerdo con tal sector, es común en los conceptos jurídicos indeterminados y en la potestad discrecional (*Cfr.* BACIGALUPO, *op. cit.*, pp. 134, 173 y 175), y más aún, es similar a la remisión realizada por la Ley a la potestad reglamentaria para condensar o concentrar programas de actuación administrativa (*Cfr.* BACIGALUPO, *op. cit.*, p. 169). Véase también, entre otros: BARRERO RODRÍGUEZ, *op. cit.*, p.

de selección entre las opciones posibles[350], sobre la base de variables extrajurídicas, todas válidas idealmente, y en principio inmunes al control judicial[351]. Aunque este último reducto de inmunidad viene siendo también y limitado sobre la base del criterio de razonabilidad[352].

Ese control se basa en los principios generales del Derecho (proporcionalidad, igualdad, objetividad, buena fe, seguridad jurídica, debido proceso, interdicción de la arbitrariedad, etc.)[353]. El mismo incide sobre el margen de apreciación subjetiva en el que radica la potestad discrecional, y por tanto debe aplicarse

---

305. En la doctrina venezolana puede verse también: RUAN SANTOS, *op. cit.*, pp. 57-58).

[350] *Cfr.* Para el caso venezolano: PEÑA SOLÍS, *op. cit.*, p., 731; BREWER-CARÍAS, *Los límites…*, p. 25.

[351] *V.g.* la ambigua apreciación del "grado de interés público" referido por ALESSI, *op. cit.*, p. 193.

[352] *Cfr.* en la doctrina venezolana, entre otros: PEÑA SOLÍS, *op. cit.*, pp. 731-732. En la doctrina argentina, entre otros: CASSAGNE, *op. cit.*, pp. 211-217. En la doctrina costarricense, entre otros: GONZÁLEZ CAMACHO, *Sentencia...*, pp. 495-499. El principio de razonabilidad ha sido invocado como criterio de control de la discrecionalidad por el Tribunal Constitucional Peruano, como señala BACA ONETO, *La Discrecionalidad…*, p. 183.

[353] GARCÍA DE ENTERRÍA y FERNÁNDEZ, *op. cit.*, pp. 482-485; FERNÁNDEZ, *De la arbitrariedad…*, pp. 50, 74, 212-214; SÁNCHEZ MORÓN, *Derecho Administrativo*, pp. 95-96 (aunque este destaca que no siempre se logrará un control objetivo mediante tales principios, por lo que los tribunales ejercen con cautela el control sobre la base de estos principios); ALESSI, *op. cit.*, p. 201; VILLAR PALASÍ y VILLAR EZCURRA, *op. cit.*, p. 39; CORDÓN MORENO, *op. cit.*, pp. 148 y 154-155; PEÑA SOLÍS, *op. cit.*, p. 729; BREWER-CARÍAS, *Los límites…*, p. 25; BREWER-CARÍAS, *Los actos de gobierno…*, pp. 177-187; VEDEL, *op. cit.*, p. 267. En la doctrina argentina, entre otros: HUTCHINSON, *op. cit.*, Tomo I..., p. 303-309. En el caso peruano, la interdicción de la arbitrariedad ha sido invocada como principio por la jurisprudencia constitucional (BACA ONETO, *La Discrecionalidad…*, pp. 183 y 188).

con cautela dada la dificultad de aprehensión de los principios generales del Derecho[354].

En ese orden de razonamiento, la doctrina española plantea que también este tipo de potestades pueden ser revisadas a la luz del "test de racionalidad", referido a la logicidad del razonamiento y a su consistencia con la realidad fáctica, así como de su coherencia o adecuación con el fin de la norma, de aptitud objetiva para satisfacerla, o de proporcionalidad[355].

---

[354] Véase en la doctrina venezolana, por ejemplo: PEÑA SOLÍS, *op. cit.*, p. 740. En términos similares se pronuncian PAREJO ALFONSO, Luciano, JIMÉNEZ BLANCO, Antonio y Luis ORTEGA ÁLVAREZ, *op. cit.*, p. 378, al señalar que ese control debe emplearse cuando las otras técnicas se han agotado. La interpretación de la doctrina española al artículo 103.1 de su Carta Fundamental que constitucionaliza la sujeción de la Administración a la Ley y al Derecho y a la existencia de una norma similar en la Constitución Venezolana (artículo 141), permite plantear también en Venezuela la discusión acerca del control de la potestad discrecional por los principios generales del Derecho: PEÑA SOLÍS, *op. cit.*, pp. 741-742, ya adelantada por BREWER-CARÍAS. Escéptico acerca de esta modalidad de control: BACIGALUPO, *op. cit.*, p. 86, quien señala que resulta casi imposible valerse únicamente de éstos, puesto que no son capaces de indicar positivamente cuál es la solución más razonable o proporcional, sino que el control en base a ellos será negativo, es decir, control sobre el ejercicio de la potestad discrecional de forma manifiestamente irrazonable o desproporcionada, salvo los casos de reducción a cero de la discrecionalidad (BACIGALUPO, *op. cit.*, p. 89). Muestra también reparos, en la doctrina peruana: VIGNOLO CUEVA, *op. cit.*, pp. 191-192. En la doctrina colombiana, puede verse entre otros: MARÍN HERNÁNDEZ, *Algunas anotaciones…*, pp. 173-176, quien señala que los Principios Generales del Derecho son una poderosa herramienta de fiscalización de la actividad de los Poderes Públicos, y siguiendo a este último: OSPINA SEPÚLVEDA, *op. cit.*, p. 10.

[355] Véanse entre otros: GARCÍA DE ENTERRÍA y FERNÁNDEZ, *op. cit.*, p. 488; FERNÁNDEZ, *De la arbitrariedad…*, p. 51; GRANADO HIJELMO, Ignacio: "La interdicción constitucional de la arbitrariedad de los Poderes Públicos". En: HINOJOSA MARTÍNEZ, E.

Se trata, en primer lugar, de que la elección hecha por la Administración entre la multiplicidad de opciones sea motivada, so pena de ser arbitraria y por tanto anulable[356], al igual que la solución sea consistente con la realidad y objetivamente fundada[357].

---

y GONZÁLEZ DELEITO-DOMÍNGUEZ, N. (Coords.): *Discrecionalidad administrativa y control judicial. I Jornadas del Gabinete Jurídico de la Junta de Andalucía*. Editorial Civitas, S.A. Madrid, 1996, p. 154.

[356] *Cfr.* FERNÁNDEZ, *De la arbitrariedad...*, p. 131.

[357] *Cfr. Ibídem*, pp. 162 y 248. Este autor distingue entre la racionalidad, entendida como coherencia y proporcionalidad, de razonabilidad, vinculada con la obtención de una solución razonable objetivamente sobre la base de parámetros externos al criterio personal del juez (*Ibídem*, pp. 204 y 207), y resume su tesis referida a la distinción entre racionalidad en los siguientes términos: Opera el control mediante el *test de racionalidad* cuando: "1) la realidad de los hechos ha sido de algún modo falseada; 2) no se ha tomado en consideración algún factor jurídico relevante o se ha introducido en el proceso alguno que no lo sea; 3) se ha obviado el mayor peso o mayor valor que, eventualmente, otorgue el ordenamiento jurídico a alguno de esos factores; 4) o, caso de tener todos los factores el mismo valor jurídico, no se ha razonado la concreta opción en favor de uno de uno de ellos o el razonamiento aportado adolece de errores lógicos o, en fin, resulta inconsistente con la realidad de los hechos" (*Ibídem*, pp. 249). En nuestro criterio, los tres primeros elementos encuadran en el control de los hechos determinantes en cuanto a la constatación y calificación de los hechos. Y el *test de razonabilidad* cuando la decisión adolece de incoherencia por su notoria falta de adecuación al fin de la norma o resulta desproporcionada (*Ibídem*, p. 249), lo que en nuestra opinión coincide con el control sobre la base de los principios generales del Derecho. Aparentemente en contra, PAREJO y otros, *op. cit.*, p. 371, quien señala que si la fiscalización judicial alcanza el fondo del asunto se produciría una sustitución del juicio de la voluntad de la administración por la del Juez, hecho contrario a la remisión legislativa que precisamente configura la potestad discrecional, con infracción del principio de división de poderes. Y decimos aparentemente puesto que el autor

admite que potestad discrecional no significa consagración de zonas inmunes al control judicial, ni que la potestad discrecional exime del deber de motivar y razonar suficientemente, por lo que no se confunde con arbitrariedad. Por argumento a contrario, el autor admite que una deficiente o incongruente motivación sí es revisable judicialmente, con lo que concluye en términos análogos a los que se producen de la aplicación del *test de razonabilidad*. El carácter aparente de esa controversia viene a ser destacado por ATIENZA, Manuel: "Sobre el control de la discrecionalidad administrativa. Comentarios a una polémica". *Revista Española de Derecho Administrativo* N° 85. Editorial Civitas. Madrid, 1995, p. 5 y ss, quien, en primer término, resume la tesis de T. R. FERNÁNDEZ en los siguientes términos: "A) Todas las decisiones de la Administración son susceptibles de control judicial, incluidos los actos discrecionales. B) Los actos discrecionales de la Administración, puesto que no pueden ser arbitrarios: 1) Deben estar motivados, es decir, deben estar basados en razones y no ser la mera expresión de la voluntad del órgano que los dicta. 2) Esas razones no deben ser contrarias a la realidad, es decir, no pueden contradecir los hechos relevantes de la decisión (los 'hechos determinantes'). 3) Entre esas razones y la decisión debe existir una relación de coherencia. C) El control judicial de los actos discrecionales (que no es un control de mera legalidad, sino de juridicidad, pues la última palabra la tiene el Derecho, no simplemente la ley) se ejerce precisamente en relación con los tres aspectos anteriores. Lo que el juez debe controlar es, por tanto, que existen esas razones, que las mismas no contradicen los 'hechos determinantes' de la realidad, y que resultan congruentes con la decisión (con el acto discrecional). D) El resultado de ese control (cuando el acto sometido a examen no supera el anterior test de racionalidad) puede ser: 1) (Normalmente) la anulación del acto. 2) (Excepcionalmente) la sustitución de la decisión administrativa discrecional por una decisión judicial, lo que sólo podrá tener lugar si: a) Al final del proceso (es decir, en el momento de la toma de decisión por parte del juez) sólo es posible una única solución (el margen de discrecionalidad se habría reducido por tanto a cero), y b) De esta manera se restablece una situación jurídica individualizada o, dicho de otra manera, se garantiza la efectividad de la tutela judicial". Luego de ella, plantea que no hay tal contracción con PAREJO o SÁNCHEZ MORÓN, puesto que éste afirma: "En consecuencia y recapitulando, el control judicial de la discrecionalidad

administrativa sólo se puede extender, aparte los aspectos reglados específicos que resulten de las normas jurídicas aplicables en
cada caso y con unas u otras peculiaridades según los supuestos
de discrecionalidad, al control de la desviación de poder, al de la
existencia de los hechos determinantes y al del error de derecho
que derive de una apreciación manifiestamente incorrecta de los
mismos, al control del respeto a los principios generales del derecho, incluido el de las decisiones arbitrarias por manifiestamente
irrazonables o desproporcionadas, así como al control del cumplimiento de las garantías organizativas, procedimentales y formales (motivación) que vinculan en todo caso el ejercicio de las
potestades discrecionales". "Pero aún queda —añade— por decir
que, si se constata la infracción de alguno de los límites jurídicos
del ejercicio de la discrecionalidad, el órgano judicial no puede
determinar el contenido de la decisión a adoptar en sustitución de
la anulada, salvo que en realidad se llegue a la conclusión, mediante el razonamiento jurídico, de que sólo hay una solución posible en derecho" (p. 159) Cita de SÁNCHEZ MORÓN, Miguel:
Discrecionalidad administrativa y control judicial. Editorial Tecnos.
Madrid, 1994, en ATIENZA, *op. cit.*, p. 5 y ss., de lo cual concluye
que el *test de racionalidad* referido al control de coherencia, es concebido como la irrazonabilidad o desproporcionalidad de este
último autor. En similar sentido, respecto a que hay más coincidencias que desacuerdos en las diversas posiciones: VIGNOLO
CUEVA, *op. cit.*, p. 185, nota al pie 360. En nuestro criterio,
FERNÁNDEZ ha dejado en claro posteriormente la diferencia
entre racionalidad y razonabilidad. En todo caso, nos parece con-
vincente ATIENZA en cuanto este señala que se trata de enfocar
el punto desde dos posiciones distintas, aunque con similares resultados. Mientras FERNÁNDEZ hace énfasis en la tutela judicial,
PAREJO y SÁNCHEZ MORÓN en la necesidad de que la Administración moderna cuente con medios organizativos y funciona-
les para cumplir sus objetivos en el Estado Social, que es un problema que no se relaciona con el tema objeto de esta tesis, y ni siquiera es propio del Derecho Administrativo, sino que se vincula
con la teoría general del Derecho (y añadimos nosotros, con el
Derecho Constitucional y la Ciencia Política). Asimismo, subraya
la apariencia de tal controversia BELTRÁN DE FELIPE, Miguel
(1995): *Discrecionalidad administrativa y Constitución*. Temas clave
de la Constitución Española. Tecnos, Madrid. p. 73, (citado por
BACIGALUPO, *op. cit.*, p. 23), así como este último, quien plantea

No obstante, ese control también tiene sus límites[358].

En ese orden de ideas, en el caso venezolano por ejemplo, también se invoca la exigencia de la "razonabilidad" entendida como "…un estándar jurídico comprensivo de una serie de valores que deben guiar a la actividad administrativa (en lugar de *'bonus pater familiae'* o de *'bonus magistratus'*) y que realizan la justicia con todos sus sinónimos: equivalencia, proporción, adecuación, igualdad, paridad, justa distribución…"[359].

---

que debe distinguirse entre la amplitud de la potestad discrecional en el Estado Social de Derecho y el alcance de su control judicial (BACIGALUPO, *op. cit.*, p. 24). También señala que el debate es sólo aparente, toda vez que parte de premisas conceptuales distintas (BACIGALUPO, *op. cit.*, p. 38), la del enfoque "reduccionista" ya explicado (GARCÍA DE ENTERRÍA, FERNÁNDEZ), y el jurídico funcional (PAREJO, SÁNCHEZ MORÓN), en el cual el problema se plantea no desde el criterio de los límites del control judicial, sino desde la disfuncionalidad de que el poder judicial controle el fondo de decisiones en las que el Legislador ha remitido a apreciaciones técnicas o político-administrativas, ajenas a la formación del Juez (BACIGALUPO, *op. cit.*, p. 142). Más recientemente, se ha señalado que "…es posible que esta famosa polémica esté basada en un malentendido" (CASTILLO VEGAS, *op. cit.*, p. 62). En contra, califica de "rreductible" a tal polémica: CASSAGNE, *op. cit.*, p. 186.

358 Impuestos por el propio ordenamiento jurídico, toda vez que en la aplicación de los principios el método prevalente será el de la ponderación y no el de la subsunción, el cual puede llevar a más de una solución posible para cada caso. Ello impedirá entonces la sustitución del juez en la decisión administrativa, salvo que esta última no haya respetado las reglas del método de la ponderación (*Cfr.* MARÍN HERNÁNDEZ, *Algunas anotaciones…*, p. 180).

359 Véase BREWER-CARÍAS, *Algunos aspectos…*, p. 11; BREWER-CARÍAS, *Notas sobre la discrecionalidad…*, p. 37; BREWER-CARÍAS, "Los actos de gobierno…", p. 180; BREWER-CARÍAS, Allan R.: *Tratado de Derecho Administrativo. Derecho Público en Iberoamérica. El procedimiento administrativo.* Volumen IV. Civitas Thomson Reuters-Editorial Jurídica Venezolana, Madrid, 2013, p. 257.

Un aspecto que merece algún comentario, siquiera sucinto, dentro de esta breve reseña del tratamiento doctrinario de la discrecionalidad administrativa en cuanto a su límite y control, es el atinente a la llamada "discrecionalidad técnica", tema en el cual incluso su propia denominación genera polémica[360]. El

---

[360] La reciente doctrina italiana comienza señalando la imprecisión de este término (*v.g.* CERULLI IRELLI, *op. cit.*, p. 293). En Iberoamérica, por ejemplo, entre otros, para BREWER-CARÍAS, *Algunos aspectos...*, pp. 23-24; BREWER-CARÍAS, *Notas sobre la discrecionalidad...*, pp. 6, 11-12; BREWER-CARÍAS, *Tratado de Derecho Administrativo... El procedimiento administrativo...*, pp. 249-250, esta no sería en realidad discrecionalidad, sino una variante de los conceptos jurídicos indeterminados. En similar sentido: HERNÁNDEZ-MENDIBLE, *Estudio Jurisprudencial...*, p. 91. En análoga orientación: SESÍN, *op. cit.*, p. 91. Por su parte, MEILÁN GIL, *Dificultades y atajos...*, p. 1.145, califica a la discrecionalidad técnica como "innecesaria". Otras opiniones sostienen que en realidad, no se trata de discrecionalidad (ARAUJO JUÁREZ, *Derecho Administrativo...*, p. 118). En similar sentido a esa última posición, en la doctrina argentina: CASSAGNE, *op. cit.*, p. 208. En ese mismo país, a la llamada discrecionalidad técnica se le distingue de la discrecionalidad propiamente dicha, se le cataloga como un "concepto lindero", y se concluye que esta última no está exenta de control judicial, pues en tal caso es exigible una decisión fundada en criterios científicos o técnicos (*Cfr.* HUTCHINSON, *op. cit.*, Tomo I..., p. 310). En la doctrina española, se señala por ejemplo que la discrecionalidad técnica puede constituir el "núcleo duro" de la discrecionalidad, y se hace referencia a los juicios valorativos de expertos, por oposición a los conceptos jurídicos indeterminados, aunque de seguidas aclara que se trata de un asunto más complejo de lo descrito (*Cfr.* LÓPEZ MENUDO, *El control judicial...*, pp. 38-39). Sobre el tema, puede verse la exposición de los principales problemas que esta plantea en: DESDENTADO DAROCA, *in totum.* Al respecto destaca esta autora que la noción de discrecionalidad técnica tiene su origen en Italia, en donde la distinción entre discrecionalidad técnica y discrecionalidad administrativa se creó para enfrentar los problemas que planteaban los conceptos jurídicos indeterminados. Pero la discrecionalidad técnica siempre ha sido equívoca, por la ausencia de consenso en torno a su significado (*Ibídem*, p. 28). Así por

mismo se refiere a la potestad de la Administración para dictar actos o realizar actividades que requieren de la aplicación de conocimientos especializados, y que por tanto no serían susceptibles de revisión por la rama Judicial del Poder Público dada su propia naturaleza, salvo por criterios de razonabilidad o de ponderación de los intereses en juego[361]. Se trataría de

---

ejemplo, agrega, para Giannini los términos "discrecionalidad" y "técnica" son inconciliables, productos únicamente de un error histórico (*Ibídem*, pp. 37-38). Más recientemente, ha sido calificada también como "un auténtico oxímoron" (FERNÁNDEZ, Tomás Ramón: "La discrecionalidad técnica: Un viejo fantasma que se desvanece". *Revista de Administración Pública* N° 196. Centro de Estudios Constitucionales. Madrid, 2015, p. 212).

[361] Señala DESDENTADO DAROCA, *op. cit.*, pp. 22-23, que no es sencillo definir la discrecionalidad, dada la propia equivocidad del término y la ausencia de consenso doctrinal sobre su utilización, pero que en todo caso pueden distinguirse como tipos de discrecionalidad, la política, la administrativa y la jurídica. Las dos primeras son formas de discrecionalidad fuerte, mientras que la última es puramente instrumental. Agrega que, solo en el supuesto de la discrecionalidad fuerte, es decir, aquella en las que existen varias posibles soluciones, la Administración dispone con carácter final de la discrecionalidad que aparecen en el ejercicio de la función de administración directa, por lo que los tribunales no pueden sustituirla por sus propias decisiones en este aspecto (*Ibídem*, p. 24). En ese sentido, explica que puede haber supuestos en los que la técnica define varios modelos igualmente eficaces para la consecución del fin último de la actuación, por lo que la Administración habrá de seleccionar el que considere más conveniente para el interés general y allí habrá un ámbito de discrecionalidad fuerte. En tales casos, el control judicial será de tipo negativo, para verificar si se han respetado los límites impuestos por el ordenamiento (*Ibídem*, pp. 63-64). En cambio, si en la aplicación de conceptos jurídicos se remite a criterios técnicos (ruina, interés histórico, justo precio), puede surgir una discrecionalidad instrumental en los casos difíciles, cuando no se permita una respuesta automática y única. En esos supuestos, sí habrá un control judicial más fuerte y cabrá la sustitución (*Ibídem*, pp. 64-66).

variables extrajurídicas análogas a los criterios de conveniencia y oportunidad, y por tanto, irrevisables en sede judicial[362].

Se señala también que la discrecionalidad técnica, referida a cuestiones que han de resolverse por un juicio técnico emitido por un órgano especializado de la Administración, no es controlable[363]. No obstante, un amplio sector de la doctrina expresa que, si la determinación de la congruencia y veracidad de los hechos contenidos en la motivación con la decisión adoptada, conduce a que en sede judicial pueda entrarse a examinar, mediante expertos, los criterios técnicos que sirvieron de base al acto impugnado, tales criterios sí pueden ser controlables en sede judicial[364].

---

[362] *Cfr.* entre otros, en la doctrina venezolana: PEÑA SOLÍS, *op. cit.*, pp. 744-745. Negando la acogida de la discrecionalidad técnica por la jurisprudencia venezolana, se pronuncia recientemente: CORREA, *op. cit.*, p. 107. Luego de la polémica en la doctrina española, pueden verse los comentarios de, entre otros: SÁNCHEZ MORÓN, *Derecho Administrativo…*, pp. 90-91. La discrecionalidad técnica ha sido caracterizada como un punto entre lo predominantemente reglado y discrecional, aunque más próxima a esto último, por: BARRERO RODRÍGUEZ, *op. cit.*, pp. 294-297 y 347-348, o bien, como un "concepto lindero" a la discrecionalidad propiamente dicha (GARCÍA DEL RÍO, *op. cit.*, p. 176). Véase también: ESCRIBANO COLLADO, Pedro: España. "Técnicas de control de la discrecionalidad administrativa. España". En: BARNÉS VÁZQUEZ, J. (Coord.): *La Justicia Administrativa en el Derecho Comparado*. Editorial Civitas, S.A. Madrid, 1993, pp. 368-370.

[363] *Cfr.* BREWER-CARÍAS, *Los límites…*, p. 29. Hay que recordar que, en el caso de este autor, su afirmación debe ser contextualizada con los párrafos previos, pues como hemos visto, no niega en su totalidad el control de la discrecionalidad técnica, desde que parte de asimilarla a los conceptos jurídicos indeterminados.

[364] Véase entre otros, en la doctrina venezolana: PEÑA SOLÍS, *op. cit.*, p. 763. En análogo sentido, RONDÓN DE SANSÓ, *op. cit.*, p. 74, señala que la discrecionalidad técnica no es tal, puesto que con ella no existe juicio acerca de la conveniencia u oportunidad, y

que la aplicación de conocimientos técnicos o científicos resulta controlable judicialmente. Más recientemente: CORREA, *op. cit.*, p. 107. Un sector de la doctrina argentina plantea que más bien, con la presencia de las normas técnicas y científicas en el ordenamiento jurídico, que establecen una única solución posible, cesa la discrecionalidad (REVIDATTI, Gustavo Adolfo: "La técnica como limitante de la discrecionalidad (La ampliación de defensa de derechos, libertades y garantías como consecuencia de la influencia de normas no jurídicas)". En: MARTÍN-RETORTILLO BAQUER, L. (Coord): *La protección jurídica del ciudadano (Procedimiento administrativo y garantía jurisdiccional). Estudios en Homenaje al Profesor Jesús González Pérez.* Tomo III. Editorial Civitas, S.A. Madrid, 1993, p. 2.266). Por su parte, un sector de la doctrina española (GARRIDO FALLA, *op. cit.*, p. 184) sí admite la existencia de este tipo de potestad discrecional, siempre que el juez "...carezca de elementos de juicio razonables para subrogarse...", con lo cual termina coincidiendo con la tesis del control por el "test de razonabilidad" ya mencionado. En similar sentido: TORNOS MÁS, Joaquín: "Discrecionalidad e intervención administrativa económica". En: HINOJOSA MARTÍNEZ, E. y GONZÁLEZ DELEITO-DOMÍNGUEZ, N. (Coords.): *Discrecionalidad administrativa y control judicial. I Jornadas del Gabinete Jurídico de la Junta de Andalucía.* Editorial Civitas, S.A. Madrid, 1996, pp. 403-410. Más recientemente, refiriendo las tendencias de la jurisprudencia española, puede verse entre otros: FERNÁNDEZ, *La discrecionalidad técnica...*, pp. 211-227; CHAVES, J.R.: El *Tribunal Supremo salta el burladero de la discrecionalidad técnica,* 2014. Documento en línea consultado en junio de 2016: https://delajusticia.com/2014/10/14/el-tribunal-supremo-salta-el-burladero-de-la-discrecionalidad-tecnica/. En la doctrina colombiana, véase entre otros: MARÍN HERNÁNDEZ, *Algunas anotaciones...*, p. 183. En la doctrina argentina, señala por ejemplo CASSAGNE, *op. cit.*, p. 204: "...si se reconoce que alguna zona de la actividad del Estado, particularmente, los juicios técnicos o de oportunidad que lleva a cabo la Administración, se considera exenta de control jurisdiccional no habría tutela judicial, pues ésta sería sólo formal y carente de efectividad", para agregar que la alta complejidad de un asunto no es argumento que justifique que los jueces eludan ejercer el control de la actividad administrativa que les impone la Constitución (*Ibídem*, pp. 208-209 y 216).

Para un sector de la doctrina española, la discrecionalidad técnica está a medio camino entre lo reglado y lo puramente discrecional, aunque participa más de lo primero que de lo segundo[365], o bien viceversa[366].

Para otro sector de la doctrina[367], este tipo de discrecionalidad, referida a estándares científicos o técnicos, presenta mayores problemas en cuanto a que la norma ni la define con relativa indeterminación (como los conceptos jurídicos indeterminados), ni tampoco concede a la Administración verdadera "discreción" en su aplicación. Más bien, se traduce en un "apoderamiento" específico a la Administración, en cuanto a valorar y apreciar si concurre o no el supuesto de hecho. Y ello por cuanto esa determinación requiere el dominio de información y métodos y criterios técnicos (no jurídicos), o bien demanda la ponderación con criterios extrajurídicos de una gran diversidad de intereses, lo que hace muy difícil su control judicial[368]. De allí

---

[365]   GARCÍA-TREVIJANO FOS, *op. cit.*, p. 174. En la jurisprudencia venezolana la existencia de la discrecionalidad técnica es negada (sentencia CPCA del 23 de marzo de 1983, y Sala Político-Administrativa de la Corte Suprema de Justicia, sentencia del 28 de julio de 1998, caso *Jhonson & Jhonson vs. COVENIN*). (citada por BALZÁN, *op. cit.*, pp. 82-83). En igual sentido, se señala que para la jurisprudencia venezolana la discrecionalidad técnica no tiene nada de discrecional, toda vez que no deja nada a la libertad del órgano que actúa, sino que somete sus decisiones al uso y obediencia de las normas técnicas que rigen la materia, así como al empleo de los recursos que las ciencias especializadas ofrecen para obtener los resultados deseados por la norma (Corte Primera de lo Contencioso Administrativo 23-03-83, referida por HERNÁNDEZ MENDIBLE, *Los vicios...*, p. 405).

[366]   *Cfr.* BARRERO RODRÍGUEZ, *op. cit.*, pp. 294-297 y 347-348

[367]   *Cfr.* PAREJO ALFONSO, Luciano, JIMÉNEZ BLANCO, Antonio y Luis ORTEGA ÁLVAREZ, *op. cit.*, pp. 374-375.

[368]   Un resumen de las distintas tesis, tradicionales y recientes, sobre la discrecionalidad técnica, que van desde concebirla como discrecionalidad administrativa de menor amplitud hasta distinguir ambos tipos de discrecionalidad (la técnica se refiere a la concre-

se desprende: 1) La aceptación por parte del Juez del criterio asumido por la Administración, siempre que este se mantenga dentro de los límites de tolerancia deducidos de la interpretación del concepto hecha por el Juez; y 2) La exigencia de motivación que supere el "test de razonabilidad", es decir, que no sean concluyentemente rebatibles en el aspecto jurídico, o en términos más simples, que la solución adoptada sea motivada y justificada razonablemente[369].

Para el caso de los límites del control judicial de la discrecionalidad técnica y su relación con las pruebas periciales o de expertos, cabe reseñar brevemente lo expuesto por DESDENTADO DAROCA. Esta autora comienza señalando que, el hecho de que se trate de conocimientos técnicos ajenos al juez

---

ción de conceptos jurídicos indeterminados, o bien como valoración de conceptos jurídicos que remiten a criterios técnicos), puede verse en DESDENTADO DAROCA, *op. cit.*, pp. 29-61.

[369] En similar sentido, ha señalado la doctrina colombiana: "Lo anterior no quiere decir que el juez no pueda controvertir los juicios técnicos de la administración, con apoyo en los dictámenes de peritos, una de las comprensiones (equivocada) de la llamada discrecionalidad técnica; simplemente se trata de que en determinados asuntos técnicos extremadamente complejos (…) o de asuntos dudosos porque, por ejemplo, el estado de la ciencia posibilite más de un curso de acción, el juez debería respetar, en principio, cierto margen de apreciación en beneficio de la administración" (MARÍN HERNÁNDEZ, *Algunas anotaciones…*, p. 183). En todo caso, respecto a las diversas posiciones sobre el alcance e intensidad del control judicial sobre la discrecionalidad técnica en la doctrina española, puede verse la reseña que hace DESDENTADO DAROCA, *op. cit.*, pp. 98-113. Más recientemente: FERNÁNDEZ-ESPINAR, Luis Carlos: "El control judicial de la discrecionalidad administrativa. La necesaria revisión de la construcción dogmatica del mito de la discrecionalidad y su control". *Revista Jurídica de Castilla y León* N° 26. Enero 2012, pp. 241-249. Documento en línea septiembre 2015: http://dialnet.unirioja.es/servlet/autor?codigo=59141; FERNÁNDEZ, *La discrecionalidad técnica…*, pp. 217-221.

no es obstáculo, pues para ello está prevista la prueba pericial, y de seguidas agrega que "...para superar el hecho de que los tribunales no posean los conocimientos técnicos necesarios para la integración de la premisa menor (cabe la prueba pericial y su valoración conforme a la sana crítica), pues de este modo el juez puede construir el juicio técnico necesario para configurar las premisas de las que deducirá posteriormente la conclusión jurídica"[370]. Agrega la autora, citando a la doctrina que postula el control pleno de la discrecionalidad técnica, en el supuesto de la discrecionalidad instrumental jurídico-técnica no hay justificación para sostener la existencia de un reducto último de apreciación o valoración técnica no susceptible de control ni de sustitución por los tribunales. Ello, toda vez que la concreción y aplicación de conceptos que remiten a criterios técnicos es una operación jurídica y la necesidad de recurrir a máximas de experiencia especializada no supone obstáculo alguno ni para considerarla como tal ni para que se realice un control judicial *a posteriori*, a través de la prueba pericial[371].

Ahora bien. ¿Cuál es el resultado del ejercicio del control judicial sobre las potestades discrecionales? En la actualidad

---

[370] DESDENTADO DAROCA, *op. cit.*, p 119. Comentando ese asunto, véase: *Ibídem*, pp. 122-129.

[371] *Ibídem*, p. 145. Concluye señalando esta autora que: "En definitiva, la tesis de la exclusión del control judicial de la discrecionalidad instrumental jurídico-técnica no es conforme al derecho a la tutela judicial efectiva consagrado en el artículo 24 de nuestro texto constitucional y no permite garantizar el sometimiento pleno de la actividad administrativa a la ley y al Derecho. Las consecuencias negativas de esta tesis se aprecian con extraordinaria claridad en los casos extremos, como aquellos en los que se elige a la persona manifiestamente menos capacitada o en los que la calificación dada a un examen es manifiestamente errónea. Ninguno de estos casos extremos podría ser objeto de control porque la tesis de la exclusión del control judicial de la discrecionalidad instrumental jurídico-técnica cierra de forma apriorística la revisión de las valoraciones o apreciaciones técnicas" (*Ibídem*, p. 147).

parece estar claro que, luego de proceder a la reducción de la discrecionalidad a sus justos límites, un sector de la doctrina española sostiene que el resultado es la anulación del acto, salvo cuando al final del proceso judicial solo resulte posible una solución por razones de coherencia para el caso concreto (reducción a cero del margen de discrecionalidad)[372]. Ello, al entender que, dada la persistencia de una única solución concluido el debate judicial, el derecho a la tutela judicial efectiva impone la resolución final del caso[373].

De tal suerte que el juez podrá sustituirse en la Administración en la medida en que cuente con elementos de juicio suficientes para realizar una crítica seria y fundada de la decisión cuestionada y una valoración consistente de las circunstancias de hecho. Se trata pues, de un asunto fundamentalmente probatorio[374]. En todo caso, esa sustitución será viable en los su-

---

[372] GARCÍA DE ENTERRÍA y FERNÁNDEZ, *op. cit.*, pp. 490-493; criterio asumido por el Tribunal Supremo Español, citado por FERNÁNDEZ, *De la arbitrariedad...*, pp. 56 y 185. En similar sentido: GARCÍA PÉREZ, *op. cit.*, pp. 83-86. En análoga orientación, en la doctrina venezolana: PEÑA SOLÍS, *op. cit.*, pp. 742-743.

[373] *Cfr.* FERNÁNDEZ, *De la arbitrariedad...*, pp. 208-209. En igual orientación BACIGALUPO, *op. cit.*, p. 89, quien acepta las sentencias que obligan a adoptar una determinada solución únicamente en tal supuesto, e invoca la doctrina alemana como ejemplo (*Ibídem*, pp. 119 y 135). Tal tesis es recogida en Venezuela, entre otros, por BALZÁN, *op. cit.*, pp. 96 y 99, y en Perú, entre otros, por BACA ONETO, *La Discrecionalidad...*, pp. 188-190.

[374] *Cfr.* FERNÁNDEZ, *De la arbitrariedad...*, p. 104; FERNÁNDEZ, *La discrecionalidad técnica...*, p. 222. En la doctrina argentina: CASSAGNE, *op. cit.*, pp. 175 y 189. Por argumento a contrario, si persiste la discrecionalidad no podrá el Juez sustituir a la Administración, como señala en la doctrina peruana: VALVERDE GONZÁLES, *op. cit.*, p. 221. Sobre los aspectos probatorios en el control de la discrecionalidad administrativa puede verse entre otros: CORDÓN MORENO, *op. cit.*, pp. 155-164.

puestos en que el material probatorio aportado conduzca a una solución única[375].

La conclusión general es, como señala la doctrina colombiana: "Por tanto, salvo cuando las circunstancias del caso posibiliten un control de intensidad mayor, normalmente tendrá que limitarse a verificar que el ejercicio hecho por el órgano administrativo de las facultades que se le confieren de esta manera, no transgreda los límites –negativos- impuestos por el derecho"[376].

Esbozado brevemente este marco doctrinario, procede ahora entonces comentar la regulación en cada país del tema del control de las potestades discrecionales de la Administración.

---

[375] *Cfr.* entre otros: GRANADO HIJELMO, *op. cit.*, p. 178; BARNÉS VÁZQUEZ, *Una nota...*, pp. 241-242; PÉREZ ANDRÉS, *La limitación constitucional...*, p. 664. En similar sentido en la doctrina colombiana: MARÍN HERNÁNDEZ, *El debate...*, p. 146. Sobre el aspecto probatorio en el control judicial de la discrecionalidad administrativa, véase también: HINOJOSA MARTÍNEZ, Eduardo: "Aspectos procesales del control judicial de la discrecionalidad administrativa". En: HINOJOSA MARTÍNEZ, E. y GONZÁLEZ DELEITO-DOMÍNGUEZ, N. (Coords.): *Discrecionalidad administrativa y control judicial. I Jornadas del Gabinete Jurídico de la Junta de Andalucía*. Editorial Civitas, S.A. Madrid, 1996, pp. 194-210.

[376] MARÍN HERNÁNDEZ, *Algunas anotaciones...*, p. 184. En similar sentido para el caso español: SÁNCHEZ MORÓN, *Función, límites y control...*, p. 267. En análoga orientación se señala, refiriéndose a la necesaria motivación y racionalidad de la decisión administrativa, cuya ausencia: "...permite al tribunal no anular simplemente un acto, sino sustituir la solución de la Administración por la justa, ateniéndose a los datos y hechos que obran en autos del proceso, con lo que puede superar la barrera que supone la llamada discrecionalidad técnica. Cuestión esta de la sustitución de la Administración por el juez, no imposible, pero delicada..." (MEILÁN GIL, *La argumentación...*, p. 50):

D. *Los regímenes del control judicial del ejercicio de las potestades discrecionales*

a. *Venezuela*

A diferencia de otros países, en la Ley que norma el proceso administrativo venezolano nada se establece con respecto al control de las potestades discrecionales de la Administración. No obstante, la ley reguladora del procedimiento administrativo sí contempla regulación al respecto.

Ahora bien, antes de comentar el Derecho Positivo, cabe señalar que la jurisprudencia venezolana, siguiendo los lineamientos doctrinarios, ha aclarado que no existen actos totalmente reglados o totalmente discrecionales, por lo que en toda potestad discrecional hay elementos reglados y en toda potestad reglada existe un mínimo de discrecionalidad[377]. Asimismo, se han adoptado los postulados clásicos para diferenciar la potestad discrecional de los conceptos jurídicos indeterminados[378], aunque, a decir de la doctrina, se echa en falta una mayor profundidad en la argumentación de las sentencias en cuanto a conectar el núcleo de la potestad discrecional (libertad de selección entre opciones justas fundada en variables extrajurídicas) con la inimpugnabilidad del acto en cuanto a su núcleo de discrecionalidad (examen del mérito y oportunidad), salvo el control basado en los principios generales del Derecho[379].

En todo caso, esa misma tendencia jurisprudencial se refiere al control de los elementos reglados en el ejercicio de po-

---

[377] *Cfr.* PEÑA SOLÍS, *op. cit.*, pp. 753-754; LARES MARTÍNEZ, *op. cit.*, pp. 172-173; BREWER-CARÍAS, *Algunos aspectos...*, pp. 7-8; HERNÁNDEZ-MENDIBLE, *Estudio Jurisprudencial...*, p. 89.

[378] Véase al respecto: BREWER-CARÍAS, Allan y ORTIZ ÁLVAREZ, Luis: *Las grandes decisiones de la jurisprudencia contencioso-administrativa (1961-1996).* Colección Jurisprudencia N° 4. Editorial Jurídica Venezolana. Caracas, 1996, pp. 578-609.

[379] *Cfr.* PEÑA SOLÍS, *op. cit.*, pp. 754-756.

testades discrecionales (existencia de la potestad, competencia, regularidad del procedimiento y compatibilidad con la finalidad)[380]. Incluso, en ella se ha destacado lo que se entiende actualmente por "control de los hechos determinantes" (exactitud, veracidad y congruencia de los hechos expresados en la motivación)[381].

Por su parte, en el ámbito del Derecho Positivo, el artículo 12 de la Ley Orgánica de Procedimientos Administrativos venezolana, dispone: "Aun cuando una disposición legal o reglamentaria deje alguna medida o providencia a juicio de la autoridad competente, dicha medida o providencia deberá mantener la debida proporcionalidad y adecuación con el supuesto de hecho y con los fines de la norma y cumplir con los trámites, requisitos y formalidades necesarios para su validez y eficacia"[382].

Pueden entonces plantearse como elementos susceptibles de control del ejercicio de la potestad discrecional, en criterio de la doctrina, los siguientes[383]: competencia, formalidades, motiva-

---

[380]   Cfr. Ibídem, pp. 757.

[381]   Cfr. Ibídem, pp. 758-759. En similar sentido: BREWER-CARÍAS, Algunos aspectos…, pp. 31-33; BREWER-CARÍAS, Notas sobre la discrecionalidad…, pp. 22-27.

[382]   Un precepto semejante ha sido establecido en la Ley Contra la Corrupción (Su más reciente modificación fue mediante el Decreto con rango, valor y fuerza de Ley de Reforma, 1.410 del 13 de noviembre de 2014, Gaceta Oficial N° 6.155 Extraordinario del 19 de noviembre de 2014). El artículo 19 del referido instrumento legal dispone: "Los funcionarios y empleados públicos actuarán de conformidad con lo establecido en la ley. Cuando una disposición legal o reglamentaria deje a su juicio o discrecionalidad una decisión, medida o providencia, ésta deberá ser suficientemente motivada y mantener la debida proporcionalidad y adecuación con el supuesto de hecho y con los fines de la norma, y cumplir los trámites, requisitos y formalidades necesarios para su validez y eficacia".

[383]   Cfr. PEÑA SOLÍS, op. cit., pp. 760-762. Véanse también los comentarios de: BREWER-CARÍAS, Algunos aspectos…, p. 6.

ción y finalidad[384], o bien: a) La existencia de la potestad; b) La competencia de la autoridad que dicta el acto (artículo 19.4 de la Ley Orgánica de Procedimientos Administrativos); c) La congruencia del acto con los presupuestos de hecho y los fines de la norma (artículo 12 Ley Orgánica de Procedimientos Administrativos); d) La congruencia con los elementos formales y el procedimiento[385], por lo que un ejemplo de potestad discrecional vinculada con la proporcionalidad de medios y fines, lo sería la determinación para tomar una medida punitiva dentro de un mínimo y un máximo en proporción a la gravedad de la conducta.

---

[384] Véase: LARES MARTÍNEZ, *op. cit.*, p. 173.

[385] La proporcionalidad a que se refiere el artículo 12 Ley Orgánica de Procedimientos Administrativos sería entonces correspondencia o adecuación, más que proporcionalidad de magnitudes entre los presupuestos de hecho y el acto, tema propio del Derecho Sancionador, pues en este punto no puede hablarse de "más o menos ruina" (aunque aquí se trataría más bien de un concepto jurídico indeterminado) o que se cumple "más o menos la finalidad" (PEÑA SOLÍS, *op. cit.*, p. 767). En contra: BREWER-CARÍAS, *Los límites...*, pp. 21 y 33; *Instituciones...*, p. 425; BREWER-CARÍAS, *Algunos aspectos...*, pp. 12 y ss. En nuestro criterio, ambas nociones de proporcionalidad son válidas y aplicables al caso concreto de control del ejercicio de la potestad discrecional, sobre la base de encuadrar dentro de la técnica de la potestad discrecional, tanto a la discrecionalidad de actuación como la de elección. Téngase en cuenta además que se entiende como potestad discrecional, tanto el empleo de fórmulas alusivas a la libertad de actuación de la Administración referida a la escogencia entre varias alternativas posibles, como las concernientes al procedimiento de fijación de los medios para alcanzar los fines, sin mayor precisión sobre su empleo (véase: PAREJO ALFONSO, Luciano, JIMÉNEZ BLANCO, Antonio y Luis ORTEGA ÁLVAREZ, *op. cit.*, p. 377), o en otros términos, la libertad de ejercer la competencia y la selección de los medios a utilizar en vista del fin (véase RIVERO, *op. cit.*, p. 89).

Esa tesis interpretativa del artículo 12 de la Ley Orgánica de Procedimientos Administrativos[386], puede resumirse en que, en el caso venezolano, además de la delimitación de la potestad discrecional, que se obtiene luego de desbrozar elementos reglados en la actuación administrativa (competencia y procedimiento), implicaría el control sobre las incongruencias fáctica (falso supuesto de hecho); y teleológica (desviación de poder)[387].

Adicionalmente, dentro del control sobre el ejercicio de potestades discrecionales, se incluirían como elementos a considerar, la adecuación o no a los principios generales del Derecho (justicia, racionalidad, buena fe), proporcionalidad de medios y fines, igualdad (dar distinto tratamiento a idénticos supuestos), aun cuando no se admita la fuerza del precedente con rango de fuente en el Derecho Administrativo, así como la protección de los derechos constitucionales[388]. También estaría sometido al control, el examen de la racionalidad y la *logicidad*,

---

[386] *Cfr*. PEÑA SOLÍS, *op. cit.*, pp. 765-768. Véase también, más recientemente, la referencia al dispositivo legal y su análisis en: ORLANDO, Freddy: "El poder discrecional y sus límites". En: HERNÁNDEZ G., J.I. (Coord.): *Libro Homenaje a las Instituciones Fundamentales del Derecho Administrativo y la Jurisprudencia Venezolana del Profesor Allan R. Brewer-Carías en el cincuenta aniversario de su publicación 1964-2014*. Editorial Jurídica Venezolana. Caracas, 2015, pp. 123-125.

[387] PEÑA SOLÍS, *Ibídem*, pp. 765-768. El autor se refiere a la incongruencia formal, entendida como la presencia de vicios de procedimiento, mas a nuestro modo de ver, en ese punto se trata de elementos reglados dentro del ejercicio de la potestad. Véase también en la doctrina venezolana: BREWER-CARÍAS, *Algunos aspectos...*, p. 36; BREWER-CARÍAS, *Notas sobre la discrecionalidad...*, pp. 22-27.

[388] Ya tempranamente: BREWER-CARÍAS, *Los límites...*, pp. 26-33 y BREWER-CARÍAS, *Instituciones...*, p. 426. Más recientemente, del mismo autor: BREWER-CARÍAS, *Algunos aspectos...*, pp. 8-10, 36-37; BREWER-CARÍAS, *Notas sobre la discrecionalidad...*, pp. 34-44 y 47-52.

así como la falta de consecuencia y de nexo lógico entre las distintas partes del acto administrativo (*v.g.* contradicción en la motivación o entre la motivación y el dispositivo)[389]. Asimismo, se invoca el principio de racionalidad recogido en algunas decisiones de la Sala Político-Administrativa de la Corte Suprema de Justicia venezolana[390].

Puede verse entonces que del ordenamiento venezolano resulta posible extraer los principales elementos del control de la discrecionalidad administrativa a la luz de su tratamiento doctrinario, salvo el tema del contenido y límites del poder de sustitución judicial, asunto este que no fue abordado, perdiéndose tal ocasión, en la Ley venezolana que regula el proceso administrativo.

b.   *Costa Rica*

La Ley Costarricense prevé expresamente la existencia del control sobre el ejercicio de las potestades administrativas con contenido discrecional, estableciendo los límites de ese control y de la potestad de sustitución judicial en los siguientes términos:

ARTÍCULO 36. La pretensión administrativa será admisible respecto de lo siguiente:

b)   El control del ejercicio de la potestad administrativa.

ARTÍCULO 122. Cuando la sentencia declare procedente la pretensión, total o parcialmente, deberá hacer, según corresponda, entre otros, los siguientes pronunciamientos:

c)   Modificar o adaptar, según corresponda, la conducta administrativa a las reglas establecidas por el ordenamiento jurídico, de acuerdo con los hechos probados en el proceso.

---

[389]   *Cfr*. BREWER-CARÍAS, *Los límites...*, p. 28; BREWER-CARÍAS, *Algunos aspectos...*, p. 16; BREWER-CARÍAS, *Notas sobre la discrecionalidad...*, p. 48.

[390]   *Cfr*. BALZÁN, *op. cit.*, pp. 83-88.

f) Fijar los límites y las reglas impuestos por el ordenamiento jurídico y los hechos, para el ejercicio de la potestad administrativa, sin perjuicio del margen de discrecionalidad que conserve la Administración Pública.

ARTÍCULO 127. Cuando la conducta declarada ilegítima sea reglada o cuando la discrecionalidad de alguno de los elementos desaparezca durante el transcurso del proceso, la sentencia impondrá la conducta debida y prohibirá su reiteración para el caso específico.

ARTÍCULO 128. Cuando la sentencia estimatoria verse sobre potestades administrativas con elementos discrecionales, sea por omisión o por su ejercicio indebido, condenará al ejercicio de tales potestades, dentro del plazo que al efecto se disponga, conforme a los límites y mandatos impuestos por el ordenamiento jurídico y por los hechos del caso, previa declaración de la existencia, el contenido y el alcance de los límites y mandatos, si así lo permite el expediente. En caso contrario, ello se podrá hacer en ejecución del fallo, siempre dentro de los límites que impongan el ordenamiento jurídico y el contenido de la sentencia y de acuerdo con los hechos complementarios que resulten probados en la fase de ejecución.

Conforme a la doctrina, la norma encuadra en las tendencias actuales de reducción a sus justos límites de las potestades discrecionales de la Administración[391]. En ese sentido, ante una omisión o inactividad administrativa, la sentencia condenatoria

---

[391] Véase JINESTA LOBO, *La nueva Justicia Administrativa...*, p. 4. Señala el autor que el instrumento legal continúa la tradición legislativa de ese país. Específicamente, la Ley General de Administración Pública de 1978, la cual estableció la prohibición para la Administración de citar actos contrarios "a las reglas unívocas de la ciencia o de la técnica, o a principios elementales de justicia, lógica o conveniencia" (artículo 15, párrafo 2°), así como al disponer la invalidez del acto discrecional contrario a las reglas de la lógica, la justicia o la conveniencia (artículo 160), y por último, al disponer la limitación de la discrecionalidad por los derechos del particular (artículo 17) (*Ibídem*, pp. 3-4).

se concretará tanto en fijación de plazo como en modalidades de cumplimiento en la misma medida en que así lo determine la fijación de los hechos y del derecho aplicable ("si así lo permite el expediente"). Incluso tal condenatoria (sustitución declarativa) podrá hacerse, si el examen del expediente no lo permite en la oportunidad de emitir la sentencia de mérito, en etapa posterior, esto es, en la fase de la ejecución del fallo, con sujeción al ordenamiento jurídico, al contenido de la sentencia y a los hechos complementarios que se prueben en esa fase[392].

Por ende, "...para la fijación de los límites indicados, pueden alegarse más hechos, que por comprobados, coadyuven a la fijación de las barreras infranqueables para la discrecionalidad"[393], en cuyo caso, lo aconsejable será que el Juez le otorgue un plazo a la Administración para que sea ella la que, de manera originaria, ejercite adecuadamente los márgenes de discrecionalidad que le otorga el ordenamiento jurídico[394].

Si por el contrario, la revisión de los autos permite la *reducción de la discrecionalidad a cero*, en el sentido de que una conducta originariamente de contenido discrecional (preponderantemente discrecional o con elementos de discrecionalidad expresaríamos nosotros), se convierte, en virtud de la prueba aportada a los autos, en una única solución jurídicamente viable, con un contenido claramente determinado, la declaración judicial será emitida en toda su concreción[395].

Como puede constatarse, la Ley Costarricense en efecto consagra en líneas generales las soluciones aportadas en la actualidad para el ejercicio del control de las potestades discrecionales de la Administración. Incluyendo, además de la reducción de esta, o mejor aún, su adecuado deslinde de los elemen-

---

392   *Cfr.* GONZÁLEZ CAMACHO, *Sentencia...*, p. 489.
393   *Ídem.*
394   *Ídem.*
395   *Ibídem,* p. 490.

tos reglados presentes en toda potestad, la posibilidad de que tal discrecionalidad se convierta en potestad reglada, incluso sobrevenidamente a la sentencia de fondo (hipótesis excepcional, entendemos), conforme a la determinación de los hechos sobre la base de los elementos probatorios aportados en el proceso.

En tal caso, regulado por el artículo 127 del texto legal comentado, el resultado será la emanación de una condena concreta, así como la "eventual adopción y ejecución directa de ella, si es que la Administración se niegue a cumplir el fallo firme"[396]. Sustitución ejecutiva del Juez en la Administración, bien directamente, en la hipótesis de la emisión de actos formales, o mediante terceros, asunto sobre el cual se profundizará más adelante.

c. *Colombia*

La Ley Colombiana regula el tema del control judicial del ejercicio de potestades discrecionales por parte de la Administración, primero lacónicamente, en el artículo 44, y luego de forma más casuística al establecer el régimen de la tutela cautelar en el artículo 230, casuismo que, en nuestro criterio, no obstante permite extender los lineamientos de ese régimen a la tutela que se imparte en forma permanente en la sentencia de mérito.

En efecto, el primer dispositivo establece: "ARTÍCULO 44. Decisiones discrecionales. En la medida en que el contenido de una decisión de carácter general o particular sea discrecional, debe ser adecuada a los fines de la norma que la autoriza, y proporcional a los hechos que le sirven de causa".

En ese sentido, la solución legislativa del artículo 44 se asemeja a la establecida en la Ley procedimental venezolana (de más de tres décadas de vigencia), e incluso es hasta más escueta, y no se compadece con los avances actuales obtenidos en

---

[396] *Ibídem,* p. 491.

esta materia, los cuales ya fueron expuestos en epígrafes previos. De allí que la norma ha sido cuestionada dadas sus limitaciones[397], reparos que compartimos, habida cuenta de que se centra en aludir al principio de proporcionalidad y a la congruencia en lo que se refiere al supuesto de hecho y fines normativamente previstos con el contenido de la medida adoptada. No hay en cambio, mención alguna destinada a distinguir entre los elementos reglados de los discrecionales en la actividad administrativa, ni a los hechos determinantes, ni a los principios generales del Derecho.

La falta de sistemática de la norma, obliga a que, de forma semejante al caso venezolano, corresponda a la jurisprudencia y a la doctrina, mediante una interpretación progresiva, el desarrollo de los parámetros actuales en materia de control del ejercicio de potestades discrecionales.

En cambio, en el parágrafo único del artículo 230 de la misma Ley Colombiana, se establecen lineamientos que sí resultan relativamente más acordes con el estado actual de la cuestión en la doctrina procesal administrativa iberoamericana,

---

[397] La redacción de la norma ha sido criticada por insuficiente: "La escasa densidad regulatoria de la discrecionalidad (…) pues no basta con la mera apelación a la adecuación a un fin de la norma y al principio de proporcionalidad. Sin perjuicio de lo anterior, es necesario, en efecto, nutrir el control de la discrecionalidad mediante la técnica de los hechos determinantes, los elementos reglados (no existe, en efecto, y en la práctica, la discrecionalidad pura o total) y los principios generales del Derecho". (PAREJO ALFONSO: *El Nuevo Código…*, p. 108). En similar sentido, el antecedente del referido dispositivo, redactado en idénticos términos, había sido calificado como *deficitario*, aunque también se señala que del mismo puede inferirse que el precepto establece límites a la discrecionalidad en cuanto al fin, mediante la desviación de poder, la proporcionalidad en el análisis de los hechos y en la causa que motiva la actividad administrativa (a través de los hechos determinantes y los principios generales del Derecho) (*Cfr.* OSPINA SEPÚLVEDA, *op. cit.*, p. 24).

en lo que se refiere a los límites del poder de sustitución del juez contencioso-administrativo al momento de controlar la actividad administrativa con elementos de discrecionalidad.

En efecto, el texto del dispositivo en cuestión preceptúa:

ARTÍCULO 230. Contenido y alcance de las medidas cautelares. Las medidas cautelares podrán ser preventivas, conservativas, anticipativas o de suspensión, y deberán tener relación directa y necesaria con las pretensiones de la demanda. Para el efecto, el juez o Magistrado Ponente podrá decretar, una o varias de las siguientes medidas:

(…)

Parágrafo. Si la medida cautelar implica el ejercicio de una facultad que comporte elementos de índole discrecional, el juez o Magistrado Ponente no podrá sustituir a la autoridad competente en la adopción de la decisión correspondiente, sino que deberá limitarse a ordenar su adopción dentro del plazo que fije para el efecto en atención a la urgencia o necesidad de la medida y siempre con arreglo a los límites y criterios establecidos para ello en el ordenamiento vigente.

Más allá de la curiosa redacción en sentido prohibitivo, lo cierto es que, por argumento a contrario, el precepto establece la posibilidad de sustitución del juez en la Administración en el ámbito de las potestades predominantemente regladas. Sustitución que en nuestro criterio no solo habrá de darse en sede cautelar sino también en la sentencia de mérito, en atención al marco constitucional colombiano y a los lineamientos conceptuales expuestos en los epígrafes previos de este trabajo.

En consecuencia, ante la hipótesis del ejercicio de potestades discrecionales, no cabe la sustitución, entendiendo, como lo ha hecho la doctrina al comentar este dispositivo, que se trate de verdadera discrecionalidad, es decir, de su "núcleo irreduc-

tible"[398]. En tal supuesto, el juez deberá dictar la correspondiente condenatoria (cautelar o definitiva, según el caso) a la

---

[398] Cabe agregar que, ante la posibilidad de lograr la "reducción a
cero" de esta, es decir, de su conversión de actividad administrativa discrecional en reglada, por obra del examen del caso concreto a la luz de su acervo probatorio, entonces excepcionalmente
sí procederá la sustitución. En ese sentido se pronuncia la doctrina colombiana al comentar el apartado legal, en estos términos:
"El contenido de esta nueva disposición merece ser destacado
comoquiera que si bien con la nueva normativa se buscó fortale-
cer enormemente los poderes del juez en materia de medidas
cautelares, también se tuvo mucho cuidado en fijar límites orien-
tados a evitar que, acudiendo al ejercicio de tan determinantes facultades, el juez irrumpa en los terrenos de la Administración y la
suplente indebidamente. Así, por ejemplo, en el evento en el cual
del Juez se solicita que declare la nulidad de un acto administrativo mediante el cual se realiza el nombramiento en un empleo
público, no corresponde al juez, en principio y como medida
cautelar, producir el nombramiento de otra persona para desempeñar el cargo, sino ordenar a la Administración que lleve a cabo
un nuevo nombramiento pero ajustándose a los parámetros y
criterios que al efecto establezca el ordenamiento jurídico. Dicho
en otros términos, la prohibición de que los jueces y tribunales
determinen el contenido discrecional de los actos administrativos
demandados no obsta para que puedan –y deban– tutelar caute-
larmente el derecho de los interesados a que sea la propia Administración la que ejerza la correspondiente potestad discrecional
de conformidad con el ordenamiento jurídico, lo cual puede implicar la existencia de al menos dos alternativas de decisión en
sede cautelar: (1) Si concurren los requisitos exigidos para decretar la medida cautelar pero del material probatorio obrante en el
proceso y de los preceptos aplicables al caso se desprende que la
Administración aún dispone de varias alternativas para resolver,
en la decisión respectiva el juez puede -e, insisto, debe- conminar
a la entidad demandada a no volver a proferir la decisión censu-
rada con base en los mismos –o análogos– motivos o argumentos
que sirvieron de fundamento a la decisión atacada; debe ordenarse a la Administración que al volver a proferir el acto administrativo respectivo, ejerza su discrecionalidad dentro de los
límites normativos a los cuales ésta se encuentra sometida y/o
atendiendo a las pautas o derroteros que le sean trazados en la

Administración para que esta realice la actividad correspondiente dentro de un plazo[399], con sujeción a los parámetros o

---

providencia que concede la medida cautelar. (2) La imposibilidad
inicial para el juez de reemplazar la decisión administrativa
adoptada en ejercicio de facultades discrecionales por la que el
juez estima como única jurídicamente viable se desdibuja en los
eventos en los cuales opera el fenómeno de la "reducción a cero"
o desaparición de la discrecionalidad en el caso concreto, lo cual
puede ocurrir ora debido a que el propio ordenamiento jurídico
dispone la prevalencia indiscutida de uno de los principios, derechos o intereses en colisión respecto de los demás, bien en consideración a que el material probatorio obrante en el expediente
hace aparecer que sólo una de las alternativas de solución con las
cuales inicialmente, en abstracto, contaba inicialmente la Administración, resulta jurídicamente admisible en el supuesto fáctico
específico. En estos supuestos de desaparición o de reducción a
cero de la discrecionalidad, surge para el usuario de la Administración de Justicia el derecho subjetivo a que el juez imponga la
única solución jurídicamente viable para resolver el caso, pues
sólo de ese modo se podrán satisfacer las exigencias del derecho
fundamental de acceso a la Administración de Justicia" (FA-
JARDO GÓMEZ, Mauricio: "Medidas cautelares". En: *AA.VV.:
Memorias del Seminario Internacional de presentación del nuevo Código
de Procedimiento Administrativo y de lo Contencioso Administrativo.
Ley 1437 de 2011.* Consejo de Estado. Imprenta Nacional de Colombia, s/f, pp. 345-346. http://www.consejodeestado.gov.co
/publicaciones/LIBRO%20MEMORIAS%20Nuevo%20CCA.pdf.
Consulta noviembre 2014).

[399] De allí que señala la doctrina colombiana que: "Ante la
imposibilidad jurídica de que el juez sustituya a la Administración tratándose de decisiones de carácter discrecional, la medida
cautelar correspondiente debe limitarse a ordenarle a la autoridad
con competencia funcional para el efecto que dicte el correspondiente acto administrativo dentro del término judicial que en cada
caso se establezca" (GONZÁLEZ REY, Sergio: "Medidas cautelares". En: *AA.VV.: Código de Procedimiento Administrativo y de lo
Contencioso-Administrativo. Ley 1437 de 2011.* Comentado y concordado. José Luis Benavides Editor. Universidad Externado de
Colombia. Bogotá, 2013, p. 404).

modalidades en que la propia norma haya establecido el ejercicio de esa discrecionalidad[400].

Como puede verse entonces, hay aquí un enunciado, o al menos un principio de regulación, suficiente para entender que también en el caso colombiano, ni la discrecionalidad implica arbitrariedad o inmunidad[401], ni existe un impedimento general para el ejercicio de la potestad de sustitución, tanto declarativa como ejecutiva, por parte del Juez contencioso administrativo[402].

---

[400] En ello ha insistido la doctrina colombiana, al señalar por ejemplo que: "La correcta interpretación de la norma no puede ser la de que el juez no adopta la decisión que le corresponde a la administración pero le ordena a esta adoptarla. La discrecionalidad que acompaña a la administración en algunas de sus actuaciones y el respeto a la separación de poderes, imponen como correcto entendimiento de la norma, que la orden que impone el juez a la administración es la de adoptar la decisión que conforme a los criterios de discrecionalidad le corresponda" (CORREA PALACIO, *op. cit.*, p. 103.)

[401] Como lo sostiene la doctrina de ese mismo país (*Cfr.* MARÍN HERNÁNDEZ, *Algunas anotaciones...*, p. 164).

[402] Conforme señala la doctrina colombiana, ese ha sido el criterio jurisprudencial del Consejo de Estado de ese país ya antes de la entrada en vigencia de la Ley actual aquí comentada. En ese sentido se ha destacado que ese órgano judicial ha sostenido, con relación a los límites del ejercicio del control judicial frente a potestades administrativas discrecionales, que tales límites habrán de ser respetados "...siempre y cuando la administración satisfaga adecuadamente, en el proceso, la carga de la prueba que le concierne en cuanto a que ha adoptado decisiones (...) conformes con el ordenamiento jurídico, pues la insatisfacción de ese *onus probandi* abre las puertas a que el juez adopte cuanta medida advierta como necesaria para garantizar la efectividad de los derechos fundamentales o colectivos vulnerados o amenazados", para luego agregar que por ejemplo, en el ámbito del ejercicio de la discrecionalidad en materia de urbanismo "...la intensidad del control judicial, especialmente del basado exclusivamente en los principios generales antes referidos, debería, en principio, limi-

d. *Perú*

En el caso Peruano, de forma similar al venezolano tanto en su ubicación legal como en su contenido, la ley que regula el proceso administrativo nada establece en cuanto a la discrecionalidad, pero sí lo hace la del Procedimiento Administrativo, a saber, la Ley de Procedimiento Administrativo General del Perú (ley 27444) de 2001. El referido instrumento legal establece en su artículo IV.1.4: "Principio de razonabilidad. Las decisiones de la autoridad administrativa, cuando creen obligaciones, califiquen infracciones, impongan sanciones, o establezcan restricciones a los administrados, deben adaptarse dentro de los límites de la facultad atribuida y manteniendo la debida proporción entre los medios a emplear y los fines públicos que deba tutelar, a fin de que respondan a lo estrictamente necesario para la satisfacción de su cometido".

De forma curiosa, al precepto no se le identifica en su título con el control de discrecionalidad administrativa, sino con el principio de razonabilidad, lo cual sería un fenómeno único como destaca la doctrina[403], o bien se le vincula con otro princi-

---

tarse a la exclusión del ordenamiento de aquellas determinaciones (...) que resulten manifiestamente desproporcionadas o manifiestamente irrazonables o manifiestamente arbitrarias (...) a no ser que aquellos fijados por la administración incurran en error manifiesto de apreciación y, en consecuencia, puedan ser catalogados como manifiestamente desproporcionados o manifiestamente irrazonables..." (MARÍN HERNÁNDEZ, *Algunas anotaciones...*, pp. 191-193).

[403] BREWER-CARÍAS, Allan R.: "La regulación del procedimiento administrativo en América Latina con ocasión de la primera década (2001-2011) de la Ley de Procedimiento Administrativo General del Perú (ley 27444)". *Revista de la Facultad de Derecho de la Pontificia Universidad Católica del Perú* N° 67. Lima, 2011, p. 62. Documento en línea consulta septiembre 2015: http://ezproxybib. pucp.edu.pe/index.php/derechopucp/article/view/2978/3506, también: BREWER CARÍAS, *Tratado de Derecho Administrativo...El procedimiento administrativo...*, pp. 116-118.

pio, el de proporcionalidad, llegando a entenderse como sinónimos[404], así como se centra su aplicación en la potestad sancionadora administrativa[405].

Para otros, en todo caso de este principio se derivan tres criterios: idoneidad, necesidad y ponderación. Ello implica que es necesario que la afectación a los intereses del administrado esté dirigida al fin perseguido por la medida, que ante varias posibilidades la Administración escoja la menos gravosa respecto del derecho a limitar, y que el grado de afectación al derecho se encuentre acorde con el nivel de obtención de la finalidad perseguida con la limitación[406].

Como puede verse, la regulación de la discrecionalidad administrativa parece encontrar serias limitaciones de enfoque en el Derecho Positivo peruano, al tenderse a su reconducción al principio de proporcionalidad básicamente al ámbito sancionador.

---

[404] *Cfr.* COVIELLO, Pedro José Jorge: "El principio de proporcionalidad en el procedimiento administrativo". *Revista de la Facultad de Derecho de la Pontificia Universidad Católica del Perú* N° 67. Lima, 2011, pp. 148.-167. Documento en línea consulta septiembre 2015: http://revistas.pucp.edu.pe/index.php/derechopucp/article/view/3009/3511.

[405] *Cfr.* TIRADO BARRERA, José Antonio: "Principio de proporcionalidad y sanciones administrativas en la Jurisprudencia Constitucional". *Revista de la Facultad de Derecho de la Pontificia Universidad Católica del Perú* N° 67. Lima, 2011, pp. 457-467. Documento en línea consulta septiembre 2015: http://revis-tas.pucp.edu.pe/index.php/derechopucp/article/view/2996/3548.

[406] *Cfr.* GUZMÁN NAPURI, Christian: "Los principios generales del Derecho Administrativo". *Revista Ius et Veritas.* Facultad de Derecho de la Pontificia Universidad Católica del Perú. Vol. 19 N° 38. Lima, 2009, p. 239. Documento en línea consulta septiembre 2015: http://revistas.pucp.edu.pe/index.php/iusetveritas/article/viewFile/12203/12768.

e. *España*

Sin perjuicio de lo que luego habrá de señalarse con relación al control de la inactividad administrativa y de la actividad material de la Administración, asuntos en los que también tiene una gran importancia el tema de la discrecionalidad y los límites de su control judicial, la Ley Española regula expresamente el tema en relación con las sentencias que declaran la nulidad de actos y disposiciones generales (Reglamentos), en los siguientes términos:

Artículo 71.

1. Cuando la sentencia estimase el recurso contencioso-administrativo:

a) Declarará no ser conforme a Derecho y, en su caso, anulará total o parcialmente la disposición o acto recurrido o dispondrá que cese o se modifique la actuación impugnada.

b) Si se hubiese pretendido el reconocimiento y restablecimiento de una situación jurídica individualizada, reconocerá dicha situación jurídica y adoptará cuantas medidas sean necesarias para el pleno restablecimiento de la misma.

c) Si la medida consistiera en la emisión de un acto o en la práctica de una actuación jurídicamente obligatoria, la sentencia podrá establecer plazo para que se cumpla el fallo.

d) Si fuera estimada una pretensión de resarcir daños y perjuicios, se declarará en todo caso el derecho a la reparación, señalando asimismo quién viene obligado a indemnizar. La sentencia fijará también la cuantía de la indemnización cuando lo pida expresamente el demandante y consten probados en autos elementos suficientes para ello. En otro caso, se establecerán las bases para la determinación de la cuantía, cuya definitiva concreción quedará diferida al período de ejecución de sentencia.

2. Los órganos jurisdiccionales no podrán determinar la forma en que han de quedar redactados los preceptos de una disposición general en sustitución de los que anularen ni podrán determinar el contenido discrecional de los actos anulados (resaltado añadido).

Por su parte, la Exposición de Motivos de la Ley española destaca con relación al tratamiento de la discrecionalidad, que el texto en cuestión regula "...una serie de aspectos sobre los que en todo caso siempre será posible el control judicial, por amplia que sea la discrecionalidad de la resolución gubernamental: los derechos fundamentales, los elementos reglados del acto, y la determinación de las indemnizaciones procedentes".

Más adelante insiste la Exposición de Motivos en una referencia similar:

> ...la Ley recuerda la naturaleza de control en derecho que tiene el recurso contencioso-administrativo y de ahí que precise que no pueden los Jueces y Tribunales determinar el contenido discrecional de los actos que anulen. Como es lógico, esta regla no pretende coartar en absoluto la potestad de los órganos judiciales para extender su control de los actos discrecionales hasta donde lo exija el sometimiento de la Administración al derecho, es decir mediante el enjuiciamiento de los elementos reglados de dichos actos y la garantía de los límites jurídicos de la discrecionalidad[407].

Es por decir lo menos curiosa esta insistencia de la Exposición de Motivos en el tema de la naturaleza y límites del control judicial sobre la discrecionalidad administrativa, sobre todo porque de la literalidad de los preceptos no se evidencia el contenido en referencia al cual parece aludir el Proyectista, asunto que retomaremos de seguidas[408]. En todo caso, la misma

---

[407] Sobre este párrafo de la Exposición de Motivos señala GÓMEZ PUENTE, *La inactividad...*, p. 217, nota al pie 13: "En el Anteproyecto de 1994, la Exposición de Motivos añadía: 'Lo que se quiere es simplemente reiterar que no es función de la Jurisdicción Contencioso-Administrativa sustituir a la Administración en la determinación de los elementos no reglados de las decisiones, siempre que la Ley haya conferido a la Administración una potestad no discrecional'".

[408] La alusión a los elementos reglados se encuentra es en el artículo 2.a del texto legal, que se refiere es a los límites del control del

Exposición, al aludir a las pretensiones de condena frente a la
inactividad, vuelve a referirse a la discrecionalidad, esta vez en
lo atinente a su incidencia en el control judicial de la inacción.
En ese sentido señala:

> Claro está que este remedio no permite a los órganos judicia-
> les sustituir a la Administración en aspectos de su actividad
> no prefigurados por el derecho, incluida la discrecionalidad
> en el cuando de una decisión o de una actuación material, ni
> les faculta para traducir en mandatos precisos las genéricas e
> indeterminadas habilitaciones u obligaciones legales de crea-
> ción de servicios o realización de actividades, pues en tal caso
> estarían invadiendo las funciones propias de aquélla. De ahí
> que la Ley se refiera siempre a prestaciones concretas y actos
> que tengan un plazo legal para su adopción y de ahí que la
> eventual sentencia de condena haya de ordenar estrictamente
> el cumplimiento de las obligaciones administrativas en los
> concretos términos en que estén establecidas.

Aunque el punto será objeto de sucinto análisis en un epígrafe posterior, lo que interesa destacar ahora es que en realidad la Exposición de Motivos parece aludir más a posiciones
doctrinarias o jurisprudenciales que sirven como guía o cauce
de interpretación al operador jurídico. Y ello, aunque sí existen
dispositivos concretos que abordan el tema del alcance de las
potestades del juez en el control de los elementos discrecionales
presentes en la inactividad administrativa, pero no con tal nivel
de concreción.

Y es que en realidad, como se verá más adelante, la Ley española no es especialmente innovadora en sus preceptos en este
tema, lo que contrasta con el desarrollo doctrinario y jurisprudencial. Quizá en parte precisamente porque esa doctrina le-
vantó polémica en los años previos a la discusión de los trabajos
preparatorios y Proyectos, por lo que se habría optado entonces

---

"acto político", asunto que no abordaremos por exceder el tema
objeto de investigación.

por el laconismo legislativo como solución de compromiso frente a las diversas posturas enfrentadas[409].

En ese sentido, comentando el artículo 71.2 de la Ley Española, se ha señalado su obviedad[410], lo cual compartimos. Pero también ha sido objeto de juicios favorables, al comparársele con algunos criterios judiciales que parten *a priori* de negar al juez la potestad de establecer la redacción de un precepto reglamentario sobre la base del principio de separación de las ramas del Poder Público, habida cuenta de que más bien la limitación de las potestades judiciales vendrá determinada por el propio ordenamiento jurídico que concrete la competencia exclusiva reservada a la Administración de modo discrecional[411].

---

[409]   De hecho, el precepto legal sufrió modificaciones y reducciones durante el trámite parlamentario (*Cfr.* entre otros: FERNÁNDEZ-ESPINAR, *op. cit.,* pp. 234-235. En similar sentido: GARCÍA PÉREZ, *op. cit.,* pp. 85-86).

[410]   GARRIDO FALLA, Fernando: "Objeto del recurso contencioso-administrativo. Artículos 25 y 26". *Revista Española de Derecho Administrativo N° 100. Comentarios a la Ley de la Jurisdicción Contencioso-Administrativa de 1998.* Editorial Civitas, S.A Madrid, 1998, pp. 259 y ss., para más adelante añadir, en sintonía con lo afirmado en la misma Exposición de Motivos, que: "Corresponde más bien aludir a las técnicas aplicables, a su vez, para reducir o eliminar la discrecionalidad de la Administración para actuar o permanecer inactiva, aunque sólo sea mencionando tres criterios que pueden ser útiles; primeramente, la 'necesidad de tutelar bienes jurídicos esenciales o derechos fundamentales' (como la vida, la salud, la integridad física, incluso la propiedad); en segundo lugar, la constatación de la 'existencia o presencia de un peligro del que se desprende la necesidad de una intervención administrativa'; en tercer lugar, la desviación por omisión entre el fin previsto en la norma y el ejercicio de la potestad administrativa" (*Ibídem*).

[411]   *Cfr.* GÓMEZ PUENTE, Marcos: "Ejecución de sentencias. Artículo 108". *Revista Española de Derecho Administrativo N° 100. Comentarios a la Ley de la Jurisdicción Contencioso-Administrativa de 1998.* Editorial Civitas, S.A Madrid, 1998, pp. 763 y ss.

En todo caso, también ha acotado la doctrina respecto al referido precepto, que esa limitación, conforme a la propia Exposición de Motivos, no puede entenderse como una restricción del control de los actos discrecionales siempre que ese control sea jurídico, es decir, mediante el enjuiciamiento de los elementos reglados de dichos actos y tomando en consideración la garantía de los límites jurídicos de la discrecionalidad[412].

En cuanto a la sentencia que declara con lugar la pretensión frente a la inactividad y que condena a la emisión del acto o a la realización de una conducta obligatoria (supuesto del artículo 71.c de la Ley española), sostiene la doctrina, en consonancia con el marco teórico antes brevemente descrito, que si la actuación denegada tiene elementos de discrecionalidad y la potestad de realizarla no es reglada, por cuanto no ha sido reducida a cero la discrecionalidad, de lo que cabe admitir por el contrario varias posibles soluciones: "...la sentencia estimatoria del recurso sólo podrá ser, en lo esencial, anulatoria del acto denegatorio"[413].

Con relación al contenido del artículo 71.2 *eiusdem*, precepto que como ya se vio regula un concreto supuesto de discrecionalidad administrativa (actos y disposiciones, en la terminología española), señala el mismo autor que frente tal hipótesis la pretensión pertinente será básicamente la de anulación, sobre la base de que la potestad reglamentaria es por excelencia una potestad discrecional, no solo por lo que al *quomodo –el cómo–*, sino también por lo que al *an* de su ejercicio (si se ejerce o no) se refiere. Situación diversa podría darse, agrega, ante la hipótesis de que la Ley establezca un plazo para dictar el reglamento[414].

---

[412] *Cfr.* MARTÍN-RETORTILLO BAQUER, Sebastián: "Comentario. Artículo 2.b". *Revista Española de Derecho Administrativo* N° 100. Comentarios a la Ley de la Jurisdicción Contencioso-Administrativa de 1998. Editorial Civitas, S.A Madrid, 1998, pp. 77 y ss.

[413] BACIGALUPO SAGGESE: *Artículo 71...*, pp. 505 y ss.

[414] *Cfr. Ídem.*

Añade el citado autor que en este supuesto el juez se comporta como una suerte de "normador negativo", y que, de forma sorprendente, el precepto en su versión final no incluye la matización que tenía el texto del Proyecto de Ley, en cuanto a que "...salvo que, como consecuencia de la anulación, sólo sea posible una única solución y exista base para ello en los autos". Sin embargo, entiende que el resultado es el mismo, por cuanto, siempre que en virtud de las particulares circunstancias concurrentes en el caso concreto, se produzca una "reducción a cero" de la discrecionalidad inicialmente atribuida a la Administración, "...la potestad se habrá convertido –al haber tan sólo una única solución que se ajusta a Derecho– en una de carácter reglado, con lo que habrá desaparecido el 'contenido discrecional', en principio insustituible, del acto anulado"[415]. Cabrá pues, en este último supuesto, un pronunciamiento judicial condenatorio o sustitutorio (y no solo anulatorio)[416], aunque en tales casos, agregamos nosotros, no se estará en presencia entonces de una potestad discrecional propiamente dicha, en el sentido en que lo entiende la doctrina mayoritaria, como aquí se ha reseñado brevemente.

Concluye BACIGALUPO aclarando que, incluso ante la hipótesis de presencia de discrecionalidad a que se refiere el artículo 71.2 de la Ley española, la sentencia que se dicte no será únicamente anulatoria, ya que condenará a la Administración a dictar un nuevo Reglamento o a dictar un nuevo acto[417]. De allí que expone:

> En consecuencia, las sentencias estimatorias de recursos contra actos que deniegan una actuación discrecional requerida por el recurrente no se deben limitar a anularlos, sino que,

---

[415]   Véase: *Ibídem*, pp. 505 y ss.

[416]   A una conclusión similar en líneas generales, luego de un detenido análisis del precepto: PÉREZ ANDRÉS, *Los efectos...*, pp. 174-194.

[417]   Véanse también los comentarios al precepto que hace: SÁNCHEZ MORÓN, *Función, límites y control...*, p. 269.

como se establece expresamente en el Derecho alemán (art. 113.5 de su Ley Jurisdiccional), deben ordenar a la Administración demandada que, al volver a resolver sobre la solicitud del interesado, ejerza su discrecionalidad dentro de los límites jurídicos a que ésta se encuentra sometida y, más concretamente, dentro de las pautas jurídicas indicadas en la sentencia. Con otras palabras, la prohibición de que los Jueces y Tribunales determinen el contenido discrecional de los actos anulados no obsta a que éstos puedan (¡y deban!) condenar a la Administración demandada a no volver a denegar la actividad (discrecional) requerida por el recurrente con base en los mismos –o análogos– motivos o argumentos que ya fueron jurídicamente objetados o censurados en la sentencia anulatoria[418].

Especialmente crítico con el precepto en cuestión (Artículo 71.2) se muestra GONZÁLEZ PÉREZ, por resultar a su entender un retroceso en la evolución de la doctrina jurisprudencial, especialmente en el ámbito urbanístico. De allí que sostiene que si se estima ilegal un Reglamento, el Tribunal no solo puede, sino que debe, no solo declarar nula la norma sino establecer cómo debe quedar redactada ésta[419].

Sobre las potestades de sustitución y sus límites en materia de control de la discrecionalidad administrativa, además del marco conceptual ya expuesto, el asunto será retomado en el ámbito de la ejecución de la sentencia más adelante. Pasemos ahora a revisar con algo más de detalle el régimen del control y tutela judicial frente a la inactividad y actividad material en las leyes bajo estudio.

2. *La inactividad administrativa*

Como ya se adelantó previamente, el tema del control y tutela jurisdiccional de la inactividad administrativa ha sido objeto de tratamiento doctrinario desde hace varias décadas,

---

[418]   BACIGALUPO SAGGESE, *Artículo 71...*, pp. 505 y ss.

[419]   GONZÁLEZ PÉREZ, Jesús: *Comentarios...*, pp. 136 y 728-729.

habiendo alcanzado si se quiere mayor auge a partir de la entrada en vigencia de recientes leyes objeto de estudio en esta investigación, especialmente la Ley española[420].

En ese sentido, como ya se señaló también en anteriores capítulos, superada la concepción predominantemente revisora y objetiva del contencioso-administrativo, que se centraba en la revisión de la legalidad formal del acto administrativo, se postula que el principio de universalidad o globalidad de esta implica que el *no hacer* de la Administración, la inactividad administrativa, también es objeto de la pretensión procesal administrativa[421]. Bien se le trate en su clásica concepción de "actividad administrativa impugnable", de "objeto de la jurisdicción contencioso-administrativa", o de "conducta administrativa", entre otras[422].

---

[420] Para el caso español puede verse: GÓMEZ PUENTE, *La inactividad...*, *in totum*. Con especial énfasis en el aspecto del control y tutela judicial, tanto en España como en Venezuela: UROSA MAGGI, Daniela: *Tutela judicial frente a la inactividad administrativa en el Derecho Español y Venezolano*. Fundación Estudios de Derecho Administrativo (FUNEDA). Caracas, 2003. Ambas obras, sobre las cuales nos apoyaremos bibliográficamente en este epígrafe, refieren a su vez los principales trabajos existentes sobre el tema.

[421] *Cfr.* entre otros: CORDÓN MORENO, *op. cit.*, p. 145.

[422] Veremos que esas expresiones, entre otras, son empleadas en las Leyes bajo estudio. *Cfr.* UROSA MAGGI, *Tutela judicial...*, pp. 76-105. Afirma al respecto la autora: "...el concepto procesal de impugnación resulta absolutamente ajeno al de inactividad administrativa. Así, surge contradictorio hablar de inactividad administrativa impugnable desde que (...) frente a las lesiones subjetivas causadas por la misma, la pretensión procesal idónea es la de condena a actuación administrativa, a fin de lograr el cumplimiento omitido". Y es que como señala GÓMEZ PUENTE, *La inactividad*: "...a los Tribunales corresponde declarar la existencia de inactividad administrativa, ponerle fin y evitar o reparar sus efectos contrarios al ordenamiento jurídico (...) es necesario que las conductas omisivas de la Administración, como toda actividad administrativa, puedan ser sometidas a conocimiento jurisdiccio-

Y es que, si la inactividad administrativa se constituye en una contravención jurídica en la hipótesis de que esta actividad sea debida (tómese en consideración la noción de las potestades administrativas como concepto bifronte poder-deber), necesaria y correlativamente esa inactividad debe poder ser susceptible de revisión judicial[423]. Ello, tanto en obsequio de la finalidad de control de la juridicidad (principio de legalidad) como de la de tutela de los derechos de la persona frente al Poder (respeto a las situaciones jurídicas subjetivas)[424].

---

nal sin cortapisas. Pero en relación con la inactividad administrativa, la defensa judicial carece todavía del alcance que merece" (p. 121), para más adelante agregar este último con relación al carácter revisor de la jurisdicción contencioso administrativa: "...para que los tribunales no se vean limitados por la noción del acto, jurídico o material, de la Administración al momento de evaluar su actuación. El proceso administrativo debe tener lugar sobre toda conducta administrativa, activa o pasiva, que se presuma ilegal (...) el control de la legalidad no puede quedar circunscrito a la tutela de derechos subjetivos (aunque sean reaccionales), ligados a la presencia de un interés subjetivo cualificado. Porque todo interés en cuya atención se hayan impuesto deberes y otorgado poderes a la Administración merece ser objeto de protección judicial, so pena de negarle relevancia jurídica a aquél y naturaleza jurídica éstos" (pp. 133-134). Para el caso costarricense, puede verse entre otros: HIDALGO CUADRA, *op. cit.*, p. 148, nota al pie 4.

[423] Con razón se ha señalado: "...la mera presencia de una inactividad material puede constituir por sí misma una infracción del ordenamiento jurídico, cuando éste le ha ordenado, directa o indirectamente, que actúe" (NIETO, Alejandro: *La inactividad material de la Administración: veinticinco años después*. Documentación Administrativa N° 208. Instituto Nacional de Administración Pública. Madrid, 1986, p. 25).

[424] Señala en ese sentido el mismo GÓMEZ PUENTE, *La inactividad...*: "A la ampliación del objeto del proceso contencioso administrativo mediante la superación de los límites que impone el acto administrativo debe seguir también (...) la ampliación u objetivación de las condiciones para instar el control jurisdiccional de la actividad administrativa" (pp. 140-141).

Habiendo avanzado en ese estadio del problema, el siguiente paso se centra en establecer cuáles son los medios más idóneos para lograr ese control y tutela jurisdiccional frente a la inactividad. Más allá de los detalles procesales, que por cierto pueden ser de gran importancia, tales como: la legitimación, el tipo de proceso –sumario o de plena cognición–, la naturaleza y límites de la tutela cautelar (necesariamente anticipativa y positiva en la gran mayoría de los casos)[425], se impone la adopción de la pretensión de condena a hacer[426]. Esta última encontrará dos límites fundamentales en lo que respecta a su materialización en la ejecución del fallo: la discrecionalidad administrativa (ya abordada sucintamente en sus aspectos generales de forma previa en estas páginas)[427], y la sustitución ejecutiva en el supuesto de que el mandato judicial sea de condena a realizar actividades materiales[428].

---

[425] Sobre esos aspectos puede consultarse, entre otros: UROSA MAGGI, *Tutela judicial...*, pp. 271-378.

[426] La misma autora señala: "...el principio de universalidad no puede continuar analizándose desde la óptica del control de todo acto administrativo, ni aún siquiera de la 'actuación administrativa impugnable', sino de la pretensión procesal esgrimida..." (*Ibídem*, p. 93).

[427] Problema abordado ya desde hace décadas para el caso español por NIETO, *La inactividad material...*, pp. 44-48 y 63-64, por ejemplo.

[428] *Cfr.* UROSA MAGGI, *Tutela judicial...*, pp. 413-480. Al respecto también se señala: "Tratándose la inactividad administrativa de una situación omisiva cuya ilegalidad resulta de la previa existencia de un deber u obligación administrativa de actuar, no es difícil comprender que la defensa jurisdiccional de la legalidad va a depender de la viabilidad de las sentencias condenatorias contra la Administración, de su eficaz cumplimiento y, caso de no ser atendido éste, de las posibilidades de asegurar su efectividad mediante una ejecución forzosa a cargo de los jueces" (GÓMEZ PUENTE, *La inactividad...*, p. 161).

El primer punto ya ha sido objeto de tratamiento y sobre él se volverá al comentar cada legislación. El segundo, dado que es parte del objeto central de esta investigación, entre otros, habiendo sido ya enfocado en sus aspectos generales, será concretado básicamente comentando las legislaciones seleccionadas. Entre tanto, conviene realizar un par de precisiones complementarias de ambos temas, basándose en los lineamientos doctrinarios, para luego realizar una breve referencia al tratamiento de las pretensiones de condena frente a la inactividad administrativa en las diversas leyes objeto de estudio, como introducción al tratamiento de la sentencia y su ejecución ante tales hipótesis, asunto que será también referido en Capítulos posteriores.

En lo que concierne a los tipos de inactividad[429], el propio principio de universalidad o globalidad del contencioso-administrativo, consagrado constitucionalmente como ya hemos visto en los países objeto de estudio, impone que el Legislador no deje por fuera algunas modalidades de ésta, como lo son por ejemplo la inactividad material, o bien la inactividad que involucra elementos de discrecionalidad. En el primero de los casos, el Derecho Positivo habrá de arbitrar mecanismos para lograr la materialización de la condena a hacer, mediante el auxilio de terceros (ejecución subsidiaria), sean o no de la propia Administración o de otra, o incluso de particulares, con cargo al patrimonio del ejecutado[430].

---

[429] A saber, inactividad formal e inactividad material, simplificando el criterio de distinción, según esté o no enmarcada en un procedimiento administrativo. En opinión de UROSA MAGGI, *Tutela judicial...*, pp. 52-53, la inactividad formal deriva del incumplimiento de deberes jurídico administrativos de contenido formal. Para una descripción de las manifestaciones de la inactividad administrativa en el Derecho Español: GÓMEZ PUENTE, *La inactividad...*, pp. 393-947. Sobre el tema se volverá más adelante.

[430] Véase para mayor detalle: UROSA MAGGI, *Tutela judicial...*, pp. 451-474. Sobre el punto se señala acertadamente que: "...el de las sentencias condenatorias de obrar dictadas contra la Administra-

ción es un tema crucial para afrontar el control jurisdiccional de la inactividad administrativa. En efecto, cuando la ilegalidad tiene origen en una omisión administrativa, la restauración de la legalidad infringida exige contrarrestar los efectos del comportamiento omisivo para lo cual, desde el punto de vista judicial, en el momento de dictar sentencia (…) teóricamente caben las siguientes soluciones: - La directa, sustitución judicial de la actividad omitida. Ahora bien, dado que en ese punto (juzgar) los poderes públicos se limitan a la formulación de una declaración de voluntad destinada a la producción de efectos jurídicos (la sentencia), ésta sólo podrá suplir la actividad administrativa formal (la que se funda en una declaración de voluntad administrativa); así por ejemplo, una licencia o el reconocimiento de una subvención. Una declaración judicial, por sí misma, no puede sustituir la actividad material omitida; una solución como ésta, por tanto, carece de todo alcance ante la inactividad material, técnica o de ejecución física. - Que el juez dirija a la Administración una orden o la condena a llevar a cabo la actividad omitida (…) Siempre que, además, disponga de los medios oportunos para procurar su ejecución forzosa en caso de desobediencia o incumplimiento administrativo, esta solución sirve para hacer frente a la inactividad formal (ausencia de una declaración administrativa de voluntad), como material. Por su contenido, es posible incluso distinguir, entre condenas de resultado (…) o de mera actividad. A excepción de situaciones arquetípicas, sin embargo, no suele ser fácil la distinción entre deberes de medio o actividad y deberes de resultado, por lo que tampoco lo será optar por un tipo u otro de condena en cuya fijación el único límite judicial es la discrecionalidad administrativa. Así, el alcance dispositivo de la condena, sea de resultado o de medios, se encuentra limitado por el margen de libertad administrativa en la elección del modo de cumplimiento (…). Lo realmente trascendente es delimitar qué puede ordenar el juez para la realización del resultado o de la actividad. Que el juez pueda ordenar o sustituir el cumplimiento administrativo depende, pues, del carácter discrecional o personalísimo del deber (…) Del carácter jurídico o material del hacer debido depende, en cambio, que pueda el juez por sí mismo llevarlo a efecto (como aconsejarían razones de economía: pues si en ausencia de discrecionalidad el juez puede obligar a la Administración a pasar por los términos de la sentencia y a dictar un exacto acto administrativo, tanto da que lo dicte él mismo o que lo haga la Administra-

En la segunda hipótesis, la propia posición constitucional de la Administración Pública determinará que si la inactividad involucra elementos irreductibles de discrecionalidad, tanto la pretensión intentada como la condena emitida, se limitarán a pedir y a ordenar, respectivamente (o en todo caso el fallo definitivo reencauzará los términos de la pretensión originalmente interpuesta) la realización de la actividad omitida y debida de forma genérica (sentencias o condenas "marco"). En tal caso, respetando el margen de libertad que conserva la Administración en tales casos conforme a lo dispuesto en los correspondientes mandatos atributivos de la potestad[431].

---

ción). En cualquiera de las hipótesis expresadas se produce una sustitución judicial de la voluntad administrativa de intensidad variable que contradice el alcance tradicional del principio de separación de poderes. Pero en su significado actual, que resulta del ordenamiento constitucional (...) dicho principio no afecta la existencia misma del poder de sustitución sino a su intensidad o alcance" (GÓMEZ PUENTE, *La inactividad...*, pp. 164-166).

[431] Destaca UROSA MAGGI, *Tutela judicial...*, p. 434: "Así, la discrecionalidad en la determinación del cuándo de la obligación no resulta en principio condenable, salvo que, una vez reducida aquélla, la única opción válida sea, precisamente, la actuación requerida. Por su parte, frente a la discrecionalidad irreductible en la determinación del cómo de una obligación concreta, sólo será posible dictar una sentencia marco, que se pronuncie –y sustituya– sobre los aspectos reglados de la actuación y condene al cumplimiento de la conducta debida respetando el contenido discrecional de la misma. Si por el contrario, esa discrecionalidad resultara reducida a cero en el caso concreto, podrá condenarse no sólo a otorgar la prestación debida, sino además exigir el cumplimiento de la única manera jurídicamente aceptable". Por su parte, véase también: GÓMEZ PUENTE, *La inactividad...*, p. 182. Agrega el mismo autor más adelante (*Ibídem*, p. 169): "Esta discrecionalidad es la expresión de la función administrativa que resulta de la posición constitucional de la Administración en relación con los demás poderes del Estado. Conferida por el legislador, supone un espacio de decisión o volición reservada a la Administración, personalísimo, en el que no puede el juzgador entrometerse sin exceder los límites de la función jurisdiccional.

No cabe, por tanto, un pronunciamiento judicial que integre o sustituya la voluntad allí donde ésta se reserva a la discreción administrativa (control positivo). Pero nada impide que formada esa voluntad en ejercicio de ese arbitrio o discreción se controle judicialmente la objetividad y ausencia de arbitrariedad de la decisión (control negativo). El juez puede –declarar–, incluso en relación con la actividad administrativa discrecional, lo que no es conforme al ordenamiento jurídico. Pero no puede 'decidir' en lugar de la Administración; en el terreno de la discrecionalidad no cabe la sustitución judicial", para más adelante agregar: "Pero no sólo la inactividad material escapa al alcance de la sustitución judicial directa. Ni siquiera toda la inactividad formal o declarativa puede ser integrada por una decisión judicial debido al carácter personalísimo de algunos deberes u obligaciones administrativas de hacer, que resulta de la discrecionalidad conferida a la Administración (…). En ambos casos (…) el juez tan sólo puede declarar la existencia del deber legal u obligación de hacer y procurar el cumplimiento por la Administración, pero no sustituir la decisión administrativa so pena de sobrepasar los límites de la función jurisdiccional e inmiscuirse en la administrativa" (*Ibídem*, p. 172), para concluir finalmente: "Este planteamiento general admite, sin embargo, una excepción que debe matizarse. En algún supuesto la sustituibilidad judicial podría tener lugar pese a existir una previa habilitación legal de discrecionalidad. Es dado imaginar, en efecto, situaciones en las que el juez compruebe, '*ad hoc*', que el resultado legalmente apetecido sólo es alcanzable mediante un único modo o medio de actuar; situaciones fácticas en las que puede inferirse que sólo una determinada solución o actuación material garantiza, en términos de mínimo, los objetivos legales. En este caso, la discrecionalidad legal, en la práctica, no es verdadera discrecionalidad por cuanto en el terreno de los hechos (debido, por ejemplo, a lo que algún autor ha calificado de 'fuerza normativa de lo fáctico') no confiere el consabido margen de libre volición que entraña toda facultad discrecional. Entonces, sí es sustituible judicialmente la actividad administrativa aunque sea material, porque dadas unas condiciones físicas determinadas la satisfacción del resultado perseguido no admite más que una actividad material posible desde el punto de vista del interés público, tanto da, es indiferente, que se lleve a efecto por la Administración que por el juez" (*Ibídem*, pp. 183-185).

En cambio, en el supuesto de conductas omisivas frente al ejercicio de potestades regladas de tipo formal (inactividad formal que se encuadra en un procedimiento que origina una relación jurídico-administrativa en la concepción predominante)[432], no habrá en principio mayores cortapisas para la emisión de sentencias condenatorias a hacer y para su ejecución incluso forzosa, de ser el caso, a través de la sustitución directa de la sentencia en reemplazo de los actos formales debidos y no emitidos[433].

---

[432] Sobre la clasificación entre inactividad formal y material, véanse los trabajos de NIETO, Alejandro: "La inactividad de la Administración y el recurso contencioso-administrativo". *Revista de Administración Pública* N° 37. Centro de Estudios Políticos. Madrid, 1962, pp. 80-84, 112-119; *La inactividad material de la Administración: veinticinco años después.* Documentación Administrativa N° 208. Instituto Nacional de Administración Pública. Madrid, 1986, pp. 14-16 y 21-25; "La inactividad de la Administración en la LJCA de 1998". *Revista Justicia Administrativa número extraordinario. Ley de la Jurisdicción Contencioso-Administrativa.* Editorial Lex Nova. Valladolid, 1999, p. 48 (aunque en este último trabajo el autor establece nuevas variantes de inactividad). Pueden consultarse también, entre otros: UROSA MAGGI, *Tutela judicial...*, pp. 44-62; JINESTA LOBO, Ernesto: "Conducta administrativa objeto del proceso". En: JIMÉNEZ MEZA, Manrique, JINESTA LOBO, Ernesto, MILANO SÁNCHEZ y Óscar GONZÁLEZ CAMACHO: *El nuevo Proceso Contencioso-Administrativo. Poder Judicial.* San José, Costa Rica, 2006, pp. 216-222.

[433] UROSA MAGGI, *Tutela judicial...*, pp. 459-461. Señala la misma autora, adoptando la posición mayoritaria con relación al alcance del control judicial de la "discrecionalidad técnica" (asunto ya antes referido): "...el juez podrá, en virtud del debate procesal y principalmente con fundamento en la prueba pericial, determinar la adecuación a Derecho y a los principios de razonabilidad y proporcionalidad del razonamiento técnico de la Administración. Ante la ausencia de certeza acerca de tales extremos, bien por ausencia o deficiencia de pruebas, bien por imposibilidad de reconstrucción de ciertas circunstancias, el proceso ha de decidirse en contra de quien ostenta la carga probatoria, que en este caso es quien pretende enervar la actuación técnica de la Administra-

Bajo estas premisas, complementadas con lo expuesto en capítulos previos, veamos de seguidas una reseña de la regulación del control y tutela judicial respecto a la inactividad administrativa en las diversas leyes bajo estudio, en lo atinente a su inclusión como objeto de la pretensión procesal administrativa (en este caso predominantemente de condena). Luego de ello, se podrá abordar entonces el núcleo central del tema objeto de estudio, a saber, el contenido, alcance y límites de las sentencias

---

ción" (*Ibídem*, p. 441). Al respecto acota GÓMEZ PUENTE, *La inactividad...*, p. 175, que constatada la existencia de la inactividad administrativa, el juez tiene dos opciones: "Una, la de sustituir con su resolución la actividad ilegalmente omitida, solución sólo viable ante la inactividad formal (omisión de una declaración de voluntad) en un procedimiento de decisión de carácter enteramente reglado (donde por estar 'maduro' el asunto la sustitución no supone una suplantación o usurpación judicial de la función administrativa). La sentencia así dictada gozaría de la misma ejecutividad y ejecutoriedad que habría de tener el acto indebidamente omitido por la Administración. Con todo, no siempre esta sustitución de la inactividad formal conducía a satisfacer las exigencias reales de efectividad de la actuación administrativa y poner fin a la inactividad. En efecto no siempre la mera producción de un acto jurídico colma las exigencias del interés público o privado legalmente protegido en cuya tutela el juez realiza la sustitución. Tal es el caso cuando la eficacia real del acto administrativo está condicionada por el despliegue de una actividad física que adecue la realidad al contenido jurídico de aquél (pago, demolición, saneamiento). No es extraño que aun en la presencia de la sentencia-acto, la Administración no se aquiete a las exigencias materiales, de ejecución, deducibles de aquél, y que sea necesario entonces, ante un nuevo supuesto de inactividad –ahora material– de la Administración en el cumplimiento de la sentencia, acudir a los medios de ejecución forzosa. Esa misma situación de incumplimiento podía darse en la segunda de las alternativas antedichas. Que el juez pueda condenar a la Administración a un obrar jurídico o material (cuando la sustitución no es posible o aún siéndolo así se haya decidido) no garantiza el cumplimiento voluntario por aquélla de la resolución judicial, de modo que también puede ser necesario recurrir a la ejecución forzosa".

que acojan tales pretensiones, y de ser necesario, las potestades del juez en cuanto a su ejecución sustitutiva frente al incumplimiento reticencia de la Administración condenada.

A. *Colombia*

La ley colombiana, cónsona con su prevalente concepción y parcial influencia francesa, centrada en la dicotomía: acciones de nulidad o acciones de reparación, no le dedica especial atención al control y tutela judicial de la inactividad administrativa, más allá de algunos preceptos, que siguen la tradición de leyes previas, en cuanto a consagrar la conocida como "acción de cumplimiento"[434], basada en lo ordenado en el artículo 87 de la Constitución Colombiana[435]. Esa "acción" en definitiva es una

---

[434] Sobre la acción de cumplimiento en la legislación previa, entendida como una modalidad procesal tendiente a lograr la aplicación de normas o actos, a semejanza de los títulos ejecutivos en el proceso civil, pueden verse, entre otros: PALACIO HINCAPIE, Juan Ángel: *Derecho Procesal Administrativo*. Librería Jurídica Sánchez R. LTDA, Medellín, 2000, pp. 461-486. Y comentando la regulación de la ley vigente: MEJÍA ALFONSO, Rafael: "Artículo 146". En: *AA.VV.: Código de Procedimiento Administrativo y de lo Contencioso-Administrativo. Ley 1437 de 2011.* Comentado y concordado. José Luis Benavides Editor. Universidad Externado de Colombia. Bogotá, 2013, pp. 338-341. La acción de cumplimiento es categorizada como una acción de origen constitucional y de protección de derechos fundamentales, al punto que se le relaciona con la de tutela (amparo). Quizá por ello, la doctrina colombiana no la vincula en sus orígenes con los mecanismos de control y tutela judicial frente a la inactividad administrativa previamente existentes en Iberoamérica, sino con el sistema jurídico anglosajón (*Cfr.* SANTOFIMIO GAMBOA: *Tratado…, Contencioso Administrativo…*, p. 715).

[435] Precepto constitucional que establece: "Toda persona podrá acudir ante la autoridad judicial para hacer efectivo el cumplimiento de una ley o un acto administrativo. En caso de prosperar la acción, la sentencia ordenará a la autoridad renuente el cumplimiento del deber omitido".

pretensión de condena con objeto limitado a la aplicación de disposiciones legales o reglamentarias[436].

El régimen en cuestión es el siguiente:

ARTÍCULO 146. Cumplimiento de normas con fuerza material de ley o de actos administrativos. Toda persona podrá acudir ante la Jurisdicción de lo Contencioso Administrativo, previa constitución de renuencia, para hacer efectivo el cumplimiento de cualesquiera normas aplicables con fuerza material de ley o actos administrativos.

ARTÍCULO 161. Requisitos previos para demandar. La presentación de la demanda se someterá al cumplimiento de requisitos previos en los siguientes casos:

3. Cuando se pretenda el cumplimiento de una norma con fuerza material de ley o de un acto administrativo, se requiere la constitución en renuencia de la demandada en los términos del artículo 8° de la Ley 393 de 1997.

ARTÍCULO 164. Oportunidad para presentar la demanda. La demanda deberá ser presentada:

1. En cualquier tiempo, cuando:

e) Se solicite el cumplimiento de una norma con fuerza material de ley o de un acto administrativo, siempre que éste último no haya perdido fuerza ejecutoria[437].

---

[436] Señala la doctrina al respecto: "...tratándose de la exigibilidad de normas con fuerza de ley o actos administrativos de contenido general, en consideración del Consejo de Estado, corresponde al intérprete identificar concretamente la norma que establezca la específica obligatoriedad o vinculación jurídica, esto es, la fuente de una obligación concreta" (SANTOFIMIO GAMBOA, *Tratado...*, *Contencioso Administrativo*, p. 728).

[437] Sobre los aspectos procedimentales de la acción de cumplimiento, antes de la vigente Ley colombiana, véase también: *Ibídem*, pp. 733-742.

En cuanto a la acción de cumplimiento, la doctrina se decanta por señalar su naturaleza ejecutiva (y no de condena), lo cual restringe ampliamente su objeto y ámbito de actuación[438], así como evidencia sus limitaciones frente al caso de potestades administrativas de contenido discrecional[439]. Aún más en extremo, destacando su escasa efectividad, se sostiene respecto a ella que: "Cuando implique ejecución de gastos públicos, generalmente la acción de cumplimiento no procede. O sea nunca"[440].

B. *Costa Rica*

La ley costarricense inicia desde su primer artículo, destacando dentro del objeto de la pretensión procesal administrativa, a la inactividad, al señalar: "Art. 1. 2) Los motivos de ilegalidad comprenden cualquier infracción, por acción **u omisión**, al ordenamiento jurídico, incluso la desviación de poder" (Resaltado añadido).

---

[438] Negando su carácter declarativo (diríamos primeramente declarativo y luego de condena), señala la doctrina: "Si se trata de reconocer derechos, no se puede acudir a la acción de cumplimiento, lo cual ha sido reiterado por la Corte Constitucional Colombiana" (*Ibídem*, p. 730).

[439] Refiriéndose a la acción de cumplimiento, se acota que "…se debe distinguir si de ella emana una facultad reglada o discrecional por la autoridad pública. Si se trata de la primera hipótesis, la acción de cumplimiento procedería con facilitad; en la segunda habría serios reparos para su procedencia, pudiendo incurrir el juez en una intromisión injustificada administrativa, a no ser que su orden se dirija a que la autoridad simplemente resuelva, dejando el sentido de la decisión a criterio de la autoridad renuente" (*Ibídem*, p. 728). Se trataría pues de lo que se conoce en doctrina como una sentencia marco, en el caso de que la potestad de aplicar el acto o disposición contenga elementos de discrecionalidad que resulten irreductibles, según se puso de manifiesto en anteriores epígrafes y se volverá a referir más adelante.

[440] BASTIDAS BÁRCENAS, *op. cit.*, p. 308.

De acuerdo con la doctrina costarricense, la división fundamental en cuando a esta manifestación de conducta administrativa, siguiendo a la doctrina española, es entre inactividad formal y material, las cuales a su vez se sub-dividen en diversas manifestaciones[441].

Siguiendo una sub-tipología (que contrasta por ejemplo con las limitaciones en cuanto al objeto de la acción de cumplimiento prevista en el contencioso-administrativo colombiano), esa inacción puede manifestarse de múltiples formas. Bien mediante la no emisión de un acto administrativo, o en el no dictar un Reglamento, o en no proceder a crear la organización administrativa requerida para el ejercicio de potestades, o en la falta de prestación de servicios públicos, o en el no ejercicio de las acciones correspondientes a la defensa de los derechos e intereses a los que debe servir, o incluso la inactividad en la ejecución de sentencias[442].

Más adelante, en relación con los tipos de pretensiones procesales administrativas, la ley costarricense señala en su artículo 42, entre otras, las contenidas en los apartados 2.a, 2,d y 2.g:

1) El demandante podrá formular cuantas pretensiones sean necesarias, conforme al objeto del proceso.

2) Entre otras pretensiones, podrá solicitar:

---

[441]   *Cfr.* JINESTA LOBO, *Conducta Administrativa...,* p. 215.

[442]   *Cfr. Ibídem,* p. 216. El mismo autor expone la tipología tradicional aportada por NIETO, *La inactividad material...,* pp. 14-25 (inactividad material: negativa, jurídica, fáctica; positiva; de efectos trilaterales); y la de GÓMEZ PUENTE: formal (normativa, singular, convencional, en ejercicio de acciones procesales de titularidad administrativa); material (inejecución de actos administrativos, inejecución de sentencias, prestacional y funcional) (*Cfr. Ibídem,* pp. 216-222).

a) La declaración de disconformidad de la conducta administrativa con el ordenamiento jurídico y de todos los actos o las actuaciones conexas (…).

d) El reconocimiento, el restablecimiento o la declaración de alguna situación jurídica, así como la adopción de cuantas medidas resulten necesarias y apropiadas para ello (...).

g) Que se condene a la Administración a realizar cualquier conducta administrativa específica impuesta por el ordenamiento jurídico.

Se trata, a decir, de la doctrina, de la adopción de pretensiones prestacionales de condena, poniendo a disposición del juez contencioso "…medios procesales aptos para exigir prestaciones u omisiones concretas…"[443]. Se está pues ante una pretensión dirigida a obtener la realización de una conducta positiva, y mediante ella no se impugna o revisa actuación administrativa alguna buscando obtener su anulación[444].

Los caracteres de esa pretensión serían: 1) No supone la emisión de un acto administrativo previo, puesto que lo que el demandante pretende es obtener beneficios o ventajas de una prestación a la cual tiene derecho frente a la existencia de un deber de la Administración. Ello puede consistir en la emisión de un acto o la realización de una conducta favorable; 2) No se requiere de un pronunciamiento previo de anulación; y 3) Su propia existencia "…suscita dudas sobre los límites de exigibilidad de las prestaciones y las posibilidades del órgano jurisdiccional de condenar a la Administración a dictar un acto con un contenido determinado", para lo cual habrá que determinar los elementos reglados o discrecionales de la potestad y los límites que a tal efecto impone el ordenamiento jurídico[445], asunto res-

---

[443] JINESTA LOBO, *Pretensiones…*, p. 235.
[444] *Cfr. Ídem.*
[445] *Cfr. Ibídem*, pp. 235-237.

pecto del cual ya se ha hecho referencia en previos capítulos y volverá a retomarse al describirse los regímenes de la sustitución declarativa y ejecutiva en las diversas leyes procesales administrativas objeto de este estudio.

C. *Perú*

La Ley peruana incluye dentro del objeto de la pretensión procesal administrativa, en su lista de "actuaciones impugnables"[446]:

Artículo 4. Actuaciones impugnables. Conforme a las previsiones de la presente Ley y cumpliendo los requisitos expresamente aplicables a cada caso, procede la demanda contra toda actuación realizada en ejercicio de potestades administrativas.

Son impugnables en este proceso las siguientes actuaciones administrativas:

2. El silencio administrativo, la inercia y cualquier otra omisión de la administración pública.

Esta amplitud del objeto de control en el caso de la inactividad administrativa, en cierta manera contrasta con la referencia a las modalidades de la pretensión procesal en el siguiente artículo, el cual dispone:

Artículo 5. Pretensiones. En el proceso contencioso administrativo podrán plantearse pretensiones con el objeto de obtener lo siguiente:

2. El reconocimiento o restablecimiento del derecho o interés jurídicamente tutelado y la adopción de las medidas o actos necesarios para tales fines.

---

[446] Ya se evidenció la impropiedad del término, especialmente para el caso del control y tutela jurisdiccional de la inactividad administrativa, aunque se sigue empleando, incluso por el Derecho Positivo, de forma que consideramos inercial.

4. Se ordene a la administración pública la realización **de una determinada actuación a la que se encuentre obligada por mandato de la ley o en virtud de acto administrativo firme**[447] (Resaltado añadido).

Ante la redacción del apartado 4 del artículo 5, surge la duda acerca de si el mismo se complementa el previo precepto, o más bien limita el control de la inactividad administrativa a la manera de la Ley colombiana, solo al caso de incumplimiento de potestades derivadas de obligaciones específicas expresamente determinadas por una disposición legal o derivadas de la necesidad de ejecutar un acto administrativo firme. Ciertamente que el primer supuesto, interpretado progresivamente, puede conducir a entender que el control y tutela judicial se extiende a todo tipo de inactividad, puesto que siempre podrá reconducirse la inactividad a la falta de ejercicio de una potestad, y por ende, al incumplimiento de una obligación legal, y a ello parece apuntar la doctrina[448], mas el segundo supuesto en

---

[447]   Denominada "pretensión de cumplimiento" (SALAS FERRO, Percy: "Las pretensiones en el proceso contencioso administrativo". *Revista Oficial del Poder Judicial. Corte Suprema de Justicia de la República*. Números 8 y 9. Año 6 /7. Lima, 2012/2013, p. 232. Documento en línea consultado en septiembre de 2015: http://www.pj.gob.pe/wps/wcm/connect/e26cc40047544a13be2eff6da8fa37d8/1.+%C3%8Dndice+y+Presentaci%C3%B3n.pdf?MOD=AJPERES&CACHEID=e26cc40047544a13be2eff6da8fa37d8, p. 232), que no debe confundirse con la "acción de cumplimiento", propia del proceso constitucional (*Ibídem*, p. 233).

[448]   "Hoy por hoy, no se admite ni puede tolerarse la existencia de una 'inactividad administrativa', motivo por el cual el ordenamiento reacciona otorgándole consecuencias jurídicas concretas a la existencia de la inactividad: la posibilidad de que el particular articule pretensiones procesales administrativas de superación de tal inactividad, permitiendo que el Juez en uso de sus poderes mandatorios, ordene la superación de dicho estado de morosidad" (HUAPAYA TAPIA, *op. cit.*, p. 506). El mismo autor agrega: "Se entiende entonces el por qué de considerar que la Administración también 'actúa' por omisión: **la existencia de morosidad administrativa permite identificar la existencia del incumpli-**

ese caso resultaría un tanto redundante (salvo que se entienda que es una previsión algo distinta, que consagra una pretensión ejecutiva, a la manera de la Ley española que luego se comentará). En todo caso, la misma doctrina no ha dudado en entender que el artículo 4.2 del precepto incluye tanto inactividad formal como material[449], así como en sostener que la enumeración es meramente enunciativa[450].

De ello, cabe concluir que una visión constitucionalizante del asunto es la que parece imponerse en la interpretación de los preceptos en referencia, a fin de permitir el control y tutela jurisdiccional de las diversas manifestaciones de la inactividad

---

miento de un deber legal de actuación debida por parte de la **Administración**, hecho este último que trae concretas consecuencias jurídicas: el particular puede articular técnicas de defensa procesal destinadas a superar dicha perjudicial inacción" Resaltado añadido (*Ibídem*, p. 514).

[449]   *Ibídem*, pp. 517 y 868. En similar sentido: GUZMÁN NAPURI, Christian: "Las actuaciones impugnables en el Proceso Contencioso Administrativo peruano". *Revista de Derecho Administrativo*. Círculo de Derecho Administrativo. Lima, 2012, p. 114.

[450]   *Cfr*. HUAPAYA TAPIA, *op. cit.*, pp. 519-520. Parece conveniente destacar que, según la doctrina peruana, hasta fecha muy reciente el tema del control de la inactividad administrativa se venía centrando, como ha acaecido en la mayoría de las etapas iniciales de los contenciosos iberoamericanos, en el silencio administrativo y sus efectos procesales (*Ibídem*, pp. 559-563), por lo que resulta hasta cierto punto lógico que la primera regulación del control de la inactividad parta de las concepciones tradicionales. Un tratamiento más amplio del tema, siguiendo a la doctrina española, puede verse en: *Ibídem*, pp. 564-573 y 585-601.

administrativa[451], superando las eventuales limitaciones textuales de la Ley[452].

En cuanto al procedimiento, el aplicable es el urgente, conforme a lo dispuesto en el artículo 26.2 *eiusdem*[453].

D. *Venezuela*

Como señala un sector de la doctrina venezolana, el control judicial de la inactividad administrativa en Venezuela parece tener antecedentes relativamente remotos en el Derecho Positivo, mas su aplicación práctica ha tenido lugar a partir de los años 80 del pasado siglo, cuando por vía jurisprudencial se configuró el llamado "recurso por abstención o carencia"[454].

---

[451] Por ejemplo, se señala que la Ley peruana se refiere tanto a inactividad formal como material, incluyendo inactividad reglamentaria y en la ejecución de actos administrativos firmes (*Ibídem*, pp. 870-872).

[452] *Cfr. Ibídem*, p. 873, quien lamenta la carencia de precisión legal en cuanto a la descripción de las características de la inactividad formal o material. Sobre los aspectos procesales de tal pretensión en la Ley peruana, puede verse también: SALAS FERRO, *op. cit.*, pp. 235-236.

[453] Existen en el ordenamiento peruano pretensiones adicionales para la tutela frente a la inactividad administrativa, algunas de índole constitucional, como la llamada "acción de cumplimiento" (HUAPAYA TAPIA, *op. cit.*, p. 875). Comentando el procedimiento para la tramitación de la regulada en la Ley bajo estudio, que es de condena a actuación o prestacional, véase: *Ibídem*, pp. 876-881.

[454] Véanse, entre otros: UROSA MAGGI, *Tutela judicial...*, pp. 158-165; CARRILLO ARTILES, Carlos Luis: *El recurso jurisdiccional contra las abstenciones u omisiones de los funcionarios públicos*. Universidad Católica Andrés Bello. Caracas, 1999, pp. 15-48, ROMERO MUCI, Humberto: "Contribución al estudio de la acción de carencia en el contencioso administrativo venezolano". *Revista de la Fundación de la Procuraduría General de la República*. Caracas, 1991, pp. 74-87; BADELL MADRID, Rafael: "El recurso por abstención o carencia". En: *AA.VV.: Derecho Procesal Administrativo*.

La principal característica del mismo se refería a su objeto limitado, entendiéndose por tal la abstención de realizar o cumplir obligaciones específicas y concretas legalmente determinadas por Ley. Esto dejaba fuera de su ámbito de control diversas manifestaciones de inactividad administrativa, comenzando por las llamadas obligaciones "genéricas", tales como el cumplimiento de la obligación constitucional y legal de dar respuesta a solicitudes, es decir, a satisfacer el derecho constitucional de petición ante las autoridades administrativas[455]. Igualmente, ese control judicial cedía ante la existencia de inactividad en el ejercicio de potestades de contenido predominantemente discrecional[456], o bien en el caso de cumplimiento de obligaciones que envolvieran la realización de actuaciones materiales[457]. Entre tanto, el resto de esas obligaciones eran susceptibles de tutela judicial a través de la pretensión propia

---

1° *Jornadas Centenarias del Colegio de Abogados del Estado Carabobo.* Vadell Hermanos Editores. Valencia, Venezuela, 1997, pp. 173-204; RODRÍGUEZ COSTA, Manuel: *Control de la inactividad administrativa.* Fundación Estudios de Derecho Administrativo. Caracas, 2005, pp. 156-168.

[455] Sobre esa diferenciación entre incumplimiento de "obligaciones genéricas" y "obligaciones específicas", véanse ROMERO MUCI, *op. cit.*, pp. 64-74 y CARRILLO ARTILES, *El recurso...*, pp. 33-34. Y sus críticas en: UROSA MAGGI, *Tutela judicial...*, pp. 241-280.

[456] Como lo señalaba ROMERO MUCI, *op. cit.*, p. 71: "...escapan del dominio del acto específico omitido, todas aquellas actuaciones de la Administración que presupongan una norma facultativa...", para más adelante agregar: "No puede hablarse de acto específico omitido en aquellos casos en que el actor de la Administración, presupone, o se vincula a una norma que abre a favor de la Administración un gran número de posibilidades (...) Se trata de la inactividad de la Administración ante el ejercicio de una facultad discrecional..." (*Ibídem*, p. 72).

[457] Con sus matices, las limitaciones respondían parcialmente al tradicional esquema que diferenciaba entre la inactividad formal y material, ya previamente referido. *Cfr.* ROMERO MUCI, *op. cit.*, pp. 89-94.

del proceso constitucional del amparo, como hemos visto es común en Colombia y hasta cierto punto en Perú, entre otras legislaciones iberoamericanas[458].

Ahora bien, más recientemente, primero la doctrina[459], y luego la jurisprudencia constitucional venezolana[460], determinaron un replanteamiento de la concepción del llamado "recurso por abstención o carencia", sobre la base de ir ampliando su objeto a todo tipo de inactividad administrativa, en atención a los postulados constitucionales de tutela judicial efectiva y universalidad del ámbito de control del contencioso-administrativo[461]. No obstante, la Ley venezolana no recoge en realidad tales planteamientos, y se limita a regular el control jurisdiccional de la inactividad administrativa, de la forma siguiente:

En lo que concierne al objeto de control de la jurisdicción contencioso-administrativa, el artículo 8° incluye el silencio administrativo y la "omisión de cumplimiento de obligaciones". Se trata de una redacción que nos parece redundante, porque el silencio administrativo, o bien no se entiende como objeto de la pretensión procesal administrativa, sino más bien como mecanismo o ficción procesal destinada a permitir el acceso a ella, o si se le concibe en su noción más amplia, sería en

---

458   *Cfr.* entre otros: CARRILLO ARTILES, *op. cit.*, pp. 26-30; ROMERO MUCI, *op. cit.*, pp. 56-64; BREWER-CARÍAS, *Tratado de Derecho Administrativo. La Jurisdicción...*, pp. 962-966 y 1.022-1.028.

459   UROSA MAGGI, Tutela judicial..., *in totum.*

460   Véase la reseña jurisprudencial de: TORREALBA SÁNCHEZ, Miguel Ángel: *Manual de Contencioso Administrativo (Parte general).* Editorial Texto. Caracas, 2007, pp. 339-341.

461   Comentando el cambio jurisprudencial, que ha suscitado polémica: UROSA MAGGI, Daniela: "Avances recientes y situación actual de la tutela judicial frente a la inactividad administrativa en Venezuela". En: *El contencioso administrativo a partir de la Ley Orgánica del Tribunal Supremo de Justicia. Fundación Estudios de Derecho Administrativo* (FUNEDA). Caracas, 2009, pp. 183-219; TORREALBA SÁNCHEZ, *Manual...*, pp. 348-357.

todo caso también una inactividad, en este caso de tipo formal, y por tanto, entraría dentro de la noción de "omisión de cumplimiento de obligaciones"[462].

En todo caso, cabe pensar que el cambio en los términos pudiera obedecer a una correlativo cambio de concepción, en cuanto a avanzar de la noción de la inactividad limitada a la "abstención" a la de "omisión de cumplimiento de obligaciones" (visión en principio más amplia), pero de seguidas la Ley venezolana evidencia su inconsecuencia terminológica en el artículo 9°, al establecer las competencias generales de los tribunales contencioso-administrativos. Ello por cuanto el control y tutela judicial frente a la inactividad se atribuye en cuanto al conocimiento: "2. De la abstención o la negativa de las autoridades a producir un acto al cual estén obligados por la ley" o de "10. Las actuaciones, abstenciones, negativas o las vías de hecho de los consejos comunales y de otras personas o grupos que en virtud de la participación ciudadana ejerzan funciones administrativas", es decir, retomando los términos de la legislación derogada, en lugar de aludir a la "omisión de cumplimiento de obligaciones"[463]. De hecho, da la impresión de que ambos artículos fueron redactados sin tomar en cuenta recíprocamente

---

[462] Y es que el silencio administrativo "...no es más que una consecuencia jurídica de la inactividad formal..." (UROSA MAGGI, *Tutela judicial...*, p. 199).

[463] La inclusión del término "abstención" fue cuestionada y calificada de preocupante al conocerse el Proyecto de ley, sobre la base de que parecía desconocer los criterios jurisprudenciales imperantes y eventualmente dejar sin protección judicial situaciones jurídicas lesionadas por la inactividad administrativa que no encuadrara en el término tradicional, por lo que se proponía su entendimiento como un sinónimo de inactividad (*Cfr.* UROSA MAGGI, Daniela: "Breves comentarios al Proyecto de Ley Orgánica de la Jurisdicción Contencioso-Administrativa". *Anuario de Derecho Público* N° 3. Centro de Estudios de Derecho Público. Universidad Monteávila. Fundación Estudios de Derecho Administrativo (FUNEDA). Caracas, 2011, pp. 190-193).

sus textos. En todo caso, consideramos que se impone una interpretación constitucionalizante de tales preceptos y que debe entenderse por tanto que bajo la vigencia de la Ley debe entenderse que el control de la inactividad administrativa implica cualquiera de las manifestaciones de esta[464].

---

[464] Además de la anterior nota al pie, véase en similar sentido: BADELL BENÍTEZ, Nicolás: "Demanda contra vía de hecho y abstenciones de la Administración Pública". En: *AA.VV.: Avances Jurisprudenciales del Contencioso Administrativo en Venezuela. XXXVIII Jornadas Domínguez Escovar. Homenaje al Profesor Gonzalo Pérez Luciani.* Instituto de Estudios Jurídicos "Ricardo Hernández Álvarez". Editorial Horizonte, C.A. Barquisimeto, 2013, p. 298, quien señala: "...el alcance del término abstención al que hace referencia el artículo 65 de la LOJCA debe ser amplio y abarcar cualquier forma de inactividad de la Administración Pública, pues esa fue la posición asumida por la Sala Constitucional del Tribunal Supremo, inclusive antes de la entrada en vigencia de esa ley", para más adelante reiterar: "De modo pues que fue la propia jurisprudencia la que fijó un concepto mucho más amplio respecto al objeto del control de la inactividad de la Administración, el cual en nuestro criterio debe mantenerse vigente bajo la LOJCA, aun cuando ésta únicamente utilice el término 'abstención'. La interpretación extensiva (...) en concordancia con el principio de la universalidad del control, y el criterio que hoy acoge nuestro máximo Tribunal, nos permite afirmar que son atacables mediante la demanda por abstención o carencia, cualquier tipo de inactividad administrativa, pues se entiende que existen obligaciones administrativas del Estado que son jurídicamente exigibles, aunque no se encuentren expresamente establecidas como deberes del Estado en una norma jurídica" (*Ibídem*, p. 300). En nuestro criterio, hay que matizar la última afirmación, puesto que toda obligación del Estado se configura debido a la existencia de una potestad-deber prevista en el ordenamiento, justamente para que pueda considerarse potestad, lo que a su vez la hace exigible. Asunto distinto es el nivel de concreción en la atribución de la potestad. Pueden verse en todo caso, en materia de control y tutela judicial frente a la inactividad administrativa, a partir de la Ley venezolana: KIRIAKIDIS LONGHI, Jorge: *El contencioso administrativo a la luz de la Ley Orgánica de la Jurisdicción Contencioso Administrativa.* Segunda Edición. Fundación Estudios de Derecho

En lo concerniente a la distribución competencial, la Ley venezolana le da continuidad a los preceptos legales previos[465], en cuanto a asignar el conocimiento de pretensiones procesales frente a la inactividad en que incurran las máximas autoridades de la Administración Pública Nacional (y a las de las máximas autoridades de las otras ramas del Poder Público distintas del Ejecutivo en la hipótesis de ejercicio de la función administrativa), al Tribunal Supremo de Justicia en Sala Político-Administrativa (artículo 23.3). En el supuesto de inactividad de la Administración Pública Estadal o Municipal, a los Juzgados Superiores Estadales (artículo 25.4), y frente al resto de las inactividades, a unos Tribunales "Nacionales" (suerte de instancia intermedia entre el primer grado de jurisdicción y la cúspide de la organización judicial contencioso-administrativa, que no han sido creados a la fecha), conforme al artículo 24.3 *eiusdem*.

Por último, el artículo 65 de la Ley venezolana asigna la tramitación de las demandas relacionadas con "abstención" (de

---

Administrativo (FUNEDA). Caracas, 2013, pp. 81-105; PELLE-GRINO PACERA, Cosimina: "La inactividad procedimental: La omisión de expedición de reglamentos y actos administrativos normativos". En: HERNÁNDEZ-MENDIBLE, V.R. (Dir.): *La actividad e inactividad administrativa y la Jurisdicción Contencioso-Administrativa*. Colección Estudios Jurídicos N° 96. Editorial Jurídica Venezolana. Caracas, 2012, pp. 373-377; GONZÁLEZ BETAN-COURT, Gina: "La inactividad de la Administración Pública en cuanto al derecho de acceso a la información pública y el principio de transparencia administrativa. La inactividad procedimental: La omisión de expedición de reglamentos y actos administrativos normativos". En: HERNÁNDEZ-MENDIBLE, V.R. (Dir.): *La actividad e inactividad administrativa y la Jurisdicción Contencioso-Administrativa*. Colección Estudios Jurídicos N° 96. Editorial Jurídica Venezolana. Caracas, 2012, pp. 386-397.

[465] *Cfr.* TORREALBA SÁNCHEZ, *Manual...*, pp. 363-367.

nuevo reiterando parcialmente los términos legales previos), por el procedimiento breve[466].

E. *España*

Antes de abordar el articulado de la Ley española, conviene comenzar (al igual que se hará para reseñar el régimen del control de las actuaciones materiales), con lo que al respecto expresa su Exposición de Motivos.

Comienza la misma, en consonancia con los caracteres generales del contencioso-administrativo actual, algunos de ellos tratados en Capítulos previos, destacando lo siguiente:

Lo que realmente importa y lo que justifica la existencia de la propia Jurisdicción Contencioso-administrativa es asegurar, en beneficio de los interesados y del interés general, el exacto sometimiento de la Administración al derecho en todas las actuaciones que realiza en su condición de poder público y en uso de las prerrogativas que como tal le corresponde. No toda la actuación administrativa, como es notorio, se expresa a través de reglamentos, actos administrativos o contratos públicos, sino que la actividad prestacional, las actividades negociables de diverso tipo, las actuaciones materiales, **las inactividades u omisiones de actuaciones debidas expresan**

---

[466] Sobre tales aspectos procesales, pueden verse, entre otros: KIRIAKIDIS LONGHI, *El contencioso…*, pp. 81-105; CARRILLO ARTILES, Carlos Luis: "Revisión crítica de la implementación jurisprudencial y legislativa de la caducidad procesal en el contencioso administrativo del control de las omisiones". En: CANÓNICO SARABIA, A (Coord.): *Actualidad del Contencioso Administrativo y otros Mecanismos de Control del Poder Público*. Centro de Adiestramiento Jurídico (CAJO)-Editorial Jurídica Venezolana, Caracas, 2013, pp. 345-368; BADELL BENÍTEZ, Nicolás: "Demanda contra vía de hecho y abstenciones de la Administración Pública". En: *AA.VV.: Avances Jurisprudenciales del Contencioso Administrativo en Venezuela*. XXXVIII Jornadas Domínguez Escovar. Homenaje al Profesor Gonzalo Pérez Luciani. Instituto de Estudios Jurídicos "Ricardo Hernández Álvarez". Editorial Horizonte, C.A. Barquisimeto, 2013, pp. 303-315.

también la voluntad de la Administración, que ha de estar sometida en todo caso al imperio de la ley (Resaltado añadido).

Bajo esas premisas, continúa señalando que: "Se trata nada menos que de superar la tradicional y restringida concepción del recurso contencioso-administrativo como una revisión judicial de actos administrativos previos, es decir, como un recurso al acto, y de abrir definitivamente las puertas para obtener justicia frente a cualquier comportamiento ilícito de la Administración".

Por lo que, lógicamente, queda como objeto del "recurso" (técnicamente de la pretensión) también la inactividad administrativa[467]. Hasta este punto, las afirmaciones parecen libres de polémica por inobjetables, mas de seguidas afirma, en relación con el tratamiento procesal del control y tutela judicial de la inactividad administrativa, que "(...) es evidente que la diversidad de actuaciones y omisiones que pueden ser objeto del recurso no permiten seguir configurando éste como una acción procesal uniforme", por lo que, por razón de su objeto, se establecen cuatro modalidades de "recurso", entre ellos, el dirigido contra la inactividad de la Administración.

Por último, la solución legal española en cuanto a la delimitación del objeto de la pretensión frente a la inactividad, es justificada en los siguientes términos por el Proyectista:

---

[467] El mantenimiento del término "recurso" ha sido calificado como de poco feliz (UROSA MAGGI, *Tutela judicial...*, p. 140). En similar sentido: GARCÍA PÉREZ, *op. cit.*, p. 90. Especialmente diáfana la crítica planteada por HUERGO LORA, *Las pretensiones de condena...*, p. 182, al respecto: "...la Ley se aparta claramente de lo que constituye la sistemática procesal común (seguida en otros sistemas de justicia administrativa que se han liberado efectivamente del prejuicio revisor), de acuerdo con el cual la pretensión de condena que el acreedor deduce frente al deudor es una pretensión de condena y no un recurso contra la inactividad de éste".

Largamente reclamado por la doctrina jurídica, la Ley crea un recurso contra la inactividad de la Administración, que tiene precedentes en otros ordenamientos europeos[468]. El recurso se dirige a obtener de la Administración, mediante la correspondiente sentencia de condena, una prestación material debida o la adopción de un acto expreso en procedimientos iniciados de oficio, allí donde no juega el mecanismo del silencio administrativo. De esta manera se otorga un instrumento jurídico al ciudadano para combatir la pasividad y las dilaciones administrativas. Claro está que este remedio no permite a los órganos judiciales sustituir a la Administración en aspectos de su actividad no prefigurados por el derecho, incluida la discrecionalidad en el *"quando"* de una decisión o de una actuación material, ni les faculta para traducir en mandatos precisos las genéricas e indeterminadas habilitaciones u obligaciones legales de creación de servicios o realización de actividades, pues en tal caso estarían invadiendo las funciones propias de aquélla[469]. De ahí que la Ley se refiera siempre a prestaciones

---

[468] Un sector de la doctrina pone en duda la novedad de la regulación en cuanto control frente a la inactividad y actuaciones materiales administrativas. En el caso de la primera, se señala que con la Ley de 1956 habían maneras de ejercer su control, mediante la figura del acto administrativo tácito, y que el problema pretendidamente abordado, es más ficticio que real. Con relación al segundo, se refiere a la técnica de la "conversión" de la actividad material en un acto administrativo formal (*Cfr.* GARRIDO FALLA, *Objeto del Recurso...*, pp. 259 y ss). Otro sector, contrariamente, enumera las insuficiencias del régimen legal derogado (*Cfr.* GONZÁLEZ PÉREZ, *Comentarios...*, pp. 401-402, pero señala con relación a la Ley vigente, de forma contundente, que: "La nueva regulación, pese a las afirmaciones grandilocuentes del proyecto, no ha supuesto ningún avance en la línea de las garantías. No ha hecho más que recoger lo que, según dijo NIETO en 1962, ya hacía el Tribunal Supremo..." (*Ibídem*, p. 402). En similar sentido, destacando lo poco novedoso de la regulación más allá de las apariencias: NIETO, *La inactividad de la Administración en la LJCA de 1998...*, pp. 46-51.

[469] Al respecto señala DE LA QUADRA-SALCEDO Y FERNÁNDEZ DEL CASTILLO, Tomás: "Objeto del Recurso Contencioso Administrativo. Artículo 29". *Revista Española de Derecho Administrativo*

concretas y actos que tengan un plazo legal para su adopción y de ahí que la eventual sentencia de condena haya de ordenar estrictamente el cumplimiento de las obligaciones administrativas en los concretos términos en que estén establecidas. El

---

N° 100. Comentarios a la Ley de la Jurisdicción Contencioso-Administrativa de 1998. Editorial Civitas, S.A Madrid, 1998, pp. 293 y ss., que la peculiaridad de la jurisdicción contencioso-administrativa: "...radica en los aspectos revisores que todavía subsisten y que inevitablemente han de subsistir siempre por mor de la separación de poderes, que siempre determinará que los poderes de control del juez terminen allí, donde el ejercicio de una potestad discrecional agote sus posibilidades de control por el derecho, cuando se ejerza con criterios de razonabilidad que no está en manos de los Tribunales sustituir por los suyos propios a riesgo de entrometerse en la función de un poder sometido a derecho y legitimado democráticamente para valorar la oportunidad de sus decisiones. En esas situaciones el poder judicial deberá ser 'deferente' con la apreciación razonable de la Administración sin sustituirla. En esos aspectos que son los relacionados con el ejercicio de potestades discrecionales la actuación de los Tribunales puede calificarse de 'revisora', lo que no es obstáculo a que en muchos otros aspectos, cada vez más numerosos, ejerza con plenitud sus facultades jurisdiccionales como cualquier otro orden jurisdiccional. Eso hace que lo más característico de la jurisdicción contencioso-administrativa, es decir, lo que la singulariza y la diferencia de las demás –como al propio derecho administrativo– sea su función revisora cuando se enfrenta con una potestad discrecional. El carácter revisor, en estos supuestos, de la jurisdicción contencioso-administrativa es un rasgo esencial de ésta, en el sentido de que es lo que explica su singularidad respecto de las demás, su esencia diferencial". En contra, negando el carácter revisor del contencioso-administrativo a la luz de la Ley española, e invocando el ejemplo de la tutela frente a la inactividad, en la cual nada se impugna sino que se ejercita un derecho a una actividad prestacional conforme al artículo 32 de la misma: GONZÁLEZ VARAS-IBÁÑEZ, Santiago: "Objeto del Recurso Contencioso Administrativo. Artículo 32". *Revista Española de Derecho Administrativo N° 100. Comentarios a la Ley de la Jurisdicción Contencioso-Administrativa de 1998.* Editorial Civitas, S.A Madrid, 1998, pp. 293 y ss.

recurso contencioso-administrativo, por su naturaleza, no puede poner remedio a todos los casos de indolencia, lentitud e ineficacia administrativas, sino tan sólo garantizar el exacto cumplimiento de la legalidad.

Pero no solamente la Exposición de Motivos ha generado polémica doctrinaria. Por su parte, los preceptos legales destinados a instrumentar tales finalidades establecen lo siguiente:

Artículo 29.

1. Cuando la Administración, en virtud de una disposición general que no precise de actos de aplicación o en virtud de un acto, contrato o convenio administrativo, esté obligada a realizar una prestación concreta en favor de una o varias personas determinadas, quienes tuvieran derecho a ella pueden reclamar de la Administración el cumplimiento de dicha obligación. Si en el plazo de tres meses desde la fecha de la reclamación, la Administración no hubiera dado cumplimiento a lo solicitado o no hubiera llegado a un acuerdo con los interesados, éstos pueden deducir recurso contencioso-administrativo contra la inactividad de la Administración.

2. Cuando la Administración no ejecute sus actos firmes podrán los afectados solicitar su ejecución, y si ésta no se produce en el plazo de un mes desde tal petición, podrán los solicitantes formular recurso contencioso-administrativo, que se tramitará por el procedimiento abreviado regulado en el artículo 78[470].

Comentando el precepto, se ha señalado que los dos apartados del artículo 29, aunque se refieren a la inactividad admi-

---

[470] Véanse al respecto los comentarios de, entre otros: UROSA MAGGI, *Tutela judicial…*, pp. 217-220; HUERGO LORA, *Las pretensiones de condena…*, pp. 191-193. Por su parte, al analizar ese precepto señala GÓMEZ PUENTE, *La inactividad…*, p. 209, que la reforma legal no supone una ampliación de las pretensiones de las partes o de los poderes del juez frente a la inactividad administrativa. En similar sentido: NIETO, *La inactividad de la Administración en la LJCA de 1998…*, p. 56.

nistrativa, difieren en sus hipótesis. El segundo se refiere a la inactividad en la ejecución de actos firmes[471], mientras que en el primero no se ha producido actividad administrativa formal previa. En todo caso, cabe reiterar, se ha considerado que el precepto no es del todo novedoso pues ya existía la posibilidad de control de la inactividad en la Ley de 1956, pero no con la perfección técnica deseable[472].

---

[471] Se le concibe entonces como un pretensión ejecutiva, aunque se cuestiona su regulación concreta (GARCÍA PÉREZ, *op. cit.*, pp. 107-109).

[472] De allí el previo cuestionamiento acerca de las afirmaciones de la Exposición de Motivos en cuanto a la novedad de tales preceptos. Merece la pena transcribir la opinión de DE LA QUADRA-SAL-CEDO: *Objeto...*, *Artículo 29...*, pp. 293 y ss.: "La importante novedad que implica el artículo 29 no debe ser entendida en el sentido de que abra posibilidades que antes se encontrasen completamente ahogadas. En efecto, en la Ley de 1956 lo que ocurría es que la inactividad de la Administración obligaba, en caso de mantenerse, a provocar un acto administrativo, formal y previo, expreso o presunto, mediante la presentación de una solicitud. Sólo a partir de la denegación, expresa o presunta, por la Administración de esa petición, se abría la posibilidad de impugnación que asumía la característica tradicional de un proceso a un acto previo. Ahora bien, el que la antigua Ley permitiese esa posibilidad no permite obviar la cuestión de su imperfección técnica en la perspectiva de su ajuste a la idea del derecho a una tutela judicial efectiva, sólo reconocida formalmente a partir de la Constitución de 1978, ni las limitaciones que esa técnica presuponía para una completa y eficaz protección de los derechos. Si el administrado tiene derecho a obtener una cierta prestación de la Administración y ésta no la realiza, no debía ser necesario provocar un acto formal de denegación que se erija en el centro del debate, pues el centro de éste debe ser el derecho de la parte a obtener una prestación de la Administración; por tanto, el derecho a obtener una condena de ésta a hacer la prestación a que el particular considera que tiene derecho. Lo que le interesa a éste no es que se discuta el acto impugnado, sino que se condene a la Administración a efectuar una prestación. En esta perspectiva al particular no le interesa que se declare contrario a derecho la inactividad o el acto,

Se trata de una pretensión de condena frente a la inactividad[473], también denominada pretensión prestacional por consistir en un hacer por estar obligado a ello la Administración en virtud del ordenamiento jurídico[474], como se evidencia además del contenido del artículo 32.1 de la Ley, el cual establece: "Artículo 32. 1. Cuando el recurso se dirija contra la inactividad de la Administración pública, conforme a lo dispuesto en el artículo 29, el demandante podrá pretender del órgano jurisdiccional que condene a la Administración al cumplimiento de sus obligaciones en los concretos términos en que estén establecidas".

No obstante la referencia al cumplimiento de obligaciones concretas, un sector de la doctrina entiende que el supuesto del artículo 29.1 abarca diversos tipos de inactividad administrativa[475], aunque luego el mismo autor parece negar su aplicación tratándose del ejercicio de potestades discrecionales[476]. En cam-

---

expreso o presunto, de negativa a realizar una determinada prestación, sino que lo que en realidad pretende y le interesa es que se condene a la Administración a realizar la prestación a que tiene derecho". Sobre la técnica de la "conversión" de la inactividad al silencio administrativo o al acto administrativo –según el caso- a los efectos de su control jurisdiccional en la Ley española de 1956, véanse, entre otros, los trabajos de Alejandro NIETO referidos en la previa nota al pie 432.

[473] Cfr. entre otros: DE LA QUADRA-SALCEDO: *Objeto...*, *Artículo 29...*, pp. 293 y ss.; UROSA MAGGI, *Tutela judicial...*, p. 140;

[474] Cfr. GONZÁLEZ VARAS-IBÁÑEZ: *Objeto...*, pp. 332 y ss., quien postula que la regulación bajo análisis se inscribe en la concepción subjetiva del contencioso-administrativo. Véase también: GARCÍA PÉREZ, *op. cit.*, p. 89.

[475] "En principio, la prestación puede comprender cualquiera de sus variantes; podría consistir en la emisión de un acto que sea obligado –expedición de una licencia de obras– o en una actuación material", (DE LA QUADRA-SALCEDO, *op. cit.*, pp. 293 y ss.)

[476] Cfr. *Ibídem*, pp. 293 y ss.: "Naturalmente que la potestad discrecional será siempre controlable y, dados los criterios establecidos en la norma, podría ser que en un procedimiento ordinario pueda

bio, la regulación es percibida como potencialmente limitada por otros, en lo concerniente al espectro de manifestaciones de inactividad administrativas susceptibles de tutela jurisdiccional[477].

Por otra parte, una peculiaridad procesal de este asunto la encontramos en el siguiente dispositivo:

Artículo 51.

3. Cuando se impugne una actuación material constitutiva de vía de hecho, el Juzgado o Sala podrá también inadmitir el recurso si fuera evidente que la actuación administrativa se ha producido dentro de la competencia y en conformidad con las reglas del procedimiento legalmente establecido.

---

acabar anulándose un acto de la Administración contrario a la realización de la prestación o reconociendo una situación jurídica individualizada. Pero eso, que puede hacerse en el procedimiento o acción común u ordinaria, no puede hacerse en la acción contra la inactividad, pues en ésta sólo es posible conseguirlo si la prestación que debe realizar la Administración resulta de la disposición general a favor de una o varias personas sin necesidad de 'actos de aplicación'". No obstante, cabe recordar que se tratará de la discrecionalidad irreductible (GONZÁLEZ VARAS-IBÁÑEZ, *op. cit.*, pp. 293 y ss.).

[477]   *Cfr.* entre otros: UROSA MAGGI, *Tutela judicial…*, pp. 147-148 y 192-217; GÓMEZ PUENTE, *La inactividad…*, pp. 201-210, quien señala que: "…a pesar de la genérica declaración de inadmisibilidad del recurso contencioso-administrativo contra la inactividad de la Administración, no toda la inactividad administrativa es susceptible de impugnación por esta vía" (*Ibídem*, p. 207). Véase también: GONZÁLEZ PÉREZ, *Comentarios…*, pp. 402-411; GARCÍA PÉREZ, *op. cit.*, pp. 96-97; HUERGO LORA, *Las pretensiones de condena…*, pp. 189-191; NIETO, *La inactividad de la Administración en la LJCA de 1998…*, pp. 53-59 y 63.

Asimismo, cuando se impugne la no realización por la Administración de las obligaciones a que se refiere el artículo 29, el recurso se inadmitirá si fuera evidente la ausencia de obligación concreta de la Administración respecto de los recurrentes[478].

Con relación a la tutela cautelar, señala la Ley española en este aspecto:

Artículo 136.

1. En los supuestos de los artículos 29 y 30, la medida cautelar se adoptará salvo que se aprecie con evidencia que no se dan las situaciones previstas en dichos artículos o la medida ocasione una perturbación grave de los intereses generales o de tercero, que el Juez ponderará en forma circunstanciada.

2. En los supuestos del apartado anterior, las medidas también podrán solicitarse antes de la interposición del recurso, tramitándose conforme a lo dispuesto en el artículo precedente. En tal caso el interesado habrá de pedir su ratificación al interponer el recurso, lo que habrá de hacerse inexcusablemente en el plazo de diez días a contar desde la notificación de la adopción de las medidas cautelares. En los tres días siguientes, el Secretario judicial convocará la comparecencia a la que hace referencia el artículo anterior.

De no interponerse el recurso, quedarán automáticamente sin efecto las medidas acordadas, debiendo el solicitante indemnizar de los daños y perjuicios que la medida cautelar haya producido[479].

---

[478] Sobre este precepto, véanse los comentarios de: ALONSO IBÁÑEZ, Ma Rosario: "Artículo 51". *Revista Española de Derecho Administrativo N° 100. Comentarios a la Ley de la Jurisdicción Contencioso-Administrativa de 1998.* Editorial Civitas, S.A Madrid, 1998, pp. 440 y ss. y GONZÁLEZ PÉREZ, *Comentarios…*, pp. 581-587.

[479] Véase sobre este precepto, además de la bibliografía referida al comentar más adelante el régimen del control y tutela judicial frente a actuaciones materiales en la Ley española: UROSA

Por último, de forma semejante al caso de las pretensiones de condena frente a las actuaciones materiales, la Ley española asigna su tramitación por el procedimiento ordinario propio de los "recursos contencioso-administrativos" (Artículo 25), aunque con ciertas peculiaridades, una de ellas la ya referida a la tutela cautelar[480].

Hay pues, varios puntos comunes en las Leyes bajo estudio, aunque por supuesto, la extensión del objeto de la pretensión procesal frente a la inactividad administrativa varía según cada caso, e incluso, según la tradición previa y las interpretaciones doctrinarias. Pero es claro que en todos los instrumentos normativos revisados, el contencioso-administrativo ha dejado de ser un mero control de nulidad de actos administrativos formales.

Asunto distinto, y que parece ser materia pendiente en varios textos, es el desarrollo del alcance y límites de los poderes del Juez frente a la inacción de la Administración, en orden a someter a esa última al Derecho y a restablecer las situaciones jurídicas lesionadas por el no hacer administrativo, haciendo realidad el marco teórico y conceptual esbozado en los Capítulos previos. Ello será retomado, en todo caso, más adelante.

Esbozado este panorama de los regímenes del control y tutela judicial de la inactividad administrativa en las Leyes bajo estudio, de seguidas veamos el de defensa frente a la actividad o actuaciones materiales de la Administración.

MAGGI, *Tutela judicial...*, pp. 384-413; GÓMEZ PUENTE, *La inactividad...*, pp. 227-229.

[480] *Cfr.* UROSA MAGGI, *Tutela judicial...*, pp. 140-148. Sobre los aspectos procesales de la pretensión de condena frente a la inactividad en la Ley española, véanse entre otros: *Ibídem*, pp. 281-378; GÓMEZ PUENTE, *La inactividad...*, pp. 210-219; GONZÁLEZ PÉREZ, *Comentarios...*, pp. 411-415.

3. La actividad material de la Administración

En lo que concierne a la actividad material de la Administración, la propia escogencia del término parece exigir una aclaración previa, a los fines de distinguirla de la actividad formal, que se manifiesta a través de actos unilaterales (actos administrativos y reglamentos), o bilaterales (producto de la actividad convencional de la Administración, es decir, contratos o convenios públicos). Y ello resulta importante, pues de entrada delimita la diferenciación de esa actividad material con la llamada "vía de hecho" administrativa, término que si bien pudiera resultar equivalente, en algunos ordenamientos se presta a confusiones dado su origen en el Derecho Administrativo francés, que en ciertos supuestos la equipara a los actos administrativos inexistentes o nulos[481].

---

[481] En ese sentido, califica la adopción del término como un galicismo no afortunado: NIETO, *La inactividad de la Administración en la LJCA de 1998...*, p. 46. Cuestionando también –por varias razones– la referencia expresa al término "vía de hecho" en la Ley española: GÓMEZ DÍAZ, Ana Belén: "Recurso contra vías de hecho: Una regulación peligrosa y problemática". *Revista de Administración Pública* N° 151. Centro de Estudios Políticos y Constitucionales. Madrid, 2000, pp. 211-250, pp. 217-217. Véase también: MEILÁN GIL y GARCÍA PÉREZ, *Cuestiones actuales...*, pp. 440-445; MEILÁN GIL, *Dificultades y atajos...*, p. 1.147. Puede consultarse igualmente: LÓPEZ MENUDO, Francisco: "Objeto del Recurso Contencioso Administrativo. Artículo 30". *Revista Española de Derecho Administrativo* N° 100. *Comentarios a la Ley de la Jurisdicción Contencioso-Administrativa de 1998.* Editorial Civitas, S.A Madrid, 1998, pp. 314 y ss. Sobre el tema en general puede verse, en el caso español, entre otros: LÓPEZ MENUDO, Francisco: *Vía de hecho administrativa y justicia civil.* Universidad de Córdoba. Editorial Civitas, S.A., Madrid, 1988; SEVILLA MERINO, Ignacio: *La protección de las libertades públicas contra la vía de hecho administrativa.* Generalitat Valenciana. Editorial Civitas, S.A. Madrid, 1992; GONZÁLEZ-VARAS, Santiago: *La vía de hecho administrativa.* Editorial Tecnos, S.A. Madrid, 1994; GONZÁLEZ PÉREZ, Jesús: "Control jurisdiccional de la inactividad y de la vía de hecho". *Revista Jurídica de la Comunidad de Madrid* N° 2. 1999, Documento

en línea consultado en abril de 2009: http://www.madrid.org /cs/Satellite?c=CM_Revista_FP&cid=1109168501031&esArticulo=t rue&idRevistaElegida=1109168490942&language=es&pagename=R evistaJuridica%2FPage%2Fhome_RJU&seccion=1109168469706&sit eName=RevistaJuridica; GARCÍA ETCHEGOYEN, Marcos Federico: *La vía de hecho en la nueva regulación de la Ley de Jurisdicción Contencioso-Administrativo (extensión material de la autotutela administrativa a la vía de hecho)*. Revista E-Derecho Administrativo. Año 2001 número 1. Documento en línea: file:///C:/Users/ User1/Downloads/Dialnet-LaViaDeHechoEnLaNuevaLeyDe Juris diccionContenciosoa-238292.pdf (consulta agosto 2015); MESE-GUER YEBRA, Joaquín: *La vía de hecho como objeto de recurso*. Biblioteca básica de práctica procesal. Serie administrativa. Editorial Bosch, S.A., Barcelona, 2002; NIETO, Alejandro: "La vía de hecho omisiva". En: *Libro Homenaje al Prof. Dr. D. Rafael Entrena Cuesta*. Atelier. Barcelona, España. 2003, pp. 421-426; BURLADA ECHEVESTE, José Luis: "Una categoría que se resiste a desparecer en el Derecho Francés: La vía de hecho administrativa". Consultado en original. Trabajo publicado en la *Revista Vasca de Administración Pública* N° 67, Oñati, Bilbao, 2003; BURLADA ECHEVESTE, José Luis: *Las garantías jurisdiccionales frente a la vía de hecho de la Administración*. Instituto Vasco de Administración Pública. Oñati, Bilbao, 2004. Para el régimen costarricense, entre otros: JINESTA LOBO, Ernesto: *La tutela jurisdiccional contra las vías de hecho o las simples actuaciones materiales de la Administración Pública: La desmitificación del interdicto por vías de hecho*. Ivstitia. Año 12 N° 136. Costa Rica, 1998. Consultado en línea: http://www.ernestojinesta.com/_REVISTAS/TUTELA%20JURISDICCIONAL%20CONTRA%20LA S%20V%C3%8DAS%20DE%20HECHO%20O%20LAS%20SIMPLE S%20ACTUACIONES%20MATERIALES%20DE%20LA%20ADM INISTRACI%C3%93N%20P%C3%9ABLICA.PDF (agosto 2015); JINESTA LOBO, Ernesto: *Conducta administrativa...*, pp. 211-212. Para el ordenamiento venezolano, entre otros: RACHADELL, Manuel: "La defensa del ciudadano frente a las vías de hecho de la Administración". En: *AA.VV. Primeras Jornadas Internacionales de Derecho Administrativo "Allan Randolph Brewer Carías. Contencioso-administrativo*. Fundación Estudios de Derecho Administrativo-Editorial Jurídica Venezolana. Caracas, 1995, pp. 141-168; ARAUJO JUÁREZ, José: *Derecho Administrativo...*, pp. 873-879; LINARES BENZO, Gustavo: "La vía de hecho como objeto de la pretensión procesal administrativa". En: *El contencioso-administrativo hoy*. Jornadas 10° aniversario. Fundación Estudios de Derecho Administrativo. Caracas, 2004, pp. 129-141; HERNÁNDEZ G, José Ignacio: "La vía de hecho en la nueva Ley Orgánica del Tribunal Supremo de Justicia". En: *AA.VV.: Temas de Derecho Procesal*. Volumen I. Colección Estudios Jurídicos N° 15. Tribunal Supremo de Justicia. Caracas, 2005, pp. 665-690; HERNÁNDEZ G., José Ignacio: "La pretensión procesal administrativa frente a las vías de hecho". En: *AA.VV.: Derecho Contencioso Administrativo. Libro Homenaje al Profesor Luis Henrique Farias Mata*. Instituto de Estudios Jurídicos del Estado Lara. Librería J. Rincón. Barquisimeto, 2006, pp. 217-264; HERNÁNDEZ, José Ignacio: "Vías de hecho y contencioso administrativo". En: HERNÁNDEZ-MENDIBLE, V. (Coord.): *Derecho Administrativo Iberoamericano. 100 autores en homenaje al postgrado de Derecho Administrativo de la Universidad Católica "Andrés Bello"*. Tomo 2. Ediciones Paredes. Caracas, 2007, pp. 1.291-1.333; HERNÁNDEZ G., José Ignacio: "Breves notas sobre la vía de hecho en la actualidad de la justicia administrativa en Venezuela". En: *El contencioso-administrativo a partir de la Ley Orgánica del Tribunal Supremo de Justicia*. Fundación Estudios de Derecho Administrativo (FUNEDA). Caracas, 2009, pp. 165-181; HERRERA ORELLANA, Luis Alfonso: "La defensa de los derechos constitucionales frente a las vías de hecho: razones a favor del mantenimiento -provisional- en Venezuela del amparo constitucional en contra las vías de hecho de la Administración Pública". *Revista de la Facultad de Derecho* N° 60-61. Universidad Católica "Andrés Bello". Caracas, 2009, pp. 39-61; RAFFALLI A., Juan M: "El fomento normativo de las vías de hecho". En: *AA.VV.: Temas de Derecho Constitucional y Administrativo. Libro homenaje a Josefina Calcaño de Temeltas*. Fundación Estudios de Derecho Administrativo (FUNEDA). Caracas, 2010, pp. 493-523; TORREALBA SÁNCHEZ, Miguel Ángel: *La vía de hecho en Venezuela*. Fundación Estudios de Derecho Administrativo (FUNEDA). Caracas, 2011; TORREALBA SÁNCHEZ, Miguel Ángel: "Las demandas contra las vías de hecho en la jurisdicción contencioso-administrativa". En: *La Justicia Constitucional y la Justicia Administrativa como garante de los Derechos Humanos reconocidos en la Constitución*. Universidad Monteávila-Fundación Estudios de Derecho Administrativo. Caracas, 2013, pp. 373-397; PERNÍA REYES, Mauricio Rafael: "El control jurisprudencial de las vías de hecho. Breve aproximación conceptual, evolución y

Habida cuenta de la existencia en tales ordenamientos –*v.g.* España, Costa Rica o Venezuela (incluso más por reconocimiento jurisprudencial o doctrinario y solo posteriormente por el Derecho Positivo)– de tal asimilación de la "vía de hecho" con cierto tipo de manifestaciones de la actividad formal unilateral de la Administración, optamos por emplear el término actividad material ilegal. Entendida esta, en primer término, como aquella que realiza la Administración careciendo de título jurídico habilitante para ello, es decir, habiendo omitido la realización de los cauces legalmente previstos, que se traducen normalmente en la apertura y tramitación de un procedimiento administrativo. Procedimiento que a su vez culmina con la emanación de un acto administrativo, el cual producirá efectos una vez se verifiquen los supuestos de publicidad establecidos también por el propio ordenamiento jurídico. Esta actividad material a que aludimos se manifiesta en la modificación de la realidad física existente, con independencia de los efectos

---

perspectiva ante la Ley Orgánica de la Jurisdicción Contencioso Administrativa". En: HERNÁNDEZ-MENDIBLE, V.R. (Dir.): *La actividad e inactividad administrativa y la Jurisdicción Contencioso-Administrativa.* Colección Estudios Jurídicos N° 96. Editorial Jurídica Venezolana. Caracas, 2012, pp. 299-316; GHAZZAOUI, Ramsis: "El control contencioso administrativo sobre las vías de hecho". En: CANÓNICO SARABIA, A. (Coord.): *Actualidad del Contencioso Administrativo y otros mecanismos de control del Poder. V Congreso Internacional de Derecho Administrativo Margarita 2013.* Editorial Jurídica Venezolana. Centro de Adiestramiento Jurídico. Caracas, 2013, pp. 467-487; BADELL BENÍTEZ, *op. cit.,* pp. 281-315; ROSALES GUTIÉRREZ, Jean-Denis: "La suficiencia del título ejecutivo previo en la vía de hecho y su incidencia sobre la autotutela ejecutiva: Análisis enfocado desde la nulidad absoluta". En: *Anuario de Derecho.* Año 29, N° 29. Enero-diciembre 2012. Mérida-Venezuela, pp. 127-164. Documento en línea consultado en julio de 2013: http://www.saber.ula.ve/bitstream/123456789/37042/1/articulo5.pdf.

jurídicos que sobre la misma realidad haya podido también producir[482].

Asimismo entendemos -a los fines de este trabajo-como actividad material ilegal, aquella que se materializa encontrando aparente soporte en el título jurídico correspondiente, pero cuya justificación es solo preliminar, es decir, en la hipótesis de que la actividad de ejecución material de lo ordenado por acto administrativo o reglamento, haya excedido el objeto del mismo, por lo que el basamento de tal actividad material será solo aparente[483].

Por último, también encuadramos como actividad material de la Administración, aquella actividad que no requiere de título habilitante que se concrete en la emisión de un acto administrativo, pero que encuentra basamento jurídico en disposiciones normativas que habilitan su realización, como por ejemplo, la actividad prestacional en muchos supuestos, y que también puede ser ilegal[484], o no serlo, pero resultar susceptible de control y tutela jurisdiccional[485].

---

[482] Por su parte, GONZÁLEZ PÉREZ, *Comentarios…*, denomina a esta categoría: *actuaciones no legitimadas por acto administrativo,* aunque más adelante, acogiendo el término que le otorga el artículo 30 de la Ley española, la identifica como *vía de hecho* (*Ibídem,* pp. 415-426). No obstante, acota también que esta suele ser una actuación material, conforme a Ley de Régimen Jurídico de las Administraciones Públicas y del Procedimiento Administrativo Común (*Ibídem,* p. 417).

[483] Como puede verse, ambas hipótesis constituyen supuestos diversos de la concepción tradicional de la vía de hecho. El tercero, que no emplearemos por considerar que encuadra mejor en el tratamiento de los actos administrativos, es el de los actos administrativos nulos de pleno derecho por incompetencia o prescindencia del procedimiento administrativo. Véase nuestro trabajo: *La vía de hecho…,* pp. 125-143.

[484] Sobre el tema de la actividad material de la Administración también pueden verse, entre otras, las consideraciones que sobre ella realiza la doctrina costarricense a la luz de la Ley de ese país, y

Realizada esta precisión terminológica, veamos a continuación, de forma breve, cómo las diversas leyes bajo estudio regulan en líneas generales el control jurisdiccional de la actividad material de la Administración, dejando para capítulos posteriores el tratamiento del tema de sentencia y su ejecución en tales casos[486].

A. *Venezuela*

Iniciemos en esta oportunidad por el caso venezolano. Su ley regula el control de la actividad material ilegal de la Administración (empleando también para identificar esta el término "vías de hecho") en varios de sus preceptos, comenzando por ubicarla como objeto de la pretensión procesal administrativa (artículo 8, denominado "Universalidad del control")[487].

La pretensión que se intentará en tales casos, que será de condena como quedó de manifiesto en epígrafes previos, es denominada en algunos preceptos "reclamo" o "reclamación" (artículos 9.3, 23.4, 24.4, 25.5, 28 y 65.1) y en otros, simplemente "demanda" (artículos 23.13, 24.8, 25.8, 26.1, 33, 34, 35, 36, 66, 67

---

que más adelante comentaremos. En ese sentido, *Cfr.* JINESTA LOBO, *Conducta administrativa...*, pp. 209-213.

[485] En la hipótesis de producir un daño que se derive de una actividad material lícita pero que resulte susceptible de indemnización por producir un sacrificio particular o vulnerar el principio de igualdad ante las cargas públicas.

[486] En cuanto a los principales asuntos a tratar en el Derecho Positivo en la hipótesis del control y tutela judicial frente a las actuaciones materiales de la Administración, en lo que respecta al objeto de esta investigación no difieren en sustancia de los ya esbozados para el caso de la inactividad administrativa, por lo que remitimos a lo ya expuesto *ut supra*. Solo que en ese último caso la pretensión y sentencia será de condena a no hacer y a deshacer, y no a hacer, como contrariamente es el caso frente a la inactividad.

[487] Por supuesto, también la actividad material que no encuadre dentro de la noción de vía de hecho, será susceptible de generar responsabilidad del Estado.

y 69). El procedimiento aplicable a tales pretensiones será el breve, regulado en los artículos 65 al 75, Sección Tercera del Capítulo II, el cual está concebido como un procedimiento oral de una sola audiencia, con predominio de la inmediación y concentración procesales, salvo en la etapa de sentencia, que debe dictarse dentro de los cinco días siguientes a la culminación de la audiencia única (artículo 72, único aparte)[488].

Lacónica resulta la regulación de la sentencia frente a la actividad material, aunque es el único dispositivo que se refiere al contenido de la sentencia en el proceso administrativo en todo el texto legal. En el mismo (artículo 75), la Ley establece que en la sentencia que se dicte en este procedimiento, además de contener lo exigido en las normas procesales civiles, indicará las medidas inmediatas necesarias para el restablecimiento de la situación jurídica infringida (cabe preguntarse por qué la Ley se refiere a las inmediatas únicamente), así como, en el caso de reclamos vinculados con la prestación de servicios públicos, las medidas que garanticen la eficiente continuidad de estos,

---

[488] Ese procedimiento oral, y por tanto dominado por las reglas de la inmediación y concentración procesales, ha sido parcialmente desnaturalizado por los criterios jurisprudenciales. Véase al respecto nuestro trabajo: "Oralidad y pruebas en la Ley Orgánica de la Jurisdicción Contencioso Administrativa: Notas a propósito de la sentencia de la Sala Político-Administrativa 1177 del 24 de noviembre de 2010". *Revista de Derecho Público* N° 124. Editorial Jurídica Venezolana. Caracas, 2010, pp. 229-239, así como: KIRIAKIDIS LONGHI, Jorge: *El contencioso...*, pp. 103-105. Sobre el procedimiento breve puede verse, entre otros: PERNÍA REYES, *op. cit.*, pp. 307-317; BADELL BENÍTEZ, *op. cit.*, pp. 303-315; GHAZZAOUI, *op. cit.*, pp. 474-487; KIRIAKIDIS LONGHI, Jorge: "Notas en torno al procedimiento breve de la Ley Orgánica de la Jurisdicción Contencioso Administrativa". En: *AA.VV.: Comentarios a la Ley Orgánica de la Jurisdicción Contencioso Administrativa.* Vol. II. Fundación Estudios de Derecho Administrativo. Caracas, 2011, pp. 170-193.

así como finalmente una críptica referencia a las sanciones a que haya lugar[489].

Puede concluirse entonces que, en el caso de la Ley venezolana, más allá del avance que pueda suponer la expresa inclusión de la actividad material ilegal como objeto de la pretensión procesal administrativa, así como la asignación de un procedimiento específico para su control y tutela jurisdiccional, lo cierto es que el texto legal en cuestión prácticamente deja sin regulación el tema de la sustitución declarativa y ejecutiva del juez en la Administración, frente a este tipo de manifestación de la actividad administrativa. Ante ello, podría pensarse que el asunto es abordado en el régimen de la sentencia, en cuanto a su contenido y ejecución, pero lo cierto es que la Ley, ni regula el contenido de la sentencia más allá de lo ya descrito al referirnos al artículo 75, ni tampoco detalla la ejecución de la misma, y por tanto el contenido, alcance y límites de la potestad de sustitución ejecutiva, como tendremos la ocasión de comprobar más adelante[490].

B. *Costa Rica*

La ley Costarricense le dedica dos preceptos de especial importancia al control judicial de la actividad material admi-

---

[489] La doctrina ha sostenido la tesis interpretativa de que esas sanciones no son otras que las que corresponde imponer al juez ante el incumplimiento de la Administración de sus cargas procesales en cuanto al envío de un informe sobre las causas de la vía de hecho, la inactividad o la deficiencia en la prestación del servicio público (artículo 67 de la Ley venezolana) (*Cfr.* KIRIAKIDIS LONGHI, *Notas...*, pp. 191-192; KIRIAKIDIS LONGHI, *El contencioso...*, p. 106).

[490] Habría que intentar, casi forzadamente ante el inexplicable vacío legal, una aplicación analógica del artículo 4, único aparte, de la Ley venezolana, única disposición que se refiere, dentro de las potestades cautelares del juez, a la imposición de órdenes de hacer o de no hacer, para extender esta previsión a las potestades en la sustitución declarativa en la sentencia de fondo.

nistrativa, más allá de lo que luego se señalará con relación al contenido y ejecución de la sentencia. En ese sentido, el artículo 36 dispone: "La pretensión administrativa será admisible respecto de: (...) d) Las actuaciones materiales de la Administración Pública".

Sobre esta norma, la doctrina ha señalado que se refiere a los hechos jurídicos de las Administraciones Públicas que tienen una eficacia directa en la esfera del Administrado, y que son considerados actuaciones materiales u operaciones técnicas[491].

En ese sentido, la actividad material puede dividirse en aquella que es legítima (coacción directa, coacción anómala, prestación de servicios públicos y ejecución de actos administrativos), y la que al contrario es ilegítima, a saber, las vías de hecho, definidas como las que se dan en la hipótesis de que la Administración ejerza la coacción sin ampararse en un acto administrativo o en un servicio público que le otorgue cobertura[492].

Más adelante, la Ley Costarricense, en su artículo 42, incluye dentro de las pretensiones que pueden formularse en el proceso administrativo, que constituyen un *numerus apertus* o enumeración meramente enunciativa, las siguientes[493]:

1) El demandante podrá formular cuantas pretensiones sean necesarias, conforme al objeto del proceso.

2) Entre otras pretensiones, podrá solicitar:

 a) La declaración de disconformidad de la conducta administrativa con el ordenamiento jurídico y de todos los actos o las actuaciones conexas.

---

[491] *Cfr*. JINESTA LOBO, *Conducta administrativa...*, p. 209.

[492] *Ibídem*, p. 211.

[493] *Cfr. Ibídem*, pp. 229-230.

c) La modificación o, en su caso, la adaptación de la conducta administrativa.

d) El reconocimiento, el restablecimiento o la declaración de alguna situación jurídica, así como la adopción de cuantas medidas resulten necesarias y apropiadas para ello (…).

h) La declaración de disconformidad con el ordenamiento jurídico de una actuación material, constitutiva de una vía de hecho, su cesación, así como la adopción, en su caso, de las demás medidas previstas en el inciso d) de este artículo.

i) Que se ordene, a la Administración Pública, abstenerse de adoptar y ejecutar cualquier conducta que pueda lesionar el interés público o las situaciones jurídicas actuales o potenciales de la persona.

j) La condena al pago de daños y perjuicios.

Refiriéndose al apartado 2.a, sostiene la doctrina que se trata de una novedad en el ámbito del Derecho procesal administrativo, puesto que, habilita a solicitar, por conexión, la declaratoria de disconformidad de los actos o conductas conexas a la impugnada, ampliándose de esta manera la pretensión procesal administrativa[494]. En el mismo sentido, se califica al apartado 2.h, que prevé expresamente como objeto de la pretensión procesal administrativa a la actividad material constitutiva de vía de hecho, como una pretensión procesal mixta, declarativa y de condena, con el fin de lograr la cesación de la vía de hecho a través de la imposición de un mandato de no hacer y así superar la situación ilícita provocada por esta a través de la indemnización por daños y perjuicios o bien a través de la imposición de obligaciones de no hacer específicas[495].

---

[494]   *Ibídem*, p. 231.

[495]   *Ibídem*, p. 234.

Como puede verse, en contraste por ejemplo con la Ley Venezolana, la Costarricense de entrada prevé la consecuencia necesaria de la inclusión expresa, como objeto de la pretensión procesal administrativa, de pretensiones de condena a no hacer, lo que deja la puerta abierta para la necesaria materialización de las mismas en mandatos específicos en la emisión de una sentencia definitiva favorable al demandante, como se verá en el Capítulo correspondiente.

C. *España*

La Exposición de Motivos de la Ley española, al referirse al control y tutela judicial de la actividad material de la Administración, de forma semejante al caso de inactividad, se refiere al "recurso" que se interpone contra actuaciones materiales constitutivas de vías de hecho[496]. Agrega que mediante él se pueden "combatir" actuaciones materiales que carecen de la necesaria cobertura jurídica y que lesionan derechos o intereses legítimos.

Curiosamente, visto que no es común que el Derecho Positivo -ni siquiera las Exposiciones de Motivos- se adentre en consideraciones dogmático-procesales, el Proyectista señala que la acción (*rectius*: pretensión) "tiene una naturaleza declarativa

---

[496] Lo cual, en cierta forma resulta contradictorio con lo que más adelante se señala en la misma Exposición de Motivos, en cuanto a que el requerimiento previo potestativo ante la Administración en nada desestima la superación del carácter revisor del "recurso" contencioso-administrativo. Sin embargo, ello se explica parcialmente por continuidad terminológica más que por convicción dogmática, como ya señaló en su oportunidad la propia Exposición de Motivos de la Ley española de 1956 al aclarar el sentido del uso del término "recurso contencioso-administrativo", aunque se siga refiriendo el Proyectista de la Ley española vigente a la "impugnación". Véase al respecto, además de lo expuesto en los Capítulos previos: GONZÁLEZ PÉREZ, *Comentarios...*, pp. 430-433. Y para el caso del trámite previo en la pretensión de condena frente a la actividad material, también: GARCÍA PÉREZ, *El objeto...*, pp. 100-105.

y de condena y a la vez[497], en cierto modo, interdictal[498], a cuyo efecto no puede dejar de relacionarse con la regulación de las medidas cautelares".

Añade finalmente que por razón de la materia, la competencia de los tribunales contencioso-administrativos se explica sobradamente, habida cuenta de la histórica controversia planteada en algunos países (*v.g.* España, Costa Rica o Venezuela), con relación a la determinación del tribunal competente (contencioso-administrativo o civil) para conocer de los interdictos contra la Administración, asunto que en el caso español incluso sigue siendo objeto de discusión con posterioridad de la Ley que se comenta[499].

Al igual que para el caso de las pretensiones frente a la inactividad administrativa, la Ley no regula un procedimiento distinto al común aplicable también a pretensiones de nulidad

---

[497] Por su parte, señala GONZÁLEZ PÉREZ, *Comentarios...*, p. 449, que las pretensiones frente a la actividad material no son declarativas sino de condena.

[498] La vinculación con los modelos de procesos interdictales es cuestionada por GÓMEZ DÍAZ, *op. cit.*, pp. 219-222. Véanse también los comentarios de: NIETO, *La inactividad de la Administración en la LJCA de 1998...*, p. 60.

[499] Véanse, entre otros, los trabajos de LÓPEZ MENUDO: "Vía de hecho administrativa..., *in totum*; Reclamación previa a interdictos contra la Administración. Fin de un requisito controvertido". En: MARTÍN-RETORTILLO BAQUER, L. (Coord): *La protección jurídica del ciudadano (Procedimiento administrativo y garantía jurisdiccional). Estudios en Homenaje al Profesor Jesús González Pérez.* Tomo II. La jurisdicción contencioso-administrativa. Editorial Civitas, S.A., Madrid, 1993; y del mismo autor: Artículo 30..., pp. 314 y ss. Consúltese también: MESEGUER YEBRA, *op. cit.*, p. 8 y 14-17; BURLADA ECHEVESTE, *Las garantías...*, pp. 237-377; GONZÁLEZ PÉREZ, *Comentarios...*, pp. 421-422. Para el caso venezolano: REYES, Pedro Miguel: "La procedencia de los interdictos frente a la actividad de la Administración". *Revista de Derecho Público* N° 14. Editorial Jurídica Venezolana, 1983, pp. 47-55.

de actos administrativos, pero sí un régimen diverso en materia de tutela cautelar, lo cual ha sido objeto de controversias en la doctrina en cuanto a su conveniencia[500].

En cuanto al articulado propiamente dicho, reitera la competencia de la jurisdicción contencioso-administrativa para conocer de las pretensiones frente a las actuaciones constitutivas de vías de hecho (Artículo 13.b), e incluye a estas dentro de la "actividad administrativa impugnable" (Artículo 25.2)[501], estableciendo el requerimiento previo ante la Administración como potestativo (Artículo 30)[502].

De seguidas, la Ley española establece el contenido de la o las pretensiones frente a las actuaciones materiales, a saber, su declaración de contrariedad a Derecho, la condena a su cesación y la adopción de las medidas requeridas para el restablecimiento de la situación jurídica infringida, incluyendo la indemnización de daños y perjuicios de ser procedente (Artículos 31.2 y 32.2)[503].

La tramitación del "recurso" encuentra su regulación en los artículos 45 al 66, mediante el procedimiento en primera o única instancia, Título IV de la Ley, el cual, como ya se señaló, es aplicable en general a las diversas pretensiones procesales

---

[500] Comenzando por el cuestionamiento acerca de la dispersión de la regulación: GÓMEZ DÍAZ, *op. cit.*, pp. 211-212. Véase también: LÓPEZ MENUDO…, *Artículo 30*…, pp. 314 y ss. No obstante, también hay juicios favorables en líneas generales a la regulación de la Ley Española en este aspecto, como puede verse por ejemplo en GONZÁLEZ VARAS-IBÁÑEZ, *Artículo 32*…, pp. 332 y ss.

[501] Véase comentando ese dispositivo respecto a la actividad material, entre otros: MESEGUER YEBRA, *op. cit.*, p. 7.

[502] *Cfr.* GARRIDO FALLA, *Artículos 25 y 26*…, pp. 259 y ss.

[503] Comentando estas normas, puede verse BURLADA ECHEVESTE, *Las garantías*…, pp. 482-487, así como la bibliografía allí citada. Véase igualmente: GONZÁLEZ PÉREZ, *Comentarios*…, pp. 450-452.

administrativas[504]. Las principales peculiaridades se encuentran, la primera en la posibilidad de declarar inadmisible el "recurso" (de forma similar que en el caso de la inactividad), en la hipótesis de que "fuera evidente que la actuación administrativa se ha producido dentro de la competencia y en conformidad con las reglas del procedimiento legalmente establecido" (Artículo 51.3)[505].

La segunda regulación propia de la pretensión frente a la actuación material (que también comparte, aquí de forma idéntica, con respecto a la que se interpone frente a la inactividad), se encuentra en el régimen de la tutela cautelar. En efecto, el artículo 136 *eiusdem* establece como regla general la concesión de la medida "...salvo que se aprecie con evidencia que no se dan las situaciones previstas en dichos artículos" (debiendo entenderse ello, tal como ha señalado la doctrina, la ausencia ostensible de presunción de buen derecho), o bien que la ponderación de los intereses generales o de terceros evidencie la posible perturbación de estos, facilitando la concesión entonces de la medida. Adicionalmente, la providencia cautelar puede solicitarse antes de la interposición del recurso, en cuyo caso habrá de solicitarle su ratificación luego de esta última, so pena de que la misma quede sin efecto y el solicitante deba indemnizar los daños y perjuicios a que haya lugar[506].

---

504 Sobre los cuestionamientos a la vigente regulación española puede verse, entre otros: GÓMEZ DÍAZ, *op. cit*, pp. 211-250; GARCÍA ETCHEGOYEN, *op. cit., in totum*. Véase también: GONZÁLEZ PÉREZ, *Comentarios...*, pp. 422-426; NIETO, *La inactividad de la Administración en la LJCA de 1998...*, pp. 61-62.

505 Véanse, entre otros, los comentarios a este precepto que realiza GONZÁLEZ PÉREZ, *Comentarios...*, pp. 581-587.

506 Sobre la tutela cautelar frente a la actividad material en la Ley Española, pueden consultarse entre otros: BURLADA ECHÉVESTE, *Las garantías...*, pp. 495-505; GÓMEZ DÍAZ, *op. cit.*, pp 236-246; CHINCHILLA MARÍN, Carmen: "Artículo 136". *Revista Española de Derecho Administrativo* N° 100. Comentarios a la Ley

D. Perú

La Ley peruana desde su primer artículo incluye a la actividad material como objeto de la pretensión procesal administrativa. No otra cosa parece derivarse de la redacción de su texto, el cual no se refiere únicamente al control jurisdiccional de los actos administrativos, sino al de las actuaciones: "Artículo 1. Finalidad. La acción contencioso administrativa prevista en el Artículo 148 de la Constitución Política tiene por finalidad el control jurídico por el Poder Judicial de las actuaciones de la administración pública sujetas al derecho administrativo y la efectiva tutela de los derechos e intereses de los administrados".

No obstante, la regulación del control y tutela judicial frente a la actividad material de la Administración es bastante escueta, limitándose a los siguientes preceptos:

Artículo 4.- Actuaciones impugnables[507]. Conforme a las previsiones de la presente Ley y cumpliendo los requisitos ex-

---

de la Jurisdicción Contencioso-Administrativa de 1998. Editorial Civitas, S.A Madrid, 1998, pp. 891 y ss.; CHINCHILLA MARÍN, Carmen: "La regulación de las medidas cautelares". *Revista Justicia Administrativa número extraordinario*. Ley de la Jurisdicción Contencioso-Administrativa. Editorial Lex Nova. Valladolid, 1999, pp. 193-196. GONZÁLEZ PÉREZ, *Comentarios...*, pp. 1.233-1.236; GONZÁLEZ PÉREZ, *El derecho...*, pp. 374-381.

[507] Respecto a este término, la doctrina peruana realiza la siguiente clasificación de las actuaciones impugnables: Actuaciones (formales o materiales) realizadas por la Administración sujetas al Derecho Administrativo y actuaciones administrativas sujetas materialmente a otras ramas del Derecho (HUAPAYA TAPIA, *op. cit.*, pp. 506-508), caracterizando a las actuaciones materiales como aquellas que se expresan a través de la realización de conductas materiales, con o sin conexión con un acto administrativo formalizado (*Ibídem*, p. 507). Más adelante, y en consonancia con lo expuesto previamente en este epígrafe, se refiere a la vía de hecho administrativa, considerándola una patología y describiéndola como una actuación material que no se sustenta en acto adminis-

presamente aplicables a cada caso, procede la demanda contra toda actuación realizada en ejercicio de potestades administrativas.

Son impugnables en este proceso las siguientes actuaciones administrativas:

3. La actuación material que no se sustenta en acto administrativo[508].

4. La actuación material de ejecución de actos administrativos que transgrede principios o normas del ordenamiento jurídico[509].

---

trativo o transgrede el ordenamiento jurídico durante su ejecución (*Ibídem*, p. 514), para finalmente analizarla en el contexto peruano siguiendo las orientaciones doctrinarias españolas (*Ibídem*, pp. 691-723).

[508] Comentando esa norma, señala la doctrina peruana, en consonancia con lo expuesto en las consideraciones generales de este epígrafe respecto a la noción de actividad material: "La norma distingue dos supuestos, la actuación material que no se sustenta en un acto administrativo y aquella que al ejecutar el acto transgrede el ordenamiento jurídico. El primer caso parece evidente, pero no es así. La forma como la norma está redactada podría hacernos pensar que todo acto administrativo (*rectius*: actuación material) que no se sustenta en un acto administrativo es ilegal, lo cual no es cierto puesto que existen comportamientos materiales que se encuentran sustentados en otras actuaciones administrativas, o en normas en general. En este orden de ideas, todo comportamiento material que carece de sustento vulnera el ordenamiento jurídico..." Texto entre paréntesis añadido (GUZMÁN NAPURI, *Las actuaciones impugnables...*, p. 114).

[509] Sigue aquí el Legislador peruano la segunda modalidad de actuación material o, si se quiere "vía de hecho", a saber, aquella que se produce en la ejecución del acto administrativo al excederse su objeto. Comentando el supuesto, se señala que "...aquí la Administración Pública sí cuenta con un título ejecutivo perfecto (un acto administrativo), pero al realizar su ejecución material, trans-

Artículo 5. Pretensiones. En el proceso contencioso administrativo podrán plantearse pretensiones con el objeto de obtener lo siguiente:

3. La declaración de contraria a derecho y el cese de una actuación material que no se sustente en acto administrativo[510].

Artículo 26. Proceso Urgente. Se tramita como proceso urgente únicamente las siguientes pretensiones[511]:

1. El cese de cualquier actuación material que no se sustente en acto administrativo[512].

---

grede efectivamente los principios o normas del ordenamiento jurídico..." (HUAPAYA TAPIA, *op. cit.*, p. 861).

[510] Se trata pues de una pretensión que no se limita a pedir una declaración del juez sino que también va dirigida al cese de la actuación material (*Cfr.* SALAS FERRO, *op. cit.*, p. 230). Es decir, una pretensión de condena a dejar de hacer.

[511] Sobre el proceso urgente de la Ley peruana, pueden verse los comentarios de: SUMARIA BENAVENTE, Omar: "El Proceso "Urgente" Contencioso-Administrativo (Análisis, presupuestos y proyecciones)". *Revista de Derecho Administrativo*. Círculo de Derecho Administrativo. Lima, 2012, pp. 121-141. Véase también: OVIEDO RUIZ, Lourdes Margot: *El proceso urgente en la Ley del Proceso Contencioso Administrativo*. Documento en línea consultado en septiembre de 2015: http://es.scribd.com/doc/48470266/El-Proceso-Urgente-en-la-Ley-del-Proceso-Contencioso-Administrativo#scribd.

[512] Con lo que se plantea la duda acerca de cuál es la vía para tramitar las pretensiones previstas en el artículo 4.4. de la Ley peruana, a saber, las actuaciones materiales antijurídicas por exceder el objeto del acto administrativo que en principio debía justificarlas (*Cfr.* GUZMÁN NAPURI, *Las actuaciones impugnables...*, p. 114). A esa interrogante responde HUAPAYA TAPIA, *op. cit.*, p. 861, que sería la pretensión "tutelar" regulada en el artículo 5.2 de la Ley peruana, explicando que en tal caso, existiendo un título jurídico que en principio avala la actuación material "El juez no puede ordenar que cese la ejecución (toda vez que la Administración tiene derecho a realizarla), pero sí puede ordenar que la ejecución ma-

Como puede verse, aunque de forma breve no exenta de polémica, la ley Peruana regula el tema del control de la actividad material, dejando claro que se trata de una pretensión de condena en tal caso la que habrá de interponerse, así como delinea los poderes del juez en cuanto a su sustitución judicial. Se trata pues de un avance, al margen de las limitaciones que presenta y que han sido objeto de cuestionamientos doctrinarios.

E. *Colombia*

Por último, en el caso de la ley colombiana, prescindiremos de su referencia dado que no aborda expresamente el tema del control y tutela judicial de la actividad o actuaciones materiales de la Administración, sin perjuicio de los señalamientos que incidentalmente se vinculan con la producción de daños ocasionados por tales actuaciones susceptibles de reparación pecuniaria. Tales asuntos, relacionados con el contenido de las sentencias de condena al pago de cantidades de dinero y su ejecución, serán tratados en posteriores capítulos.

De esta breve reseña, puede concluirse preliminarmente que, con excepción del caso colombiano, el resto de las Leyes bajo estudio tratan, con mayor o menor acierto, precisión o detalle, según el caso, el control y tutela judicial frente a la actividad o actuaciones materiales de la Administración. Común es la vinculación de esta forma de la actividad administrativa, en algunos casos doctrinaria como en Perú o Costa Rica, o en los supuestos de España o Venezuela, con acogida en el Derecho

---

terial se realice conforme a derecho, lo que nos remite al contenido de la pretensión tutelar" (*Ibídem*, p. 862). En todo caso, agregamos nosotros, se trata de un aspecto adjetivo, pues lo cierto es que seguirá tratándose de una pretensión *de condena* a que cese o se corrija la actuación, como señala el propio autor (*Ibídem*, p. 864). Véanse también las consideraciones que sobre esta regulación expone: ESPINOSA-SALDAÑA BARRERA, Eloy: "Proceso Contencioso Administrativo peruano: Evolución, balance y perspectivas". *Revista de Derecho Administrativo*. Círculo de Derecho Administrativo. Lima, 2012, pp. 17-20.

Positivo, con la "vía de hecho", instituto de origen francés y que ha influido en el desarrollo del tema.

En cuando a las potestades del juez contencioso-administrativo con miras a restablecer las situaciones jurídicas subjetivas lesionadas por la actuación administrativa, aunque el asunto se retomará más adelante, cabe ya adelantar que varios textos incluso admiten desde ya la modalidad de sustitución declarativa, al prever la imposición de órdenes de no hacer o de deshacer a la Administración, lo que se complementa, en varios supuestos como se verá en el siguiente Capítulo, en el caso de la sustitución ejecutiva en la fase de ejecución forzosa de la sentencia.

Realizada esta descripción, que no ha pretendido mostrar exhaustivamente el régimen de control y tutela judicial de esas relativamente novedosas pretensiones procesales administrativas que desbordan del mero control de juridicidad de las actuaciones formalizadas, como lo son la inactividad y la actividad material administrativa, y decimos relativamente porque, como bien se evidenció en epígrafes previos, la doctrina procesal administrativa e incluso algunas leyes ya las previeron, consecuentemente con los postulados procesales modernos, procede abordar –ahora sí- el núcleo del presente trabajo.

Este no es otro que las manifestaciones concretas de las potestades de sustitución declarativa y ejecutiva que ostenta el Juez contencioso-administrativo en el fallo de mérito, conforme a cada uno de los ordenamientos bajo estudio. En ese sentido, el Capítulo que sigue retomará el tema de las diversas pretensiones procesales admisibles para garantizar el restablecimiento de las situaciones jurídicas lesionadas por la actividad administrativa, en cualquiera de sus modalidades, de acuerdo con cada Legislación, pero ahora desde el punto de vista de las sentencias (que como ya se señaló, no es más que el otro lado de la misma moneda, si se quiere) para luego estudiar el tema del contenido de las decisiones judiciales y su ejecución. En posteriores Capítulos se incluirá una referencia a las peculiaridades y avances en materia de sentencias condenatorias, así como con las soluciones planteadas por el Derecho Positivo a las principales limitaciones u obstáculos tradicionalmente existentes para lograr esa ejecución cabal postulada por los lineamientos doctrinarios y los mandatos constitucionales. Pasemos sin más preámbulos a desarrollar esos aspectos.

CAPÍTULO IV

LOS REGÍMENES DE EJECUCIÓN DE LA SENTENCIA EN EL PROCESO ADMINISTRATIVO EN LAS LEYES BAJO ESTUDIO

I. LAS MODALIDADES DE SUSTITUCIÓN SEGÚN EL TIPO DE SENTENCIA

1. *Comentarios preliminares al régimen de ejecución de las sentencias en las diversas leyes procesales administrativas*

Comencemos este epígrafe exponiendo algunas notas preliminares con relación a los dispositivos introductorios de varias leyes procesales administrativas, que establecen los lineamientos generales del régimen de ejecución de sentencias, y que en muchas ocasiones asumen total o parcialmente varias de las posiciones actuales de la doctrina Iberoamericana respecto al tema objeto de estudio. En ese sentido, la Ley española establece una serie de preceptos orientativos con relación a este asunto. La mayoría recogen los postulados teóricos y conceptuales expuestos en los capítulos precedentes[513], postulados que

---

[513] La Exposición de Motivos de la Ley Española se refiere al nuevo régimen de ejecución de sentencias en estos términos: "La Ley ha realizado un importante esfuerzo para incrementar las garantías de ejecución de las sentencias, desde siempre una de las zonas grises de nuestro sistema contencioso-administrativo. El punto de partida reside en la imperiosa obligación de cumplir las resoluciones judiciales y colaborar en la ejecución de lo resuelto, que la Constitución prescribe, y en la potestad de los órganos judiciales de hacer ejecutar lo juzgado, que la propia Constitución les atribuye. Prescripciones que entroncan directamente con el derecho a la tutela judicial efectiva, ya que, como viene señalando la jurisprudencia, ese derecho no se satisface mediante una justicia meramente teórica, sino que conlleva el derecho a la ejecución puntual de lo fallado en sus propios términos. La negativa, expresa o implícita, a cumplir una resolución judicial constituye un atentado a la Constitución frente al que no caben excusas". Comen-

sirven de marco conceptual a los breves comentarios sobre el régimen establecido por el Derecho Positivo. En ese sentido, la misma consagra en los diversos apartados de su artículo 103 los siguientes lineamientos[514].

A. *España*

   a. *La potestad de hacer ejecutar las sentencias y demás resoluciones judiciales corresponde exclusivamente a los Juzgados y Tribunales contencioso administrativos*

Aunque normas con contenidos similares son comunes en las leyes Iberoamericanas, e incluso en textos constitucionales de los países americanos de habla hispana, como ya se evidenció en Capítulos precedentes, cabe recordar que en el caso español la redacción de este apartado[515] responde a una larga

---

tando ese texto, se ha señalado que antes de la Ley, la potestad de ejecutar las sentencias era compartida por la Administración, lo cual es constitucionalmente compatible siempre que ello no se constituya en un obstáculo al ejercicio del derecho a la tutela judicial efectiva. De allí que la Ley Española recuperaría para la jurisdicción "...la totalidad de la función jurisdiccional en la que, si quedan restos de participación de la Administración, se condicionan y subordinan a las decisiones del poder judicial" (MUÑOZ MACHADO, Santiago: "Exposición de Motivos". *Revista Española de Derecho Administrativo* N° 100. Comentarios a la Ley de la Jurisdicción Contencioso-Administrativa de 1998. Editorial Civitas, S.A Madrid, 1998, pp. 232 y ss.).

[514] Este artículo 103 ha sido catalogado como "el epicentro del derecho a la ejecución de las sentencias" (GEIS I CARRERAS, Gemma: *La ejecución de las sentencias urbanísticas*. Segunda edición. Atelier. Barcelona, 2013, p. 67).Véanse también los comentarios a tal disposición de: MARTÍN DELGADO, *Función jurisdiccional...*, pp. 127-129, y de ORTEGA ÁLVAREZ, *op. cit.*, pp. 156-157.

[515] Este precepto ha sido catalogado acertadamente como una suerte de "pórtico" del régimen de ejecución de sentencias de la Ley española (REQUERO IBÁÑEZ, José Luis: "Ejecución de sentencias en la Ley de la jurisdicción contencioso-administrativa". *Revista QDL Cuadernos de Derecho Local* N° 8. Fundación Democracia y Gobierno Local. Junio 2005, p. 34. Documento en línea septiembre

evolución en el régimen legal de la potestad para ejecutar las sentencias condenatorias a la Administración, potestad que originalmente correspondía a la Administración. Situación que solo vino a cambiar parcialmente la Ley española de 1956, en una suerte de vestigio del régimen de "Justicia Retenida"[516], con ciertas similitudes a como se planteó originalmente en el contencioso-administrativo francés. Ya parte del asunto ha sido referido de forma esquemática previamente, y abundar sobre el particular excedería el propósito de esta investigación[517].

2015: http://repositorio.gobiernolocal.es/xmlui/bitstream/handle/10873/208/qdl08_03_est02_requero.pdf?sequence=3).

[516] Señala al respecto PÉREZ ANDRÉS, *Los Efectos...*, p. 31, que en tal etapa las decisiones de los Tribunales contencioso-administra-ti-vos no eran verdaderas sentencias.

[517] Véase la bibliografía y jurisprudencia citadas en el Capítulo III, epígrafe 1, en especial las referencias al marco constitucional español. En todo caso, aparte de remitir a la bibliografía ya citada, señala al respecto TORNOS MÁS, Joaquín: "Ejecución de sentencias. Artículo 103.1, 2 y 3". *Revista Española de Derecho Administrativo* N° 100. Comentarios a la Ley de la Jurisdicción Contencioso-Administrativa de 1998. Editorial Civitas, S.A Madrid, 1998, pp. 23 y ss.: "Cuando en 1888, al aprobarse la Ley de Santamaría de Paredes, la justicia administrativa pasó de retenida a delegada, se pactó que la ejecución de las sentencias permanecería en manos de la Administración. A lo largo del siglo XIX el modelo de justicia administrativa tuvo en el tema de la ejecución de las sentencias uno de sus caballos de batalla. Si al final se admitió un control externo de la actividad administrativa, no se llegó a reconocer que la ejecución de lo juzgado pasara también a instancias distintas de la propia Administración. El aforismo 'juzgar a la Administración es también administrar' estaba muy presente, por lo que la apertura hacia un verdadero sistema de control se realizó de forma parcial (...) La Ley jurisdiccional de 1956, una vez ya dentro de un sistema de control plenamente jurisdiccional, no alteró este principio, y su artículo 103 estableció que 'la ejecución de las sentencias corresponderá al órgano que hubiere dictado el acto o la disposición objeto del recurso' (...) Esta línea continua se va a modificar por la decisiva influencia de la Constitución de 1978

Lo cierto es que con la referida norma, la legislación procesal administrativa española asume de forma contundente la
regla en cuanto a que la ejecución de la sentencia corresponde
al Juez, y no a la Administración[518], en la hipótesis de que esta
última sea la parte perdidosa y condenada, en consonancia con
el marco constitucional al cual se hizo referencia en Capítulos
precedentes, y con la evolución doctrinal también antes descrita.

(...) De este modo, la aprobación de la Constitución de 1978 impondrá primero una reinterpretación de la Ley preconstitucional
de 1956, y posteriormente impulsará una nueva redacción de la
regulación de la ejecución de sentencias". Para concluir señalando
que con la Ley vigente "se cierra normativamente un ciclo histórico. El viejo privilegio administrativo de ejecutar las sentencias
(...) deja de tener cobertura legal tras la aprobación de la Ley de
1998. Ahora la Ley es precisa y no requiere de interpretaciones en
conformidad con la Constitución, pues siguiendo el contenido del
artículo 117.3 de la CE se establece que la potestad de hacer ejecutar las sentencias y demás resoluciones judiciales corresponde
exclusivamente a los juzgados y tribunales de este orden jurisdiccional". Véanse también los detallados comentarios de MARTÍN
DELGADO, *Función jurisdiccional...*, pp. 25-88, como lo expuesto
por: GEIS I CARRERAS, *op. cit.*, pp. 55-66, así como la exposición
cronológica contenida en: LÓPEZ GONZÁLEZ, José Ignacio: "El
sistema español de ejecución de sentencias condenatorias de la
Administración". En: BARNÉS VÁZQUEZ, J. (Coord.): *La Justicia
Administrativa en el Derecho Comparado*. Editorial Civitas, S.A. Madrid, 1993, pp. 375-391, quien, aunque comienza criticando dura-
mente al texto del artículo 103 la Ley de 1956, de seguidas señala
que el mismo no puede ser interpretado literalmente, ni siquiera a
la luz de su Exposición de Motivos (*Ibídem*, pp. 386-387).

[518] Aun cuando, refiriéndose al régimen legal previo a la Ley bajo
análisis, destaca por ejemplo: GONZÁLEZ PÉREZ, *Comentarios...*,
p. 999, que los tribunales contencioso-administrativos no aprove-
charon las invocaciones de la Ley de 1956 y continuaron actuando
–hasta la Constitución de 1978- como si carecieran de potestades
de ejecución frente a las entidades públicas. Similar opinión mantiene: MARTÍN DELGADO, *Función jurisdiccional...*, p. 84.

b. *Las partes están obligadas a cumplir las sentencias en la forma y términos que en éstas se dicten*

Comentando este apartado, se señala que la Administración está vinculada a la sentencia, por lo que se encuentra obligada tanto a materializar su contenido como a abstenerse de realizar actividades que obstaculicen la efectividad de la misma[519]. Para la doctrina, es este uno de los aportes del dispositivo legal en referencia (artículo 103), al establecer una equivalencia entre la Administración y el ciudadano en el proceso administrativo, haciendo énfasis en lo atinente a la ejecución forzada de la sentencia. En esta ejecución del fallo la parte ejecutada, lógicamente, no actúa como Administración, ejercitando potestades propias y actuando objetivamente al servicio de intereses generales, sino que se desempeñará como parte vencida en juicio, sometida al mandato judicial, con las matizaciones que implica la posición constitucional que ostenta[520].

---

[519] *Cfr.* MARTÍN DELGADO, *Función jurisdiccional...*, p. 136. Véase también: GONZÁLEZ PÉREZ, *Manual de Derecho Procesal...*, pp. 426-427.

[520] *Cfr.* TORNOS MÁS, *Ejecución de sentencias. Artículo 103.1, 2 y 3...*, pp. 23 y ss.

c. *Todas las personas y entidades públicas y privadas están obligadas a prestar la colaboración requerida por los Jueces contencioso-administrativos para la debida y completa ejecución de lo resuelto*[521]

En criterio de la doctrina, esta apartado del artículo 103 -aparte de que no es del todo novedoso[522]- no obstante de igualar la obligación de las personas públicas con las privadas respecto a la colaboración para la ejecución de la sentencia, debe ser interpretado de forma aún más estricta para las primeras, puesto que estarían más obligadas y, por tanto, sería a ellas a quienes habría de acudirse en primer término para el cumplimiento de ese mandato[523].

Incluso, como ya se adelantó, en el caso de las personas públicas, el régimen legal de distribución competencial no debe

---

[521] Al margen de los comentarios que se exponen en este epígrafe, de entrada la doctrina acota que se está en presencia de uno de los problemas específicos de la ejecución de la sentencia contra la Administración, a saber: la falta de capacidad de la Administración local para cumplir con sus obligaciones y la ausencia de colaboración institucional (GEIS I CARRERAS, *op. cit.*, p. 147).

[522] Puesto que ya el artículo 17.1 de la Ley Orgánica del Poder Judicial había impuesto ese mismo principio (TORNOS MÁS, *Ejecución de sentencias. Artículo 103.1, 2 y 3...*, pp. 23 y ss.).

[523] *Cfr.* TORNOS MÁS, *Ejecución de sentencias. Artículo 103.1, 2 y 3...*, pp. 23 y ss. Esa tesis viene corroborada por las disposiciones más detalladas en los modos de ejecución subsidiaria (o a costa del deudor, como también se le denomina, *v.g.* PÉREZ DEL BLANCO, Gilberto: *La ejecución forzosa de sentencias en el orden jurisdiccional contencioso administrativo. Doctrina y formularios.* Del Blanco Editores. León, 2003, p. 312), como más adelante se verá. No obstante, señala la doctrina que en la hipótesis de que se solicite la colaboración de terceros para la ejecución de lo decidido y esta no sea prestada, cabe la imposición de multas coercitivas y la deducción del testimonio por desobediencia (GEIS I CARRERAS, *op. cit.*, pp. 147-148). Sobre estas medidas auxiliares o coadyuvantes a la ejecución de la sentencia se hará referencia más adelante.

constituirse en óbice para exigir el cumplimiento de tal deber, puesto que en ese supuesto la actividad a realizar por el ente público lo será sobre la base de un mandato judicial, como ha señalado la jurisprudencia constitucional española. De allí que tales actuaciones (de ejecución de la sentencia con cargo a una Administración perdidosa y reticente al cumplimiento) no se enmarcan dentro del ejercicio de la típica actividad administrativa de las entidades públicas, sino que se trata de una instrumentalización del ejercicio de la función jurisdiccional, salvo que haya excesos en el cumplimiento de tal deber de colaboración[524]. Esa posición doctrinaria, como veremos, es además la solución que aporta expresamente al punto la Ley costarricense.

Adicionalmente, un sector de los autores señala que tal colaboración está destinada para el caso de requerirse auxilio en el ejercicio de actuaciones materiales[525].

---

[524] *Cfr.* TORNOS MÁS, *Ejecución de sentencias. Artículo 103.1, 2 y 3...,* pp. 23 y ss.; GEIS I CARRERAS, *op. cit.,* p. 148; PÉREZ DEL BLANCO, *op. cit.,* pp. 321-322. En similar sentido, se ha señalado que la actividad de ejecución de la sentencia que realiza la Administración condenada [y añadimos, una Administración distinta que sea llamada a ejecutar subsidiariamente ante la reticencia de la Administración perdidosa] es materialmente administrativa pero formalmente judicial (MARTÍN DELGADO, *Función jurisdiccional...,* pp. 195-202), al punto que los actos del ejecutor comisario le serían imputables al órgano judicial (*Ibídem,* p. 244). Por otra parte, véanse los comentarios de este último autor respecto al asunto a la luz del ordenamiento italiano en: MARTÍN DELGADO, *La ejecución subrogatoria...,* pp. 69-78.

[525] *Cfr.* TORNOS MÁS, *Ejecución de sentencias. Artículo 103.1, 2 y 3...,* pp. 23 y ss. Sobre ello se volverá más adelante.

d. *La nulidad de pleno derecho de los actos y disposiciones contrarios a los pronunciamientos de las sentencias, que se dicten con la finalidad de eludir su cumplimiento*[526]

El propósito de este apartado del artículo 103 de la Ley española sería "hacer frente al obstruccionismo administrativo que en ocasiones se produce mediante la adopción de actos reiterativos del anulado, o bien de actos fraudulentos, por distorsión del contenido del fallo"[527]. Es pues, este último precepto, un intento de respuesta a lo que ha sido caracterizado por la jurisprudencia del Tribunal Supremo Español como "la insinceridad de la desobediencia disimulada"[528] (dado que co-

---

[526] Este apartado, que consagra poderes de anulación, no está destinada directamente a la ejecución de la sentencia, sino a eliminar las trabas u obstáculos que puedan presentarse a esta (*Cfr.* MARTÍN DELGADO, *Función jurisdiccional...*, p. 139, quien analiza las implicaciones del precepto en: *Ibídem*, pp. 141-158). Comentando esta disposición, véanse también, entre otros: GONZÁLEZ PÉREZ, *Comentarios...*, pp. 1.010-1.013; BAÑO LEÓN, *Ejecución de sentencias. Artículo 103.4 y 5...*, pp. 719-726; CLAVERO ARÉVALO, Manuel: "Actuaciones administrativas contrarias a los pronunciamientos de las sentencias". En: MONTORO CHINER, M.J. (Coord.): *Libro Homenaje al Prof. Dr. D. Rafael Entrena Cuesta*. Atelier. Barcelona, España. 2003, pp. 366-379.

[527] FONT I LLOVET, *Justicia Administrativa...*, p. 823. Véanse los comentarios a este precepto del mismo autor en: *Ibídem*, pp. 824-825, así como también, entre otros, los de GEIS I CARRERAS, *op. cit.*, pp. 148-171, quien incluye recientes criterios jurisprudenciales que interpretan la norma en cuestión.

[528] Esta expresión tendría su origen en la sentencia del Tribunal Supremo Español 165 del 27 de enero de 1965, según refiere GALÁN GALÁN, Alfredo: "Los poderes del Juez en la ejecución de sentencias: Reacción frente a los actos de la Administración o del Legislador que tengan como finalidad eludir su cumplimiento". En: SÁNCHEZ LAMELAS, A. (Coord.): *La ejecución de sentencias contencioso-administrativas. IV Curso sobre la Jurisdicción Contencioso-Administrativa*. Editorial Aranzadi, S.A. Navarra, 2006, p. 135, nota al pie 5.

mo bien se señala: "La oposición abierta a cumplir los mandatos del tribunal no suele darse en la realidad jurídico-administrativa...")[529], por lo que la hipótesis que se produce en su lugar es "...que el Legislador o bien la Administración realizan una actuación que objetivamente se opone a los pronunciamientos de una sentencia y que se realiza con la finalidad de eludir su cumplimiento"[530], lo cual inclusive ha llegado a describirse como un posible vulneración al principio de división de las ramas del Poder Público[531].

Se trata aquí no de sancionar la nulidad de la falta de cumplimiento voluntario por parte de la Administración perdidosa, sino de enfrentar la emisión de actos contrarios a la decisión y destinados a eludir su ejecución. Por ende, no tiene que tratarse de actos de idéntico contenido a los anulados previamente por el órgano judicial, y ni siquiera habrán de emanar del mismo ente u órgano, pero sí recaer sobre la misma relación administrativa y sobre la misma persona respecto de la cual el fallo desplegó sus efectos[532].

Ante tal hipótesis, se busca entonces evitar maniobras tendientes a que se defraude la ejecución de la sentencia, lo que implica justamente, para que se aplique la previsión que sanciona la nulidad, que habrá de demostrarse ese componente subjetivo o intencional, a saber, la finalidad de eludir la ejecución de la decisión con la emisión del nuevo acto o disposi-

---

[529] GONZÁLEZ PÉREZ, *Comentarios...*, p. 1.002.

[530] GALÁN GALÁN, *op. cit.*, p. 136.

[531] Ibídem, p. 136. Véanse las consideraciones vertidas en ese trabajo sobre el contenido del artículo 103.4 de la Ley Española (*Ibídem*, pp. 136-146). La contrapartida de esa patología vendría dada por acoger el principio de lealtad de las partes, según propone GEIS I CARRERAS, *op. cit.*, pp. 139-144.

[532] *Cfr.* MARTÍN DELGADO, *Función jurisdiccional...*, p. 149.

ción[533]. Ello plantea el problema entonces de la necesaria tramitación probatoria, asunto para algunos no regulado expresamente[534], pero respecto del cual se ha planteado como vía de solución natural el incidente de ejecución de sentencias, o bien la interposición de un nuevo recurso, dependiendo de las particularidades del caso concreto[535].

Esas orientaciones se complementan, para el supuesto del proceso administrativo español, con lo preceptuado en el artículo 104 de la Ley que regula el mismo, dispositivo que establece la obligatoriedad de notificar de la decisión al órgano que hubiere realizado la actividad objeto del recurso, a fin de

---

[533] Aunque un sector de la doctrina –invocando el ordenamiento italiano– propone prescindir del ánimo elusivo y centrarse en la incompatibilidad objetiva del acto o disposición con la sentencia (GEIS I CARRERAS, *op. cit.*, pp. 171-172). La misma autora agrega de seguidas que habrá de operar una suerte de inversión de la carga de la prueba, en el sentido de que corresponderá a la Administración demostrar que el acto o disposición no se emitió con la finalidad de eludir el cumplimiento de la sentencia (*Ibídem*, p. 183).

[534] *Cfr.* FERNÁNDEZ VALVERDE, Rafael: "Urbanismo y ejecución de sentencias". En: SÁNCHEZ LAMELAS, A. (Coord.): *La ejecución de sentencias contencioso-administrativas. IV Curso sobre la Jurisdicción Contencioso-Administrativa.* Editorial Aranzadi, S.A. Navarra, 2006, p. 109.

[535] *Cfr.* GALÁN GALÁN, *op. cit.*, pp. 150-157. Véase asimismo: REQUERO IBÁÑEZ, *op. cit.*, p. 39. Plantea también que el incidente de ejecución de sentencia habrá de ser el procedimiento aplicable en tales casos, por ejemplo: GEIS I CARRERAS, *op. cit.*, pp. 172-181. No obstante, conviene señalar desde ya la jurisprudencia contencioso-administrativa española se muestra especialmente exigente en lo que respecta a la adecuada motivación para el caso de ejercicio de la *potestas variandi* en materia urbanística, con el propósito de prevenir que con ella se encubra la intención de no dar cumplimiento a una sentencia previa, como puede verse por ejemplo en la sentencia de la Sala de lo Contencioso del Tribunal Supremo 6217/2009 de 28 de septiembre, asunto que se retomará más adelante en el punto de la imposibilidad legal de ejecución.

que la misma se lleve a efecto y se le dé cumplimiento, así como que se indique el órgano responsable de tal cumplimiento. Asimismo, dispone ese último dispositivo legal que, transcurridos dos meses a partir de la comunicación de la sentencia (o incluso un plazo menor atendiendo a la naturaleza de lo reclamado y a la necesidad de ejecución para evitar que la decisión se haga nugatoria o que el transcurso del tiempo cause grave perjuicio)[536] sin que a ésta se le haya dado cumplimiento voluntario, cualquiera de las partes y personas afectadas puede instar su ejecución forzosa[537].

---

[536] Ese plazo sería una mera referencia máxima, ya que el cumplimiento de la sentencia puede ser inmediato (CHOLBI CACHÁ y MERINO MOLINS: *op. cit.*, p. 228). Refiriéndose a este precepto, véase también: GONZÁLEZ PÉREZ, *Comentarios...*, pp. 1.014-1.017. Sobre los plazos en el proceso de ejecución de la sentencia en la Ley española, véase entre otros: PÉREZ DEL BLANCO, *op. cit.*, pp. 174-193.

[537] Se trata de pasar del cumplimiento voluntario por parte de la propia Administración, a la "situación patológica" de incumplimiento que deriva en la ejecución forzada, en cuyo caso entran en acción las potestades de ejecución del órgano judicial (REQUERO IBÁÑEZ, *op. cit.*, p. 36). Para la doctrina, lo más importante de este precepto no estriba en su propio texto, sino en que a diferencia de la Ley de 1956, en el marco legal vigente la Administración no puede ni suspender ni decidir no ejecutar el fallo total o parcialmente (TORNOS MÁS, Joaquín: "Ejecución de sentencias. Artículo 104". *Revista Española de Derecho Administrativo N° 100. Comentarios a la Ley de la Jurisdicción Contencioso-Administrativa de 1998*. Editorial Civitas, S.A Madrid, 1998, pp. 726-730) -aunque la Ley sí establece regulación al respecto, pero la decisión correspondiente corresponderá al juez, sobre la base de los supuestos tasados en la Ley y siempre suplantando la condena original por un pago en dinero efectivo, como luego se verá-. Cabe destacar, en todo caso, que la disposición obliga a la necesaria identificación del funcionario responsable, a los efectos de individualizar la responsabilidad en caso de imposición de multas coercitivas (*Ídem*, en similar sentido: GEIS I CARRERAS, *op. cit.*, pp. 185-186, no obstante que también se ha exigido incluso una mayor indivi-

B. *Costa Rica*

En el caso de la Ley costarricense, la misma establece también, aunque de forma más escueta[538], más allá de que como se verá más adelante es bastante pormenorizada en cuanto a los aspectos concretos, un lineamiento en lo concerniente a su contenido, atinente a la sujeción al principio de congruencia procesal entre las pretensiones y la decisión correspondiente. Así, dispone su artículo 119 que la sentencia "...resolverá sobre todas las pretensiones y todos los extremos permitidos por este Código" (apartado 1), al igual que "Contendrá también el pronunciamiento correspondiente respecto de las costas, aun de oficio" (apartado 2)[539]. En todo caso, ya se evidenció en los Capítulos previos que la doctrina y jurisprudencia de ese país han acogido de forma bastante categórica los principios atinentes a la potestad del juez contencioso-administrativo para juzgar y hacer ejecutar lo juzgado, incluyendo la sustitución declarativa y ejecutiva en la Administración, ante la negativa de esta a darle cumplimiento voluntario a la sentencia. Sobre ello se volverá más adelante al revisarse el régimen del Derecho Positivo costarricense.

---

dualización, como apuntan CHOLBI CACHÁ y MERINO MOLINS, *op. cit.*, p. 230). Véanse también los comentarios que expone FONT I LLOVET, *Justicia Administrativa...*, pp. 828-829, respecto al artículo 104 de la Ley española.

[538] Quizá la falta de detalle en este punto sobre la potestad de ejecución de sentencias viene dada por la previa regulación constitucional y la tradición legal, que a diferencia de España y a semejanza de otros países Iberoamericanos, como ya se examinó en los Capítulos precedentes, no plantea problemas de envergadura similar a la evolución legislativa española.

[539] No obstante, señala la doctrina costarricense que en la Ley que regula su proceso administrativo no impera estrictamente el principio dispositivo, toda vez que las partes no son enteramente dueñas del derecho subjetivo material, aunque el Juez sí está determinado en su decisión en cuanto a que no puede decidir fuera de lo peticionado por las partes ni puede omitir pronunciamiento respecto de lo pedido por estas (GONZÁLEZ CAMACHO, *Sentencia...*, pp. 410-412).

C. *Perú*

No se aporta mayor regulación en cuanto a lineamientos generales en la Ley peruana

D. *Venezuela*

Cabe referirse entonces a la Ley venezolana. En ese sentido, la misma regula el contenido de las diversas sentencias definitivas que se deben producir en cada procedimiento. Únicamente para el caso del procedimiento breve, destinado a la tramitación de las pretensiones de condena frente a las actuaciones materiales o vías de hecho, la inactividad administrativa y la deficiente prestación de los servicios públicos, el artículo 74.1 de la Ley alude lacónicamente a que en la decisión que se dicte se debe hacer mención a las medidas necesarias para restablecer la situación jurídica infringida y, en el caso de reclamo por la prestación de servicios públicos, a las medidas que garanticen la eficiente continuidad de estos[540].

Más allá de esas escuetas referencias, no hay pues una regulación del contenido de las sentencias que deben dictarse con ocasión de la resolución de los diversos procesos administrativos, lo que hubiera sido especialmente deseable vistas las innovaciones de la Ley Orgánica de la Jurisdicción Contencioso Administrativa en relación con la legislación precedente, sobre todo en lo que se refiere a la ampliación del ámbito del objeto del proceso administrativo[541], por lo que no queda otra solución que acudir a la integración con la regulación del proceso civil.

---

[540] El artículo 74.3 se refiere también a que la sentencia debe indicar las sanciones a que haya lugar. Como bien ha destacado la doctrina (KIRIAKIDIS LONGHI, *El contencioso...*, p. 106), la alusión es peculiar, pues el juez contencioso-administrativo no tiene como finalidad en su actividad jurisdiccional el ejercicio de potestades punitivas, por lo que debe interpretarse como una referencia a la imposición de las multas pecuniarias previstas en el procedimiento como consecuencia del desacato de órdenes judiciales.

[541] Véase: TORREALBA SÁNCHEZ: *Hacia la ampliación...*, *in totum*.

Pero es que además, la carencia normativa en cuestión incide negativamente en el tema de la ejecución de la sentencia, pues aunque el correspondiente capítulo la Ley solventa parcialmente la regulación del contenido de las decisiones, no lo hace respecto a lo que debió ser el asunto concreto a regular con prolijidad, a saber, las potestades del juez contencioso-administrativo, tanto las destinadas a lograr la ejecución *in natura* del fallo por medio de la compulsión o de medidas sancionadoras a los responsables de la ejecución, como las de sustitución de este de forma directa o a través de terceros ante la falta de cumplimiento voluntario de la Administración perdidosa[542].

En efecto, al descender al estudio de los dispositivos legales concretos de la Ley venezolana, se evidencia que el tema de la ejecución de la sentencia es abordado de forma poco acabada, estableciendo en primer término unas reglas generales. En ese

---

[542] Sobre el poder de sustitución ejecutiva del juez contencioso-administrativo, *Cfr.* BELTRÁN DE FELIPE, *El poder...*, *in totum*; MARTÍN DELGADO, Isaac: *La ejecución subrogatoria...*, *in totum*. Pueden verse en la doctrina venezolana, entre otros: HERNÁNDEZ G., *El poder de sustitución...*, pp. 305-246; y del mismo autor: *Ejecución de la sentencia...*, pp. 303-331; MUCI BORJAS, José Antonio: "El Derecho Administrativo global y las limitaciones de derecho interno, para la ejecución de los fallos de condena al pago de sumas de dinero dictados contra la República. Juicio crítico sobre los privilegios y prerrogativas de la Nación a la luz de los Tratados Bilaterales de Inversión (Bits)". En: HERNÁNDEZ-MENDIBLE, V. (Coord.): *Desafíos del Derecho Administrativo Contemporáneo. Conmemoración Internacional del Centenario de la Cátedra de Derecho Administrativo en Venezuela.* Tomo II. Ediciones Paredes. Caracas, 2009, pp. 1.366-1.369. Más recientemente ha señalado GALLOTTI, *El poder...*, p. 125: "...al analizar el poder de sustitución del juez, desde la perspectiva judicial, el operador jurídico al examinar la legalidad de lo actuado por la Administración, está desarrollando una exclusiva función jurisdiccional, así como cuando analiza la legalidad de una relación jurídico privado, buscando determinar si hay lugar a la anulación de un negocio bilateral, indemnizaciones, etc...". Véanse del mismo autor las pp. 133-183.

sentido, en el artículo 107, intitulado ejecución de la sentencia, comienza disponiendo que la ejecución de esta, o de cualquier otro acto que tenga fuerza de tal, "...le corresponderá al tribunal que haya conocido de la causa en primera instancia", reiterando el principio tradicional en el ordenamiento jurídico venezolano atinente a que la ejecución de las decisiones corresponde también al Poder Judicial[543], incluyendo las sentencias dictadas contra la Administración, en cualquiera de sus personificaciones, en tal caso, en principio por el juez contencioso-administrativo.

No obstante, de seguidas el artículo 108 dispone, respecto a la "ejecución voluntaria de la República y de los Estados"[544], que en la hipótesis de condenas contra tales entes político-territoriales, deben seguirse las normas del Decreto-Ley Orgánica de la Procuraduría General de la República, y que en el caso de los municipios, se aplicarán las normas de la ley especial que

---

[543] Y es que, como se ha afirmado recientemente, no existe en Venezuela desde el punto de vista constitucional, una jurisdicción contencioso-administrativa especial y diferente a la de los otros tribunales (GALLOTTI, *El poder...*, p. 77).

[544] El título del precepto ha dado lugar a la tesis interpretativa que sostiene, basándose en el elemento literal, que la remisión al Decreto-Ley Orgánica de la Procuraduría General de la República es en cuanto a la ejecución *voluntaria*, no así respecto a la *forzada* (*Cfr.* HENRÍQUEZ LARRAZÁBAL, Ricardo: "La ejecución de las sentencias en la nueva Ley Orgánica de la Jurisdicción Contencioso Administrativa". En: *AA.VV.: III Jornadas Aníbal Dominici. Homenaje Dr. Ricardo Henríquez Laroche*. Derecho Probatorio. Fundación Estudios de Derecho Administrativo (FUNEDA). Caracas, 2011, pp. 394-395), en cuyo caso sí resultaría aplicable el procedimiento regulado en la Ley Orgánica de la Jurisdicción Contencioso Administrativa también para las sentencias contra la República y los Estados. En contra: KIRIAKIDIS LONGHI, *El contencioso...*, pp. 206-208. Véase también: GALLOTTI, Alejandro: *Las prerrogativas del Estado en el Derecho Procesal Administrativo*. Segunda Edición. Fundación Estudios de Derecho Administrativo (FUNEDA). Caracas, 2011, p. 153.

rija al Poder Público Municipal y supletoriamente, el procedimiento previsto en la Ley Orgánica de la Jurisdicción Contencioso Administrativa.

No se establecen, pues, en un solo cuerpo normativo y de forma uniforme y coherente, las que habrían de ser las pautas para la ejecución de las sentencias contra la Administración (contrariando incluso el marco constitucional antes referido, que no distingue entre el proceso de cognición y el de ejecución en cuanto a delinear sus postulados fundamentales bajo unos mismos principios y características) en cualquiera de sus personificaciones, tanto con forma de Derecho Público o Privado, según el caso. Por el contrario, se mantiene la dispersión preexistente en cuanto a la regulación de tal materia[545], según se trate de los diversos ámbitos político-territoriales en que se distribuye la organización territorial del Poder Público[546]. Ello es especialmente cuestionable si se considera que la regulación de la Ley Orgánica de la Jurisdicción Contencioso Administra-

---

[545] Que tiene su origen en que las normas de ejecución de las sentencias contra la Administración se encontraban en leyes sectoriales, tales como la Ley Orgánica de la Procuraduría General de la República (actualmente Decreto-Ley, aplicable a la Administración Nacional y a las Administraciones Estadales en lo que concierne a las prerrogativas procesales) y la Ley Orgánica de Régimen Municipal, sustituida por la Ley Orgánica del Poder Público Municipal (destinada a las Administraciones Municipales). Para el resto del sector público, las disposiciones aplicables eran las contenidas en la Legislación procesal civil.

[546] En similar sentido, véanse: HERNÁNDEZ-MENDIBLE, *La ejecución de sentencias…*, pp. 361-364 KIRIAKIDIS LONGHI, *El contencioso...*, pp. 205-206. Así por ejemplo, cabe preguntarse por qué la Ley Orgánica de la Jurisdicción Contencioso Administrativa incluye dentro de su régimen a los Institutos Autónomos (hasta entonces regulados en el tema de la ejecución de sentencias en su contra por el Decreto-Ley Orgánica de la Procuraduría General de la República por remisión del entonces vigente artículo 101 (actual artículo 100) del Decreto-Ley Orgánica de la Administración Pública), pero no así a la República.

tiva no aporta mayores innovaciones a los regímenes previos[547], por lo que, incluso en obsequio a la coherencia legislativa, un mínimo avance hubiera sido el que se unificaran los procedimientos, con independencia del nivel de la organización territorial que resultara afectado[548].

Lo cierto es que se está ante la existencia de tres procedimientos para la ejecución de las sentencias en el contencioso-administrativo, regulados en tres leyes distintas[549]. Uno para el

---

[547] Por ello, tal régimen ha sido calificado como una innovación nominal (KIRIAKIDIS LONGHI, *El contencioso...*, p. 204), y una renuncia regulatoria (*Ibídem*, pp. 205-207).

[548] Sobre la falta de innovaciones en el régimen de ejecución de sentencias en la Ley Orgánica de la Jurisdicción Contencioso Administrativa, se ha señalado que el procedimiento está prácticamente copiado del establecido en la Ley Orgánica del Poder Público Municipal, con modificaciones menores (HENRÍQUEZ LARRAZÁBAL, *op. cit.*, p. 390).

[549] Cuatro si se añade que la ejecución en contra de los particulares – y en nuestro criterio de los entes con forma de Derecho Privado distintos a las Empresas del Estado– se rige por el Código de Procedimiento Civil. En este punto discrepamos de GALLOTTI, *Las prerrogativas...*, p. 155 y *El poder...*, p. 157, quien entiende que el procedimiento de ejecución de sentencias de la Ley Orgánica de la Jurisdicción Contencioso Administrativa es igualmente aplicable a las condenas contra Fundaciones del Estado, toda vez que esas últimas no están incluidas en la enumeración legal, salvo que se entienda que se trata de una omisión en la redacción y se plantee una interpretación extensiva sobre la base de que las Fundaciones del Estado están sometidas al control de la jurisdicción contencioso-administrativa conforme al artículo 7.3. *eiusdem*. Tal tesis interpretativa nos parece plausible de *lege ferenda*, pero contraria a la redacción vigente. En cambio, sí estamos de acuerdo en que este procedimiento de la Ley que regula e proceso administrativo sí incluye el de la ejecución contra entes públicos no estatales (v.g. Colegios Profesionales), vista la expresa previsión en tal sentido contenida en el artículo 109, no así a los Consejos Comunales, que entendemos que son entes no estatales con forma de Derecho Privado que pueden ejercer *en algunos casos* funciones públicas.

caso de que la parte perdidosa sea la República o los Estados, otro para los Municipios y demás entidades locales, y el tercero, que es el que se encuentra establecido en la Ley Orgánica de la Jurisdicción Contencioso Administrativa, destinado a la regulación de la ejecución de sentencias contra los otros entes públicos y algunas entidades estatales con forma de Derecho Privado[550]

---

[550] *Cfr.* en similar sentido: KIRIAKIDIS LONGHI, *El contencioso...*, p. 208. A tenor de lo dispuesto en el artículo 109 de la Ley Orgánica de la Jurisdicción Contencioso Administrativa, estarían sometidos de forma directa y principal, a las regulaciones del Título IV, Capítulo VI (De la ejecución de la sentencia) los institutos autónomos, entes públicos y empresas en las cuales esos entes tengan participación decisiva. La redacción de la norma no es especialmente afortunada, como no lo es ninguno de los preceptos que se refieren a los entes del sector público ni a la organización administrativa en la Ley Orgánica de la Jurisdicción Contencioso Administrativa. En el caso concreto, porque los institutos autónomos *son* entes públicos. De allí que se trata de una enumeración redundante. Por otra parte, la referencia a las empresas en las que esas personas tengan participación decisiva implica que se está aludiendo a las empresas del Estado, forma jurídica que ya ha quedado definida en la Ley Orgánica de la Administración Pública (aunque la reforma por Decreto-Ley de la misma de 2008 resulta confusa en sus términos), con lo que el legislador procesal debió remitir en tal caso al término empleado en esa Ley sustantiva, a no ser que quisiera describir algo distinto (y la duda es razonable, pues la categorización de empresa del Estado que contemplaban la Ley Orgánica de la Corte Suprema de Justicia y la Ley Orgánica del Tribunal Supremo de Justicia de 2004 no era absolutamente equivalente a la definición de Empresa del Estado de la Ley Orgánica de la Administración Pública). En todo caso, con tal inclusión, la Ley Orgánica de la Jurisdicción Contencioso Administrativa continúa la tradición legislativa de los últimos años en cuanto a extender prerrogativas propias de los entes públicos a entes con forma de Derecho Privado, como ya se ha tenido la ocasión de señalar en otras oportunidades (véase entre otros: TORREALBA SÁNCHEZ, Miguel Ángel: "Las demandas contra los entes públicos". En: *AA.VV.: Manual de Práctica Forense. Contencioso Administrativo.* Editorial Jurídica Venezolana. Caracas, 2009, p. 69). En este supuesto, se aplica la regulación de la ejecución de

(En realidad serían cuatro regímenes, pues como ya se señaló, en los supuestos en que la parte demandada hayan sido particulares, se aplicaría enteramente la regulación procesal civil).

De allí que, vista la peculiaridad del Derecho Positivo venezolano, a los fines de exponer ese régimen, y de tener un panorama de la situación de ese país en el asunto bajo análisis, habrá que referirse no solo a la Ley Venezolana que regula el proceso administrativo (la Ley Orgánica de la Jurisdicción Contencioso-Administrativa), sino a las Leyes sectoriales que continúan vigentes y que contienen regímenes similares mas no idénticos, es decir, el Decreto-Ley Orgánica de la Procuraduría General de la República y la Ley Orgánica del Poder Público Municipal –e inclusive al Código de Procedimiento Civil–. Consideramos que esta necesidad metodológica evidencia de entrada que, en el caso venezolano, la Ley que regula el proceso administrativo no lo hace con una mínima suficiencia ni siquiera respecto a su ámbito subjetivo o destinatarios, en el caso de la ejecución de la sentencia contencioso-administrativa.

Otra de las carencias de la Ley venezolana en el tema de la ejecución de la sentencia, no es sin embargo exclusiva de la misma. En ese sentido, al igual que la Ley peruana, solo regula

---

las sentencias contra la Administración a entes que se crean con forma de Derecho Privado y que pretenden funcionar prevalentemente bajo el régimen de este, y no del Derecho Administrativo. Sobre el punto, más recientemente se ha señalado: "en muchas ocasiones pareciera que el legislador y en otras ocasiones el juez (ya que este también ha asumido la tendencia de otorgar a través de decisiones judiciales beneficios procesales) no se detienen a ponderar los intereses en juego..." (GALLOTTI, *El poder...*, pp. 91-92), para más adelante agregar: "...la visión cada más amplia de los Tribunales Contencioso Administrativo (sic) ante dichos privilegios y prerrogativas, comienzan a hacer prácticamente nugatorio el ejercicio de las pretensiones judiciales y la existencia de los medios cautelares, puesto que siempre se justifica la protección del Estado en virtud de los fines que este persigue (interés general)" (*Ibídem*, p. 115).

la ejecución de las decisiones de condena[551]. Ello sería admisible quizá en el supuesto de que hubiese establecido reglas detalladas respecto al contenido de las sentencias declarativas y constitutivas, y que en el caso de estas, previera el contenido de estos tipos de sentencias así como sus efectos o consecuencias (como por ejemplo las Leyes española y costarricense), partiendo de la premisa procesal de que las sentencias mero-declarativas no requieren ejecución, y en el caso de las constitutivas, en principio no demandarían una reglamentación detallada de ésta[552]. Pero como ello no es así, aunque serían las sentencias de condena las que por antonomasia demandarían una regulación al detalle en cuanto a sus modalidades de ejecución, el vacío es especialmente llamativo respecto a todo tipo de decisiones.

Ahora bien ¿cuál sería entonces el ámbito de aplicación del procedimiento de ejecución de sentencias regulado en la Ley Orgánica de la Jurisdicción Contencioso Administrativa venezolana? De acuerdo con el artículo 109, la ejecución volunta-

---

[551] De hecho, la Ley peruana es aún más insuficiente sobre este particular, puesto que solo regula la ejecución de las sentencias de condena al pago de cantidades de dinero. No obstante, hay que tomar en cuenta que ambos instrumentos legislativos parten de un contexto histórico y legislativo distinto, por lo que la limitación en el caso peruano es más comprensible.

[552] Ello es cierto en estricta lógica procesal, como advierten por ejemplo MORÓN PALOMINO, Manuel: *Derecho Procesal Civil. Cuestiones Fundamentales*. Marcial Pons. Madrid, 1993, p. 334, y ORTELLS RAMOS, Manuel: *Derecho Procesal Civil*. Segunda Edición. Aranzadi Editorial. Elcano, Navarra, 2001, pp. 712-713. No obstante, en el caso del proceso administrativo, muchas veces habrán de realizarse ciertas actuaciones complementarias a la mera emanación del fallo de fondo para lograr que este produzca sus efectos, como se evidencia por ejemplo en otras legislaciones Iberoamericanas, y según ha señalado la doctrina venezolana al referirse al restablecimiento de la situación jurídica en los casos de anulaciones con efectos hacia el pasado (BREWER-CARÍAS, *Nuevas tendencias…*, p. 226).

ria[553] sería contra los otros entes no sometidos al régimen de las leyes sectoriales antes referidas (por tanto, distintos a la República, los Estados y los Municipios), lo cual lo corrobora el contenido del precepto, el cual establece:

> Cuando los institutos autónomos, entes públicos o empresas en los cuales estas personas tengan participación decisiva resultasen condenados por sentencia definitivamente firme, el tribunal, a petición de parte interesada, ordenará su ejecución. A estos fines, notificará a la parte condenada para que dé cumplimiento voluntario a la sentencia dentro de los diez días de despacho siguientes a su notificación. Durante ese lapso, se podrá proponer al ejecutante una forma de cumplir con la sentencia. Las partes podrán suspender el lapso establecido para la ejecución voluntaria por el tiempo que acuerden.

La redacción de esa disposición no deja de ser cuestionable en cuanto a que se prevé la posibilidad de que se "proponga" al ejecutante una forma de cumplir con la sentencia, habida cuenta de que la manera de ejecutar el fallo no puede ser otra que conforme a los términos en que se dictó la parte dispositiva del mismo, por lo que la única interpretación racional y con-

---

[553] Queda entonces la duda acerca de si la remisión a las otras leyes es únicamente en cuanto a la ejecución voluntaria mas no así a la forzosa. Por nuestra parte, prescindiendo del elemento literal de los títulos de los preceptos, entendemos que no, habida cuenta de que no parece lógico que la Ley hubiera establecido un régimen distinto según se tratara de la ejecución voluntaria mas no así de la forzada, siendo que esta última es la que requiere de mayor regulación. A ello cabe agregar que la Ley Orgánica de la Jurisdicción Contencioso Administrativa no se destaca por su precisión terminológica o alardes técnicos, por lo que de entrada cualquier interpretación basada únicamente en el elemento literal debe ser vista con especial precaución. De allí que, aunque nos parece que la intención de la tesis interpretativa antes referida es plausible en cuanto a su finalidad, no se ajusta a la *Mens Legis*, que optó por regular de forma únicamente supletoria a la legislación preexistente el tema de la ejecución de las sentencias contra los entes político-territoriales.

forme al derecho constitucional a la tutela judicial efectiva es
que esa "proposición" (que vendrá de la parte condenada[554])
solo puede plantearse en el ámbito de la discrecionalidad, o de
la opcionalidad, que haya dejado los términos de la sentencia, y
nunca contra estos[555]. No obstante, la redacción constituye un
cierto avance respecto a las disposiciones antecedentes de esta,

---

[554] La escasa precisión en la determinación de quién hace la proposición ha llevado a la doctrina a sostener que incluso puede hacerlo
la parte ganadora del proceso (KIRIAKIDIS LONGHI, *El contencioso…*, p. 209), lo cual no compartimos sobre la base de lo expuesto en la siguiente nota al pie.

[555] En similar sentido, se ha sostenido la necesidad de una interpretación restrictiva de tal potestad para proponer la forma de ejecución del fallo dentro de los límites de la opcionalidad que se des-
prenda de la sentencia, sobre la base de análogos argumentos a
los aquí expuestos, pues es al Juez a quien corresponde juzgar y
ejecutar lo juzgado (UROSA MAGGI, Daniela: "De la actuación
del Municipio en Juicio". En: *AA.VV.: Ley Orgánica del Poder
Público Municipal*. Colección Textos Legislativos N° 34. 2° edición.
Editorial Jurídica Venezolana. Caracas, 2005, pp. 505-506). Y es
que: "…la Administración no es libre de decidir si ejecuta o no la
sentencia. Todo lo contrario, está obligada a cumplir esa sentencia
en sus propios términos" (HERNÁNDEZ G., *Ejecución de la sentencia…*, p. 309). Véase también: CANOVA GONZÁLEZ, Antonio:
*Reflexiones para la reforma del sistema contencioso administrativo vene-
zolano*. Editorial Sherwood. Caracas, 1998, p. 333. Esas aseveracio-
nes se basan en los postulados de la Teoría General de Proceso, en
cuanto a que, como ha sostenido la doctrina española (y reiterando lo expuesto en capítulos previos): "La ejecución ha de llevarse a cabo en sus propios términos de la resolución, de acuerdo
con el fallo, que es el que contiene el mandato de la Sentencia, sin
posibilidad de modificarlo. En consecuencia, si un Tribunal se
aparta sin causa justificada de lo provisto en el fallo de la Sentencia que debe ejecutarse, o introduce una cuestión nueva no contenida en dicho fallo, está vulnerando el artículo 24.1 C.E. y por
tanto es nula la resolución en que se opera la modificación" (PICÓ
I JUNOY, *op. cit.*, p. 76). Véase también sobre el imperativo constitucional de la ejecución en sus propios términos, entre otros:
CATALÁ COMAS, Chantal: *Ejecución de condenas de hacer y no
hacer*. José María Bosch Editor. Barcelona, España, 1998, pp. 35-52.

a saber, los actuales artículos 99 y 100 del Decreto-Ley Orgánica de la Procuraduría General de la República[556] y 158 de la Ley Orgánica del Poder Público Municipal.

En efecto, los dos primeros preceptos antes referidos disponen, en una redacción bastante enrevesada, que, una vez dictada y notificada la sentencia que declara perdidosa a la República, la Procuraduría General de la República (órgano que la representa judicialmente) y el órgano de la Administración que corresponda, debe informar sobre la forma y oportunidad de ejecución del fallo dentro de unos plazos. Transcurridos los mismos, la parte interesada (es decir, la parte ejecutante y gananciosa de la sentencia), puede aprobar o rechazar la proposición, y en el último caso, el Tribunal habrá de fijar otro plazo para que se presente nueva propuesta. Solo a partir del vencimiento del último de los lapsos sin que haya sido presentada una segunda proposición o si ella no es aprobada por la parte ejecutante, el juez contencioso-administrativo "debe determinar la forma y oportunidad de dar cumplimiento a lo ordenado por la sentencia", de acuerdo con los procedimientos que más adelante se comentarán.

Por su parte, el artículo 158 de la Ley Orgánica del Poder Público Municipal dispone que la sentencia dictada en contra del municipio debe ser notificada al Alcalde o a la autoridad de

---

[556] Su más reciente reforma acudiendo al fraudulento mecanismo de que se "reimprime por fallas en los originales" publicada en Gaceta Oficial 6.220 Extraordinario del 15 de marzo de 2016. Sobre esta cuestionable práctica del Ejecutivo de modificar subrepticiamente textos legales invocando la existencia de errores materiales, véanse entre otros: HERNÁNDEZ-MENDIBLE, Víctor Rafael: "Sobre la nueva reimpresión por supuestos errores materiales de la Ley Orgánica del Tribunal Supremo, octubre 2010". *Revista de Derecho Público* N° 124. Editorial Jurídica Venezolana. Caracas, 2010, pp. 110-111; SILVA ARANGUREN, Antonio: "Tras el rastro del engaño en la web de la Asamblea Nacional". *Revista de Derecho Público* N° 124. Editorial Jurídica Venezolana. Caracas, 2010, pp. 112-113.

la entidad municipal respectiva, a fin de que estos den cumplimiento voluntario dentro de un plazo, o bien propongan al ejecutante una forma de cumplir con la sentencia. Rechazada esa proposición, las partes pueden suspender el lapso de ejecución voluntaria para realizar "actos de composición voluntaria", y transcurrido el plazo en cuestión es cuando se procede a la ejecución forzada.

Se constata entonces que ambas regulaciones, cada una con sus matices, le otorgan potestades a las Administraciones perdidosas que exceden las que pueden tener al dar cumplimiento a una sentencia[557], visto que lo que procede en tal supuesto es el cumplimiento estricto de la misma, y solo ante la hipótesis de que el fallo haya dejado cierta opcionalidad[558] a la Administración condenada, es que habría lugar a discusión al respecto[559].

Más incluso en ese último supuesto, esa determinación en modo alguno puede dejarse a la única iniciativa de la parte

---

[557] Destaca al respecto la doctrina, refiriéndose a las reglas de la ejecución de la sentencia de la Ley Orgánica de la Procuraduría General de la República, que el carácter jurisdiccional de tal ejecución, impuesto por el artículo 253 constitucional, queda matizado con tal regulación, aunque luego complementa señalando que tales normas no pueden ser interpretadas literalmente por cuanto la forma de cumplir el fallo no puede depender de la voluntad de la Administración (HERNÁNDEZ G., *Ejecución de la sentencia...*, p. 313). Sobre el mismo punto, se ha llegado a catalogar a la fase de cumplimiento voluntario de las sentencias en la Ley Orgánica de la Jurisdicción Contencioso Administrativa como de "negociación tripartita", entre el Juez, el ejecutante y el ejecutado (HENRÍQUEZ LARRAZÁBAL, *op. cit.*, p. 384).

[558] En el caso venezolano, véanse las referencias a la discrecionalidad y a la opcionalidad en el ámbito de la ejecución de sentencias, en: HERNÁNDEZ G., *El poder de sustitución...*, pp. 316-323.

[559] Por ello no puede dársele preponderancia al mero elemento literal en la redacción de tales disposiciones, toda vez que implicaría aceptar que es la Administración a quien corresponde ejecutar las sentencias en su contra (GALLOTTI, *Las prerrogativas...*, p. 144).

perdidosa ni a la simple aceptación del ganador. Esa afirmación se basa en que se trata de un asunto de estricta legalidad en el cual el juez contencioso-administrativo, como director del proceso a tenor de su propia función jurisdiccional y tal como lo reconoce el artículo 4 de la Ley Orgánica de la Jurisdicción Contencioso Administrativa, es quien debe asumir un rol protagónico en el estudio de las circunstancias del caso concreto para determinar la forma en que se materializará ese cumplimiento voluntario, sin que ello signifique prescindir de la intervención de las partes en obsequio a la garantía del debido proceso.

Téngase en cuenta en ese mismo sentido, que se trata de la materialización de la potestad, consagrada constitucionalmente en el caso venezolano, de ejecutar y hacer ejecutar sus sentencias (artículo 253), como ya se vio en los Capítulos precedentes, lo que no puede quedar librado a la buena voluntad de sus destinatarios. Y es que, dada su propia naturaleza, el ejercicio de ella es irrenunciable para el juez, quien tiene el deber, además de garantizar el derecho a la tutela judicial efectiva, de darle cumplimiento a la faceta objetiva de la referida potestad.

E. *Colombia*

En relación con la Ley colombiana, el contencioso-administrativo de ese país, como ya se adelantó previamente, constituye un caso especial respecto al resto del marco de Derecho Positivo bajo análisis. Ello en primer lugar, porque cabe recordar que Colombia es el único de los países Iberoamericanos que actualmente mantiene una estructura de jurisdicción contencioso-administrativa hasta cierto punto dualista, a semejanza del contencioso francés[560]. No obstante esa peculiaridad (que dicho sea de paso, no fue la solución adoptada en Colombia sino ya entrado el pasado siglo, y que acaba de alcanzar una

---

[560] Aunque por diferentes razones al modelo original en el caso colombiano. Véase por ejemplo: SANTOFIMIO GAMBOA, *Tratado...Contencioso Administrativo...*, pp. 26-27, 53-54 y 130.

centuria de existencia)[561], como se vio precedente en el estudio de los marcos normativos, ese Consejo de Estado actualmente forma parte de la rama Judicial de Poder Público, por lo que puede sostenerse que de igual forma se trata de una noción de Justicia Administrativa susceptible de encuadramiento en un modelo Iberoamericano[562].

En efecto, más allá de la estructura organizativa, de las denominaciones de varias de sus instituciones, y de cierta concepción del contencioso-administrativo como algo no siempre equivalente al Derecho Procesal, lo cierto es que no se trata de un sistema calcado del original francés, sino más bien de una adaptación de algunas de sus instituciones. Por tanto, también es el resultado de la adopción de nociones más próximas al modelo de Justicia Administrativa Iberoamericano[563], como en parte ya se ha destacado y sobre lo que se volverá más adelante de forma incidental.

---

[561] Para la evolución histórica del contencioso-administrativo colombiano, pueden verse, entre otros: SANTOFIMIO GAMBOA, *Tratado...Contencioso Administrativo...*, pp. 132-133; y con mayor detalle: SANTOFIMIO GAMBOA, Jaime Orlando: *Tratado de Derecho Administrativo. Introducción a los conceptos de la Administración Pública y el Derecho Administrativo*. Universidad Externado de Colombia. 3° edición. Bogotá, 2003, pp. 312-333.

[562] *Cfr. Ibídem*, pp. 331-333; SANTOFIMIO GAMBOA, *Tratado... Contencioso Administrativo...*, pp. 132-133.

[563] De allí que se haya enfatizado, refiriéndose al Derecho Administrativo y a la Justicia Administrativa colombianos: "...la clara influencia que obtuvo del derecho español e indiano; e igualmente a la tardía imposición del derecho administrativo francés a partir de la segunda década del siglo XX, formándose de esta manera con los aportes doctrinales y jurisprudenciales (...) un especial régimen de carácter sustancial y un *sui generis* de sistema de control de la administración pública, en nuestra opinión mixto, que combina la herencia judicialista con la influencia continental europea de la dualidad de jurisdicción" (SANTOFIMIO GAMBOA, *Tratado...Introducción...*, p. 19).

Empero, y retomando la afirmación respecto a la especialidad del contencioso-administrativo colombiano, hay al menos dos aspectos que llaman la atención de este, que se relacionan entre sí, y que hasta cierto punto confirman la peculiaridad del mismo con relación al resto de los ordenamientos bajo estudio[564]. Nos referimos, en primer término, al énfasis impuesto por la Ley Colombiana al tema de la enumeración y descripción de los diversos "medios de control" existentes, la mayoría determinados por el objeto de la pretensión en cada caso, o bien, en conjunción con el tipo de petitorio esgrimido en ciertas hipótesis[565]. Ello determina entonces, como ya se adelantó pre-

---

[564] Además de los ejemplos de Derecho Positivo que aquí se exponen, interesa recordar como peculiaridad en el caso colombiano incluso el sentido que se les da a algunos términos. Así por ejemplo, un sector de la doctrina señala que hay que distinguir entre contencioso administrativo y Derecho Procesal Administrativo. El primero se referiría a las normas y principios reguladores de los procesos llevados ante los tribunales jurisdiccionales especializados, mientras que el segundo se vincularía con las reglas y principios reguladores del procedimiento administrativo seguido ante órganos también administrativos (*Cfr.* SANTOFIMIO GAMBOA, *Tratado...Contencioso Administrativo...*, pp. 65-66). Aunque se emplean pues términos comunes al resto de los sistemas jurídicos de Justicia Administrativa estudiados, el significado es distinto, por no decir diametralmente opuesto al menos en este caso.

[565] Señala la doctrina al respecto que: "Se acoge la teoría que en el derecho procesal se denominó 'teoría moderna de la acción', según la cual la acción es un derecho autónomo, público y abstracto de acudir al Estado para hacer valer una pretensión y obtener un pronunciamiento respecto de la misma. Por tanto, se trata de un concepto unívoco, prefiriéndose no hablar de acciones sino hacer referencia a 'medios de control'" (SARRÍA OLCOS, Consuelo: "Medios de contro". En: *AA.VV.: Código de Procedimiento Administrativo y de lo Contencioso-Administrativo. Ley 1437 de 2011.* Comentado y concordado. José Luis Benavides Editor. Universidad Externado de Colombia. Bogotá, 2013, p. 304). En similar sentido, véase: BASTIDAS BÁRCENAS, *op. cit.*, pp. 293-294. En realidad, como ya señalamos en los dos primeros Capítulos, da la impresión que en el caso de la Ley colombiana, el cambio es mas

viamente, que aunque en principio la Ley Colombiana adopta el término de pretensión procesal –e incluso su significado más aceptado– al regular el tema de la acumulación de pretensiones (artículo 165), en la mayoría de los supuestos la noción no es empleada en su acepción común (o al menos, la empleada en este trabajo). En cambio, tal instituto viene a ser sustituido por una suerte de elenco de "medios de control" distintos, a disposición de la persona frente a la actividad administrativa[566], y

terminológico que de fondo respecto de sus antecedentes, pues no se adopta la noción de la pretensión procesal como objeto del proceso, sino que en lugar de aludirse a "acciones", se hace referencia es a "medios de control", como punto de partida que determina el diseño estructural de proceso administrativo. Ello parece confirmarlo la propia doctrina, al destacar que: "...es claro que el legislador suprimió la denominación de 'acciones' y la sustituyó por 'medios de control', pero mantuvo respecto de cada uno de ellos su propia definición y regulación (...) Es decir, que no dejó libertad para acudir ante el Estado a obtener cualquier pronunciamiento mediante cualquier medio de control, sino que reguló las diferentes pretensiones que se pueden hacer valer ante la jurisdicción contencioso administrativa, mediante cada uno de los medios de control, estableciendo para cada uno de ellos su propia regulación, en algunos casos con requisitos, oportunidades y hasta procedimientos diferentes" (SARRÍA OLCOS, *Medios...*, pp. 305-306). Sobre el punto puede también consultarse las críticas, refiriéndose a la legislación previa pero extensible a la vigente, de: RAMÍREZ ARCILA, *op. cit.*, pp. 142-157. Véanse también las consideraciones expuestas en los dos primeros Capítulos.

[566] Como ya se señaló precedentemente, se trata de una tradición en la Justicia Administrativa colombiana, no obstante que también ha sido objeto de cuestionamientos, al señalarse, por ejemplo, refiriéndose a la teoría de los móviles y finalidades para determinar la competencia y régimen jurisdiccional del contencioso-administrativo: "...la teoría es un reflejo de la prolongación de algunos dogmas en cuanto a la estructuración de los contenciosos de nulidad y de plena jurisdicción que están llamados a ser recogidos y evaluados a esta altura de nuestra evolución institucional, sobre todo el de la multiplicidad de acciones especializadas para cada caso contencioso (....) En la hora actual se hace cada vez más necesario **retomar la idea de la acción única contencioso adminis-**

que responden o son correlato al tipo de actividad administrativa que se pretende cuestionar o respecto de la cual se impetra tutela judicial.

Pero a su vez, y este es el segundo dato a considerar, el tema de la sentencia y su ejecución no está desarrollado con igual detalle[567]. Y más bien, todo parece indicar que es la Ley actual la que le ha dedicado mayor atención al asunto, habida cuenta de que hasta su entrada en vigor la competencia para la ejecución de las sentencias dictadas por los Tribunales y Juzgados contencioso-administrativos se distribuía entre éstos y los Tribunales ordinarios o del Poder Judicial[568].

---

trativa con la posibilidad de multiplicidad de pretensiones de conformidad con los móviles y las necesidades de los interesados y de la vulneración del principio de legalidad por la administración..." (negrillas añadidas) (SANTOFIMIO GAMBOA, *Trata-do...Contencioso Administrativo...*, p. 141).

[567] Señala la doctrina que los artículos 297 al 299 de la Ley colombiana pretenden, mas no logran, ordenar el proceso ejecutivo, puesto que en realidad tales preceptos: "...no se ocupan de regular un trámite de ejecución especial, sino que se limitan a hacer precisiones en cuanto a los documentos que tendrán el carácter de títulos ejecutivos (...) fijan plazos y procedimientos especiales para la ejecución de sentencias adversas a los intereses estatales (sic) y remiten, como era de esperarse, aunque sin la claridad necesaria, a las normas del procedimiento civil que regulan el proceso ejecutivo de mayor cuantía" (ESTRADA SÁNCHEZ, Juan Pablo: "Proceso Ejecutivo". En: *AA.VV.: Código de Procedimiento Administrativo y de lo Contencioso-Administrativo. Ley 1437 de 2011*. Comentado y concordado. José Luis Benavides Editor. Universidad Externado de Colombia. Bogotá, 2013, p. 594).

[568] Aunque ello se mantiene todavía de forma parcial, por ejemplo en el segundo supuesto previsto en el artículo 298 de la Ley colombiana. Como antecedente del punto puede señalarse que solo en materia de contratación estatal y a partir de 1993, fue cuando la Jurisdicción Contencioso-Administrativa colombiana comenzó a conocer de los procesos de ejecución de las controversias derivadas de esos contratos (*Cfr.* entre otros: SANTOFIMIO GAMBOA,

Y no solo eso, sino que el proceso destinado a la ejecución de tales decisiones no estaba contemplado en la regulación del contencioso-administrativo, sino que esta remitía (y hasta cierto punto la Ley actual mantuvo esa orientación) a los procesos ejecutivos establecidos en la legislación procesal civil[569]. Como luego se verá, la Ley colombiana entonces no contempla una fase propiamente dicha para la ejecución de la sentencia, sino que prevé un proceso *ad hoc*, sin que deje de regular –aunque de modo fragmentario, disperso y poco sistemático– varios asuntos de primordial importancia para ésta.

Dadas estas peculiaridades del contencioso-administrativo colombiano, antes de entrar a comentar el régimen de la ejecución de sentencias, e incluso hasta el tipo de sentencias contempladas en él, resulta necesario hacer algunas precisiones que permitan una mejor comprensión y ubicación de tal régimen legal en cuanto a la descripción de sus principios y lineamientos.

Tratado…Contencioso Administrativo…, pp. 292-293 y 651-661; SUÁREZ HERNÁNDEZ, Daniel: "El proceso ejecutivo ante la Jurisdicción de lo Contencioso Administrativo y el Cobro Coactivo. De los procesos de ejecución ante la Jurisdicción Contencioso Administrativa". *Revista del Instituto Colombiano de Derecho Procesal* N° 20. Bogotá, 1996, pp. 52 y 83 (Documento en línea: http://www.icdp.co/revista/articulos/20/DanielSuarez.pdf. consulta noviembre 2014); ESGUERRA PORTOCARRERO, Juan Carlos: *El proceso ejecutivo contencioso administrativo y la Jurisdicción Coactiva.* Revista del Instituto Colombiano de Derecho Procesal N° 20. Bogotá, 1996, pp. 136-138. (Documento en línea: http://www.icdp.org.co/revista/articulos/20/10-%20EL%20PROCESO%20EJE CUTIVO%20CONTENCIOSOS%20ADMINISTRATIVO.pdf, consulta noviembre 2014); LÓPEZ BLANCO, Hernán Fabio: *Instituciones de Derecho Procesal Civil Colombiano. Parte Especial.* Tomo II. Octava edición. Dupre Editores. Bogotá, 2004, pp. 612 y 630-632.

[569] Sobre el punto pueden verse, entre otros: SANTOFIMIO GAMBOA, *Tratado…Contencioso Administrativo…*, pp. 639-661; SUÁREZ HERNÁNDEZ: *op. cit.*, pp. 49-83, especialmente las pp. 54-55.

Así pues, en primer término, la Ley colombiana le dedica un título (el IX) a regular el "Proceso Ejecutivo", apartándose entonces de la tendencia iberoamericana en cuanto a concebir la ejecución de la sentencia como una fase adicional al proceso administrativo de cognición, que tendrá lugar ante la falta de cumplimiento voluntario del fallo por la parte perdidosa. Todo indica que parece tratarse, en primer término, de darle continuidad a la legislación previa que adoptaba la misma solución[570], pero también a la propia posición no meramente doctrinaria[571], sino con respaldo en el Derecho Positivo, que concibe a la fase o etapa de ejecución de la sentencia como algo "adicional", e incluso "distinto" del proceso propiamente dicho (al menos en el caso del contencioso-administrativo)[572], aun

---

[570] Cfr. entre otros: SUÁREZ HERNÁNDEZ, op. cit., pp. 61-63.

[571] Sobre los antecedentes doctrinarios en cuanto a entender a la ejecución de la sentencia contencioso-administrativa originariamente como una atribución competencial que desemboca en una nueva "acción", véase, entre otros: ESGUERRA PORTOCARRERO, op. cit., pp. 138-141. De allí que aunque existen declaraciones principialistas que sostienen que la jurisdicción contencioso-administrativa conoce de los procesos ejecutivos, también se aclara que para el caso colombiano ellos se refieren fundamentalmente al llamado cobro coactivo por parte de las entidades públicas y a la materia de la contratación estatal (Cfr. SANTOFIMIO GAMBOA, Tratado...Contencioso Administrativo..., pp. 639-640), asunto que la Ley actual cambió parcialmente.

[572] Por ello se señalaba hace dos décadas, comentando el contencioso-administrativo colombiano, a propósito de la atribución a estos órganos judiciales del conocimiento de los procesos ejecutivos en materia de contratación estatal, que: "...ello significa trascender del ámbito meramente cognoscitivo, que tradicionalmente ha caracterizado a sus distintas modalidades de acción..." (ESGUERRA PORTOCARRERO, op. cit., p. 141). Y es que es tradicional la concepción de que el contencioso-administrativo colombiano es básicamente un ámbito de conocimiento de procesos de cognición y no de ejecución (Cfr. LÓPEZ BLANCO, op. cit., p. 632). A lo anterior hay que añadir que en la Ley Colombiana, existe –lo cual no es nuevo– un procedimiento administrativo

cuando cabe preguntarse respecto a la plena armonía de tal visión con el marco constitucional del derecho a la tutela judicial efectiva y del derecho a la ejecución cabal de la decisión judicial como atributo de éste, visto en Capítulos precedentes.

En efecto, llama por ejemplo la atención que el artículo 179 de la Ley Colombiana dispone que las etapas aplicables al proceso administrativo son (supletoriamente a cualquier disposición que establezca un trámite o procedimiento especial): la primera, que va desde la presentación de la demanda hasta la audiencia inicial; la segunda, que inicia desde la finalización de la anterior hasta la culminación de la audiencia de pruebas, y la tercera, que comienza desde la terminación de la anterior, y "comprende la audiencia de alegaciones y juzgamiento, y culmina con la notificación de la sentencia".

Es este, en nuestro criterio, un primer elemento que denota la escasa atención prestada por el Legislador colombiano al tema de la ejecución de la sentencia, al extremo de no considerarla una etapa o fase del proceso administrativo[573], probable-

---

para el cobro coactivo de las acreencias por parte de la Administración, y un proceso judicial que se lleva a cabo ante la jurisdicción contencioso-administrativa, lo que no deja de suscitar problemas (*Cfr.* ESTRADA SÁNCHEZ, *op. cit.*, p. 594; SANTOFIMIO GAMBOA, *Tratado… Contencioso Administrativo…*, pp. 642-643).

[573] Llama la atención en ese mismo sentido que algún sector de la doctrina, al analizar el marco legal previo a la Ley actual, no abordase el tema de la sentencia y su ejecución en obras dedicadas al estudio general del contencioso-administrativo colombiano, sino el del proceso o acción ejecutiva, dentro de las vías procesales, como por ejemplo: PALACIO HINCAPIÉ, *op. cit.*, pp. 364-405, o que en los primeros trabajos dedicados a comentar la Ley, al momento de exponer sus avances en relación con la tutela judicial efectiva, nada se dice respecto a la sentencia y su ejecución (*Cfr.* CORREA PALACIO, *op. cit.*, pp. 79-103). Por consiguiente, han sido las obras dedicadas al estudio del proceso civil, las que incluyen un capítulo destinada a la regulación de los procesos ejecutivos en el contencioso-administrativa (*V.g.* LÓPEZ BLANCO, *op. cit.*, p.611-632).

mente porque entiende que la ejecución de esta, según el caso y como más adelante se expone, es concebida, o bien como un trámite o procedimiento meramente administrativo, o bien como un nuevo proceso, en este caso, de índole ejecutiva.

En ese mismo orden de ideas, en el ya referido Título IX, la Ley colombiana regula al proceso ejecutivo, comenzando en el artículo 297 por un asunto que lógicamente, es de primera importancia. A saber, cuáles documentos pueden considerarse título ejecutivo y, por tanto, son aptos para interponer la correspondiente pretensión procesal ejecutiva[574]. Entre ellos, y dejando de lado los cuestionamientos que la doctrina ha hecho a la redacción de los correspondientes dispositivos[575], a los efectos del presente trabajo, el que resulta de más interés es el primer supuesto, en el que se le reconoce el carácter de título ejecutivo a: "1. Las sentencias debidamente ejecutoriadas proferidas por la Jurisdicción de lo Contencioso Administrativo, mediante las cuales se condene a una entidad pública al pago de sumas dinerarias"[576].

---

[574] Cabe recordar que el sistema de Justicia Administrativa Colombiano ha sido calificado como mixto, y la tradición histórica del país así lo evidencia. En la materia que nos ocupa, el conocimiento de los procesos ejecutivos originalmente correspondía a la jurisdicción ordinaria, así como la aplicación de las reglas procesales civiles (*Cfr.* SANTOFIMIO GAMBOA, *Tratado... Introducción...*, pp. 331 y ss; LÓPEZ BLANCO, *op. cit.*, p. 625), y esto último aún se mantiene en la actualidad como tendrá la ocasión de exponerse.

[575] *Cfr.* ESTRADA SÁNCHEZ, *op. cit.*, pp. 594-598.

[576] Los otros títulos ejecutivos son: Las decisiones dictadas con ocasión de la realización de mecanismos alternativos de solución de conflictos, en las que las entidades públicas queden obligadas al pago de sumas de dinero en forma clara, expresa y exigible; Los contratos y demás documentos vinculados con éste en los que consten obligaciones claras, expresas y exigibles, a cargo de las partes intervinientes en tales actuaciones, y las copias auténticas de los actos administrativos con constancia de ejecutoria, en los

En ese sentido, conforme ha destacado la doctrina y ya se adelantó, la Ley vigente se aparta de la regulación anterior, en la cual, la competencia para conocer de los procesos ejecutivos de las decisiones de la jurisdicción contencioso-administrativa, no siempre correspondía a ésta, sino que la variable determinante era el objeto de la pretensión respecto de la cual se había dictado la sentencia, combinado con algún otro criterio según el caso[577]. Por el contrario, la Ley colombiana bajo análisis asume también como competencia irrestricta de los órganos de la jurisdicción contencioso-administrativa, el conocimiento de los procesos ejecutivos "derivados de las condenas impuestas y las

---

cuales conste el reconocimiento de un derecho o la existencia de una obligación clara, expresa, y exigible a cargo de la respectiva autoridad administrativa. Véanse los comentarios respecto al tratamiento de los títulos ejecutivos en el régimen legal colombiano previo de, entre otros: SANTOFIMIO GAMBOA, *Tratado…Contencioso Administrativo…*, pp. 648; SUÁREZ HERNÁNDEZ, *op. cit.*, pp. 55-57; PALACIO HINCAPIÉ, *op. cit.*, pp. 370-390.

[577] Sobre el punto se ha señalado: "En materia de procesos ejecutivos y la posibilidad de que la jurisdicción conociera de ellos, existió durante la preparación de proyecto una discusión muy intensa. En efecto, se discutió si dado el carácter especializado de la jurisdicción contencioso administrativo era necesario que ella conociera de procesos ejecutivos. Sin embargo, al avanzar en las discusiones se impuso la tesis positiva, por cuanto en los procesos ejecutivos por diversas razones terminan discutiéndose aspectos propios del derecho administrativo, razón por la cual es necesario que los mismos sean del conocimiento de esa jurisdicción. En este sentido el Código establece que son parte del objeto de la jurisdicción contenciosa los ejecutivos derivados de las condenas y las conciliaciones aprobadas por dicha jurisdicción, así como los provenientes de laudos arbitrales en que hubiere sido parte una entidad pública; e, igualmente los originados en los contratos celebrados por esas entidades" (CÁRDENAS MEJÍA, *op. cit.*, p. 289). Como puede verse, incluso respecto a la Ley vigente, se planteó la posibilidad de no regular los procesos ejecutivos (entre los que se incluye la ejecución de sentencias contencioso-administrativas), lo cual se aparta de las tendencias de los otros ordenamientos bajo estudio.

conciliaciones aprobadas por esta jurisdicción, así como los provenientes de laudos arbitrales en que hubiere sido parte una entidad pública; e, igualmente los originados en los contratos celebrados por esas entidades" (artículo 104.6)[578].

No parecen haberse producido mayores modificaciones, en cambio, en lo atinente al régimen previo respecto a la aplicación de la legislación procesal civil, específicamente la que rige a los procesos ejecutivos, como marco regulador del proceso de ejecución de sentencias de los Tribunales contencioso-administrativos. Ello además es lo que se desprende del mandato contenido en el artículo 299 de la Ley colombiana, al ordenar que: "Salvo lo establecido en este Código para el cobro coactivo a favor de las entidades públicas[579], en la ejecución de los títulos

---

[578] Llama también la atención el que un sector de la doctrina se ha preguntado acerca de la justificación para que los procesos ejecutivos en materia de contratación estatal correspondan ser tramitados y decididos por la jurisdicción contencioso-administrativa a la luz de la Ley colombiana vigente (*Cfr*. FERNÁNDEZ RODRÍGUEZ TAMAYO, Mauricio: *La acción ejecutiva ante la Jurisdicción Administrativa*. Segunda edición. Colección Textos de jurisprudencia. Editorial Universidad del Rosario. Bogotá, Colombia, 2007, p. 19. Documento en línea consultado en noviembre de 2014: http://books.google.co.ve/books?id=T5wvICjlBiUC&pg=PP9&hl=es&source=gbs_selected_pages&cad=2#v=onepage&q&f=false).

[579] Cobro coactivo que consiste en un procedimiento que en principio es administrativo con control judicial *ex post* (artículos 98 al 101 de la Ley Colombiana) -aunque también opcionalmente puede ser judicial- por el cual la Administración se encarga directamente de ejecutar directamente las obligaciones a su favor contenidas en los actos administrativos expedidos por esta, por lo que en tal hipótesis el asunto no corresponde ser ventilado en principio ante la jurisdicción contencioso-administrativa (*Cfr*. ESTRADA SÁNCHEZ, *op. cit.*, p. 598). Para los antecedentes de tal instituto y su regulación procedimental y procesal previa, véanse entre otros: SUÁREZ HERNÁNDEZ, *op. cit.*, pp. 78-81; PALACIO HINCAPIÉ, *op. cit.*, pp. 367-370; *Cfr*. LÓPEZ BLANCO, *op. cit.*, pp. 611-630. Este último autor destaca las dificultades de armonizar este procedimiento administrativo con los lineamientos constitu-

derivados de las actuaciones relacionadas con contratos celebrados por entidades públicas, se observarán las reglas establecidas en el Código de Procedimiento Civil para el proceso ejecutivo de mayor cuantía", regla esta que no ha dejado de suscitar cuestionamientos, pues parece ir en contra del artículo precedente de la misma Ley, como posteriormente se expondrá[580].

De tal suerte que la modificación de la Ley Colombiana en este aspecto respecto al Derecho Positivo previo solo es parcial, y no deja de suscitar interrogantes de diversa índole, que solo la jurisprudencia y la doctrina habrán de responder en su oportunidad[581].

---

cionales respectivos, lo que lo lleva a afirmar –citando jurisprudencia del Consejo Estado- su excepcionalidad, visto que se trata de una hipótesis en el cual el propio acreedor tiene el privilegio de ejecutar la deuda a su favor (*Ibídem*, p. 613), así como a tratar de delimitar en qué supuestos procedía el cobro coactivo a través del procedimiento administrativo y en qué otros mediante el proceso judicial de ejecución llevado ante el Consejo de Estado o los Tribunales Civiles dependiendo del caso, tema este último que el autor calificó –a la luz de la regulación previa– como "un espinoso asunto" (*Ibídem*, p. 630). Se trata, sin duda alguna, de un caso peculiar en el ámbito de los procesos administrativos bajo estudio, que genera polémicas en la doctrina dada la duplicidad de regulaciones en cuanto al establecimiento de títulos ejecutivos para el caso de los procesos ejecutivos judiciales (Véase: ESTRADA SÁNCHEZ, *op. cit.*, p. 594), y cuyo estudio detallado excedería el objeto de este trabajo.

580   *Cfr*. ESTRADA SÁNCHEZ, *op. cit.*, p. 596.

581   Sobre el punto se señala críticamente: "…hubiera sido de mucha utilidad precisar en el nuevo Código que el procedimiento a seguir cuando se formule una demanda ejecutiva será el que se señale en el Código General del Proceso. Sin embargo (….) tal precisión no se hace y solo por la vía de la interpretación de las confusas disposiciones se arriba a la conclusión de que de cara a la inexistencia de un procedimiento especial para la ejecución de títulos ejecutivos ante la jurisdicción de lo contencioso adminis-

No obstante, como ya también se adelantó, sí existen una serie de reglas especiales sobre la ejecución de las sentencias (o de algunas de ellas), sobre todo en lo que concierne a la ejecución de decisiones que condenan el pago de cantidades de dinero. Pero antes de comenzar a revisar con cierto detalle éstas, resulta necesario describir someramente el tema de las diversas pretensiones (y correlativamente las diversas sentencias) que pueden dictarse en el proceso administrativo colombiano.

En ese orden de ideas, sin menoscabo de lo señalado en los dos primeros Capítulos de este trabajo, resalta en primer término que la regla en materia de pretensiones es la común a la Teoría General del Proceso, a saber, la posibilidad de acumular cuantas pretensiones sean necesarias para obtener el restablecimiento de la situación jurídica lesionada por la actividad administrativa. Así lo dispone el artículo 165 de la Ley colombiana, al establecer que "En la demanda se podrán acumular pretensiones de nulidad, de nulidad y de restablecimiento del derecho, relativas a contratos y de reparación directa, siempre que sean conexas..." siempre que se cumplan los requisitos procesales respectivos, a saber, que se no produzcan las causales que determinan la imposibilidad de acumular.

Por tanto, salvo que haya incompetencia del juez para conocer de las diversas pretensiones[582], que las pretensiones sean excluyentes, que haya operado la caducidad respecto de alguna, o que deban tramitarse por procedimientos distintos, la acumulación es una regla aceptada, en consonancia con las ten-

---

trativo, forzoso es utilizar el del estatuto procesal" (*Cfr. Ibídem*, p. 595).

[582] E incluso tal hipótesis encuentra su matización, toda vez que en el caso de acumulación de pretensiones de nulidad de nulidad con cualquier otro tipo, el juez competente será el llamado a conocer de la nulidad, y en la hipótesis de litisconsorcio pasivo en el cual uno de los litisconsortes sea un particular, también opera el fuero atrayente contencioso-administrativo, a tenor de lo previsto en el apartado 1 del artículo 165 de la Ley colombiana.

dencias modernas que van alineadas a los atributos de la tutela judicial efectiva (íntimamente vinculadas además en este asunto, al principio *pro actione*)[583].

Sin embargo, visto que la Ley colombiana establece un elenco de medios procesales (medios de control son denominados), que responden parcialmente al tipo de pretensión interpuesta[584], en el sub-epígrafe siguiente se incluirá cada una en su correspondiente categoría, aclarando una vez más, primero, que no se trata de compartimientos del todo estancos[585]. Y en

---

[583] Véase al respecto, por ejemplo: GONZÁLEZ PÉREZ, Jesús: *El derecho...*, pp. 75-80.

[584] Como ya se adelantó, la Ley actual pretendió, según se señala en su Exposición de Motivos, sustituir la noción tradicional de "acciones", por la de "medios de control", aunque no queda del todo claro cuál fue el cambio más allá del terminológico. Y es que hay que tomar en cuenta que ese elenco de "acciones" tiene, según la doctrina, sus raíces en el texto constitucional, viniendo a ser desarrollado por el Legislador sobre la base de las concepciones francesas clásicas del contencioso-administrativo (exceso de poder y plena jurisdicción), pero que en el caso colombiano tienen sus variantes y especificidades (*Cfr.* SANTOFIMIO GAMBOA, *Tratado... Contencioso Administrativo...*, p. 129). Un estudio general de las "acciones" (ahora "medios de control") contempladas en el contencioso-administrativo colombiano, puede verse, entre otros, en: PALACIO HINCAPIE, *op. cit.*, pp. 207-540.

[585] No obstante, la acumulación de pretensiones sí puede determinar que se opte por una "acción" o "medio de control", empleando los términos de la Ley colombiana, frente a otro. Así por ejemplo, en el caso de las pretensiones de nulidad de actos administrativos, si se plantea conjuntamente en la demanda el restablecimiento automático de un derecho, la misma se tramitará conforme a las reglas aplicables a ese medio de control mixto. Ello no es una innovación de la Ley, pues en el ejemplo planteado, se está acogiendo la jurisprudencia del Consejo de Estado respecto a "...la teoría de los motivos y las finalidades para establecer la procedibilidad de las acciones de nulidad y de nulidad y restablecimiento del derecho", previamente denominado plena jurisdicción (*Cfr.* SARRÍA OLCOS: *Artículo 137*, pp. 140-159).

segundo lugar, que en el caso de las pretensiones de nulidad, su ubicación como pretensiones declarativas o constitutivas dependerá –una vez más– de los efectos que se le atribuyan a la sentencia en cada caso, lo cual será consecuencia también de lo pedido en la pretensión como regla general[586]. Y en ese sentido, la Ley colombiana, salvo en un caso, aunque aporta orientaciones respecto a la determinación de las consecuencias de cada fallo dictado con relación a sus destinatarios (efectos o no frente a terceros distintos a las partes), no lo hace de igual forma en lo atinente a sus efectos en el tiempo[587].

---

[586] Comentando la legislación previa, se señaló: "Desde una perspectiva estrictamente procesal, la sentencia en lo contencioso administrativo puede retomar los conceptos tradicionales del procesalismo civilista, porque en realidad comparte sus formas y ritualidades, mas no su esencia y razón de ser, vinculada a propósitos de legalidad e interés general (...) Así las cosas, y dentro del principio de coherencia entre pretensiones, excepciones y sentencia que se predica en el derecho procesal civil, podemos sin mayores dificultades hablar de algunas modalidades de sentencias como las declarativas, condenatorias o constitutivas. En otras palabras, el sentido que adopte el fallo dentro del proceso depende de lo pedido, pudiendo incluso, de conformidad con la acción intentada, entroncarse varias fórmulas de estas, como por ejemplo en la acción de restablecimiento, en donde puede haber declaración y condena, o en las contractuales. O simplemente declarativas como en las acciones de nulidad" (SANTOFIMIO GAMBOA, Tratado... Contencioso Administrativo..., p. 584). Aunque en el caso de las pretensiones de nulidad, el mismo autor señala, como luego se verá, que la regla en el Derecho Colombiano es el de la declaración de nulidad relativa, en cuyo caso más bien serían pretensiones de tipo constitutivo, de adoptarse la distinción en el plano procesal entre nulidades absolutas y relativas en relación con los actos administrativos.

[587] Y es que inclusive respecto a las pretensiones de nulidad de los Decretos dictados por el Gobierno Nacional que tengan como causa alegatos de inconstitucionalidad (artículos 237.2 de la Constitución y 189, segundo aparte, de la Ley Colombiana), parecieran que determinarán una sentencia constitutiva, vistos los

En efecto, el artículo 189 de la Ley colombiana establece los siguientes lineamientos en cuanto a las consecuencias subjetivas de las sentencias:

Primero: Efectos *erga omnes* para la declaración de nulidad de un acto administrativo.

Segundo: Efectos *erga omnes* para la desestimación de una pretensión de nulidad de un acto administrativo en lo atinente a la *causa petendi*.

Tercero: Efectos *ex nunc* de la declaración de nulidad por inconstitucionalidad de los Decretos dictados por el Gobierno Nacional, salvo que el Juez disponga otra cosa.

Cuarto: Efectos *inter* partes en procesos relativos a contratos, reparación directa, cumplimiento y restablecimiento del derecho.

Expuesto lo anterior, a continuación se describen –volviendo al estudio panorámico de las diversas Leyes– las principales formas de sustitución declarativa y ejecutiva del juez contencioso-administrativo en la Administración perdidosa de un proceso, a la luz del marco del Derecho Positivo ya referido, partiendo del somero estudio previo de las diversas sentencias

---

efectos a futuro de la nulidad que le otorga la Ley. Si ello es así para los vicios de mayor gravedad, tendría sentido entender que también para las restantes pretensiones de nulidad. Esto tiene su vinculación con el hecho de que, al menos antes de la entrada en vigencia de la Ley actual, la doctrina colombiana entendió que ante la falta de posición en el Derecho Positivo, solo puede haber pronunciamientos de simple nulidad (relativa), más allá de la falta de criterios unívocos en la jurisprudencia del Consejo de Estado (*Cfr.* SANTOFIMIO GAMBOA, *Tratado… Contencioso Administrativo…*, pp. 154-155). En todo caso, hay que recordar que la tesis de las nulidades absolutas como categorías opuestas a las nulidades relativas, aunque recogida en el Derecho Positivo de algunos de los ordenamientos bajo estudio, encuentra objeciones teóricas sobre todo si se pretende aplicar irrestrictamente en el ámbito judicial.

que tienen cabida en tales instrumentos legales. Es de hacer notar que se trata de una división que obedece a criterios teóricos y con fines meramente metodológicos, toda vez que en muchos supuestos, tanto en la propia regulación como en los casos judiciales, lo usual resultará encontrar sentencias que son tanto mero-declarativas (en realidad toda sentencia lo es), como a la vez constitutivas, o incluso de condena. Ello, habida cuenta de que el restablecimiento de las situaciones jurídicas subjetivas lesionadas por la actividad administrativa, cometido fundamental de la jurisdicción contencioso-administrativa una vez evidenciada la procedencia de la correspondiente pretensión, implica en múltiples ocasiones la adopción y ejecución de mandatos de diversa índole. Por todo lo anterior, en ocasiones se incluirá el mismo supuesto normativo contenido en los textos legales bajo análisis en los diversos tipos de pronunciamientos[588].

En todo caso, como ya se señaló, la clasificación es el correlato lógico de la que se establece para el estudio de las pretensiones procesales[589], a saber: declarativas, en las que se pide

---

[588] Y es que: "En realidad, lo habitual es que las pretensiones que se planteen en los recursos contencioso-administrativos por los recurrentes sean de naturaleza mixta, es decir, que se simultaneen pretensiones declarativas con otras constitutivas y de condena, con lo que también se obtendrán sentencias mixtas" PÉREZ ANDRÉS, *Los Efectos...*, p. 57). Véase también: *Ibídem*, p. 156. Y es que como señala HUERGO LORA, *Las pretensiones de condena...*, p. 27: "Las pretensiones de condena pueden deducirse aisladamente o acumuladas a otras, lo que a su vez admite diversas variantes".

[589] Y es que: "Para saber cómo se puede llegar al cumplimiento de la sentencia, es decir, qué efectos produce este acto judicial respecto a sus destinatarios y de qué poderes es necesario dotar al órgano que la dicta, hay que determinar previamente qué puede ordenar la sentencia, lo que a su vez depende directamente del tipo de pretensiones que se pueden deducir..." (HUERGO LORA, *Las pretensiones de condena...*, p. 29). Cabe destacar que este autor considera carente de coordinación a la Ley española en este asunto (*Ibídem*, p. 279).

el reconocimiento de una determinada situación jurídica, constitutivas, a través de las que se peticiona una declaración judicial que crea, extingue o modifica una situación jurídica, y de condena, en las que se solicita la imposición de una determinada prestación al demandado[590]. Para mayor detalle al respecto en el plano dogmático, remitimos a los Capítulos precedentes.

2. *Sentencias mero-declarativas*

A. *España*

Comencemos por la Ley española[591]. Del contenido de la Sección 8°, Capítulo I del Título IV, encuadran en la categoría de sentencias declarativas (destinadas al reconocimiento formal de una situación jurídica preexistente):

Artículo 68.

1. La sentencia pronunciará alguno de los fallos siguientes:

a) Inadmisibilidad del recurso contencioso-administrativo.

Artículo 70.

1. La sentencia desestimará el recurso cuando se ajusten a Derecho la disposición, acto o actuación impugnados[592].

---

[590] Para el Derecho Procesal Costarricense, véanse entre otros: JINESTA LOBO, *Pretensiones...*, pp. 223-237; GONZÁLEZ CAMACHO, *Sentencia...*, pp. 442-443. En el caso español, puede verse entre otros: PÉREZ ANDRÉS, *Los Efectos...*, pp. 56-57, y específicamente para las pretensiones de condena: HUERGO LORA, *Las pretensiones de condena...*, in totum.

[591] Una referencia a los diversos tipos de pretensiones en el contencioso-administrativo español a la luz del Derecho Positivo, puede verse, entre otros, en: HUERGO LORA, *Las pretensiones de condena...*, pp.43-52.

[592] Se incluye la sentencia desestimatoria en esta categoría toda vez que, como ya se señaló en el Capítulo II, "...toda sentencia desestimatoria es siempre meramente declarativa..." (REBOLLO PUIG,

Artículo 72.

1. La sentencia que declare la inadmisibilidad o desestimación del recurso contencioso-administrativo sólo producirá efectos entre las partes[593].

2. La anulación de una disposición o acto producirá efectos para todas las personas afectadas. Las sentencias firmes que anulen una disposición general tendrán efectos generales desde el día en que sea publicado su fallo y preceptos anulados en el mismo periódico oficial en que lo hubiera sido la disposición anulada. También se publicarán las sentencias firmes que anulen un acto administrativo que afecte a una pluralidad indeterminada de personas[594].

3. La estimación de pretensiones de reconocimiento o restablecimiento de una situación jurídica individualizada sólo producirá efectos entre las partes[595].

Manuel: "Artículos 72 y 73". *Revista Española de Derecho Administrativo N° 100. Comentarios a la Ley de la Jurisdicción Contencioso-Administrativa de 1998.* Editorial Civitas, S.A Madrid, 1998, pp. 517-537). En similar sentido: GONZÁLEZ PÉREZ, *Manual de Derecho Procesal...*, p. 364. Sobre los efectos de estas sentencias, véase entre otros: PÉREZ ANDRÉS, *Los Efectos...*, pp. 115-153.

[593] Además de lo ya expuesto en los Capítulos precedentes, sobre los efectos jurídico-procesales y jurídico-materiales de las sentencias que declaran la inadmisibilidad, véase en el Derecho Procesal Administrativo Español, entre otros: GONZÁLEZ PÉREZ, *Manual de Derecho Procesal...*, pp. 412-416; PÉREZ ANDRÉS, *Los Efectos...*, pp. 105-108, así como sobre la posibilidad de extender sus efectos a terceros: *Ibídem*, pp. 109-113, más allá de lo que se agregará más adelante sobre ese último tema.

[594] Comentando los problemas interpretativos que este precepto puede dar lugar, véanse entre otros: REBOLLO PUIG: *Artículos 72 y 73...*, pp. 517-537; PÉREZ ANDRÉS, *Los Efectos...*, pp. 172-179 y 205-248.

[595] Al respecto, REBOLLO PUIG, *Artículo 72 y 73...*, pp. 517-537, califica a la pretensión que puede dar lugar al tipo de sentencias a que se refiere este apartado, como "de plena jurisdicción". En si-

No obstante, tales efectos podrán extenderse a terceros en los términos previstos en los artículos 110 y 111.

B. *Costa Rica*

Por su parte, como ya se adelantó en los Capítulos previos, la Ley costarricense, cónsona con el sistema de pretensiones enunciativas contenido en su artículo 42, establece en su artículo 122 un amplio elenco del potencial contenido de toda sentencia contencioso-administrativa estimatoria de la pretensión procesal. En esa lista encuadran como efectos propios de las sentencias mero-declarativas, más allá de como ya se destacó que los diversos supuestos también pueden dar lugar a otro tipo de fallos[596], como se evidenciará en los sub-epígrafes

---

milar sentido: PÉREZ ANDRÉS, *Los Efectos…*, p. 158; GIMENO SENDRA, MORENO CATENA y SALÁS SÁNCHEZ, *op. cit.*, pp. 63-64. Ya hemos destacado previamente nuestro parecer –que sigue la doctrina también citada en los capítulos previos– en lo que respecta a la conveniencia de adoptar la clasificación procesal de pretensiones declarativas, constitutivas, de condena y ejecutivas. En todo caso, también aquí se ve que tales categorías no son compartimientos estancos, puesto que como se señala, el precepto aquí ubicado como regulador de sentencias mero-declarativas puede también dar lugar a otro tipo, y usualmente así sucede, por cuanto: "…esas declaraciones van normalmente unidas a otra de anulación de manera que la sentencia, además de reconocer o restablecer una situación jurídica individualizada, anula un acto o un reglamento" (REBOLLO PUIG, *Artículo 72 y 73…*, pp. 517-537). De allí que nos inclinamos por la terminología empleada por ejemplo por HUERGO LORA, *Las pretensiones de condena…*, pp. 27 y 185, quien señala como acumulación de pretensiones de nulidad y de condena, la de anulación de un acto administrativo o un reglamento, conjuntamente, para el caso de que sea estimada, una pretensión indemnizatoria por los daños derivados de la aplicación del acto anulado.

[596] En similar sentido, se señala respecto de las sentencias mero declarativas que: "En el contexto del Derecho Administrativo su uso es generalmente matizado o combinado con otro tipo de pronunciamientos, pues la mayor de las veces, aunque se busque la declaración de un determinado estadio jurídico, en el fondo, por

posteriores, los siguientes supuestos del referido dispositivo, para lo cual se ha mantenido la división de los apartados por letras que el mismo establece, a saber: a) Declarar la disconformidad de la conducta administrativa con el ordenamiento jurídico y de todos los actos o actuaciones conexos[597]; d) Reconocer, establecer o declarar cualquier situación jurídica tutelable, adoptando cuantas medidas resulten necesarias y apropiadas para ello; y e) Declarar la existencia, la inexistencia o el contenido de una relación sujeta al ordenamiento jurídico-administrativo[598]. Frente a tales hipótesis, como regla, la Ley no detalla modo de ejecución alguno, probablemente partiendo de la premisa general de que las sentencias mero-declarativas no requieren de ejecución.

Empero, el texto legal sí se ocupa de los efectos de las sentencias, incluso de los atinentes a las decisiones mero declarativas. Así por ejemplo, en cuanto a la sustitución declarativa en el caso de la declaración de nulidad de actos administrativos. En ese sentido, el artículo 131 adopta la clásica distinción entre declaración de nulidad absoluta y de nulidad relativa (anulación). En el primer supuesto, esto es, de nulidad absoluta, le

---

los efectos de la relación jurídica o el acto mismo, se generan efectos propios de naturaleza constitutiva" (GONZÁLEZ CAMACHO, *Sentencia...*, p. 442), para luego agregarse: "...casi ninguno de los pronunciamientos es estrictamente puro, pues prácticamente todos tienen características mixtas", salvo el caso de las sentencia desestimatorias por inadmisibilidad o improcedencia, que tendrían carácter meramente declarativo (*Ibídem*, p. 444). Puede verse pues la coincidencia doctrinaria con el caso español ya comentado respecto a la clasificación.

[597] Se trata de la clásica sentencia declarativa de la falta de conformidad de la actuación cuestionada con el ordenamiento jurídico, como señala JINESTA LOBO, Ernesto: *Manual del Proceso Contencioso-Administrativo*. Editorial Jurídica Continental. Primera edición primera reimpresión. San José. Costa Rica, 2009, p. 238.

[598] Podrán incluirse en este supuesto pronunciamientos de condena, según se destaca en: *Ibídem*, p. 240.

atribuye efecto declarativo y retroactivo a la sentencia que se emite, sin perjuicio de los derechos adquiridos de buena fe (artículo 131.1)[599]. Sin embargo, esta consecuencia jurídica no es inflexible, pues el propio dispositivo confiere al juez la potestad para modular esa consecuencia jurídica, al disponer en el artículo 131.3, que: "Si es necesario para la estabilidad social y la seguridad jurídica, la sentencia deberá graduar y dimensionar sus efectos en el tiempo, el espacio o la materia".

Con relación a otro tipo de fallos declarativos, estipula la Ley costarricense que, en el caso de las sentencias de inadmisibilidad o improcedencia, los efectos del fallo son inter-partes

---

[599] De allí que la doctrina costarricense entiende que podría considerarse como una pretensión meramente declarativa aquella en la que se solicita la declaración de nulidad de pleno derecho (*Cfr.* JINESTA LOBO, *Manual del Proceso...*, p. 239; GONZÁLEZ CAMACHO, *Sentencia...*, p. 442). No es el caso entrar a cuestionar la solución legislativa costarricense, pero lo cierto es que esa rígida distinción entre los efectos jurídicos materiales y jurídico procesales según se trate de nulidades absolutas o relativas (a la cual alude también la doctrina española, véase por ejemplo: GONZÁLEZ PÉREZ, *Manual de Derecho Procesal...*, pp. 364-365; PÉREZ ANDRÉS, *Los Efectos...*, pp. 157-158) no está exenta de controversia. Así por ejemplo, en el caso español se ha señalado que: "Los efectos jurídico-materiales de las sentencias de nulidad permiten en todo caso la destrucción de los efectos del acto (...) Tampoco desde este punto de vista hay que diferenciar entre nulidad y anulabilidad, para atribuir a aquélla efectos retroactivos y negárselos a ésta. Pese a que la opinión contraria esté extendida, no está justificada: en ambos casos cabe aniquilar los efectos ya producidos" (REBOLLO PUIG, *Artículos 72 y 73...*, pp. 517-537). Véanse también los reparos a la rígida distinción entre pretensiones declarativas y constitutivas según se trate de cuestionar a un acto administrativo nulo o anulable que realiza HUERGO LORA, *Las pretensiones de condena...*, pp. 47-48.

(artículo 130.1). Igual en el supuesto de decisiones que reconoz-can la existencia de una situación jurídica (artículo 130.4)[600].

C. *Perú*

En el caso de la Ley peruana, se encuentra una referencia a las sentencias declarativas en el artículo 41.1, al señalar que la sentencia que declare fundada la pretensión, podrá decidir, en función de la pretensión planteada, la nulidad total o parcial, o la ineficacia del acto administrativo impugnado. De igual forma, el artículo 41.2 se refiere al restablecimiento y al "reconocimiento" de una situación jurídica individualizada.

D. *Colombia*

Por su parte, prevé la Ley colombiana, como sentencias mero-declarativas: Sentencias que declaran la nulidad de un Decreto del Gobierno Nacional por inconstitucionalidad (artículo 135); Sentencias que declaren la nulidad por inconsti-tucionalidad de actos de carácter general emitidos por órganos distintos del Gobierno Nacional (artículo 135, único aparte); Sentencia que declaran la ilegalidad de las medidas de carácter general dictadas en ejercicio de la función administrativa y como desarrollo de los decretos legislativos durante los Estados de Excepción (artículo 136); Sentencias que declaran la nulidad de actos administrativos de carácter general (artículo 137)[601]; Sentencias que declaran la nulidad de actos administrativos de contenido particular (artículo 137); Sentencias que declaran la nulidad electoral (artículo 139); Sentencias que declaran la existencia o nulidad de contratos o de actos administrativos contractuales (artículo 141).

---

[600] Para el caso español en cuanto a los efectos subjetivos de las deci-siones, véanse entre otros: REBOLLO PUIG, *Artículos 72 y 73...*, pp. 517-537.

[601] Conforme a la doctrina, la interposición de pretensiones contra actos administrativos de carácter particular mediante el medio procesal regulado en el artículo 138 de la Ley colombiana, resulta excepcional (SARRÍA OLCOS, *Artículo 137...*, p. 313).

E. *Venezuela*

Respecto a la Ley venezolana, como ya se señaló no contiene mayor regulación al respecto, por las razones expuestas en el anterior sub-epígrafe.

Tratándose de sentencias meramente declarativas, no hay como tal sustitución ejecutiva, por cuanto el pronunciamiento se agotará en la mera sustitución declarativa formal del órgano jurisdiccional, salvo las matizaciones que establece la doctrina procesal, y a las cuales se aludirá brevemente más adelante.

Corresponde ahora comentar, en una primera aproximación, el régimen legal de las sentencias constitutivas.

3. *Sentencias constitutivas*

A. *España*

Como ya se señaló, la Ley española no establece propiamente una clasificación de las decisiones, pero pueden encuadrarse como sentencias constitutivas, las siguientes:

Artículo 71[602].

1. Cuando la sentencia estimase el recurso contencioso-administrativo:

a) Declarará no ser conforme a Derecho y, en su caso, anulará total o parcialmente la disposición o acto recurrido o dispondrá que cese o se modifique la actuación impugnada[603].

---

[602] Véanse los comentarios a esta disposición de: HUERGO LORA, *Las pretensiones de condena...*, pp. 280-283, quien entiende que la opción legislativa en estas hipótesis fue consagrar sentencias condenatorias y no sustitutivas del acto administrativo.

[603] Destaca GONZÁLEZ PÉREZ, *Comentarios...*, pp. 703-704, que incluso aunque en el fallo anulatorio no se hubiere condenado a la adopción de tales medidas, habrán de entenderse implícitas.

b) Si se hubiese pretendido el reconocimiento y restablecimiento de una situación jurídica individualizada, reconocerá
dicha situación jurídica y adoptará cuantas medidas sean necesarias para el pleno restablecimiento de la misma[604].

---

[604] Este mismo apartado lo encuadramos también en las sentencias
de condena, por el hecho de que como ya se señaló, difícilmente
se trata de compartimientos aislados en la teoría y mucho menos
en el plano práctico, y además porque en la mayoría de los casos,
el reconocimiento de una situación jurídica individualizada implica también el restablecimiento de la misma. De allí que se ha
precisado, comentando el caso español pero en nuestra opinión
extrapolable en general a los ordenamientos bajo estudio, que:
"cuando la sentencia reconoce una situación jurídica individualizada (...) ese reconocimiento comportará una condena de la Administración a actuar positivamente o a soportar las consecuencias de esa declaración, siendo evidente que la autoridad administrativa no puede dictar actos que contradigan las obligaciones
derivadas de la situación jurídica reconocida por la sentencia. A
diferencia de lo que ocurría en la simple anulación de actos y disposiciones, cuando la sentencia reconoce una situación jurídica
individualizada u obliga a la Administración a dar o hacer algo, la
ejecución no puede quedar nunca satisfecha con la simple declaración judicial, tiene necesariamente que llevarse a sus últimas
consecuencias o si éstas fueran imposibles legal o materialmente
sustituirse por una indemnización (ejecución por equivalencia)"
(BAÑO LEÓN, José María: "Ejecución de sentencias. Artículo
103.4 y 5". *Revista Española de Derecho Administrativo N° 100. Comentarios a la Ley de la Jurisdicción Contencioso-Administrativa de
1998.* Editorial Civitas, S.A Madrid, 1998, pp. 719 y ss.). En similar
sentido se ha acotado que: "...lo normal será que junto a la pretensión de anulación de un acto administrativo, se solicite la de
condena a la Administración a satisfacer una determinada indemnización. También es habitual que en una misma sentencia se
declare la nulidad de una disposición, se reconozca o restablezca
una situación jurídica individualizada y, finalmente, también se
condene a la Administración a la adopción de determinadas medidas para que tal situación sea efectiva" (PÉREZ ANDRÉS, *Los
Efectos...*, pp. 57-58). Véase también lo que comenta este último
autor en: *Ibídem*, p. 159, así como HUERGO LORA, *Las pretensiones de condena...*, pp. 277-278.

Con relación a la ejecución de las mismas, dispone la Ley española lo siguiente, en un artículo que ha sido calificado como novedoso por la doctrina[605]:

Artículo 107.

Si la sentencia firme anulase total o parcialmente el acto impugnado, el Secretario judicial dispondrá, a instancia de parte, la inscripción del fallo en los registros públicos a que hubiere tenido acceso el acto anulado, así como su publicación en los periódicos oficiales o privados, si concurriere causa bastante para ello, a costa de la parte ejecutada. Cuando la publicación sea en periódicos privados, se deberá acreditar ante el órgano jurisdiccional un interés público que lo justifique.

2. Si la sentencia anulara total o parcialmente una disposición general o un acto administrativo que afecte a una pluralidad indeterminada de personas, el Secretario del órgano judicial ordenará su publicación en diario oficial en el plazo de diez días a contar desde la firmeza de la sentencia.

Este dispositivo regula dos supuestos distintos. El primero, atinente a la posibilidad de ordenar la publicidad de la sentencia anulatoria de actos administrativos tanto en periódicos oficiales como privados. El segundo, que se refiere a la obligatoriedad de publicar en el diario oficial las decisiones que anulan disposiciones o actos de alcance general.

Al respecto, se ha acotado que, si bien el mismo tendría como propósito darle publicidad y efectos *erga omnes* a un fallo que incide potencialmente sobre derechos de terceros o sobre una colectividad, lo cierto es que -como también señala la doctrina- si se requiere la publicidad a las disposiciones de carácter general, resulta lógico que asimismo se le dé publicidad a las sentencias que anulan tales actos, pues modifican en el ordenamiento jurídico. Se añade que tales medidas de publicidad,

---

[605] *Cfr.* BELTRÁN DE FELIPE, *Ejecución de sentencias. Artículo 107...*, pp. 759-763.

contempladas entre las facultades de ejecución del juez conten-cioso-administrativo, deben ser valoradas positivamente, toda vez que no está de más reflejar todo lo que contribuya a garan-tizar la efectividad de la sentencia. Ello tendrá especial relevan-cia en el ámbito urbanístico, funcionarial, de marcas y patentes, de aguas, de contratistas, de asociaciones, entre otras, en las que las inscripciones o anotaciones preventivas registrales resultan especialmente relevantes[606].

B. *Costa Rica*

Por su parte, la Ley Costarricense establece en su ya alu-dido artículo 122, respecto a lo que pueden catalogarse como hipótesis de sentencias constitutivas (aunque –se reitera– en algunos casos los preceptos bien pueden establecer mandatos propios de sentencias condenatorias), las siguientes, agrupadas en estos apartados literales: b) Anular, total o parcialmente, la conducta administrativa; c) Modificar o adaptar, según corres-ponda, la conducta administrativa a las reglas establecidas por el ordenamiento jurídico, de acuerdo con los hechos probados en el proceso[607]; d) Reconocer, restablecer o declarar cualquier situación jurídica tutelable, adoptando cuantas medidas resul-ten necesarias y apropiadas para ello[608]; y k) Suprimir, aun de oficio, toda conducta administrativa directamente relacionada con la sometida a proceso, cuando sea disconforme con el orde-namiento jurídico.

---

[606] *Cfr. Ídem.* Sobre este artículo 107 de la Ley española y sus diversos supuestos puede verse también, entre otros: GONZÁLEZ PÉREZ, *Comentarios...*, pp. 1.050-1.052; FERNÁNDEZ VALVERDE, *op. cit.*, pp. 88-90; GEIS I CARRERAS, *op. cit.*, pp. 279-284.

[607] Dependiendo del caso, la decisión podrá ser de condena además de constitutiva (Véase: JINESTA LOBO, *Manual del Proceso...*, p. 239).

[608] También en este supuesto la decisión podrá ser mixta, constitu-tiva y de condena (*Ídem*).

Adicionalmente, en el caso costarricense, como ya se señaló en el anterior sub-epígrafe, la Ley regula la hipótesis de anulación de actos administrativos. Si se trata de una declaración de nulidad relativa, la misma tiene efectos constitutivos y a futuro[609], pero esta regla puede ser modulada por el juez contencioso-administrativo, por razones de estabilidad social y seguridad jurídica, en cuanto a determinar los efectos materiales, temporales y espaciales de la sentencia (artículo 131, apartados 2 y 3).

En el supuesto de las sentencias constitutivas, la Ley costarricense pauta algunas reglas adicionales[610], a saber:

Primero: La anulación de reglamentos (actos administrativos de alcance general)[611], produce efectos *erga omnes*, salvo derechos adquiridos de buena fe y situaciones jurídicas consolidadas[612].

---

[609] Se tratará en tal caso de una decisión constitutiva (*Cfr. Ídem*). De seguidas se aludirá a la diferencia que hace la Ley costarricense entre los efectos de la declaración de nulidad absoluta y la anulación por nulidad relativa.

[610] Se estaría en presencia, en criterio de la doctrina, no de la ejecución propiamente dicha de tales decisiones, sino de actos consecuenciales a las mismas (*Cfr.* GONZÁLEZ CAMACHO, *Sentencia...*, p. 443). En similar sentido, comentando el caso español: PÉREZ ANDRÉS, *Los Efectos...*, p. 158. Y es que en la doctrina procesal general, se ha sostenido que incluso pueden haber actos de ejecución de las sentencias declarativas según se requiera o no actividad de las partes (CATALÁ COMAS, *op. cit.*, p. 50).

[611] Como es común en los países Iberoamericanos, más allá de que se admitan diferencias de naturaleza entre las normas reglamentarias o disposiciones y los actos administrativos en sentido estricto (individuales o particulares), se entiende que las primeras son actos administrativos normativos, por lo que su régimen procesal suele ser similar al de los actos administrativos, con las peculiaridades del caso (Para el supuesto costarricense: *Cfr.* JINESTA LOBO: *Conducta administrativa...*, pp. 207-208; JINESTA LOBO, *Manual del Proceso...*, p. 132).

[612] Véase al respecto: GONZÁLEZ CAMACHO, *op. cit.*, pp. 500-505.

La decisión debe ser publicada íntegramente en el medio de publicidad oficial (Gaceta), con cargo a la Administración que haya dictado el acto (artículo 130.3).

Segundo: Contrariamente, solo producen efectos *inter partes*, las decisiones que declaran la invalidez de una conducta administrativa (artículo 130.2). Entendemos que salvo que la propia Ley disponga otra cosa, como en parte es el caso de la nulidad de actos administrativos. El mismo efecto subjetivo es predicable respecto a la estimación de pretensiones de restablecimiento de una situación jurídica (artículo 130.4).

C. *Perú*

Por su parte, la Ley Peruana prevé las decisiones constitutivas estimatorias de una pretensión de igual índole, al señalar, como contenido de la sentencia estimatoria, aparte de la declaración de nulidad del acto administrativo: "El restablecimiento o reconocimiento de una situación jurídica individualizada y la adopción de cuantas medidas sean necesarias para el restablecimiento o reconocimiento de la situación jurídica lesionada, aun cuando no hayan sido pretendidas en la demanda" (artículo 41.2). En el caso de la última mención, se está ante una excepción al principio de congruencia de la pretensión y el contenido del mandato de la sentencia, la cual ha sido justificada por la doctrina sobre la base de la invocación de la protección de los derechos e intereses de la persona frente a la Administración Pública, como finalidad propia del proceso administrativo[613].

---

[613] *Cfr.* TIRADO BARRERA, José Antonio: "Las reglas aplicables a la ejecución de sentencias contra entidades públicas en la Ley del Proceso Contencioso Administrativo". En: DANÓS ORDÓÑEZ, J., HUAPAYA TAPIA, R., ROJAS MONTES, V., TIRADO BARRERA, J.A. y VIGNOLO CUEVA, O. (Coords.), *Derecho Administrativo, Innovación, Cambio y Eficacia. Libro de Ponencias del Sexto Congreso Nacional de Derecho Administrativo.* ECB Ediciones-Thomson Reuters. Lima, 2014, pp. 507-508. Por su parte, la Ley costarri-

D. *Colombia*

Por su parte, respecto a la Ley colombiana, sin perjuicio de incluir en esta categoría a cualquiera de las decisiones mencionadas anteriormente ante la hipótesis de acumulación de pretensiones que vayan más allá de la simple declaración o reconocimiento de una situación jurídica preexistente, pueden agruparse dentro de las sentencias constitutivas, las siguientes:

Sentencias que declaran la existencia o nulidad de un contrato a los fines de su revisión, de la declaración de su incumplimiento, así como aquellas en que se piden "se hagan otras declaraciones", vinculadas con controversias contractuales, al igual que sentencias que ordenan la "liquidación judicial" de un contrato (artículo 141); Sentencias que declaran la pérdida de investidura de Congresista, Diputados, Concejales y Ediles (artículo 143); Sentencias que declaran la nulidad de cartas de naturaleza y de resoluciones de autorización de inscripción (artículo 147).

E. *Venezuela*

En cuanto a la Ley venezolana, no hay comentarios que hacer ante una regulación inexistente, como se señaló en subepígrafes previos.

Visto lo anterior, resulta pertinente comentar la regulación de las sentencias de condena, caso en el cual ya las potestades de sustitución declarativa y ejecutiva se manifiestan a cabalidad.

---

cense también establece una excepción al principio dispositivo en la determinación del contenido de la sentencia, en lo que se refiere a la congruencia de la misma con los términos en que se plantearon las pretensiones. Se trata de la hipótesis de que el juez condene de oficio al pago de los daños y perjuicios "siempre que sean consecuencia de la conducta administrativa o relación jurídico-administrativa objeto de la demanda" (Artículo 122.m.iii). Sobre esa última disposición puede verse: GONZÁLEZ CAMACHO, *Sentencia...*, pp. 445-446).

4. Sentencias de condena

A. España

El régimen de las sentencias de condena en la Ley española se establece en estos términos[614]:

---

[614] Ciertamente, como ya se aclaró, no hay como tal una clasificación en la Ley española, lo cual no necesariamente debe verse como una carencia pues lo importante es que ellas se reflejaran en el texto legal. En ese sentido, se ha señalado, comentando las disposiciones de la Ley española, que: "...el artículo 72 no parte exactamente de esta clasificación de sentencias [declarativas, constitutivas y de condena], sino que distingue entre sentencias de anulación de una disposición o acto (apartado 2) y sentencias de estimación de pretensiones de reconocimiento o restablecimiento de una situación jurídica individualizada (apartado 3). Parece identificar las primeras, las de anulación, con la categoría general de las sentencias constitutivas, mientras que entre las segundas, o sea, las que estiman las llamadas pretensiones de plena jurisdicción, se encontrarían tanto sentencias meramente declarativas como de condena" -El texto entre corchetes es añadido- (REBOLLO PUIG, *Artículos 72 y 73...*, pp. 517-537). En ese sentido, como ha destacado un sector de la doctrina española: "...el legislador ha procedido a eliminar de la Ley reguladora de la Jurisdicción Contencioso-administrativa cualquier vestigio de la tradicional y restringida concepción de la misma como una instancia meramente revisora de actos administrativos previos, ampliando el espectro de actuaciones y omisiones administrativas que pueden ser objeto del recurso contencioso-administrativo y, en consecuencia, diversificando el sistema de pretensiones o acciones procesales ejercitables en el contencioso-administrativo, a fin de que éste pueda proporcionar una tutela judicial efectiva frente a cualquier tipo de comportamiento ilícito de la Administración [de ahí la introducción de nuevas modalidades de recurso, como el recurso contra la inactividad y las actuaciones materiales constitutivas de vía de hecho, en que, como veremos, el recurrente puede ejercitar –además, en su caso, de la clásica pretensión anulatoria– una genuina pretensión de condena o prestacional" (BACIGALUPO SAGGESE, *Artículo 71...*, pp. 505-517). Véase también: PÉREZ ANDRÉS, *Los Efectos...*, pp. 40-41 y 160. No obstante, otro sector de la misma

Artículo 71.

Cuando la sentencia estimase el recurso contencioso-administrativo:

b) Si se hubiese pretendido el reconocimiento y restablecimiento de una situación jurídica individualizada, reconocerá dicha situación jurídica y adoptará cuantas medidas sean necesarias para el pleno restablecimiento de la misma[615].

c) Si la medida consistiera en la emisión de un acto o en la práctica de una actuación jurídicamente obligatoria, la sentencia podrá establecer plazo para que se cumpla el fallo[616].

---

doctrina ha cuestionado la regulación de la Ley española en lo atinente al diseño de un sistema plural y abierto de pretensiones procesales administrativas (*Cfr.* entre otros: GARCÍA PÉREZ, *op. cit.*, pp. 88-95). En todo caso, este asunto ya fue tratado en los Capítulos precedentes.

[615] Una vez más se constata que incluso en el Derecho Positivo las sentencias de condena en muchas ocasiones también incluirán pronunciamientos declarativos y constitutivos. Un ejemplo es el recurso frente a las actuaciones materiales o vías de hecho, en el que "...el demandante ejercita hasta tres pretensiones: en primer lugar, una pretensión declarativa de la disconformidad a Derecho de la actuación material impugnada; en segundo lugar, una pretensión de condena (en este caso, una pretensión de cesación de dicha actuación); y, en tercer lugar, una pretensión de restablecimiento del status quo ante ilegalmente alterado por la actuación material objeto del recurso [técnicamente, es ésta, asimismo, una pretensión de condena o prestacional..." (BACIGALUPO SAGGESE, *Artículo 71...*, pp. 505-517).

[616] Con relación a este precepto, se ha señalado que: "La previsión (...) de que 'la emisión de un acto' puede ser una medida necesaria para el pleno restablecimiento de una situación jurídica individualizada (pudiendo, en consecuencia, integrar el contenido del correspondiente fallo condenatorio), es la prueba inequívoca de que cuando el recurso se dirige contra la denegación de un acto favorable (reglado) el demandante puede pretender, además de la anulación de ésta, la condena a que se dicte el acto requerido" (BACIGALUPO SAGGESE, *Artículo 71...*, pp. 505-517). Agrega el

d) Si fuera estimada una pretensión de resarcir daños y perjuicios, se declarará en todo caso el derecho a la reparación, señalando asimismo quién viene obligado a indemnizar. La sentencia fijará también la cuantía de la indemnización cuando lo pida expresamente el demandante y consten probados en autos elementos suficientes para ello. En otro caso, se establecerán las bases para la determinación de la cuantía, cuya definitiva concreción quedará diferida al período de ejecución de sentencia[617].

---

autor que frente a los diversos supuestos de inactividad previstos en la Ley, lo que procede serán pretensiones de condena (*Ídem*). No obstante, un sector de la doctrina señala que este precepto no regula únicamente pretensiones frente a la inactividad, pero que en todo caso, sí serán siempre de condena (PÉREZ ANDRÉS, *Los Efectos...*, p. 159). Comentando la regulación de la Ley española con relación a la inactividad administrativa, además de la bibliografía ya citada, puede verse: HUERGO LORA, *Las pretensiones de condena...*, pp. 186-191). Por su parte, señala UROSA MAGGI, *Tutela judicial...*, p. 448, con relación a la tutela frente a la inactividad, que: "Puede afirmarse que la regulación de la Ley en lo relativo a la ejecución de la sentencia de condena es, además de acertada, acorde con la garantía de efectividad de la tutela judicial frente a la inactividad administrativa, en concordancia con las tendencias jurisprudenciales y doctrinarias que, en los últimos años, habían abogado por un eficaz sistema de ejecución en el contencioso administrativo. Lo anterior no obsta (...) para entender que existen aún ciertas limitaciones en la fase ejecutiva y que la Ley ha omitido regular algunos aspectos fundamentales en esta materia". En similar sentido, se ha señalado la falta de regulación más apropiada en materia de sentencias condenatorias frente a la inactividad material de la Administración (MEILÁN GIL, *Dificultades y atajos...*, p. 1.151).

[617] Acota GONZÁLEZ PÉREZ, *Comentarios...*, p. 738, que la intención de este apartado es tratar de evitar que el demandante que tiene derecho a la indemnización tenga que incoar una nueva vía administrativa que desembocará en otro proceso, en la hipótesis de que en la instrucción del proceso en el cual se dictó la sentencia no hayan podido aportarse suficientes elementos de juicio para determinar la cuantía.

2. Los órganos jurisdiccionales no podrán determinar la forma en que han de quedar redactados los preceptos de una disposición general[618] en sustitución de los que anularen ni podrán determinar el contenido discrecional de los actos anulados[619].

---

[618] Sobre este apartado, precisa GONZÁLEZ PÉREZ, *Comentarios...,* pp. 703-704 y 737-738, que aun cuando el Tribunal no puede sustituir a la Administración Pública en el ejercicio de la potestad reglamentaria, no existe razón para que no pueda establecer en el fallo cuál debe ser la redacción legalmente correcta, aunque no lo estime así la jurisprudencia, y añade que la redacción del precepto desconoce las conquistas de una jurisprudencia progresiva que había reconocido la posibilidad de que la sentencia estableciera cuál había de ser el contenido del acto, sobre todo en determinadas materias, como por ejemplo en el planeamiento urbanístico. En ese mismo sentido, no obstante la limitación legal impuesta, un sector de la doctrina es de la opinión que hay que distinguir entre ese límite en la sustitución declarativa (en la sentencia), y la sustitución ejecutiva propiamente dicha (la ejecución de la sentencia). Es decir, si bien es cierto que el juez o tribunal no podrá determinar la forma de redacción de una disposición anulada, "...nada impide que, incumplida la obligación de dictar nuevo reglamento en sustitución del actuado y manifestada claramente la intención de la Administración de no ejecutar, el Juez de la ejecución encargue a un tercero en concepto de comisario la elaboración de los mismos" (MARTÍN DELGADO, *La ejecución subrogatoria...,* pp. 189-190). Por su parte, HUERGO LORA, *Las pretensiones de condena...,* p. 288, señala que la solución del artículo 71.2 es bastante estricta, toda vez que "...el ámbito de discrecionalidad reconocido normativamente a la Administración puede haberse agotado ya cuando se llega al momento de dictar sentencia, y por tanto el órgano judicial puede [determinar el contenido de los actos anulados], sin invadir la exclusiva competencia administrativa para ejercer la discrecionalidad..." (texto entre corchetes añadido). Por otra parte, un sector de la doctrina señala que la reducción de la discrecionalidad operaría frente a actos administrativos mas no respecto a la actividad reglamentaria, toda vez que sería "...imposible encontrar un supuesto en el que las opciones de la Administración se limiten a una, principalmente porque establecer la regulación jurídica no es una cuestión que se limite a ejercer una opción en una determinada cuestión

B. *Costa Rica*

Por su parte, la Ley costarricense prevé en su artículo 122, dentro de la enumeración del catálogo de contenidos de la sentencia estimatoria de la pretensión, regulado en los diversos apartados distinguidos con letras, las siguientes órdenes que encuadran dentro de la categoría de sentencias condenatorias[620]: c) Modificar o adaptar, según corresponda, la conducta administrativa a las reglas establecidas por el ordenamiento jurídico, de acuerdo con los hechos probados en el proceso; d) Reconocer, restablecer o declarar cualquier situación jurídica susceptible de tutela, adoptando cuantas medidas resulten necesarias y apropiadas para ello; f) Fijar los límites y las reglas impuestos por el ordenamiento jurídico y los hechos, para el ejercicio de la potestad administrativa, sin perjuicio del margen

---

puntual, sino que es una concatenación de decisiones que convierten en absolutamente discrecional el ejercicio de la potestad normativa" (PÉREZ DEL BLANCO, *op. cit.*, p. 311). En todo caso, el tema ya fue abordado previamente desde el punto de vista de sus lineamientos conceptuales.

[619] El tema del control jurisdiccional del ejercicio de las potestades discrecionales de la Administración y su regulación en las leyes bajo análisis ya fue tratado en Capítulos precedentes. En todo caso, puede verse también, para la Ley española: PÉREZ ANDRÉS, *Los Efectos...*, pp. 179-204; HUERGO LORA, *Las pretensiones de condena...*, pp. 300-337, quien plantea el tema de las sentencias "marco" como solución frente al ejercicio de potestades discrecionales; PÉREZ DEL BLANCO, *op. cit.*, pp. 293-306. Comentando el caso italiano respecto a la sustitución comisarial: MARTÍN DELGADO, *La ejecución subrogatoria...*, pp. 86-91.

[620] La disposición debe concatenarse con el artículo 126 *eiusdem*, el cual establece: "La sentencia estimatoria siempre obligará a la ejecución de las obligaciones y prohibiciones que imponga, así como a la satisfacción de las pretensiones reconocidas, de acuerdo con el ordenamiento jurídico y con los hechos probados de la sentencia".

de discrecionalidad que conserve la Administración Pública[621]; g) Condenar a la Administración a realizar cualquier conducta administrativa específica impuesta por el ordenamiento jurídico[622]; h) En los casos excepcionales en los que la Administración sea parte actora, se podrá imponer a un sujeto de Derecho privado, público o mixto, una condena de hacer, de no hacer o de dar; i) Declarar la disconformidad con el ordenamiento jurídico y hacer cesar la actuación material constitutiva de la vía de hecho, sin perjuicio de la adopción de cualquiera de las medidas previstas en el inciso d) del mismo artículo[623]; j) Ordenar a la Administración Pública que se abstenga de adoptar o ejecutar cualquier conducta administrativa, que pueda lesionar el interés público o las situaciones jurídicas actuales o potenciales de la persona; k) Suprimir, aun de oficio, toda conducta administrativa directamente relacionada con la sometida a proceso, cuando sea disconforme con el ordenamiento jurídico[624]; y l)

---

[621] Remitimos una vez más al Capítulo precedente en el cual se comentó la regulación del control judicial de las potestades discrecionales.

[622] En opinión de JINESTA LOBO, *Manual del Proceso...*, p. 241, ese apartado recoge la hipótesis de la sentencia de condena prestacional, destinada a la plena fiscalización de las omisiones formales o materiales de las Administraciones Públicas, asunto que ya fue tratado en anterior capítulo.

[623] Se regula aquí un pronunciamiento mixto, declarativo (de la disconformidad con el ordenamiento jurídico) y de condena (cesación de la vía de hecho y adopción de medidas), según expone: JINESTA LOBO, *Manual del Proceso...*, p. 242. Comentando la previsión de la Ley española en cuanto a la vía de hecho (Artículo 31.2.) también se la ha catalogado como una pretensión de condena (PÉREZ ANDRÉS, *Los Efectos...*, p. 45), o incluso mixta (*Ibídem*, p. 58).

[624] Este supuesto no se refiere a actos o actuaciones concretas, sino a la conducta administrativa relacionada con la sometida al proceso, según destaca JINESTA LOBO, *Manual del Proceso...*, p. 242.

Hacer cesar la ejecución en curso y los efectos remanentes de la conducta administrativa ilegítima[625].

C. *Perú*

En el supuesto de la Ley peruana, la referencia general a las sentencias de condena está contenida en el ya referido artículo 41.2 de este texto, el cual se concreta y desarrolla en el artículo 41.3, que dispone como posible contenido de la decisión, de acuerdo con los términos de la pretensión planteada: "La cesación de la actuación material que no se sustente en acto administrativo y la adopción de cuanta medida sea necesaria para obtener la efectividad de la sentencia...". Se trata aquí ya no de la declaración de nulidad con las consiguientes medidas de reconocimiento o restablecimiento de la situación jurídica, sino de sentencias que declaran procedentes las pretensiones que se intentan frente a las actuaciones materiales o vías de hecho[626], es decir, estrictamente condenatorias, y respecto de las cuales el petitorio se concreta a la orden de no hacer (y eventualmente deshacer) lo ya realizado en el ámbito de la actuación material[627].

No obstante, como ha señalado la doctrina, luego de esa referencia, la Ley peruana no entra a detallar el modo de ejecución de las sentencias, inclusive las de condena, salvo en el caso

---

[625]   Es decir, hacer cesar las consecuencias jurídicas y fácticas de la conducta cuestionada. Si se trata de efectos consumados e irreversibles, lo que procederá entonces será la reparación por equivalente ante la hipótesis de la generación de lesiones antijurídicas al administrado (*Cfr. Ibídem*, p. 243).

[626]   Al respecto ha destacado la doctrina que la regulación peruana con ello supera el requisito de la existencia de un acto administrativo como presupuesto procesal (TIRADO BARRERA, *Las reglas aplicables...*, p. 505).

[627]   De allí que se ha señalado que la Ley peruana –con algunos puntos ciegos– apuesta por un cambio de paradigma, adoptando un modelo "de plena jurisdicción" superando el de mera anulación (TIRADO BARRERA, *Las reglas aplicables...*, pp. 499-500). Ya hemos comentado el tema en los Capítulos precedentes.

de las condenatorias al pago de sumas de dinero, lo cual ha generado críticas doctrinarias, toda vez que se constata una carencia normativa en cuanto a otorgar reglas y orientaciones precisas al juez al momento de ejecutar sus decisiones[628]. Especial énfasis en cuestionar tal omisión normativa se hace con relación a la inactividad de la Administración, tanto formal como material, lo que implicaría serios obstáculos para la efectividad de la justicia, por lo que se propone, de *lege ferenda*, prestar atención a los principios jurisprudenciales en la aplicación del Código Procesal Constitucional y a sus reglas sobre ejecución de sentencias, para extenderlas al proceso administrativo[629].

En todo caso, la misma doctrina peruana, en consonancia con el resto de la Iberoamericana, propone la adopción de la potestad de sustitución del juez frente a la Administración renuente al cumplimiento de las sentencias, la individualización de los funcionarios responsables y la aplicación de multas coercitivas[630].

D. *Colombia*

Refiriéndonos a la Ley colombiana, una vez más, sin menoscabo de que puedan agruparse también en esta categoría fallos citados en los apartados precedentes, según se hayan acumulado en la correspondiente demanda pretensiones que resulten acogidas y mediante las cuales se solicite la imposición de una condena a dar, hacer o no hacer al demandado, son ejemplos de sentencias de condena en ese instrumento legal, los siguientes:

---

[628]   *Cfr. Ibídem*, pp. 505-506 y 523.

[629]   *Cfr. Ibídem*, p. 524.

[630]   *Cfr. Ibídem*, p. 524. En similar sentido, comentándolas como propuestas de *lege ferenda*, antes de la entrada en vigencia de la Ley Peruana: EGUIGUREN PRAELI, Francisco: *La inejecución de sentencias por incumplimiento de entidades estatales: algunas propuestas de solución*. En: Estudios Constitucionales. Ara Editores. Lima. 2002. (El texto recoge el artículo publicado por el mismo autor en la revista *Ius et Veritas* en el año 1999), p. 558.

Sentencias que declaran la nulidad de un acto administrativo particular y que ordenan el restablecimiento del derecho, con o sin inclusión del mandato en cuanto a la reparación del daño ocasionado, así como sentencias que declaran la nulidad del acto administrativo general y el restablecimiento del derecho directamente violado por éste o la reparación del daño causado al particular (artículo 138); Sentencias que ordenan la reparación del daño antijurídico producido por la acción u omisión de los agentes del Estado (artículo 140); Sentencias en las que se condena al responsable del incumplimiento contractual a indemnizar los perjuicios o a otras prestaciones (artículo 141); Sentencias de protección de derechos e intereses colectivos en las que se ordena adoptar las medidas necesarias con el fin de evitar el daño contingente, hacer cesar el peligro, la amenaza, la vulneración o el agravio sobre los mismos, o bien restituir las cosas a su estado anterior cuando ello fuere posible, incluso frente a un acto administrativo o contrato (artículo 144); Sentencias que ordenan la reparación de los daños y perjuicios causados a un grupo, en virtud de la declaración de responsabilidad patrimonial del Estado (artículo 145); Sentencias que ordenan el cumplimiento de normas con fuerza de ley o de actos administrativos (pretensión de condena frente a la inactividad) (artículo 146); Sentencias que declaran una nulidad electoral en los casos en que se ordene realizar o repetir una elección (artículo 288.1) o nuevos escrutinios (artículo 288.2).

Expuesto lo anterior, resta por hacer referencia a la regulación en la Ley colombiana respecto a dos hipótesis normativas de ejercicio del poder de sustitución declarativa y ejecutiva del juez contencioso-administrativo. En ese sentido, no hay realmente una declaración principialista o el establecimiento de postulados orientativos generales, como existe por ejemplo en las leyes española o costarricense al respecto, sin que ello signifique que tal potestad no le corresponde al órgano judicial. No obstante, la Ley sí prevé dos dispositivos concretos que regulan casuísticamente dos hipótesis de sustitución ejecutiva del juez en la Administración, en ambos casos, en el supuesto de sentencias condenatorias.

El primero está contenido en el artículo 190, intitulado "Deducción por valorización". A tenor del primer aparte del mismo, en la sentencia que ordene reparar el daño por ocupación de inmueble ajeno "…cuando se condenare a la entidad pública o a una privada que cumpla funciones públicas al pago de lo que valga la parte ocupada del inmueble, la sentencia protocolizada y registrada obrará como título traslaticio de dominio"[631]. Parece tratarse entonces de la sustitución tanto declarativa como ejecutiva del juez, en la hipótesis de que prospere una pretensión de condena a pagar una cantidad de dinero como consecuencia al uso y ocupación de un inmueble determinado por parte de la Administración. En tal caso, curiosamente, la sentencia obra como título traslativo de propiedad a favor de la Administración de la totalidad o parte del inmueble, según haya sido el alcance de la ocupación. Se está en presencia, pues, del ejercicio directo por el órgano judicial de la potestad de sustitución declarativa, posible en caso de condena a la emisión de un título jurídico.

El segundo es el previsto en el artículo 191 de la Ley colombiana, intitulado "Transmisión de la propiedad". Regula un supuesto semejante al anterior, a saber, la emisión por el tribunal o juzgado de una sentencia que condena al pago de una cantidad pecuniaria como consecuencia de la ocupación permanente de un inmueble. Ante el acaecimiento de tal hipótesis, también la sentencia protocolizada y registrada "…obrará como título traslaticio de dominio"[632].

---

[631] Esta disposición encuentra su antecedente en los artículos 219, inciso segundo y 220 del anterior Código Contencioso Administrativo, comentado por SANTOFIMIO GAMBOA, *Tratado… Contencioso Administrativo…*, p. 590.

[632] Aunque es un asunto cuya resolución corresponde a la doctrina colombiana, no deja de llamar la atención la regulación de ambos supuestos en preceptos distintos, lo que parece apuntar a que en el primer caso el uso y ocupación es temporal, mientras que en el segundo permanente. De ser así, cabe preguntarse por qué la sentencia obra como título traslativo de propiedad en el primer

E. Venezuela

Por su parte, la Ley venezolana dispone que, transcurrida infructuosamente la fase de cumplimiento voluntario del fallo, de acuerdo con lo estatuido por el artículo 110 de la Ley Orgánica de la Jurisdicción Contencioso Administrativa, es el juez contencioso-administrativo quien debe determinar la forma y oportunidad para dar cumplimiento a la sentencia, conforme a las reglas que más adelante se comentan. En todo caso, vale repetir lo acotado, en cuanto a que ello tampoco le otorga potestad, ni siquiera al órgano judicial, para apartarse de lo dispuesto en el dispositivo de la sentencia que él mismo dictó, toda vez que tal proceder resultaría violatorio de la cosa juzgada. Por ende, lo que corresponde al juzgador es, en todo caso, determinar la forma exacta y concreta de ejecución del fallo en la medida en que los términos en que este fue emitido así lo permita[633].

Adicionalmente, reiterando lo ya expuesto, la Ley venezolana solo regula el caso de la ejecución forzada de sentencias condenatorias, mas no así los fallos declarativos (en los que pueden haber actuaciones posteriores a la emisión de la senten-

---

caso, si la ocupación no estaba destinada a permanecer en el tiempo.

[633] La misma observación resulta aplicable a la redacción del artículo 159 de la Ley Orgánica del Poder Público Municipal, el cual establece: "Vencido el lapso para la ejecución voluntaria de la sentencia, el Tribunal determinará la forma y oportunidad de dar cumplimiento a lo ordenado por la sentencia, según los procedimientos siguientes..." y 100 del Decreto-Ley Orgánica de la Procuraduría General de la República, que preceptúa: "...si la misma (la proposición de cumplimiento del fallo que propone la Administración perdidosa) no es aprobada por la parte interesada, o si el organismo respectivo no hubiere presentado alguna, el Tribunal debe determinar la forma y oportunidad de dar cumplimiento a lo ordenado por la sentencia, según los procedimientos siguientes..." (paréntesis añadido). En similar sentido, puede verse recientemente: GALLOTTI, *El poder...*, p. 151.

cia, por ejemplo destinados a darle publicidad), constitutivos o en los que hay diversos tipos de pretensiones acumuladas. Ello es incluso un retroceso en el caso venezolano, pues aunque de forma limitada, ya la Ley Orgánica de la Corte Suprema de Justicia en su artículo 131 establecía de forma general los lineamientos a seguir en cuanto a las potestades declarativas y ejecutivas del juez contencioso-administrativo al momento de dictar sentencias que se pronunciaran tanto sobre la nulidad de actos administrativos como respecto al consiguiente restablecimiento de la situación jurídica infringida[634]. Como vemos, se evidencia una vez más en tal regulación la falta de vinculación entre pretensión, garantía jurisdiccional y sentencia[635].

En ese mismo orden de ideas, la Legislación venezolana prevé los supuestos de sentencias condenatorias al pago de sumas de dinero, a dar otros bienes, a hacer y a no hacer. Visto que el primer supuesto (sentencias de condena a dar cantidades dinerarias) será objeto de examen en un sub-epígrafe posterior, resulta oportuno referirse desde ya a las otras hipótesis.

En el caso de las decisiones que condenan a prestaciones de dar bienes distintos al dinero, establece el artículo 110.2 de la Ley Orgánica de la Jurisdicción Contencioso Administrativa[636]:

---

[634] Comentando esta norma, puede consultarse, entre otros: BREWER-CARÍAS, *Nuevas tendencias…*, pp. 180 y 218-222.

[635] Sobre este punto, además de la bibliografía citada previamente, puede verse el análisis del tratamiento del tema respecto a las pretensiones de nulidad y condena en la Ley venezolana realizado por: SUÁREZ M., Jorge Luis: "La acumulación de pretensiones de nulidad y condena en la nueva Ley Orgánica de la Jurisdicción Contencioso-Administrativa". En: HERNÁNDEZ-MENDIBLE, V.R. (Dir.): *La actividad e inactividad administrativa y la Jurisdicción Contencioso-Administrativa*. Colección Estudios Jurídicos N° 96. Editorial Jurídica Venezolana. Caracas, 2012, pp. 577-587.

[636] Comentando este precepto, señala GALLOTTI, *El poder….*, p. 151, que se trata más de una ejecución administrativa que judicial, pues es la Administración quien determina la forma de cumpli-

Cuando en la sentencia se hubiese ordenado la entrega de bienes, el tribunal la llevará a efecto. Si tales bienes estuvieren afectados al uso público, servicio público o actividad de utilidad pública, el tribunal acordará que el precio sea fijado mediante peritos, en la forma establecida por la Ley de Expropiación por Causa de Utilidad Pública o Social. Fijado el precio, se procederá como si se tratare del pago de cantidades de dinero.

Por su parte, el artículo 159.2 de la Ley Orgánica del Poder Público Municipal dispone:

Cuando en la sentencia se hubiere ordenado la entrega de algún bien el tribunal llevará a efecto la entrega. Si tales bienes estuvieren afectados al uso público, a un servicio público o a una actividad de utilidad pública, el Tribunal, a petición de parte, acordará que el precio sea fijado mediante peritos en la forma establecida por la Ley de Expropiación por Causa de Utilidad Pública o Social. Fijado el precio, se procederá como si se tratare del pago de cantidades de dinero[637].

A su vez, el artículo 100.2 del Decreto-Ley Orgánica de la Procuraduría General de la República estatuye:

Si se trata de entrega de bienes, el Tribunal debe poner en posesión de los mismos a quien corresponda. Si tales bienes estuvieren afectados al uso público, a actividades de utilidad pública o a un servicio público, el Tribunal debe acordar la fijación del precio mediante avalúo realizado por tres peritos, nombrados uno por cada parte y el tercero de común acuerdo. En caso de desacuerdo, el tercer perito es nombrado por el Tribunal.

---

miento de lo sentenciado. No estamos de acuerdo con tal aseveración, pues como ya hemos señalado, lo que se impone es una interpretación constitucionalizante de dispositivos deficientemente redactados.

[637] Como destaca la doctrina, este precepto se basa en el artículo 104 de la derogada Ley Orgánica de Régimen Municipal (UROSA MAGGI, *De la actuación del Municipio...*, p. 508). Véase también: BREWER-CARÍAS, *Nuevas tendencias...*, pp. 227-228.

Más allá de la diferencia de matices en la redacción de los tres preceptos, una primera observación que puede hacerse es que la solución legislativa apunta a pasar directamente –ante la imposibilidad legal de hacer entrega de un bien determinado motivado a razones de interés general– al cumplimiento por equivalente. A nuestro modo de ver, el legislador debió contemplar una opción previa, a saber, dar un bien con características semejantes al que ha sido objeto de la controversia, o a aquel cuya entrega fue ordenada por la decisión. Lo contrario, que es lo que parece haber dado por sentado el Derecho Positivo, es que los bienes a entregar serían infungibles en todos los casos, lo cual, aunque sea la regla general, no tiene por qué siempre ser así.

En otros términos, el que el dinero sea un bien fungible por excelencia, no autoriza a pensar que en caso de que la sentencia ordene la entrega de otro tipo de bienes, estos serán siempre infungibles. Piénsese por ejemplo en la entrega de una maquinaria propiedad del contratista empresario y de la cual había sido ilegítimamente despojado por la Administración como consecuencia del uso desproporcionado y arbitrario del poder de rescisión unilateral del contrato. En tal caso, si el ente público condenado es titular de una maquinaria semejante o equivalente, y esa no está siendo utilizada o afectada en ese momento para la realización de una actividad de interés general (uso público, servicio público o actividad de utilidad pública), en principio no parece descartable la sustitución del tales bienes, que no tienen porqué considerarse siempre irremplazables. También en el caso de mercancías no perecederas u otros productos, la fungibibilidad puede estar presente. La discusión por supuesto, podría darse en la determinación de hasta dónde llega o no la equivalencia o equiparación, pero ese es otro asunto que habría de resolverse en la misma fase de ejecución a través del correspondiente debate probatorio.

Quizás las Leyes tuvieron en mente más bien la hipótesis de bienes inmuebles, pero incluso en tal caso, aparte de que debió haber pensado en los otros tipos (muebles o semovientes), tampoco puede descartarse de entrada toda posibilidad de sustitución por otro semejante, siempre que tal reemplazo no resulte perjudicial al derecho del ejecutante (y tampoco al interés general) a la luz del caso concreto, por razones de ubicación geográfica u otras características. Todo lo cual, se insiste, sería susceptible de discusión y resolución en la correspondiente incidencia en la misma etapa de ejecución.

De allí que, tomando en consideración que el cumplimiento por equivalente debe ser siempre la opción secundaria, mientras que prioritariamente habrá de ser en especie o *in natura*, o en todo caso, de la forma más cercana a ese último, consideramos que, en atención al derecho constitucional a la ejecución cabal del fallo no puede descartarse *a priori* la posibilidad de entregar un bien en reemplazo. Ello por supuesto, haciendo abstracción del problema relativo a la determinación de la fungibilidad o no de un bien a la luz del caso particular.

Un segundo comentario debe referirse al laconismo legislativo, que se limita a señalar que en caso de condenas a dar, debe hacerse la entrega, sin mayor detalle[638]. En casos en que la parte obligada es la Administración, cabe plantearse si no resultaba conveniente mayor regulación, pues el vacío en ese punto obliga a acudir a las normas procesales generales en cuanto a la entrega material de bienes contemplada para el proceso civil, y no pensadas por ende para el caso en que se está frente al Poder Público, con todos los problemas que implica hacer uso de la fuerza pública en tales casos[639].

---

[638] La parquedad del precepto es también puesta de relieve por UROSA MAGGI, *De la actuación del Municipio...*, p. 509.

[639] Y es que, como se ha señalado, frente a tales hipótesis, la materialización de la sentencia (desposesión y entrega del bien) "...generará numerosos problemas relativos a la manera en que el Juez deba asistirse de la fuerza pública para imponerse a la propia Administración Pública" (HENRÍQUEZ LARRAZÁBAL, *op. cit.*, p. 385).

Un tercer elemento a destacar, es que llama la atención el que, en el caso del Decreto-Ley Orgánica de la Procuraduría General de la República, el justiprecio que procede ante la imposibilidad legal de hacer entrega de los bienes, no se tramite por el procedimiento establecido en la legislación expropiatoria, sino por el destinado a regular la prueba de experticia en el proceso civil, que parece ser el instrumento legal aplicable supletoriamente vista la insólita carencia de regulación en materia de medios probatorios que presenta la Ley Orgánica de la Jurisdicción Contencioso Administrativa venezolana. Además de lo cuestionable que luce tal solución por su falta de uniformidad, lo cierto es que la Ley de Expropiación por Causa de Utilidad Pública o Social regula con mayor detalle y está concebida precisamente para la determinación del justo valor de bienes que son necesarios para la satisfacción del interés general, en tanto que las disposiciones que contempla el Código de Procedimiento Civil son más genéricas en este caso[640]. De allí que resulta plausible proponer la aplicación de la Ley de Expropiación por Causa de Utilidad Pública o Social también en esta hipótesis, siguiendo las orientaciones de los otros dos instrumentos legales que regulan la ejecución de sentencias contra la Administración.

Por último, cabe reiterar que, en atención al principio *pro actione* y con el fin de darle preponderancia al marco constitucional, se impone una interpretación estricta y rigurosa en lo que se refiere a la afectación de los bienes a un fin de verdadero interés general como causal de imposibilidad legal, lo que im-

---

[640] Véase KIRIAKIDIS LONGHI, *El contencioso...*, p. 213, considera que la solución supone un problema, por cuanto la legislación expropiatoria lo que prevé es el procedimiento para justipreciar bienes, y no para valorar obligaciones. Ello es cierto, pero hay que considerar que el objeto de la prestación en este caso es en última instancia la entrega de bienes, por lo que sí nos parece aplicable la remisión a los mecanismos de valoración previstos en la Ley de Expropiación por Causa de Utilidad Pública o Social.

plica que tal destinación, que habrá de ser directa y específica, resulte debidamente comprobada en las actas del expediente[641].

Por otra parte, la legislación venezolana hace referencia a la ejecución de los otros tipos de sentencias condenatorias que se prestan quizá a mayores complicaciones teóricas y dificultades prácticas, y que paradójicamente, son los de más precaria regulación en ella, a saber, los fallos que ordenan el cumplimiento forzoso de las sentencias condenatorias a la realización de conductas activas o pasivas.

En el caso de sentencias que condenan a prestaciones de hacer, el artículo 110.3 de la Ley Orgánica de la Jurisdicción Contencioso Administrativa ordena lo siguiente:

> Cuando en la sentencia se hubiese condenado al cumplimiento de una obligación de hacer, el tribunal fijará un lapso de treinta días consecutivos para que la parte condenada cumpla. Si no fuese cumplida, el tribunal procederá a ejecutar la sentencia. A estos fines, se trasladará a la oficina correspondiente y requerirá su cumplimiento. Si a pesar de este requerimiento la obligación no fuese cumplida, el tribunal hará que la obligación se cumpla. Cuando por la naturaleza de la obligación, no fuere posible su ejecución en la misma forma como fue contraída, el tribunal podrá estimar su valor conforme a lo previsto en este artículo y proceder a su ejecución como si se tratase de cantidades de dinero.

En el supuesto de la Ley Orgánica del Poder Público Municipal, su artículo 159.3 dispone:

---

[641] Con ello se evita el riesgo planteado por GALLOTTI, *Las prerrogativas...*, p. 147, y reiterado por el mismo autor en: *El poder...*, p. 155, en cuanto a que cualquier activo del Estado está destinado directa o indirectamente a una actividad de utilidad pública, por lo cual siempre resultaría inaplicable la entrega material de los mismos como forma de cumplimiento en especie, debiendo entonces el ejecutante conformarse con el cumplimiento por equivalente.

Cuando en la sentencia se hubiere condenado al cumplimiento de una obligación de hacer, el Tribunal, a petición de parte, fijará un lapso de treinta días consecutivos para que el Municipio o la entidad municipal correspondiente proceda a cumplir con la obligación. Si ella no fuere cumplida, el Tribunal, a petición de parte, procederá él mismo a ejecutar la sentencia. A estos fines, se trasladará a la oficina municipal correspondiente y requerirá al ente municipal para que cumpla con la obligación. Si a pesar de este requerimiento la obligación no fuere cumplida, entonces el Tribunal sustituirá al ente municipal y hará que la obligación de hacer sea cumplida. Para el caso de que, por la naturaleza de la obligación, no fuere posible que el Tribunal la ejecutare en la misma forma en que fue contraída, entonces se estimará su valor y se procederá a su ejecución como si fuere una cantidad de dinero.

Nada regula al respecto el Decreto-Ley Orgánica de la Procuraduría General de la República.

Ahora bien, una primera observación a formular respecto a la redacción de ambos preceptos es que, en lo que debería ser la fase de ejecución forzada, se repite –una vez más– un primer trámite propio de la etapa de cumplimiento voluntario[642]. No otra cosa parece poder interpretarse del otorgamiento de un nuevo plazo –bastante extenso además– a la Administración perdidosa para que dé cumplimiento a lo que no hizo en la fase anterior. Por consiguiente, además de la escasa coherencia de tales normas con las reglas de la preclusión procesal y del orden consecutivo de los lapsos procedimentales, destaca a nuestro modo de ver la extrema *deferencia* para con el Poder que muestra también en estos casos la legislación venezolana[643].

---

[642] En similar sentido: HENRÍQUEZ LARRAZÁBAL, *op. cit.*, p. 391.

[643] En similar sentido, se ha criticado que este –ya el tercero– requerimiento a la Administración para que dé cumplimiento a la decisión, no constituye otra cosa que una nueva fase de cumplimiento voluntario (*Cfr.* UROSA MAGGI, *De la actuación del Municipio...*, p. 510).

Al margen de lo anterior, seguidamente las normas señalan que, ante el nuevo incumplimiento voluntario, el juez contencioso-administrativo debe proceder a ejecutar la sentencia, redacción que parece apuntar al empleo de la potestad de sustitución ejecutiva del mismo, lo que corroboraría el énfasis que emplea la Ley Orgánica del Poder Público Municipal, al referirse a que el juez ejecutará "él mismo".

No obstante, el resto de ambos preceptos evidencia la escasa coherencia con la redacción previa, y sobre todo, instaura restricciones preliminares al ejercicio de tal potestad judicial. Ello se constata al imponerse al juez la obligación de trasladarse a las oficinas de la entidad ejecutada y requerir previamente el cumplimiento. No le encontramos justificación a tal dispositivo, puesto que no parecen haber razones para presumir que el hecho de que la autoridad judicial acuda personalmente a intimar al correspondiente funcionario vaya a influir de tal forma que cambie la actitud remisa de éste, aunque quizá el Legislador le dio especial importancia al componente psicológico –si cabe la expresión– de la presencia física del juez y de su *auctoritas* frente al funcionario administrativo de turno.

Por nuestra parte, más bien nos parece que en algunos supuestos hasta podría resultar contraproducente tal proceder, sobre todo porque se impone de forma obligada en todos los casos. Ello habida cuenta de que, tomando en consideración la generalizada actitud de los jerarcas administrativos, incluso hasta podría originar que el juez quedara más bien desautorizado o al menos desairado, si por ejemplo no se le permite el ingreso a la sede física de la Administración condenada, o si el o los funcionarios administrativos muestran una conducta poco respetuosa para con éste.

Tratándose de la Administración Pública de un país como Venezuela, y lamentablemente también de su Poder Judicial[644],

---

[644] Y es que, como señala la doctrina, para la mayoría de los jueces contencioso-administrativo venezolanos, la ejecución forzosa de

mucho más en la actualidad, nos permitimos entonces no solo dudar de la utilidad de imponer al juez contencioso-administrativo ese proceder, sino que hasta nos preguntamos si en ciertos casos no resulta riesgoso y poco favorable a la ejecución forzada[645].

Al margen de lo anterior, luego de esta actuación material del juez contencioso-administrativo, se encuentra lo que en

---

las sentencias no se concibe como un poder de sustitución o subrogación en la Administración sino como una facultad de mera exhortación, como demuestran varios ejemplos (HERNÁNDEZ G., *El poder de sustitución...*, p. 340-341). Véase también: ÁLVAREZ CHAMOSA, María Lidia: "Visión de la tutela judicial efectiva: Ejecución de las sentencias contra el Estado en Venezuela". En: RODRÍGUEZ-ARANA MUÑOZ, J., GARCÍA PÉREZ, M. (Dirs.) AYMERICH CANO, C. y PERNAS GARCÍA, J. (Coords.): *Reforma del Estado y transformación del Derecho Administrativo.* Derecho Público Global. Colección Libros de Actas de Congresos y Jornadas. España, pp. 472-489. Libro disponible en línea: http://www.bubok.es/libros/232196/Reforma-del-Estado-y-Transformacion-del-Derecho-Administrativo, pp. 472-489. Ésa situación, descrita hace dos décadas en los siguientes términos: "Lamentablemente han sido frecuentes los casos de resistencia a la ejecución de sentencias contencioso-administrativas, y en cambio no ha sido frecuente el uso de medios coercitivos por los jueces para hacer cumplir las sentencias" (BREWER-CARÍAS, *Nuevas tendencias...*, p. 235), hoy en día está mucho más acentuada, al punto que se ha llegado a sostener que: "los órganos de administración de justicia no parecieran tener intención de exigir verdaderamente a la Administración Pública el cumplimiento de lo ordenado y decidido (…) la mayor reflexión pudiera estar destinada a la actitud pasiva de los tribunales a la hora de requerir de los órganos y entes públicos el cumplimiento de los mandatos jurisdiccionales" (GALLOTTI, *Las prerrogativas...*, p. 153).

[645] Y es que, como se ha señalado respecto al caso venezolano: "...ni los órganos del Poder Público son buenos cumplidores espontáneos de las sentencias, ni los órganos judiciales han contado con los Poderes necesarios para hacer ejecutar sus fallos, incluso de manera forzosa" (HERNÁNDEZ-MENDIBLE, *La ejecución de sentencias...*, p. 330).

nuestro criterio es el verdadero núcleo de los preceptos, y que significativamente encuentra disparidad según se trata de la redacción de cada artículo en las leyes respectivas. Ello por cuanto, si bien en ambos casos procede la continuidad de la ejecución ante el incumplimiento –en realidad el inicio de la fase de ejecución forzada propiamente– por parte de la Administración perdidosa, en la Ley Orgánica del Poder Público Municipal, la redacción indica que: "...el Tribunal **sustituirá** al ente municipal y hará que la obligación de hacer sea cumplida" (negrillas añadidas), con lo que queda claro que se trata del conferimiento sin mayores cortapisas –al fin– del poder de sustitución ejecutiva[646], que por supuesto vendrá determinado por los condicionamientos que señala la doctrina al respecto, en cuanto a la sustitución ante las hipótesis de inactividad formal o material, y sobre todo, frente al ejercicio de potestades predominantemente discrecionales[647].

Pero paradójicamente, en la Ley más reciente y en la que debería regularse de mejor manera el asunto incluso pues es el instrumento destinado a normar de forma específica y especializada el asunto, a saber, la Ley Orgánica de la Jurisdicción Contencioso Administrativa, la redacción se limita a señalar de forma lacónica que: "...el tribunal hará que la obligación se cumpla". La escasa atención al tema es inversamente proporcional al interés con que la doctrina venezolana ha venido estudiando el punto desde hace décadas. En efecto, contrasta la

---

[646] En similar sentido: HENRÍQUEZ LARRAZÁBAL, *op. cit.*, p. 390; ESPINOZA, Alexander y Jhenny Rivas: *Ley Orgánica de la Jurisdicción Contencioso Administrativa. Aspectos Fundamentales.* 3ra. Edición. Instituto de Estudios Constitucionales. Caracas, 2013, pp. 387-388. Esta redacción de la Ley Orgánica del Poder Público Municipal es la que parece llevar a aseverar a GALLOTTI, *El poder...*, p. 153, que el procedimiento previsto en este texto legal es más amplio y coercitivo.

[647] Además de la doctrina ya citada, puede verse para el caso venezolano los ejemplos que recientemente da GALLOTTI, *El poder...*, pp. 132-143.

parquedad legislativa porque precisamente uno de los supuestos en que tanto la jurisprudencia como la doctrina venezolana han aportado importantes desarrollos, dentro de las limitaciones de cada época, respecto incluso al tema del poder de sustitución del juez contencioso-administrativo, es en la ejecución de sentencias condenatorias a hacer frente a la inactividad de la Administración.

No obstante la precariedad de esa última redacción, consideramos que se impone una interpretación conforme a la Constitución de tal artículo, y que el mismo debe ser entendido de forma similar a como se establece en la Ley Orgánica del Poder Público Municipal, a saber, como la consagración cabal del poder de sustitución ejecutiva del juez contencioso-administrativo en la Administración perdidosa y negada a darle cumplimiento voluntario al fallo dictado en su contra. De igual forma, también por análogos imperativos constitucionales, ante el vacío regulatorio del Decreto-Ley Orgánica de la Procuraduría General de la República, consideramos perfectamente aplicable la analogía para el caso de sentencias condenatorias a prestaciones de hacer contra la República y los Estados.

Como puede verse, la regulación de la potestad de sustitución ejecutiva en la Ley Orgánica de la Jurisdicción Contencioso Administrativa frente a la inactividad administrativa es en extremo limitada. Así por ejemplo, nada contempla respecto a la posibilidad del cumplimiento de este tipo de condenas por terceros con cargo al patrimonio de la Administración ejecutada[648].

---

[648] Es la solución planteada en la doctrina española por BELTRÁN DE FELIPE, *El poder de sustitución...*, pp. 390-424, y con especial detalle por MARTÍN DELGADO, *La ejecución subrogatoria..., in totum*; sobre la base de las reglas procesales generales. En análoga orientación, se ha criticado la falta de regulación detallada del ejercicio del poder de sustitución ejecutiva del juez contencioso-administrativo, que dependerá de la naturaleza de la prestación de hacer que se haya ordenado, y se ha hecho referencia a las diversas modalidades de ésta (UROSA MAGGI, *De la actuación del Municipio...*, pp. 510-513). Véase también, sobre las variadas mo-

No obstante, en nuestro criterio esa solución legislativa tiene también aplicación en el supuesto venezolano, aún ante el silencio de la Ley, valiéndose de las reglas generales de la legislación procesal civil y en atención al marco constitucional de la ejecución de las sentencias antes expuesto.

Por último, entendemos que la referencia final de tales disposiciones a la imposibilidad de ejecución *in natura* de la sentencia sobre la base de la naturaleza de la obligación, se refiere a las obligaciones de hacer personalísimas[649], que como ya se señaló en Capítulos precedentes, caso de existir, serían excepcionales tratándose de que la parte condenada sea una Administración Pública. Solo en esos últimos y contados supuestos, así como una vez agotados los medios de persuasión o compulsión para el logro del cumplimiento voluntario, es que procedería el cumplimiento por equivalente a través de la correspondiente indemnización pecuniaria[650].

Resta por ver en este punto, en lo atinente a la legislación venezolana, el régimen de la ejecución de las sentencias que condenan a prestaciones de no hacer. Sobre el particular, dispone el artículo 110.4 de la Ley Orgánica de la Jurisdicción

---

dalidades del poder de sustitución del juez contencioso-administrativo en el contenido de la sentencia (sustitución declarativa) y en su ejecución (sustitución ejecutiva), en el caso venezolano: HERNÁNDEZ G., *El poder de sustitución...*, pp. 330-344; HERNÁNDEZ G., *Ejecución de la sentencia...*, pp. 314-323.

[649] Para UROSA MAGGI, *De la actuación del Municipio...*, p. 513, tales términos deben entenderse como referidas al ejercicio de potestades de alto contenido de discrecionalidad.

[650] Y es que como se señala en: *Ibídem*, p. 513: "...antes de proceder a estimar el valor económico de la obligación y realizar su novación por una obligación dineraria como cumplimiento por equivalente –que es la consecuencia que a estos casos da la Ley–, deberían agotarse los modos de cumplimiento en especie y por tanto utilizarse medios coercitivos en contra del ente condenado, persuadiéndolo para que cumpla definitivamente el fallo".

Contencioso Administrativa: "Cuando en la sentencia se hubiese condenado a una obligación de no hacer, el tribunal ordenará el cumplimiento de dicha obligación".

A su vez, establece el artículo 159.4 de la Ley Orgánica del Poder Público Municipal: "Cuando en la sentencia se hubiere condenado a una obligación de no hacer, el Tribunal, a petición de parte, ordenará el resarcimiento del daño que se derive del incumplimiento de la obligación de no hacer".

En ese sentido, la norma contenida en la Ley Orgánica de la Jurisdicción Contencioso Administrativa en realidad establece muy poco al respecto. Se trata de una redacción que linda en lo tautológico, puesto que establecer como consecuencia jurídica el que, ante una sentencia condenatoria, debe ordenarse el cumplimiento de esta, es casi tanto como decir nada[651].

Más precaria aún es la solución planteada en la Ley Orgánica del Poder Público Municipal en este punto, puesto que el dispositivo correspondiente establece que, ante la hipótesis de una sentencia condenatoria a no hacer, debe ordenarse el resarcimiento del respectivo daño por el incumplimiento, esto es, por la inactividad[652]. En ese sentido, como ha señalado la doc-

---

[651] La redacción ha sido calificada como vacía o tautológica también por: HENRÍQUEZ LARRAZÁBAL, *op. cit.*, pp. 394-395. Véanse también los cuestionamientos a esta disposición planteados por KIRIAKIDIS LONGHI, *El contencioso...*, pp. 213-214.

[652] La redacción del precepto de la Ley Orgánica del Poder Público Municipal es ambigua. El daño que según el mismo debe resarcirse ¿es el producido por la constatación en la sentencia definitiva del incumplimiento de la obligación de no hacer que motivó la interposición de la pretensión de condena a actuación ante la conducta omisa de la Administración, el ocasionado por el desacato de la sentencia condenatoria (aunque en estricta puridad jurídica este pago no es una indemnización por daños sino un pago por equivalente), o ambos? Cualquiera de las hipótesis es inaceptable, puesto que en el primer caso la condena a indemnizar será consecuencia de la orden de hacer lo debido y ya estará en el texto de la sentencia, y en el segundo se trata de un pase

trina, la solución legislativa implica optar por el cumplimiento por equivalente, es decir, la indemnización, sin que haya razones que justifiquen tal proceder antes de haber agotado las formas y mecanismos directos e indirectos de ejecución de sentencias ante obligaciones de no hacer[653].

Ante este nuevo vacío legal[654], una vez más, la única solución plausible a la luz de los imperativos constitucionales es la

---

automático a la ejecución por equivalente, sin haber intentado siquiera la ejecución en especie, en contravención con las reglas aplicables ya expuestas.

[653] *Cfr.* UROSA MAGGI, *De la actuación del Municipio...*, p. 514. Tal solución legislativa no es admisible a la luz de un examen de constitucionalidad y del principio *pro actione*, toda vez que, si bien es cierto que el cumplimiento por equivalente no es *per se* inconstitucional, este debe basarse en una causa legal y en razones atendibles, puesto que "La denegación de la ejecución no puede ser pues, arbitraria ni irrazonable ni fundarse en una causa inexistente, ni en una interpretación respectiva del derecho fundamental del artículo 41.1 C.E." (PICÓ I JUNOY, *op. cit.*, p. 79). De allí que, también en el caso del proceso administrativo, la sustitución ejecutiva ordenada por el Tribunal y ejecutada por un tercero, sea una Administración Pública distinta a la condenada, o incluso por un particular, con cargo al patrimonio de la parte perdidosa, es perfectamente admisible, como se evidencia de la bibliografía citada en este trabajo. Solo en caso de obligaciones infungibles o de amenaza cierta al interés general, es cuando procedería el cumplimiento por equivalente. Para el caso de sentencias condenatorias a prestaciones de hacer, véase en la doctrina venezolana, entre otros: UROSA MAGGI, *Tutela judicial...*, pp. 451-469; RODRÍGUEZ COSTA, *op. cit.*, pp. 51-119.

[654] Al respecto, ha señalado la doctrina, comentando la regulación previa a la Ley Orgánica de la Jurisdicción Contencioso Administrativa, pero que es plenamente aplicable a ésta dado su continuismo con relación a la legislación anterior, que: "...el proceso de ejecución de sentencias no es uniforme, simple y eficaz, lo que constituye una contravención del artículo 257 de la Constitución, por el contrario, consiste en un proceso engorroso en lo que respecta a los trámites y plazos a seguir; variable, en función del sujeto obligado a cumplir el fallo de manera voluntaria o forzosa; e

de acudir a los principios y reglas del Derecho Procesal, incluyendo la analogía con las normas procesales civiles[655]. Por ende,
se impondrá optar por el ejercicio del poder de sustitución ejecutiva del juez contencioso-administrativo sobre la base de los
desarrollos doctrinarios, en atención, cabe aquí la reiterada
invocación, al derecho constitucional a la tutela jurisdiccional,
en este caso, frente al primigenio incumplimiento de una obligación de no hacer o negativa contenida en la correspondiente
norma atributiva de potestad. Incumplimiento que, a su vez,
dio lugar a la correspondiente interposición de la pretensión de
condena a no hacer (precisamente ante el hacer o actividad
ilegítima) y a su correlativa sentencia.

---

ineficaz, desde el mismo momento en que el legislador deja
abierta la posibilidad de que ni siquiera se presente una propuesta racionalmente aceptable de ejecución voluntaria de sentencia por la autoridad pública condenada o que se diluya la ejecución forzosa en un proceso que puede durar años" (HERNÁN-
DEZ-MENDIBLE, *La ejecución de sentencias...*, pp. 352-353). Con
relación a la Ley Orgánica de la Jurisdicción Contencioso Administrativa, en la misma obra comenta el autor lo desacertado de
las soluciones adoptadas: "La regulación es continuista de la situación precedente, sin mayor brillo el legislador se ha limitado a
reproducir o remitir a la legislación precedente, en materia de ejecución de sentencias" (*Ibídem*, p. 361). En similar sentido, véase el
trabajo de HERNÁNDEZ- MENDIBLE, Víctor Rafael: "Los Recursos de Apelación, Especial de Juridicidad y la ejecución de sentencias en el proceso administrativo". En: *AA.VV.: Comentarios a la
Ley Orgánica de la Jurisdicción Contencioso Administrativa*. Vol. I.
Fundación Estudios de Derecho Administrativo (FUNEDA). Caracas, 2010, pp. 161-165.

[655] Así por ejemplo, establece el artículo 529 del Código de Procedimiento Civil venezolano: "Si en la sentencia se hubiere condenado al cumplimiento de una obligación de hacer o de no hacer,
el juez podrá autorizar al acreedor, a solicitud de éste, para hacer
ejecutar él mismo la obligación o para destruir lo que se haya
hecho en contravención a la obligación de no hacer, a costa del
deudor".

Expuesto este primer panorama aproximativo del régimen del ejercicio de las potestades de sustitución declarativa y ejecutiva del juez contencioso-administrativo en las leyes bajo estudio, procede ahora comentar con mayor detalle dos de los aspectos más trascendentes en ese tema. El primero, las modalidades de ejecución de las sentencias de condena al pago de cantidades monetarias. El segundo, la ejecución subrogatoria o por un tercero (llamada también sustitución comisarial). Comencemos por el primer asunto.

II. ESPECIAL REFERENCIA A LAS SENTENCIAS QUE CONDENAN AL PAGO DE SUMAS DE DINERO[656]

1. España

La Ley española, y esto es una característica común con todas las otras bajo estudio, le dedica especial atención a la ejecución forzada de las sentencias que condenan al pago de cantidades de dinero[657], en el artículo 106, el cual en su primer apartado establece:

---

[656] Es común la división de las sentencias de condena en dos grandes grupos, a saber, las que condenan al pago de sumas de dinero y el resto (*Cfr*. CATALÁ COMAS, *op. cit.*, p. 17) toda vez que la realidad exige un régimen distinto para la dación de una cantidad de dinero de la que consiste en entregar una cosa distinta (*Cfr*. GONZÁLEZ PÉREZ, *Comentarios...*, p. 1.009). Este tipo de condenas se produce: "...cuando a un determinado sujeto público o privado se le impone en una sentencia la obligación de pago de una cierta cantidad de dinero, teniendo por finalidad hacer efectiva dicha sentencia con cargo al patrimonio del deudor para resarcimiento del acreedor..." (CHOLBI CACHÁ y MERINO MOLINS, *op. cit.*, p. 258).

[657] Quizá debido a que, como señala la doctrina: "...en las sentencias de contenido pecuniario se encuentra la fuente de los mayores retrasos en la ejecución, más que de voluntad de incumplimiento" al incidir en las disciplinas presupuestaria, contable y de los bienes públicos (FONT I LLOVET, *Justicia Administrativa...*, pp. 833-834). Este mismo autor destaca que ni en la Ley española ni en la

Artículo 106

1. Cuando la Administración fuere condenada al pago de cantidad líquida[658], el órgano encargado de su cumplimiento acordará el pago con cargo al crédito correspondiente de su presupuesto que tendrá siempre la consideración de ampliable. Si para el pago fuese necesario realizar una modificación presupuestaria, deberá concluirse el procedimiento correspondiente dentro de los tres meses siguientes al día de notificación de la resolución judicial[659].

Comenta la doctrina que el precepto en su totalidad aporta mejoras a la situación previa[660]. En cuanto a las novedades de

---

normativa presupuestaria, se adoptaron medidas de carácter automático, por ejemplo la de dar valor de mandamiento de pago al fallo condenatorio, como había propuesto la doctrina (*Ibídem*, p. 834). Por su parte, destaca GONZÁLEZ PÉREZ, *Comentarios...*, p. 1.010, que esta modalidad de ejecución es incompatible con las prerrogativas de la Administración, y que lo que el artículo 106 de la Ley española regula son medidas indirectas antes que una verdadera ejecución procesal. Sobre el punto, véanse los Capítulos previos. Con relación a la importancia cuantitativa de este tipo de fallos, se ha señalado también que en demasiadas ocasiones resultan la modalidad en que se convierte la ejecución de las demás como medio sustitutorio (*Cfr.* CATALÁ COMAS, *op. cit.*, p. 7).

[658] Pueden verse las diversas hipótesis de condena al pago de cantidades líquidas de dinero en: GONZÁLEZ PÉREZ, *Comentarios...*, pp. 1.040-1.042.

[659] Sobre esa ampliación y modificación presupuestaria, véanse entre otros los comentarios de: ESCUDERO HERRERA, Margarita: *Los obstáculos a la efectividad de las sentencias en el contencioso-administrativo, y sus soluciones.* Editorial Dykinson, S.L. Madrid, 2005, pp. 147-148; FERNÁNDEZ VALVERDE, *op. cit.*, pp. 92-94; GIMENO SENDRA, MORENO CATENA y SALAS SÁNCHEZ, *op. cit.*, pp. 267-271. Por otra parte, si vencidos los plazos no se han realizado las modificaciones presupuestarias para hacer efectiva la condena procederá el embargo de bienes de la Administración condenada (CHOLBI CACHÁ y MERINO MOLINS, *op. cit.*, p. 268).

[660] Así por ejemplo, señalan CHOLBI CACHÁ y MERINO MOLINS, *op. cit.*, pp. 27-28, refiriéndose al artículo 108 de la Ley de 1956,

ese primer apartado con relación al artículo 108 de la Ley de 1956 derogada, se refieren al mayor detalle en la regulación, lo que implica que con la nueva redacción se agiliza el pago de la cantidad adeudada, ya que el procedimiento de modificación presupuestaria se abrevia, al calificarse ahora como ampliable[661], y señalar un plazo –tres meses–, para que si, en su caso, fuese necesario hacer una modificación presupuestaria, ésta se produzca en el mismo[662]. Ante la interrogante de qué sucede en

---

que su aplicación planteó dificultades en la hipótesis de condena al pago de cantidades de dinero ante la inexistencia de partida presupuestaria, al dilatarse la habilitación o suplemento del crédito correspondiente -aunque los mismos autores señalan que el dispositivo vigente no regula de una manera cabal la ejecución forzada en caso de condenas pecuniarias, sobre todo lo relativo a la sustitución judicial, al embargo y al apremio- (*Ibídem*, pp. 223, 253 y 267). No obstante, ello no significa que el régimen de este tipo de sentencias condenatorias no haya sido objeto también de críticas. Así por ejemplo, además de lo expuesto en la anterior nota al pie, se ha señalado lo paradójico de la escueta regulación legal que deja amplio margen al intérprete en lo atinente a la determinación de medidas de ejecución directas, mientras que para las otras sentencias de condena más heterogéneas las previsiones hayan sido más prolijas, sin haber pensado en unificar las soluciones (*Cfr.* PÉREZ DEL BLANCO, *op. cit.*, p., 336).

[661]   Ese crédito ampliable, a decir de la doctrina, implica que ya no podrá invocarse la insuficiencia del crédito presupuestario, pues conforme a la normativa presupuestaria tendrían tal condición de ampliables los créditos destinados a atender obligaciones específicas del respectivo ejercicio derivadas de normas con rango de ley (CHOLBÍ CACHÁ y MERINO MOLINS, *op. cit.*, p. 261).

[662]   Sobre los antecedentes de este precepto en los documentos preparatorios de la Ley española, señala GÓMEZ PUENTE, *La inactividad...*, p. 222: "En consonancia con la doctrina constitucional, los Anteproyectos de 1986 y 1994 ordenaban la previsión anticipada de partidas o créditos, que tendrían la condición de ampliables, para afrontar el cumplimiento de las sentencias de condena al pago de cantidad y, si para ello fuera necesario un crédito extraordinario o un suplemento de crédito, la tramitación del mismo de forma inmediata e ininterrumpida. Con ello se intentaba, pues,

la hipótesis de incumplimiento de tales mandatos, aparte del pago del interés legal de mora, procedería el embargo ejecutivo de bienes, de acuerdo con lo dispuesto en el ordenamiento jurídico y con sujeción a los criterios jurisprudenciales del Tribunal Constitucional y de la legislación hacendística y presupuestaria[663].

que la Administración pudiera afrontar el pago en la fase de cumplimiento voluntario de la sentencia sin que fuera necesario, por tanto, recurrir a la ejecución forzosa. La previsión anticipada de crédito, por lo demás, no sólo era ventajosa desde la perspectiva del acreedor, sino también de la Administración que, pudiendo pagar oportunamente, evitará el pago de los eventuales intereses de demora. Sin embargo, la LJCA aprobada en 1998 no contempla la previsión anticipada de créditos para el cumplimiento de las sentencias. Sí que prevé la posibilidad de que, a falta de créditos, sea necesario tramitar la correspondiente ampliación o modificación presupuestaria. En este caso, no se conforma con que se inicie dicho procedimiento en un plazo determinado (como hacían los borradores anteriores, dentro del mes siguiente a la comunicación de sentencia), sino que exige su conclusión dentro de los tres meses siguientes a la notificación de la sentencia. Aunque a primera luz, por señalar un término fijo para la conclusión del expediente presupuestario, la medida parece más acertada, es difícil adelantar un juicio sobre la efectividad práctica de la misma o su valor global con relación a la solución propugnada por los provechos anteriores".

[663] Véanse entre otros: MÍGUEZ BEN, Eduardo: "Ejecución de sentencias. Artículo 106". *Revista Española de Derecho Administrativo N° 100*. Comentarios a la Ley de la Jurisdicción Contencioso-Administrativa de 1998. Editorial Civitas, S.A Madrid, 1998, pp. 741-759; GONZÁLEZ PÉREZ, *Manual de Derecho Procesal...*, pp. 508-510. El tema del embargo sobre bienes de la Administración será retomado más adelante. En todo caso, la solución legal de incrementar el interés a pagar en caso de incumplimiento es cuestionada por GONZÁLEZ PÉREZ, *Comentarios...*, p. 1.043, quien sostiene que una vez más, las responsabilidades derivadas de los abusos de los gobernantes se cargan sobre las espaldas del contribuyente, pues en definitiva responde es la Hacienda Pública.

Ese primer apartado del artículo 106 es completado por los siguientes del mismo artículo, que disponen, el 2: La adición del interés legal adeudado desde la fecha de notificación de la sentencia, el 3: La previsión de instar la ejecución forzosa desde que la sentencia sea notificada al órgano que deba cumplirla, así como la posibilidad de incrementar en dos puntos el interés legal a devengar, previa audiencia del órgano condenado, si se aprecia falta de diligencia en el cumplimiento[664].

Por su parte, el apartado 4 merece un breve señalamiento. Veamos primeramente su redacción: "4. Si la Administración condenada al pago de cantidad estimase que el cumplimiento de la sentencia habría de producir trastorno grave a su Hacienda, lo pondrá en conocimiento del Juez o Tribunal acompañado de una propuesta razonada para que, oídas las partes, se resuelva sobre el modo de ejecutar la sentencia en la forma que sea menos gravosa para aquélla".

Ese "trastorno grave a la Hacienda Pública" se contemplaba en la legislación previa como causa justificadora de la expropiación de los derechos reconocidos la sentencia, y a partir de este precepto, como modalidad que condiciona el cumplimiento de la sentencia[665]. Ello otorga un amplio poder de

---

[664] Sobre la regulación del pago de intereses por parte del ente público condenado, véanse entre otros, las críticas de: MÍGUEZ BEN, *op. cit.*, pp. 741-759 y GIMENO SENDRA, MORENO CATENA y SALAS SÁNCHEZ, *op. cit.*, p. 251; así como los comentarios de ESCUDERO HERRERA, *op. cit.*, pp. 149-158 y de REQUERO IBÁÑEZ, *op. cit.*, p. 37.

[665] *Cfr.* ESCUDERO HERRERA, *op. cit.*, p. 100; GONZÁLEZ PÉREZ, *Comentarios…*, p. 1.045, quien señala que más que la inejecución lo que se acordaba era la suspensión mediante el pago fraccionado, o como modulación de la ejecución (en similar sentido FERNÁNDEZ VALVERDE, *op. cit.*, pp. 131-132). Véase también: MÍGUEZ BEN, *op. cit.*, pp. 741-759; CHOLBI CACHÁ y MERINO MOLINS, *op. cit.*, pp. 272-273, quienes señalan que no se trata de un impedimento absoluto de la ejecución de la sentencia sino de matización de esta. También puede consultarse sobre este punto y

decisión al juez al momento de decidir la forma de ejecución del fallo condenatorio, oídas las partes y tomando en consideración los diversos bienes jurídico-constitucionales en juego (derecho a la ejecución de la sentencia en sus propios términos, interés general, disciplina presupuestaria, interdicción de la arbitrariedad, entre otros). Ya se verá más adelante cómo regula la Ley española los supuestos excepcionales de inejecución de la sentencia, así como también se hará referencia a esa afectación presupuestaria de importancia, como posible causal de suspensión o de matización de la ejecución de las decisiones en algunas de las otras leyes.

Expuesto lo anterior, los dos últimos apartados restantes del artículo 106 de la Ley española disponen:

4. Lo dispuesto en los apartados anteriores será de aplicación asimismo a los supuestos en que se lleve a efecto la ejecución provisional de las sentencias conforme a esta Ley[666].

5. Cualquiera de las partes podrá solicitar que la cantidad a satisfacer se compense con créditos que la Administración ostente contra el recurrente[667].

---

su regulación en la Ley de 1956: LÓPEZ GONZÁLEZ, *El sistema español...*, pp. 418-426.

[666] Sobre la ejecución provisional de sentencias en la Ley española, véase la bibliografía referida en la nota al pie 787. Un instituto afín lo prevé el artículo 146 de la Ley costarricense, respecto del cual puede verse, entre otros: GONZÁLEZ CAMACHO, Óscar Eduardo: "Recursos". En: JIMÉNEZ MEZA, Manrique, JINESTA LOBO, Ernesto, MILANO SÁNCHEZ y Óscar GONZÁLEZ CAMACHO: *El nuevo Proceso Contencioso-Administrativo. Poder Judicial.* San José, Costa Rica, 2006, pp.537-538.

[667] En lo atinente a este último apartado, el mismo ha sido calificado como un notable avance, toda vez que "...sin perjuicio de señalar que la redacción no nos parece la más afortunada (porque parece que se concluye con que sólo operará cuando la Administración perdedora en el proceso sin embargo es acreedora por otra causa), esta inteligente innovación permitirá, sin duda, que muchas sen-

Conviene destacar que para un sector de la doctrina, incluso en el caso de sentencias condenatorias al pago de cantidades pecuniarias, no cabe descartar la posibilidad de acudir a la figura de la sustitución comisarial, tanto sobre la base de los principios de esta, como también en razón de lo dispuesto en el artículo 106.3. Y es que la ejecución forzosa a que allí se alude no se refiere al pago de intereses de mora, simple mecanismo de presión para lograr el cumplimiento del fallo, sino a la realización de una serie de prestaciones de hacer que logren el pago de la cantidad adeudada[668].

2. Costa Rica

Por su parte, la Ley Costarricense le dedica tres apartados en el artículo 122 ya aludido, precepto que contempla los diversos contenidos de las sentencias estimatorias de la pretensión, a las hipótesis de condenas al pago de cantidades monetarias, en el caso de las pretensiones de condena que tengan como causa los daños y perjuicios causados por la actividad administrativa que resulten susceptibles de indemnización[669]. A saber:

---

tencias puedan ejecutarse con mayor rapidez y agilidad que hasta ahora. Porque, en la situación actual, se podía dar la gran paradoja de que el vencedor en el proceso fuese deudor con la parte vencida, y sin embargo ésta tuviese que hacer frente al pago del fallo judicial y esperar para el cobro de su crédito a un momento posterior o, al revés, que el perdedor en el proceso sin embargo resultase acreedor por otros conceptos con la Administración vencedora" (MÍGUEZ BEN, *op. cit.*, pp. 741-759). Véanse también las consideraciones de GONZÁLEZ PÉREZ, *Comentarios...*, pp. 1.054-1.047; y FONT I LLOVET, *Justicia Administrativa...*, pp. 834-835.

[668] *Cfr.* MARTÍN DELGADO, *La ejecución subrogatoria...*, pp. 272-273.

[669] Llama la atención que la Ley costarricense haya contemplado en la enumeración general la hipótesis de las sentencias condenatorias al pago de cantidades de dinero básicamente para el caso de pretensiones que tienen como causa la indemnización por daños y perjuicios, que sin duda serán las más comunes (GONZÁLEZ PÉREZ, *Manual de Derecho Procesal...*, p. 365; GONZÁLEZ PÉREZ,

m) Condenar al pago de los daños y perjuicios, en los siguientes términos[670]:

i) Pronunciamiento sobre su existencia y cuantía, siempre que consten probados en autos al dictarse la sentencia.

ii) Pronunciamiento en abstracto, cuando conste su existencia, pero no su cuantía.

iii) Pronunciamiento en abstracto, cuando no conste su existencia y cuantía, siempre que sean consecuencia de la conducta administrativa o relación jurídico-administrativa objeto de la demanda.

Asimismo, la Ley costarricense regula el modo y el procedimiento destinados a realizar la actualización monetaria o indexación de las sumas condenadas a pagar, así como a la conversión del pago de deudas de valor en deudas de dinero (artículos 123 y 124, respectivamente)[671].

Pero además, el aludido texto legal aporta lineamientos ante uno de los obstáculos a la ejecución de las sentencias de

---

Derecho Procesal…, p. 324, las coloca como ejemplo de sentencias de condena) pero no necesariamente las únicas. No obstante, los dispositivos posteriores, comenzando por el artículo 123, lucen aplicables a cualquier condena a pagar cantidades monetarias, toda vez que en ellos no se hace distinción alguna, lo que corrobora el artículo 125, que alude a la posibilidad de imponer condenas a dar cantidades pecuniarias sin exclusión del pago de indemnización por concepto de daños y perjuicios.

[670] Respecto a la regulación procesal del daño y su indemnización en la Ley costarricense, pueden verse entre otros los comentarios de: GONZÁLEZ CAMACHO, *La ejecución…*, pp. 616-620.

[671] Sobre la actualización monetaria en el caso de los pronunciamientos condenatorios al pago de sumas de dinero en el proceso administrativo costarricense, véase entre otros: JINESTA LOBO, *Manual del Proceso…*, pp. 244-245; GONZÁLEZ CAMACHO, *Sentencia…*, pp. 447-474. Y sobre la conversión de obligaciones de valor en obligaciones de dinero en la jurisprudencia costarricense: JINESTA LOBO, *Manual del Proceso…*, pp. 246-247.

condena al pago de cantidades de dinero, a saber, la falta de previsión o disponibilidad en las partidas presupuestarias[672]. A tal fin, el artículo 166 dispone que, en la hipótesis de condenas a la Administración al pago de una cantidad líquida, esta deberá verificar, de inmediato, si hay contenido económico suficiente y debidamente presupuestado. De no haberlo, la sentencia firme producirá, automáticamente, el compromiso presupuestario de los fondos pertinentes para el ejercicio fiscal en que se produzca la firmeza del fallo (Artículo 166)[673].

Aunado a lo anterior, la Ley establece un canal de comunicación directa entre el Juez ejecutor y la Administración Presupuestaria, para lo cual le asigna a la sentencia, el carácter de título suficiente a los efectos de la emisión de la respectiva orden de pago. Establece también la obligación del órgano administrativo competente en materia presupuestaria en cuanto a incluir las previsiones del caso en el presupuesto inmediato siguiente, so pena de incurrir los funcionarios respectivos en las responsabilidades civil, penal y disciplinaria, disponiéndose una presunción de falta grave en lo disciplinario ante la hipótesis de incumplimiento de tal deber (artículo 167).

En esa misma modalidad de comunicación directa entre el Juez ejecutor y la Administración Presupuestaria, la Ley le otorga potestades al primero, tratándose de la condena al pago de una entidad de la Administración Descentralizada, de imponer un plazo de tres meses para la realización de la modificación presupuestaria que corresponda. Y ante la hipótesis de incumplimiento, de ordenar a la Administración Presupuestaria que no se apruebe ni ejecute trámite alguno de modificación en

---

[672] Prescindiendo de que la doctrina sostiene, al comentar la regulación legal, que el principio de legalidad presupuestaria está dirigido a la Administración y no al Juez (*Cfr.* GONZÁLEZ CAMACHO, *La ejecución...*, p. 599).

[673] Sobre los antecedentes de esta norma, puede verse entre otros: HIDALGO CUADRA, *op. cit.*, pp. 177-180.

el presupuesto de la entidad condenada hasta tanto no se incluya la partida presupuestaria para el cumplimiento de la orden judicial de pago, orden que el órgano judicial podrá modular en cuanto a su alcance con el fin de no afectar la gestión administrativa ni los intereses legítimos o los derechos subjetivos de terceros (artículo 168)[674]. Como puede verse, la Ley aporta soluciones a uno de los obstáculos tradicionales a la ejecución de las sentencias condenatorias a la Administración al pago cantidades pecuniarias, a saber, las reglas y limitaciones presupuestarias.

Sin embargo, la Ley costarricense también establece un supuesto excepcional[675] que permite el diferimiento de la ejecución forzada de la sentencia condenatoria a la Administración al pago de cantidades de dinero. Supuesto vinculado –de forma similar al caso español del artículo 106.4 ya comentado– al riesgo al interés general que pueda implicar la ejecución de una determinada sentencia, en este caso condenatoria al pago de una cantidad dineraria.

En ese sentido, establece el artículo 172.1 de la Ley costarricense, que ante el supuesto de que el cumplimiento de la sentencia implique la provisión de fondos que afecten seriamente el interés público o provoque trastornos graves a la situación patrimonial de la Administración condenada al pago de una cantidad pecuniaria líquida, esta podrá solicitar fundadamente

---

[674] Un sector de la doctrina costarricense planteaba por ejemplo, una distinción en el alcance del poder de sustitución judicial en la ejecución forzada de sentencias de condena al pago de cantidades de dinero, según se tratase de indemnizaciones por concepto de daños y perjuicios originados en la actividad administrativa, o bien se estuviese en presencia de incumplimiento de obligaciones de contenido prestacional, caso este último en el cual el Juez habría de ser más prudente para no afectar indebidamente el régimen presupuestario, tratándose no de la imposición de un gasto, sino del establecimiento de una fuente de gasto (*Ibídem*, pp. 177-179).

[675] De situación extrema la califica GONZÁLEZ CAMACHO, *La ejecución...*, p. 583.

al Juez ejecutor, se le autorice al fraccionamiento del pago hasta por un máximo de tres anualidades[676]. Como requisito formal, el precepto añade que el ente condenado "deberá consignar, en los respectivos presupuestos, el principal más los intereses", asunto que debe resolverse previa audiencia a las partes, en un plazo de cinco días (Artículo 172.1).

Añade la Ley costarricense, que a este supuesto de diferimiento de la ejecución mediante el fraccionamiento del pago, le son aplicables las medidas que prevé el Código respecto al incumplimiento de la sentencia, a saber: aplicación de multas coercitivas al funcionario responsable, así como la orden a la Administración Presupuestaria para que no ejecute trámites de aprobación o modificación presupuestaria hasta tanto no se incluya la partida correspondiente al cumplimiento de la decisión, e inclusive el embargo de bienes, si el ente condenado no da cumplimiento oportuno a la propuesta de pago aprobada por el Juez ejecutor mediante la incorporación de los abonos en los ejercicios presupuestarios. Todo ello sin perjuicio de la revocación de la previa decisión de diferimiento que pueda hacer el órgano judicial, la cual haría exigible la totalidad del saldo adeudado (Artículo 172.2).

---

[676] Como ya se vio, este supuesto también lo contempla la Ley española en su artículo 106.4, aunque le otorga consecuencias jurídicas un tanto distintas. De hecho, la doctrina costarricense previa a la Ley actual describía la regulación española al expresar: "...no se trata de provocar dislocaciones graves en las finanzas del Estado. Cuando el cumplimiento de las sentencias signifique la provisión de fondos con lo cual puede ponerse en entredicho el interés público, la prestación de servicios públicos esenciales o probar trastorno 'o detrimento grave de la Hacienda Pública', la Administración Pública obligada al pago, podrá solicitar, motivadamente, que el Tribunal le autorice dilatar temporalmente el pago o bien, fraccionarlo. Incluso, razones de interés público pueden determinar la suspensión de la ejecución" (HIDALGO CUADRA, *op. cit.*, p. 176).

3. *Perú*

Por otra parte, en el caso de la Ley peruana, la regulación atinente a la ejecución de sentencias condenatorias al pago de sumas pecuniarias[677] se contrae a los términos establecidos en el artículo 47[678], el cual dispone:

Ejecución de obligaciones de dar suma de dinero.

Las sentencias en calidad de cosa juzgada que ordenen el pago de suma de dinero, serán atendidas por el Pliego Presupuestario en donde se generó la deuda[679], bajo responsabilidad del

---

[677] Un análisis general y crítico del régimen peruano de la ejecución de la sentencia en el proceso administrativo puede verse en: ESPINOSA-SALDAÑA BARRERA, *Notas sobre el Anteproyecto...*, pp. 433-436. Para el caso de la ejecución de sentencias de condena al pago de sumas líquidas de dinero, pueden verse también los comentarios de: DÍEZ SÁNCHEZ, *op. cit.*, pp. 349-351.

[678] De acuerdo con TIRADO BARRERA, *Las reglas aplicables...*, pp. 515-523, el referido dispositivo debe interpretarse conforme a las siguientes pautas: 1) La condena al pago de suma de dinero debe ser atendida prioritariamente por el pliego presupuestal donde se generó la deuda; 2) El cumplimiento de la sentencia deberá atenderse con los recursos presupuestales previstos por el presupuesto anual correspondiente; 3) La atención del pago de sentencias judiciales deberá seguir el orden establecido por la Ley 30137; 4) En caso de insuficiencia de recursos, el titular de la Entidad podrá realizar modificaciones presupuestales; 5) En caso de que existan requerimientos que superen los recursos disponibles, la entidad comunicará al Juez la programación de su atención en un plazo máximo de cinco años; y 6) En caso de que no se hubiera adoptado ninguna de las acciones antes descritas en un plazo de seis meses después de notificada la sentencia, se podrá iniciar la ejecución forzosa de bienes del dominio privado de titularidad de la entidad. Una descripción de la regulación presupuestaria previa atinente a la materia y las posibles soluciones prácticas frente a esta puede verse en: EGUIGUREN PRAELI, *op. cit.*, pp. 543-557.

[679] Lo que no impide –en opinión de TIRADO BARRERA, *Las reglas aplicables...*, p. 515– que se pueda requerir el pago afectando recursos de otros pliegos presupuestales, visto que el dispositivo en

---

Titular del Pliego, y su cumplimiento se hará de acuerdo con los procedimientos que a continuación se señalan:

47.1. La Oficina General de Administración o la que haga sus veces del Pliego Presupuestario requerido deberá proceder conforme al mandato judicial y dentro del marco de las leyes anuales de presupuesto[680].

47.2. En el caso de que para el cumplimiento de la sentencia el financiamiento ordenado en el numeral anterior resulte insuficiente, el Titular del Pliego Presupuestario, previa evaluación y priorización de las metas presupuestarias, podrá realizar las modificaciones presupuestarias dentro de los quince días de notificada, hecho que deberá ser comunicado al órgano jurisdiccional correspondiente[681].

---

cuestión, en su redacción actual, habría sido ya revisado en cuanto a su apego a la Constitución por el Tribunal Constitucional.

[680] Visto este precepto, para la doctrina peruana, incluso ante la hipótesis de sentencias condenatorias al pago de cantidades de dinero la regla de la legalidad presupuestaria sigue vigente, pero no será constitucionalmente admisible que la entidad pública sometida a un proceso judicial espere la emisión de la sentencia definitiva para iniciar el procedimiento de asignación presupuestaria correspondiente, toda vez que la tutela judicial efectiva impone que la misma, anticipadamente, consigne las provisiones presupuestarias del caso (*Cfr. Ibídem*, pp. 515-516). Véase también, en similar orientación: LAZARTE VILLANUEVA, Patricia: "Algunos alcances sobre la Ejecución de Sentencias en materia previsional". *Revista de Derecho Administrativo. Círculo de Derecho Administrativo*. Lima, 2012, pp. 257-258.

[681] Se trata de lograr que la entidad administrativa condenada pueda realizar la reprogramación con el fin de cubrir los nuevos gastos que debe asumir, lo que a decir de la doctrina, entra en el ámbito de la discrecionalidad administrativa –y, por tanto, en principio no procede la sustitución judicial–, aunque con sujeción a los lineamientos impuestos por el Tribunal Constitucional (*Cfr.* TIRADO BARRERA, *Las reglas aplicables...*, pp. 518-519; BACA ONETO, Víctor Sebastián: "La ejecución de sentencias condenato-

47.3. De existir requerimientos que superen las posibilidades de financiamiento expresadas en los numerales precedentes, los pliegos presupuestarios, bajo responsabilidad del Titular del Pliego, mediante comunicación escrita de la Oficina General de Administración, harán de conocimiento de la autoridad judicial su compromiso de atender tales sentencias en el ejercicio presupuestario siguiente, para lo cual se obliga a destinar hasta el tres por ciento (3%) de la asignación presupuestal que le corresponda al pliego por la fuente de recursos ordinarios[682].

El Ministerio de Economía y Finanzas y la Oficina de Normalización Previsional, según sea el caso, calcularán el tres por ciento (3%) referido en el párrafo precedente deduciendo el valor correspondiente a la asignación para el pago del servicio de la deuda pública, la reserva de contingencia y las obligaciones previsionales.

47.4. Transcurridos seis meses de la notificación judicial sin haberse iniciado el pago u obligado al mismo de acuerdo a alguno de los procedimientos establecidos en los numerales 47.1, 47.2 y 47.3 precedentes, se podrá dar inicio al proceso de ejecución de resoluciones judiciales previsto en el Artículo 713 y siguientes del Código Procesal Civil. No podrán ser materia de ejecución los bienes de dominio público conforme al Artículo 73 de la Constitución Política del Perú[683].

---

rias de la Administración. En especial, el caso del embargo de dinero público". *Revista de Derecho Administrativo* 2. Lima, 2006, p. 165). No obstante, ese último autor destaca que la aludida discrecionalidad de ningún modo faculta a la Administración para decidir si cumple o no decisiones judiciales, como lo ha dejado sentado el mismo Tribunal (*Ibídem*).

[682] La fijación de un porcentaje del presupuesto para el pago de obligaciones contingentes derivadas de la ejecución de sentencias judiciales había sido propuesta, entre otros, por EGUIGUREN PRAELI, *op. cit.*, pp. 546 y 556. En todo caso, ha sido aumentado hasta un máximo de 5% conforme a la Ley General del Sistema Nacional de Presupuesto.

[683] La regulación de este apartado ha sido calificada como de difícil ejecución y de escasa práctica (LAZARTE VILLANUEVA, *op. cit.*,

Con relación a tales preceptos, hay que tomar en consideración lo siguiente:

Primero: El orden de priorización del pago de las acreencias establecido en la Ley 30157, a saber, que atiende en primer término a la materia: laboral, previsional, víctimas en actos de defensa del Estado y víctimas por violaciones de derechos humanos, otras deudas de carácter social y, finalmente, todas las otras; y el segundo criterio "combina factores tales como la fecha de notificación del mandato judicial, la edad de los acreedores y el monto de la obligación, privilegiando el pago de las deudas de mayor antigüedad, a los acreedores de mayor edad y a las deudas de menor monto"[684]. No obstante, el Código Procesal Constitucional Peruano establece la prevalencia de las sentencias emitidas en procesos constitucionales frente a cualquier otro tipo, lo que puede dar lugar a un conflicto normativo ante la hipótesis de concurrencia de sentencias condenatorias de amparo[685].

Segundo: Además de la limitación a la ejecución forzada mediante el correspondiente embargo, propia de los bienes del dominio público[686], para la doctrina tampoco estarían someti-

---

p. 258). En todo caso, comenta también la doctrina que, ante la verificación del supuesto previsto en este apartado, procede la sustitución judicial y ya no cabe alegar la existencia de la regla de la legalidad presupuestaria, pues ante el mal funcionamiento de la Administración debe privar el derecho a la tutela judicial efectiva (BACA ONETO, *La ejecución...*, p. 166).

[684] TIRADO BARRERA, *Las reglas aplicables...*, p. 516. El establecimiento de un orden de prelación ya había sido propuesto, entre otros, por EGUIGUREN PRAELI, *op. cit.*, p. 558.

[685] *Cfr.* TIRADO BARRERA, *Las reglas aplicables...*, p. 517.

[686] El tema del embargo de bienes públicos en el Derecho Peruano fue objeto de regulaciones legales, posiciones doctrinarias y decisiones del Tribunal Constitucional. Véanse al respecto, entre otros: BACA ONETO, *La ejecución...*, pp. 157-169; EGUIGUREN PRAELI, *op. cit.*, pp. 547-55; DANÓS ORDÓÑEZ, *op. cit.*; TIRADO BARRERA, José Antonio: "La ejecución de sentencias contra la

das a tal medida ejecutiva las cuentas bancarias de las entidades públicas[687]. Asimismo, la jurisprudencia constitucional ha señalado que los depósitos bancarios de dinero público son inembargables en la hipótesis de que los mismos resulten indispensables para el cumplimiento de los fines esenciales del Estado o porque contribuyan con su funcionamiento[688], lo que implica entender que sí existen supuestos que permiten el embargo del dinero público[689].

Administración Pública en la Jurisprudencia del Tribunal Constitucional". *Revista Jurídica del Perú* N° 22. Año LI. Editora Normas Legales. Lima, 2011, pp. 5-8. Este último autor señala que la consecuencia de la decisión del Tribunal Constitucional fue entender, por interpretación a contrario, la embargabilidad de los bienes públicos del dominio privado, sin un análisis detenido del asunto y de sus implicaciones (*Ibídem*, p. 5), y agrega seguidamente que los pronunciamientos judiciales no zanjan definitivamente los problemas planteados respecto al embargo de bienes públicos, en primer lugar, porque no establecen medios alternativos o sustitutorios ante el incumplimiento de la Administración respecto a su obligación de señalar partidas presupuestarias disponibles para la ejecución; y en segundo término, vista la ausencia de regulación sobre la posibilidad de incluir en ejercicios presupuestarios siguientes las partidas o pliegos para el cumplimiento de la sentencia judicial condenatoria (*Ibídem*, p. 8).

[687] TIRADO BARRERA, *Las reglas aplicables...*, p. 518. Sobre el punto, el mismo autor se pronunciaba al comentar situaciones previas a la Ley peruana, en los siguientes términos: "No es demasiado difícil imaginar las complicadas situaciones que se pueden presentar cuando se produce el embargo de cuentas bancarias de entidades públicas que podrían estar destinadas al cumplimiento de obligaciones corrientes tales como el pago de pensiones o salarios y el correspondiente perjuicio que ello puede ocasionar" (TIRADO BARRERA, *La ejecución de sentencias...*, p. 3).

[688] *Cfr.* TIRADO BARRERA, *Las reglas aplicables...*, p. 522; BACA ONETO, *La ejecución...*, p. 159.

[689] *Cfr.* BACA ONETO, *La ejecución...*, p. 164. Este autor señala que en todo caso, tal prerrogativa sigue siendo cuestionable, así como que otros ordenamientos ya la han eliminado y las respectivas

No obstante, destaca la doctrina que, frente a la resistencia o negligencia absoluta de la Administración en iniciar los correspondientes procedimientos de reprogramación o modificación presupuestaria, o incluso si estos, luego de iniciados, presentan retrasos o falta de impulso, o son obstaculizados, puede considerarse la ejecución forzosa sobre sumas de dinero público, conforme a los criterios del Tribunal Constitucional[690]. En tales casos, la responsabilidad por el quebrantamiento de la legalidad presupuestaria será exclusiva de la Administración y de los funcionarios renuentes al pago[691].

Tercero: El diferimiento en cuanto al pago de la cantidad de dinero establecida por la decisión, motivado a razones presupuestarias, que implique la reprogramación del presupuesto correspondiente, ha sido objeto de análisis por el Tribunal Constitucional. En ese sentido, el plazo máximo de cinco años establecido por la Ley General del Sistema Nacional de Presupuesto, para el cumplimiento de la sentencia, ha sido reconocido como constitucional[692]. No obstante, apunta la doctrina que deberá analizarse cada caso específico para determinar si el mismo resulta o no adecuado y proporcional. De allí que se ha señalado que ese plazo no implica que la Administración puede programar el cumplimiento de la sentencia por cinco años, sino que debe proponerla al juez, quien evaluará y decidirá si aprueba o no esa proposición, para lo cual deberá guiarse por los principios de idoneidad, necesidad y proporcionalidad. Ello, en atención a que se trata de la restricción de un derecho fun-

---

Administraciones Públicas se las han arreglado bien sin ella (*Ibídem*, p. 167).

[690] *Cfr.* TIRADO BARRERA, *Las reglas aplicables...*, p. 523; TIRADO BARRERA, *La ejecución de sentencias...*, pp. 9-10.

[691] *Cfr.* TIRADO BARRERA, *Las reglas aplicables...*, p. 523.

[692] Véase: BACA ONETO, *La ejecución...*, p. 165.

damental, por lo cual el órgano judicial puede fijar un plazo menor al propuesto por la Administración[693].

4. *Colombia*

A su vez, la Ley colombiana no detalla de forma sistemática y pormenorizada la forma de ejecución de cada tipo de sentencia, sin que ello signifique ausencia absoluta de regulación, sino que esta responde al modelo del contencioso-administrativo colombiano, el cual, como ya se destacó, enfatiza el régimen detallado de los diversos tipos de "medios de control", antes que el de la ejecución de las decisiones. De allí que el aspecto que con mayor prolijidad es contemplado en el régimen legal, es el de las sentencias condenatorias al pago de cantidades dinerarias, el cual pasa a referirse a continuación.

Dispone el artículo 192, primer aparte, de la Ley colombiana, en la hipótesis de que la sentencia imponga una condena consistente en la devolución de una suma de dinero, que esta debe ser cumplida en un plazo máximo de diez meses contados a partir de la fecha de la ejecutoria de la sentencia, y agrega el segundo aparte que las cantidades líquidas reconocidas en providencias que impongan o liquiden una condena o aprueben una conciliación, devengarán los correspondientes intereses moratorios a partir de la ejecutoria de la correspondiente sentencia o auto. Añade de seguidas el cuarto aparte del mismo dispositivo, que tales intereses dejarán de causarse en caso de que transcurran tres meses desde la ejecutoria de la providencia sin que sus beneficiarios hayan acudido a la entidad responsable para hacerla efectiva.

Incluye el último apartado del artículo 192 de la Ley colombiana, que el incumplimiento por parte de las autoridades de las disposiciones relacionadas con el reconocimiento y pago de créditos judicialmente reconocidos, acarreará las sanciones penales, disciplinarias, fiscales y patrimoniales correspondientes.

---

[693] *Cfr.* TIRADO BARRERA, *Las reglas aplicables...*, pp. 520-521.

Se trata, en este primer supuesto, del cumplimiento voluntario de las decisiones por parte de los entes u órganos administrativos condenados, que, de acuerdo con la peculiar concepción de la Ley colombiana, no es un régimen destinado a la sede judicial, sino a la administrativa, como requisito preliminar para entablar la demanda ante el órgano judicial[694].

De allí cabe concluir entonces que en tales hipótesis, en primer lugar, para obtener el cumplimiento de la sentencia hay que tramitar un procedimiento administrativo, y en segundo término, que agotado éste, lo que corresponderá será iniciar un nuevo proceso judicial, y no continuar el previamente tramitado a partir de la fase ejecutiva.

Como se evidencia, las concepciones generales que inspiran al contencioso-administrativo colombiano determinan su regulación concreta en este tema, de una forma que quizá podrían plantearse interrogantes respecto a su adecuación con el derecho a la ejecución del fallo judicial y a un proceso sin dilaciones indebidas, y que en todo caso, revelan una forma de concebir la ejecución de sentencias algo apartada del resto de los ordenamientos bajo estudio[695].

---

[694] Cfr. ESTRADA SÁNCHEZ, op. cit., pp. 596-597.

[695] Así por ejemplo, una reciente reforma de la legislación tributaria venezolana ha establecido un procedimiento administrativo para la ejecución de las sentencias dictadas por los jueces contencioso-tributarios, regulación que guarda algunas semejanzas con la colombiana que aquí se comenta, y la misma ha sido contundentemente cuestionada por la doctrina en cuanto a su apego a los lineamientos constitucionales de tutela judicial efectiva y debido proceso. En ese sentido, véase: BLANCO-URIBE QUINTERO, Alberto: "Desjudicialización de la función jurisdiccional Código Orgánico Tributario 2014". En: *AA.VV.: Libro Homenaje a la Academia de Ciencias Políticas y Sociales en el centenario de su fundación 1915-2015*. Tomo III. Colección Centenario. Academia de Ciencias Políticas y Sociales. Caracas, 2015, pp. 1619-1.654.

Por su parte el artículo 193 de la Ley colombiana, refiriéndose a las "condenas en abstracto"[696], establece:

Las condenas al pago de frutos, intereses, mejoras, perjuicios y otros semejantes, impuestas en auto o sentencia, cuando su cuantía no hubiere sido establecida en el proceso, se harán en forma genérica, señalando las bases con arreglo a las cuales se hará la liquidación incidental, en los términos previstos en este Código y en el Código de Procedimiento Civil.

Cuando la condena se haga en abstracto se liquidará por incidente que deberá promover el interesado, mediante escrito que contenga la liquidación motivada y especificada de su cuantía, dentro de los sesenta (60) días siguientes a la ejecutoria de la sentencia o al de la fecha de la notificación del auto de obedecimiento al superior, según fuere el caso. Vencido dicho término caducará el derecho y el Juez rechazará de plano la liquidación extemporánea. Dicho auto es susceptible del recurso de apelación[697].

A su vez, el artículo 195 de la Ley Colombiana establece el siguiente procedimiento para el pago de condenas y conciliaciones:

---

[696] Señala la doctrina que esta norma encuentra su antecedente en el Código Contencioso Administrativo derogado, en cuanto a que "...en el proceso contencioso administrativo existe la posibilidad de que las condenas al pago de perjuicios, intereses, frutos y mejoras se haga (sic) en forma genérica si en el proceso no se pudo acreditar la cuantía de las mismas, debiendo señalarse, en todo caso, las bases o parámetros a partir de los cuales debe realizarse la liquidación de dichos rubros" (SANABRIA SANTOS, Henry: "Sentencia". En: *AA.VV.: Código de Procedimiento Administrativo y de lo Contencioso-Administrativo. Ley 1437 de 2011.* Comentado y concordado. José Luis Benavides Editor. Universidad Externado de Colombia. Bogotá, 2013, p. 423).

[697] Este precepto tiene su antecedente en el artículo 178 del anterior Código Contencioso Administrativa, como puede verse por ejemplo en: SANTOFIMIO GAMBOA, *Tratado... Contencioso Administrativo...*, p. 589.

1. Ejecutoriada la providencia que imponga una condena o apruebe una conciliación cuya contingencia haya sido provisionada en el Fondo de Contingencias[698], la entidad obligada, en un plazo máximo de diez (10) días, requerirá al Fondo el giro de los recursos para el respectivo pago.

2. El Fondo adelantará los trámites correspondientes para girar los recursos a la entidad obligada en el menor tiempo posible, respetando el orden de radicación de los requerimientos.

3. La entidad obligada deberá realizar el pago efectivo de la condena al beneficiario, dentro de los cinco (5) días siguientes a la recepción de los recursos.

4. Las sumas de dinero reconocidas en providencias que impongan o liquiden una condena o que aprueben una conciliación, devengarán los correspondientes intereses moratorios a la tasa respectiva, desde su ejecutoria. No obstante, una vez vencido el plazo diez meses establecido en el artículo 192 o el de los cinco días establecido en el numeral anterior del artículo 193, lo que ocurra primero, sin que la entidad obligada hubiese realizado el pago efectivo del crédito judicialmente reconocido, las cantidades líquidas adeudadas causarán un interés moratorio a la tasa comercial.

5. El incumplimiento a las disposiciones relacionadas con el reconocimiento de créditos judicialmente reconocidos y con el cumplimiento de la totalidad de los requisitos acarreará las sanciones penales, disciplinarias y fiscales a que haya lugar.

6. El monto asignado para sentencias y conciliaciones no se puede trasladar a otros rubros, y en todo caso será inembargable, así como los recursos del Fondo de Contingencias.

---

[698] Sobre ese fondo de contingencia se hará alusión más adelante.

5. *Venezuela*

Por último, la Ley venezolana en su artículo 110.1 establece, respecto a la ejecución de sentencias que condenan a la entrega de cantidades dinerarias, lo siguiente:

> Cuando la condena hubiese recaído sobre cantidad líquida de dinero, el tribunal ordenará a la máxima autoridad administrativa de la parte condenada que incluya el monto a pagar en el presupuesto del año próximo y el siguiente, a menos que exista provisión de fondos en el presupuesto vigente. El monto anual de dicha partida no excederá del cinco por ciento (5%) de los ingresos ordinarios del ejecutado. Cuando la orden del tribunal no fuese cumplida o la partida prevista no fuese ejecutada, el tribunal, a petición de parte, ejecutará la sentencia conforme al procedimiento previsto en el Código de Procedimiento Civil para la ejecución de sentencias de condena sobre cantidades líquidas de dinero.

A su vez, el artículo 100.1 del Decreto-Ley Orgánica de la Procuraduría General de la República, dispone:

> Si se trata de cantidades de dinero, el Tribunal, a petición de la parte interesada, debe ordenar que se incluya el monto a pagar en la partida respectiva de los próximos dos ejercicios presupuestarios, a cuyo efecto debe enviar al Procurador o Procuradora General de la República copia certificada de la decisión, la cual debe ser remitida al órgano o ente correspondiente. El monto que se ordene pagar debe ser cargado a una partida presupuestaria no imputable a programas.

Por su parte, el artículo 159.1 de la Ley Orgánica del Poder Público Municipal estatuye:

> Cuando la condena hubiere recaído sobre cantidad líquida de dinero, el Tribunal, a petición de parte, ordenará a la máxima autoridad administrativa del Municipio o de la entidad municipal para que incluya el monto a pagar en el presupuesto del año próximo y siguientes, a menos que exista provisión de fondos en el presupuesto vigente. Cuando la orden del Tribunal no fuere cumplida o la partida prevista no fuere ejecutada, el Tribunal, a petición de parte, ejecutará la sentencia conforme al procedimiento previsto en el Código de Procedi-

miento Civil para la ejecución de sentencias de condena sobre cantidades líquidas de dinero. El monto anual de dicha partida no excederá del cinco por ciento (5%) de los ingresos ordinarios del presupuesto del Municipio o distrito.

Como puede constatarse, la regulación de la Ley Orgánica de la Jurisdicción Contencioso Administrativa es prácticamente idéntica a la establecida previamente en la Ley Orgánica del Poder Público Municipal, que tiene a su vez como antecedente la regulación de la reforma de la Ley Orgánica de Régimen Municipal de 1989[699].Y con relación a lo preceptuado en el Decreto-Ley Orgánica de la Procuraduría General de la República, la disparidad es más formal que sustancial, pues aunque en la redacción de esa última se nota más la especial *deferencia* hacia la Administración[700], lo cierto es que en el fondo, el mecanismo para lograr la ejecución del fallo es bastante semejante.

En efecto, tanto la Ley Orgánica de la Jurisdicción Contencioso Administrativa como la Ley Orgánica del Poder Público Municipal, establecen que en el caso de sentencias condenatorias a dar una cantidad de dinero, la orden judicial a la Administración perdidosa se contrae a la inclusión del monto a pagar en los presupuestos de los dos años siguientes, a no ser que exista disponibilidad presupuestaria para el momento cuando se dicta el fallo. Con razón se ha señalado que esta normativa refleja una visión sobredimensionada del principio de legalidad presupuestaria, al dejar de considerar la existencia de una orden judicial[701], o quizá más bien, de una concepción anacrónica del mismo, obviando los otros derechos y bienes jurídicos tutelados a considerar en la situación que está regulándose.

---

[699] *Cfr.* UROSA MAGGI, De la actuación del Municipio…, p. 507.

[700] Así por ejemplo; *Ibídem*…, p. 507, entiende que esa orden de inclusión en la correspondiente partida presupuestaria es una nueva fase de cumplimiento voluntario, retrasando la ejecución, pues ya la misma debe de estar en la parte dispositiva de la sentencia condenatoria

[701] *Cfr.* HENRÍQUEZ LARRAZÁBAL, *op. cit.*, p., 384.

Incluso se ha sostenido que esta primera fase del procedimiento en realidad es una continuación de la ejecución voluntaria, pues no hay sustitución ejecutiva, esencia de la ejecución forzada[702]. Ello se repite en la ejecución forzada de los otros tipos de sentencias de condena, como ya tuvo la ocasión de verse, en cuanto a reeditar una suerte de posibilidad de cumplimiento voluntario en la fase de ejecución forzosa.

No obstante, a diferencia de la regulación del Decreto-Ley Orgánica de la Procuraduría General de la República, en las dos leyes se impone como límite el que el monto a imputar no puede ser mayor al cinco por ciento (5%) de los ingresos ordinarios del ejecutado, sin resolver qué pasa si la cantidad de dinero por la que se ha condenado a pagar es mayor. ¿Implica entonces que el pago parcial se continúa en los años subsiguientes, tercero, cuarto, quinto, etc., hasta completar el pago total debido y por tanto hasta darle cabal cumplimiento a la sentencia? La respuesta nos parece negativa tanto a la luz del derecho a la tutela judicial efectiva como basándonos en el derecho positivo, de acuerdo con lo que veremos seguidamente[703].

De allí que hasta podría sostenerse que esas dos regulaciones son aún más deferentes con la Administración que el Decreto-Ley Orgánica de la Procuraduría General de la República, al establecer un límite máximo a pagar por año que no lo contempla esa última normativa. Ello, toda vez que el Decreto-Ley en referencia solo impone que el monto a pagar no puede ser imputado a partidas presupuestarias correspondientes a programas, lo cual en realidad no es una limitación especial ni

---

[702] *Ibídem*, pp. 384-385.

[703] En similar sentido, se ha señalado que la demora en el cumplimiento de la sentencia es completamente injustificada y genera indefensión (*Ibídem*, p. 385). Véanse también los cuestionamientos de constitucionalidad formulados al respecto por KIRIAKIDIS LONGHI, *El contencioso...*, pp. 210-212, y por CANOVA GONZÁLEZ, *Reflexiones...*, pp. 338-340, este último refiriéndose a la Ley Orgánica de Régimen Municipal de 1989.

particular porque ello no puede hacerse en ningún caso toda vez que lo prohíben las correspondientes reglas presupuestarias, que en el supuesto de la ejecución de sentencias encontraban reflejo en varios preceptos que conviene mencionar.

En efecto, hasta el año 2014, el artículo 12.1 de la Ley Orgánica de la Administración Financiera del Sector Público[704] disponía que, con el proyecto de ley presupuestaria anual, debían presentarse los estados de cuenta en que se describieran la naturaleza y relevancia de los riesgos fiscales, y allí habrían de incluirse, entre otros, las obligaciones contingentes, esto es, aquellas cuya materialización efectiva, monto y exigibilidad dependan de eventos futuros e inciertos, incluidas garantías "...y asuntos litigiosos que puedan originar gastos en el ejercicio...". No obstante, esa previsión, existente para cuando entró en vigencia la Ley Orgánica de la Jurisdicción Contencioso-Administrativa, no se mantuvo en las siguientes reformas, la cual remite tales detalles al nivel reglamentario[705]. Por su parte, el artículo 57, segundo aparte, *eiusdem*, ordenaba el pago con cargo al crédito presupuestario que, a tal efecto se incluya en el respectivo presupuesto de gastos, de "...los compromisos originados en sentencia judicial firme con autoridad de cosa juzgada...", dejando al Reglamento la fijación de los plazos y mecanismos para la aplicación de tales preceptos[706]. Empero, tal norma también está derogada en la actualidad.

---

[704] Gaceta Oficial N° 40.311 del 9 de diciembre de 2013. Ley Orgánica de la Administración Financiera del Sector Público.

[705] Artículo 11 de la reforma de la Ley Orgánica de la Administración Financiera del Sector Público. Gaceta Oficial N° 6.154 Extraordinario del 19 de noviembre de 2014. Su más reciente reforma en Gaceta Oficial 6.210 Extraordinario del 30 de diciembre de 2015.

[706] Hay que advertir que tales preceptos han sido derogados a partir de la reforma de noviembre de 2014. La referencia a esas disposiciones presupuestarias también se encuentra en: HERNÁNDEZ G., *El poder de sustitución...*, pp. 345-346. Sobre el tema de la ejecución de sentencias condenatorias al pago de cantidades de dinero

Visto que la regulación de la Ley Orgánica de la Administración Financiera del Sector Público se aplicaba a todo el sector público venezolano, tanto a entidades descentralizadas territorial como funcionalmente, nacionales, estadales y municipales, con forma de Derecho Público o de Derecho Privado, el cumplimiento de las sentencias que condenaban a la Administración al pago de cantidades de dinero no tendría por qué retrasarse a la luz del marco legal vigente hasta fecha reciente, y, de hecho, no habría que haber esperado siquiera a la inclusión de las correspondientes partidas en los próximos dos ejercicios presupuestarios siguientes a la emanación de la sentencia, por cuanto ese tipo de obligaciones contingentes debían estar previstas e incluidas en todos los presupuestos anuales. Como puede verse, la regulación del tema en el caso venezolano no resultaba especialmente coherente con la normativa presupuestaria aplicable hasta fecha muy reciente[707], aunque hay que destacar que todos esos preceptos en la actualidad han quedado derogados.

---

en el ordenamiento jurídico venezolano antes de la Ley Orgánica de la Jurisdicción Contencioso Administrativa, véase el detallado análisis de: ESCUDERO LEÓN, Margarita: "Reflexiones sobre la ejecución de sentencias que condenan al Estado Venezolano al pago de sumas de dinero". En: ARISMENDI A., A y CABALLERO ORTIZ, J. (Coords.): *El Derecho Público a comienzos del Siglo XXI. Estudios en Homenaje al Profesor Allan R. Brewer Carías*. Tomo II. Tercera Parte. Derecho Administrativo. Civitas Ediciones. Madrid, 2003, pp. 2.322-2.323, disponible también en línea en: http://www.allanbrewercarias.com/Content/449725d9-f1cb-474b-8ab2-41efb849fec1/Content/III.6.2.%20LIBRO%20HOMENAJE%20ARBC%20TOMO%20II.pdf, pp. 2.309-2.330.

[707] De allí que se ha señalado, sobre la base de tales disposiciones, que "...la reiterada muletilla utilizada por organismos y entes públicos referida a la imposibilidad de ejecutar la sentencia conforme a la legalidad presupuestaria ya no tiene cabida, puesto que en todo caso lo que podrán alegar a su favor es que la partida presupuestaria se agotó" (GALLOTTI, *Las prerrogativas...*, p. 144). No obstante, se insiste, esas disposiciones no fueron recogidas a partir de la reforma de 2014.

Reseñado el régimen de la ejecución de sentencias condenatorias a la Administración al pago de cantidades de dinero en
las leyes bajo estudio, corresponde ahora revisar lo preceptuado
en tales ordenamientos en cuanto a la ejecución forzada de las
sentencias contra la Administración con el auxilio de terceros,
asunto que es regulado detalladamente por las Leyes española
y costarricense.

III. LA EJECUCIÓN A CARGO DE UN TERCERO

1. *España*

La Ley española regula el tema de la ejecución de la sentencia por un tercero, es decir, ejecución subsidiaria con cargo
al ejecutado[708], en los siguientes términos:

---

[708] Sobre el tema puede verse, como ya se señaló en Capítulos precedentes, entre otros: BELTRÁN DE FELIPE, *El poder de sustitución...*, pp. 390-432; MARTÍN DELGADO, *La ejecución subrogatoria...*, pp. 95-126. Cabe recordar que en criterio de un sector de la
doctrina, la sustitución no es admisible para el caso de las sentencias condenatorias a no hacer, por su propia naturaleza de condenas personalísimas (PÉREZ DEL BLANCO, *op. cit.*, p. 309). En similar sentido se pronunciaba, antes de la última reforma procesal
civil española: CATALÁ COMAS, *op. cit.*, pp. 339. No obstante la
misma autora señala también que: *"...la transformación de la
condena a no hacer en una de resarcimiento solo podrá tener cabida como último recurso o modo de prestar tutela tras el agota-
miento de todos los demás modos posibles de inducir al cumplimiento; es decir, tras la imposibilidad demostrada de conseguir la
ejecución in natura, sea por la voluntad reacia del condenado o
por imposibilidad física o jurídica de llevarse a cabo. Son exigencias genéricas, abstractas o de alcance general de toda ejecución"*
(*Ibídem*, p. 372). En todo caso, ya se ha señalado previamente y se
reitera en este Capítulo la discutible condición de personalísimas
respecto de las condenas a la Administración Pública.

Artículo 108.

1. Si la sentencia condenare a la Administración a realizar una determinada actividad o a dictar un acto, el Juez o Tribunal podrá, en caso de incumplimiento:

a) Ejecutar la sentencia a través de sus propios medios o requiriendo la colaboración de las autoridades y agentes de la Administración condenada o, en su defecto, de otras Administraciones públicas, con observancia de los procedimientos establecidos al efecto[709].

b) Adoptar las medidas necesarias para que el fallo adquiera la eficacia que, en su caso, sería inherente al acto omitido, entre las que se incluye la ejecución subsidiaria con cargo a la Administración condenada.

---

[709] Con este apartado ya la Ley, de inicio, aceptaría la posibilidad de la ejecución subsidiaria (*Cfr.* entre otros: REQUERO IBÁÑEZ, *op. cit.*, p.43) o sustitución del juez contencioso-administrativo ante la inactividad de la Administración (GARCÍA PÉREZ, *op. cit.*, pp. 81-82), aunque también se señala que el primer apartado del artículo 108 no se limita a las pretensiones frente a la inactividad (PÉREZ DEL BLANCO, *op. cit.*, p. 291). Asimismo, se señala que el texto del precepto: "…parece, en efecto, admitir esa espectacular función sustitutoria de los órganos ordinarios, bien mediante sustitución directa (los funcionarios del propio ente) bien comisarial (funcionarios 'de otras' Administraciones Públicas, en los dos casos mediante sustitución *in loco et in ius* de la Administración demandada" (GARCÍA DE ENTERRÍA, Eduardo: *Prólogo* a la obra de MARTÍN DELGADO, *La ejecución subrogatoria…*, p. 19). También se ha destacado que este apartado incluye el poder de sustitución del juez contencioso-administrativa en la Administración, mas no se agota en él (MARTÍN DELGADO, *La ejecución subrogatoria…*, pp. 102-103). Se agrega, sin embargo, que hubiera sido deseable que el Legislador hubiera detallado más el procedimiento para ejercer esa potestad de sustitución (GEIS I CARRERAS, *op. cit.*, pp. 300, 305, 313 y 341). Véase también: GÓMEZ PUENTE, *La inactividad…*, pp. 225-226 y NIETO, *La inactividad de la Administración en la LJCA de 1998…*, pp. 57-58.

2. Si la Administración realizare alguna actividad que contraviniera los pronunciamientos del fallo, el Juez o Tribunal, a instancia de los interesados, procederá a reponer la situación al estado exigido por el fallo y determinará los daños y perjuicios que ocasionare el incumplimiento.

Se trata, en criterio de la doctrina, de una norma de capital importancia, vinculada especialmente con el control de juridicidad pleno de la actividad administrativa, y que la Ley de 1956, a pesar de sus bondades, según un sector de los autores, no garantizaba enteramente, sobre todo en lo atinente al control de las situaciones antijurídicas y de la inactividad administrativa[710].

En ese orden de ideas, señala también la doctrina que este dispositivo tiene especial relación con la ampliación del objeto de la jurisdicción contencioso-administrativa[711], y más aún con el control de juridicidad de la inactividad administrativa, trascendiendo la mera revisión de los actos formales. No obstante, en el caso del enjuiciamiento de las omisiones, la pretensión no parece ser admisible frente a cualquier inactividad, sino únicamente frente a aquella que contravenga una situación jurídica individual[712].

En ese mismo orden de ideas, frente a las potestades judiciales para la ejecución forzada del fallo, se ha destacado que la Ley española básicamente traslada al orden contencioso-administrativo las facultades y medidas ejecutivas propias del proceso civil, con las limitaciones y matizaciones impuestas por la gestión del interés público que tiene confiado la

---

[710] Cfr. GÓMEZ PUENTE, *Ejecución de sentencias. Artículo 108...*, pp. 763-774.

[711] Tema ya tratado en capítulos previos, a los cuales remitimos.

[712] Cfr. GÓMEZ PUENTE, *Ejecución de sentencias. Artículo 108...*, pp. 763-774. El asunto ya ha sido tratado anteriormente, por lo que corresponde en este sub-epígrafe es centrarse en el análisis de los dispositivos correspondientes.

Administración y que por tanto deben considerarse en ese orden jurisdiccional[713].

Ya circunscribiéndose al análisis normativo, un sector de la doctrina comienza apuntando que, dentro de las potestades de ejecución que consagra el precepto antes transcrito, debe incluirse la inactividad en el ejercicio de la potestad reglamentaria, en tanto tal ejercicio venga legalmente impuesto y resulte exigible singularmente en interés de uno o más individuos. Ello, no obstante las limitaciones en cuanto al empleo de la sustitución ejecutiva ante la hipótesis de existencia de potestades discrecionales[714].

---

[713] De allí que: "…junto con la indemnización alternativa, la sustitución del deudor en el cumplimiento de la ejecutoria es la principal técnica de ejecución forzosa en el proceso ordinario. Una técnica cuya viabilidad depende de la fungibilidad de la obligación de hacer impuesta en la condena que depende, a su vez, del carácter personalísimo de aquélla" (*Ibídem*, pp. 763-774). También se ha destacado que, ante cualquier vacío regulatorio de la Ley española, cabe acudir a los principios del proceso civil en materia de ejecución subrogatoria (*Cfr.* MARTÍN DELGADO, *La ejecución subrogatoria…*, p. 174). En similar sentido: GEIS I CARRERAS, *op. cit.*, p. 315, quien propone como modelo a considerar el caso italiano (*Ibídem*, pp. 327-343).

[714] *Cfr.* GÓMEZ PUENTE, *Ejecución de sentencias. Artículo 108…*, pp. 763-774. Remitimos a lo expuesto en Capítulos precedentes con relación al tema del control jurisdiccional de las potestades discrecionales. En similar sentido, se ha destacado que en el caso de la sustitución directa del juez, esta solo podrá tener lugar ante la hipótesis de actividad formal de carácter reglado (MARTÍN DELGADO, *La ejecución subrogatoria…*, pp. 110-111, 181 y 191). En análoga orientación, se ha señalado que la ejecución sustitutiva por parte del juez o tribunal se limitará a los supuestos de condena a emitir un acto administrativo (GEIS I CARRERAS, *op. cit.*, p. 304). Véase también: HUERGO LORA, *Las pretensiones de condena…*, p. 280; GONZÁLEZ PÉREZ, *Comentarios…*, pp. 1.056-1.057.

En ese orden de ideas, también se señala, respecto la primera parte del apartado 1.a del artículo 108, el hecho de que se trata de una regla de limitada aplicación práctica, puesto que el juez no dispone de muchos medios (materiales o humanos) para lograr por sí mismo la ejecución de la sentencia[715], salvo en el caso de que la sentencia condenatoria frente a la inactividad se limite a la orden de dictar una declaración de voluntad jurídica con un contenido predeterminado (es decir, sin que la discrecionalidad esté presente)[716]. Y aún en tales casos, la ejecución

---

[715] Comentando también el precepto, se ha enfatizado el tema de la precariedad de medios para la ejecución de las sentencias con que cuenta el juez contencioso-administrativo (GEIS I CARRERAS, *op. cit.*, p. 137). Véase en similar sentido: CHOLBI CACHÁ y MERINO MOLINS, *op. cit.*, p. 283. No obstante, también se ha señalado respecto a la sustitución ejecutiva que "…no se trata de una cuestión de mayor o menor dotación de medios sino de pura efectividad práctica, dado que si la ejecución entraña una actividad material, independientemente de su mayor o menor cualificación técnica, lo propio será acudir a alguno de los restantes tipos de sustitución en los que, de uno u otro modo, quien practica de modo material la actividad es un tercero con capacidad suficiente para ello. Desde el punto de vista de la eficacia lo propio es que los medios de que disponen los órganos jurisdiccionales se utilicen para las funciones que les han sido encomendadas legalmente y no para la realización de actividades ejecutivas ajenas a los mismos, para lo que, además, pueden no tener la capacitación necesaria" (PÉREZ DEL BLANCO, *op. cit.*, p. 314).

[716] Al respecto se puntualiza: "Cuando se trata de dictar un acto jurídico (otorgar una licencia, realizar un nombramiento o convocar un órgano colegiado, por ejemplo), esto es, de emitir una declaración de voluntad jurídica, el órgano judicial estará normalmente en condiciones de hacerlo por sí mismo. Exceptuando algunos supuestos en los que el contenido del acto exija una previa actividad intelectual de contenido técnico y complejo –y aun en estos casos si solicita el auxilio necesario–, no parecen existir obstáculos serios que impidan al órgano judicial dictar y notificar el acto por sus propios medios. Eso sí, una intervención tal sólo sería viable dentro de los límites propios del poder judicial de sustitución a que aludí antes; esto es, con respeto de los márgenes

por parte del órgano judicial vendrá condicionada porque no se requiera del actuar material de la Administración a los fines de que el acto surta todos sus efectos[717].

En los otros supuestos[718], procederá acudir al auxilio de terceros para lograr la ejecución forzada, ante lo cual, el primer obstáculo que se presenta es la inexistencia de medios y recursos financieros propios de la rama Judicial del Poder Público. Y allí vendría lo realmente novedoso del artículo 108, puesto que además de incorporar las técnicas de ejecución sustitutiva propias del proceso civil[719], trasciende el velo de la personalidad jurídica del ente condenado, e implica personalmente a sus

---

de decisión discrecional que la Ley otorga a la Administración y que delimitan el ámbito de la función administrativa. Si el acto o la resolución omitida tienen carácter reglado y su adopción no requiere un pronunciamiento discrecional de la Administración, ni por consiguiente del juzgador, nada parece oponerse a la sustitución judicial, puesto que permanecen incólumes la función administrativa y el principio de separación de poderes". Para agregar en este punto que: "Dentro de los límites propios de la función jurisdiccional, pues, la adopción por Jueces y Tribunales de 'actos administrativos' que den forzosa ejecución a la sentencia no plantea dificultades insuperables" (GÓMEZ PUENTE, *Ejecución de sentencias. Artículo 108...*, pp. 763-774). Una vez más, remitimos a lo expuesto previamente en este trabajo.

[717] De allí que se destaca: "Pero cuando la efectividad del acto dictado por sustitución requiere una actividad de la Administración (la provisión efectiva de un puesto de trabajo acordada por un acto judicial o la satisfacción de una prestación reconocida en éste) o se ve contrarrestada por ella (como cuando se impide al particular el ejercicio de la actividad para la que obtuvo judicialmente licencia) aún puede ser necesaria una nueva intervención del órgano judicial" (*Ibídem*, pp. 763-774).

[718] Es decir, en el caso de una condena a hacer una actividad material (GEIS I CARRERAS, *op. cit.*, p. 313).

[719] De positivo avance lo califica GONZÁLEZ PÉREZ, *Comentarios...*, p. 704. Véanse también las consideraciones sobre esta disposición, de entre otros, en: GARCÍA PÉREZ, *op. cit.*, pp. 82-83; PÉREZ DEL BLANCO, *op. cit.*, pp. 316-319.

autoridades o agentes en las tareas de ejecución, convirtiéndolos en los destinatarios del requerimiento de colaboración que pueden dirigir los órganos judiciales. Con ello, se aumentarían las probabilidades de lograr la ejecución forzada a cargo de un tercero, visto el carácter personal y directo que tiene el requerimiento judicial y la responsabilidad individual que puede conllevar su desatención[720].

Se está pues, en presencia de la ejecución comisarial[721], en la cual las autoridades o agentes administrativos de la Administración condenada se convierten en encargados de la ejecución, y solo ante la hipótesis de que los mismos no presten la colaboración requerida judicialmente, podrá el Juez dirigirse a los de otras entidades o Administraciones Públicas, a tenor de la redacción del artículo 108.a[722].

---

[720] GÓMEZ PUENTE, *Ejecución de sentencias. Artículo 108...*, pp. 763-774. No obstante, un sector de la doctrina cuestiona la redacción del artículo 108.1.a, sosteniendo que en la hipótesis allí regulada no puede hablarse propiamente de sustitución, sino de cumplimiento voluntario o forzoso según el caso, toda vez que el destinatario del precepto lo sería la misma Administración condenada (PÉREZ DEL BLANCO, *op. cit.*, pp. 319-320).

[721] "La ejecución comisarial, por su parte, implica el encargo por el juez a un tercero llamado comisario de la misión de ejecutar una sentencia, sustituyendo al ejecutado en la posición que éste ocupa en relación con el proceso" (MARTÍN DELGADO, *La ejecución subrogatoria...*, p. 117). Véanse también las consideraciones terminológicas que realiza este autor en: *Ibídem*, pp. 114-120, así como el estudio que le dedica a la figura (*Ibídem*, pp. 198-255). Puede consultarse también, entre otros: GEIS I CARRERAS, *op. cit.*, pp. 304-311, quien señala que "...la ejecución subsidiaria no ha tenido la relevancia que hubiese sido deseable que tuviera, como los otros sistemas de sustitución" (*Ibídem*, p. 312). Para mayor detalle remitimos a los Capítulos previos.

[722] *Cfr.* GÓMEZ PUENTE, *Ejecución de sentencias. Artículo 108...*, pp. 763-774. En similar sentido se señala que: "En nuestra opinión, debe darse preferencia a la hora de requerir colaboración a los funcionarios y agentes del propio órgano obligado al cumpli-

En este punto, conviene tener presente que la propia jurisprudencia del Tribunal Constitucional Español ha dejado establecido que en la ejecución comisarial, los órganos o entes de la Administración no se atienen a las reglas ordinarias de competencia[723], aunque para algún sector de la doctrina, tal criterio no debe interpretarse en el sentido de que tales reglas carezcan de todo valor, sino que en caso de ser necesario, puede prescindirse de ellas[724]. Ya hemos destacado y veremos de seguidas con mayor detalle cómo la Ley costarricense soluciona el problema asumiendo sin cortapisas la falta de aplicación de las reglas competenciales ordinarias en tales supuestos, lo que viene sustentado en entender que no se trata de la ejecución de actividad administrativa ordinaria, sino de acudir materialmente al auxilio de la ejecución judicial.

Problema distinto será el de la imputación del gasto incurrido en la ejecución de sentencia, el cual debe hacerse con cargo a la Administración condenada, por lo que en tal caso "...lo normal será que la Administración requerida, incluso por imperativos contables y de legalidad presupuestaria, busque

---

miento, tanto por cuestiones de índole práctica y de economía administrativa (conocerán mejor todo lo que rodea la actividad que se les exige y dispondrán de los medios para llevarlo a cabo) como por razones de carácter competencial (aunque no rige el reparto competencial, como se analizará después, resulta más conveniente no implicar en la ejecución a órganos diferentes, salvo que sea necesario para el buen término de la misma" (MARTÍN DELGADO, *La ejecución subrogatoria...*, p. 111).

[723] *Cfr.* entre otros: PÉREZ DEL BLANCO, *op. cit.*, pp. 321-322; CHOLBI CACHÁ y MERINO MOLINS, *op. cit.*, p. 285. Ya ello había sido adelantado por la doctrina, como se evidenció en los Capítulos precedentes.

[724] *Cfr.* GÓMEZ PUENTE, *Ejecución de sentencias. Artículo 108...*, pp. 763-774. Véase también sobre este punto: MARTÍN DELGADO, *La ejecución subrogatoria...*, pp. 214-220. En similar sentido, destacando que en el ejercicio de la potestad de sustitución no rigen los principios de la organización administrativa de jerarquía y competencia: GEIS I CARRERAS, *op. cit.*, p. 300.

vías de regreso para resarcirse de los gastos realizados (reclamación de daños, compensación de créditos)", aunque también puede acudirse a otras figuras legales de cooperación o colaboración interadministrativa[725].

Sin embargo, de acuerdo con un sector de la doctrina, la experiencia en la aplicación de la Ley española en cuanto a la potestad de sustitución no ha sido satisfactoria, dada su escaso uso práctico[726].

Por otra parte, es necesario referirse a la ejecución subsidiaria de la sentencia por entes privados o particulares[727]. Ante tal hipótesis, se señala que podrá pedirse el decreto y práctica del embargo ejecutivo correspondiente sobre bienes de la Administración condenada, de modo que la parte vencedora evite el riesgo de una eventual insolvencia por parte de la primera, sin perjuicio de que sea la parte ejecutante la que anticipe los medios para tales gastos. No obstante, tratándose de la Administración, se presentan los obstáculos derivados de las limitaciones para la práctica de tales medidas ejecutivas, aun cuando luego de las decisiones del Tribunal Constitucional Español respecto a la prerrogativa de la inembargabilidad de los bienes

---

[725] Cfr. GÓMEZ PUENTE, *Ejecución de sentencias. Artículo 108...*, pp. 763-774. Comentando el caso italiano, puede verse: MARTÍN DELGADO, *La ejecución subrogatoria...*, pp. 91-93, y respecto al ordenamiento español: (*Ibídem*, pp. 220-222). Sobre el tema del costo económico de la ejecución de la sentencia por otra Administración, véase: PÉREZ DEL BLANCO, *op. cit.*, pp. 326-327.

[726] Cfr. GEIS I CARRERAS, *op. cit.*, p. 196. Sobre el particular también se ha señalado que "...la subrogación administrativa no es que carezca de eficacia sino que la complejidad que *de facto* puede ofrecer su aplicación en determinados momentos hace que sea más adecuado el empleo de otras técnicas o medios de ejecución" (PÉREZ DEL BLANCO, *op. cit.*, p. 325).

[727] Véase sobre la ejecución de la sentencia por personas privadas en la Ley española, entre otros: *Ibídem*, pp. 328-332.

públicos, ya no parece correrse el riesgo de insolvencia por parte de ésta[728], asunto sobre el cual se volverá más adelante.

Ya casi finalizando, con relación al apartado 2 del artículo 108 de la Ley española[729], se ha señalado que las medidas que deba adoptar el órgano judicial, lo serán mediante la interposición del correspondiente incidente de ejecución, y no mediante una nueva pretensión procesal administrativa[730].

Por último, la reciente reforma de la Ley Orgánica del Poder Judicial (Ley Orgánica 7/2015, de 21 de julio, por la que se modifica la Ley Orgánica 6/1985, de 1 de julio, del Poder Judicial), introduce un tercer apartado en este precepto, que prevé expresamente, en forma adicional a la declaración de ilegalidad de una edificación, la potestad judicial de ordenar la reposición de la situación física y jurídica infringida incluyendo la demolición correspondiente, en cuyo caso se impone al órgano judicial exigir la prestación de garantías suficientes para responder del pago de las indemnizaciones debidas a terceros de buena fe, salvo una situación de peligro inminente. A reserva de los ulteriores desarrollos doctrinarios, pareciera que la novedad se refiere más a la exigencia de garantías con el propósito de pro-

---

[728] *Cfr.* GÓMEZ PUENTE, *Ejecución de sentencias. Artículo 108...*, pp. 763-774.

[729] El cual establece: "Si la Administración realizare alguna actividad que contraviniera los pronunciamientos del fallo, el Juez o Tribunal, a instancia de los interesados, procederá a reponer la situación al estado exigido por el fallo y determinará los daños y perjuicios que ocasionare el incumplimiento". Comentando tal precepto, se señala que habrá que analizar la intencionalidad de la Administración (ORTEGA ÁLVAREZ, Luis: "La ejecución de sentencias". *Revista Justicia Administrativa* número extraordinario 1 dedicado a la Ley de la Jurisdicción Contencioso-Administrativa. Editorial Lex Nova. Valladolid, 1999, p. 156).

[730] *Cfr.* GÓMEZ PUENTE, *Ejecución de sentencias. Artículo 108...*, pp. 763-774. Véanse los comentarios a este apartado de, entre otros: PÉREZ DEL BLANCO, *op. cit.*, pp. 379-384.

teger los derechos de los terceros de buena, que de incorporar nuevas potestades judiciales en la ejecución[731].

2. Costa Rica

Por su parte, la Ley costarricense es, junto con la española, la que regula con cierto detalle el trascendente tema de la ejecución de la sentencia por un tercero con cargo al patrimonio de la Administración ejecutada. Ello lo hace en los siguientes términos:

En primer lugar, establece que la ejecución subsidiaria por un tercero procede, en caso de que la Administración condenada continúe reticente al cumplimiento una vez impuestas las multas coercitivas a los funcionarios responsables (Artículo 161.1). Ante tal hipótesis, el Juez ejecutor podrá "Ejecutar la sentencia requiriendo la colaboración de las autoridades y los agentes de la Administración condenada o, en su defecto, de otras administraciones públicas, conforme a los procedimientos administrativos establecidos en el ordenamiento jurídico" (Artículo 161.1.a). Se trata pues, del caso de la ejecución del fallo por uno o varios funcionarios de la misma entidad pública condenada, o en su defecto, por los de una Administración Pública distinta[732].

---

[731] En todo caso, sobre el punto véase: GEIS I CARRERAS, *op. cit.*, pp. 217-267.

[732] La figura es la denominada ejecución comisarial (GONZÁLEZ CAMACHO, *La ejecución...*, p. 586). Respecto de ella se señala: "La utilización del comisario o comisionado sirve para vencer dos problemas muy importantes para el órgano jurisdiccional, problemas que de no contarse con el auxilio de esta figura no encontrarían ningún tipo de solución. Estos dos obstáculos son el hacer material, o sea la realización en el plano fáctico de lo dispuesto en sentencia, y el hacer jurídico relativo a la valoración del material científico o técnico. Sobre el último supuesto se debe indicar que los jueces por carecer muchas veces de la preparación técnica en temas concretos, deben recurrir a terceros para que los ayuden a emitir la conducta correcta tomando en cuenta las recomendacio-

El referido precepto prevé, en su segundo apartado, la hipótesis de la ejecución subsidiaria frente a la inactividad administrativa, caso en el cual, el Juez ejecutor también tiene potestad para adoptar las medidas necesarias y adecuadas con el fin de que el fallo adquiera la eficacia que, en su caso, sería inherente a la conducta omitida "entre las que se incluye la ejecución subsidiaria con cargo a la Administración Pública condenada", conforme a los procedimientos administrativos correspondientes (Artículo 161.1.b).

Por su parte, la Ley costarricense aborda el asunto ya tratado por la doctrina, en lo atinente a que en la fase de ejecución de la sentencia, la labor del tercero, en caso de ser una Administración Pública, se realiza con fundamento en la orden judicial, y no sobre la base del esquema jurídico ordinario de distribución competencial. Por ello, no puede alegarse la incompetencia de la Administración para excusarse o cuestionar el mandato judicial en cuanto a darle cumplimiento a la decisión. En ese sentido, se dispone que: "Para todos los efectos legales, el juez o la autoridad pública requerida por él, se entenderá competente para realizar todas las conductas necesarias, con el objeto de lograr la debida y oportuna ejecución del fallo, todo a cargo del presupuesto de la Administración vencida" (Artículo 161.1.c)[733].

---

nes de estos funcionarios que de hecho son peritos (…) La ejecución comisarial se constituye entonces en el auxilio o más propiamente, en la orden que el tribunal emite, dirigida a un órgano de la Administración diferente del llamado a cumplir con el mandato judicial, o a un tercero ajeno al Estado, para que realice la conducta requerida por la sentencia y que el órgano administrativo deudor se rehúsa a realizar" (*Ibídem*, p. 587).

[733] De allí que se ha precisado que el precepto da un paso adelante y resuelve legalmente la duda sobre la competencia del nuevo órgano o ente designado judicialmente para darle cumplimiento a la sentencia, con lo que cualquier interrogante queda resuelta tanto por la Ley como por la orden judicial concreta (*Ibídem*, p. 588). La disposición resulta completada con lo dispuesto en el

Ante la hipótesis de ejecución forzada de sentencias condenatorias al pago de cantidades monetarias, complementado las normas ya comentadas, la Ley Costarricense establece que: "El propio juez ejecutor podrá adoptar las medidas necesarias, a fin de allegar los fondos indispensables para la plena ejecución, conforme a las reglas y los procedimientos presupuestarios. Asimismo, será competente para realizar todas las acciones pertinentes, a fin de revertir lo pagado por la Administración, cuando esta resulte victoriosa" (Artículo 161.1.c). La última frase se refiere al caso de que sea la Administración la que requiera la actuación judicial para obtener el reintegro de lo pagado a la contraparte, es de suponer que en las previas gestiones extrajudiciales.

Seguidamente, la Ley costarricense enfatiza el poder de sustitución ejecutiva del juez con una cláusula general de otorgamiento de tal potestad, al disponer que: "Si la Administración Pública obligada persiste en el incumplimiento de la sentencia, o si su contenido o naturaleza así lo exigen, el juez ejecutor podrá adoptar, por su cuenta, las conductas que sean necesarias y equivalentes para su pleno cumplimiento" (Artículo 161.2), poder que no requiere de formalidad adicional en cuanto a formular requerimiento al ente condenado, sino únicamente, de ser necesario, en la hipótesis de requerir auxilio de la fuerza pública (Artículo 161.3). Y es que lo anterior no es otra cosa que una consecuencia natural de la comprobada conducta reticente de la Administración perdidosa, ante la cual no tiene sentido exigir actos de

---

artículo 161.4, que establece que no será exigible responsabilidad alguna del funcionario público por el cumplimiento de lo ordenado por el Juez ejecutor. Ello tiene sentido, por cuanto en tal caso el funcionario actúa bajo el mandato del Juez, como un auxiliar del mismo. Por supuesto, que en lo que sí cabría responsabilidad es que no se trate de un "fiel cumplimiento", en los términos del precepto, sino de los excesos o desviaciones en la ejecución de la decisión a la luz de los lineamientos contenidos en la sentencia y en los sucesivos pronunciamientos del Juez.

comunicación procesal destinados al apercibimiento de la parte ejecutada adicionales a los ya realizados[734].

Por otra parte, ya se señaló que ni la Ley peruana ni la venezolana abordan este punto, y tampoco lo hace la Ley colombiana, por lo que no hay mayores comentarios que hacer salvo remitir a lo expuesto en los Capítulos precedentes.

Para complementar lo hasta ahora expuesto, en el Capítulo siguiente se verá, brevemente, cuáles pueden considerarse las peculiaridades adicionales y principales avances de cada legislación en el tema de la ejecución de las sentencias condenatorias, no sin antes advertir que en el caso de las valoraciones, en ocasiones nos encontramos con la falta de unanimidad en las opiniones de la doctrina, lo cual luce lógico dado que se está en presencia de temas y soluciones legislativas que se prestan a la controversia.

---

[734] En ese sentido, el contraste por ejemplo con la Ley venezolana es notable, toda vez que esa última en múltiples oportunidades parece hacer retroceder la fase de ejecución forzada a la de cumplimiento voluntario.

CAPÍTULO V

PECULIARIDADES Y AVANCES EN LA EJECUCIÓN DE SENTENCIAS EN LAS DIVERSAS LEGISLACIONES EN MATERIA DE CONDENA A PRESTACIONES DE DAR CANTIDADES DE DINERO, A ENTREGAR BIENES GENÉRICOS O BIENES ESPECÍFICOS, ASÍ COMO A REALIZAR PRESTACIONES DE HACER Y DE NO HACER

I. ESPAÑA

Comencemos por la Ley española. La primera peculiaridad –polémica en varios sentidos– que vale la pena destacar de esta[735], es la regulación de los supuestos de imposibilidad legal o material de la ejecución de la sentencia, así como la aceptación de la "expropiación" de los derechos e intereses reconocidos en el pronunciamiento judicial[736] (que también implica la inejecu-

---

[735] De esta Ley señala su propia Exposición de Motivos que es simultáneamente innovadora y continuista, pese a que ya se ha destacado que la doctrina es del parecer que gran parte de sus disposiciones encuentran sus correspondientes antecedentes (legales, doctrinarios o jurisprudenciales). También se ha puesto de relieve que es precisamente en el Capítulo de la ejecución de las sentencias en el cual se concentran las mayores novedades tanto de concepción como de detalle (*Cfr.* LÓPEZ-MEDEL BASCONES, Jesús: "Ejecución de sentencias en la Ley de la Jurisdicción Contencioso-Administrativa". En: A. SÁNCHEZ LAMELAS, A. (Coord.): *La ejecución de sentencias contencioso-administrativas. IV Curso sobre la Jurisdicción Contencioso-Administrativa.* Editorial Aranzadi, S.A. Navarra, 2006, p. 35).

[736] Como la regla es la ejecución de la sentencia en sus propios términos, tanto la inejecución por imposibilidad material o legal como la expropiación de los derechos reconocidos en la sentencia, son institutos excepcionales y, por tanto de interpretación restrictiva (*Cfr.* ESCUDERO HERRERA, *op. cit.*, p. 104; UROSA MAGGI, *Tutela judicial...*, pp. 471-472). De allí que la doctrina ha formulado la siguiente interrogante: "...la pregunta que surge inmediatamente es cómo resulta posible que en cumplimiento de una sentencia, sentencia que por definición supone la aplicación del Derecho a unos hechos concretos-, la Administración venga obligada a realizar actuaciones que resulten contrarias al ordenamiento jurídico o

irrealizables desde un punto de vista fáctico. Esta paradoja no es difícil de resolver si tenemos en cuenta que el momento temporal en que se dicta la sentencia no es el mismo de aquél en que se procede a su cumplimiento. La imposibilidad de ejecución se producirá precisamente cuando las circunstancias de hecho o de Derecho que el juzgador tuvo en cuenta al dictar sentencia sean distintas de aquellas que existan en el momento en que dicha sentencia deben cumplirse" (GÓMEZ-FERRER RINCÓN, Rafael: *La imposibilidad de ejecución de sentencias en el proceso contencioso administrativo*. Thomson Civitas. Pamplona, 2008, p. 269). En ese sentido, la jurisprudencia contencioso-administrativa española, ha aclarado, por ejemplo, que las modificaciones en el planeamiento urbanístico realizadas con la intención de incumplir la sentencia, no configuran causas de imposibilidad legal de ejecución (véase recientemente, por ejemplo, la sentencia 2258/2010 de 31 de marzo de la Sala de lo Contencioso del Tribunal Supremo, que reafirma criterios previos –disponible en: http://www.poder judicial.es/search/doAction?action=contentpdf&databasematch= TS&reference=5601967&links=ART%C3%8DCULO%20103%20LE Y%20REGULADORA%20DE%20LA%20JURISDICCI%C3%93N& optimize=20100527&publicinterface=true–consulta junio de 2016). De allí que esa misma jurisprudencia sostiene que ante cualquier cambio en el planeamiento urbanístico que conlleve a la inefectividad de una sentencia judicial o hace inviable su inejecución "…la Administración debe necesariamente realizar un especial esfuerzo para justificar el cambio de ordenación llamado a tener tan grave consecuencia, y, en fin, para disipar cualquier sospecha de que el planeamiento se altera con la intención de impedir el cumplimento de la sentencia", so pena de que proceda la declaración de nulidad de la actuación sobre la base del ya comentado artículo 103.4 de la Ley española (sentencia de la misma Sala del Tribunal Supremo 6217/2009 de 28 de septiembre, disponible en: http://www.poderjudicial.es/search/doAction? action=contentpdf&databasematch=TS&reference=4844261&links =ART%C3%8DCULO%20103%20LEY%20REGULADORA%20DE %20LA%20JURISDICCI%C3%93N&optimize=20091105&publicinte rface=true-consulta junio de 2016). Sobre el punto pueden verse los comentarios previos de GEIS I CARRERAS, *op. cit.*, pp. 237-244).

ción en especie y su conversión en ejecución por equivalente a través de una indemnización)[737], en los siguientes términos:

Artículo 105.

1. No podrá suspenderse el cumplimiento ni declararse la inejecución total o parcial del fallo[738].

2. Si concurriesen causas de imposibilidad material[739] o legal de ejecutar una sentencia[740], el órgano obligado a su cumpli-

---

[737] Sobre el punto y sus antecedentes jurisprudenciales y legales pueden verse, entre otras, las consideraciones generales expuestas por: BELTRÁN DE FELIPE, *El poder de sustitución...*, pp. 324-390; MARTÍN DELGADO, *Función jurisdiccional...*, pp. 177-181, y especialmente: GÓMEZ-FERRER RINCÓN, *op. cit.*, pp. 205-255. Pueden verse también los antecedentes legales que exponen: SOSA WAGNER, Francisco y Tomás QUINTANA LÓPEZ: *La ejecución de las sentencias contencioso administrativas*. Documentación Administrativa N° 209. La ejecución de las sentencias condenatorias de la Administración. Instituto Nacional de Administración Pública. Madrid, 1987, pp. 33-45.

[738] Destaca MARTÍN DELGADO, *Función jurisdiccional...*, p. 171, que con este precepto se pone fin a un privilegio histórico de la Administración. En similar sentido se expresa FONT I LLOVET, *Justicia Administrativa...*, p. 829; ESCUDERO HERRERA, *op. cit.*, p. 101.

[739] Que se contraen a la desaparición de la cosa objeto de la obligación (BELTRÁN DE FELIPE, *El poder de sustitución...*, p. 351. Como ejemplos extraídos de la jurisprudencia, expone GONZÁLEZ PÉREZ, *Comentarios...*, pp. 706 y 1.030: Condenatoria a la ejecución en un inmueble destruido; reconocimiento a ocupar un inmueble derribado y reconocimiento del derecho de revisión sobre un inmueble expropiado que ha desparecido.

[740] No meras dificultades prácticas o afectación de intereses (BELTRÁN DE FELIPE, *El poder de sustitución...*, p. 352). En similar sentido, se ha señalado que el poder de sustitución no viene limitado por la dificultad sino por la imposibilidad (*Cfr.* PÉREZ DEL BLANCO, *op. cit.*, p. 315). Sobre este precepto, véase también lo expuesto, entre otros, por GONZÁLEZ PÉREZ, *Comentarios...*,

miento lo manifestará a la autoridad judicial a través del representante procesal de la Administración, dentro del plazo previsto en el apartado segundo del artículo anterior, a fin de que, con audiencia de las partes y de quienes considere interesados, el Juez o Tribunal aprecie la concurrencia o no de dichas causas y adopte las medidas necesarias que aseguren la mayor efectividad de la ejecutoria, fijando en su caso la indemnización que proceda por la parte en que no pueda ser objeto de cumplimiento pleno [741].

3. Son causas de utilidad pública o de interés social para expropiar los derechos o intereses legítimos reconocidos frente a la Administración en una sentencia firme el peligro cierto de alteración grave del libre ejercicio de los derechos y libertades de los ciudadanos, el temor fundado de guerra o el quebranto de la integridad del territorio nacional. La declaración de la concurrencia de alguna de las causas citadas se hará por el Gobierno de la Nación; podrá también efectuarse por el Consejo de Gobierno de la Comunidad Autónoma cuando se trate de peligro cierto de alteración grave del libre ejercicio de los derechos y libertades de los ciudadanos y el acto, actividad o disposición impugnados proviniera de los órganos de la Administración de dicha Comunidad o de las Entidades locales de su territorio, así como de las Entidades de Derecho público y Corporaciones dependientes de una y otras.

La declaración de concurrencia de alguna de las causas mencionadas en el párrafo anterior habrá de efectuarse dentro de

---

pp. 706-709; MARTÍN DELGADO, *Función jurisdiccional…*, pp. 172-177.

[741] Sobre los aspectos procesales atinentes a esta figura procesal de la imposibilidad de ejecutar el fallo (legitimación, plazo, decisión), véanse entre otros: GONZÁLEZ PÉREZ, *Comentarios…*, pp. 1.029-1.034; ESCUDERO HERRERA, *op. cit.*, pp. 127-137; REQUERO IBÁÑEZ, *op. cit.*, pp. 39-40. Comentando las causas de expropiación de los derechos e intereses, véanse entre otros: GIMENO SENDRA, MORENO CATENA y SALAS SÁNCHEZ, *op. cit.*, pp. 260-264.

los dos meses siguientes a la comunicación de la sentencia[742]. El Juez o Tribunal a quien competa la ejecución señalará, por el trámite de los incidentes, la correspondiente indemnización y, si la causa alegada fuera la de peligro cierto de alteración grave del libre ejercicio de los derechos y libertades de los ciudadanos, apreciará, además, la concurrencia de dicho motivo.

Como ya se adelantó, se trata, según apunta la doctrina, de preceptos que no son del todo novedosos[743], pero que sí constituyen una mejora respecto a la regulación previa contenida en el artículo 18.2 de la Ley Orgánica del Poder Judicial[744], eliminando definitivamente los procedimientos de suspensión y de inejecución del fallo de la Ley previa y resolviendo varias de las dudas planteadas por la doctrina, así como haciendo innecesarios los esfuerzos interpretativos del Tribunal Constitu-

---

[742] Aclara GONZÁLEZ PÉREZ, *Comentarios...*, p. 1019, que durante ese plazo de dos meses o el especial que pueda fijarse, no supone libertad para la Administración, ya que esta debe proceder a la ejecución del fallo desde que se le comunique, o incoar los procedimientos a que se refiere el artículo 106 de la Ley española.

[743] De la Ley española se ha señalado que: "...desde que se lee por primera vez, se percibe como cosa conocida. Casi todo lo que en la Ley se innova había sido advertido como necesario por alguien de entre nosotros los administrativistas, o por los Tribunales, de primera o segunda mano" (MUÑOZ MACHADO, *Exposición de Motivos...*, pp. 23-42). En similar sentido, se ha señalado que la doctrina constitucional en materia de ejecución de sentencias ha sido recogida en la Ley (CHOLBI CACHÁ y MERINO MOLINS, *op. cit.*, p. 221). Sobre los antecedentes más remotos de esta disposición, pueden verse, entre otros: FONT I LLOVET, *Justicia Administrativa...*, pp. 832-833; ESCUDERO HERRERA, *op. cit.*, pp. 89-101. Véase también lo expuesto por: GONZÁLEZ PÉREZ, *Comentarios...*, pp. 1.026-1.027.

[744] En contra, se niega que la regulación de la LOPJ haya sido en lo sustancial, distinta a la tradicional potestad administrativa de inejecución de sentencias por motivos de interés público, revestida de una nueva forma (GÓMEZ-FERRER RINCÓN, *op. cit*, p. 259).

cional que mantuvieron la constitucionalidad de los dispositivos ahora derogados[745].

En la hipótesis de la imposibilidad material o legal, las causas habrán de ser sobrevenidas a la emisión de la sentencia[746].

---

[745] Cfr. LOZANO CUTANDA, Blanca: "Ejecución de sentencias. Artículo 105". *Revista Española de Derecho Administrativo* N° 100. Comentarios a la Ley de la Jurisdicción Contencioso-Administrativa de 1998. Editorial Civitas, S.A Madrid, 1998, pp. 730-741. Véase también: FERNÁNDEZ VALVERDE, *op. cit.*, pp. 114-115; CHOLBI CACHÁ y MERINO MOLINS, *op. cit.*, p. 235. Al respecto señala la Exposición de Motivos de la Ley española: "La Ley Orgánica del Poder Judicial, que eliminó la potestad gubernativa de suspensión de inejecución de sentencias, abrió paso, en cambio, a la expropiación de los derechos reconocidos por éstas frente a la Administración. Sin embargo, no especificó las causas de utilidad pública e interés social que habrían de legitimar el ejercicio de esta potestad expropiatoria. La Ley atiende a esta necesidad, concretando tres supuestos muy determinados, entre los que debe destacarse el de la preservación del libre ejercicio de los derechos fundamentales y libertades públicas". Véase también lo expuesto por: GONZÁLEZ PÉREZ, *Comentarios...*, pp. 1.034-1.035. Sobre los antecedentes normativos de tal regulación puede consultarse también: LÓPEZ GONZÁLEZ, *El sistema español...*, pp. 414-418. En contra, criticando lo escueto de la regulación de la imposibilidad de ejecución, sobre todo en definir cuáles son sus supuestos de procedencia: GÓMEZ-FERRER RINCÓN, *op. cit.*, pp. 34-35 y 205-208.

[746] *Cfr.* ESCUDERO HERRERA, *op. cit.*, p. 104. Ello lo complementa GONZÁLEZ PÉREZ, *Comentarios...*, p. 1.030, quien entiende que una prestación originariamente imposible libera al deudor, en tanto que la imposibilidad sobrevenida no libera a la entidad demandada, sino que impone una prestación sustitutoria. En similar sentido, refiriendo a los trabajos de elaboración de las leyes previas (Ley de 13 de septiembre de 1888), se señala que la imposibilidad física de ejecución se produciría en la hipótesis de que la cosa o el derecho a que se refería la sentencia hubieran dejado de existir, y la legal cuando se hubiere promulgado una Ley que prohibiera o impidiera la ejecución de lo mandado (*Cfr.* GÓMEZ-FERRER RINCÓN, *op. cit.* p. 270).

La primera, es decir, la material, se refiere a un impedimento físico, a la desaparición o destrucción del objeto de la obligación, es decir, cuando fuese "físicamente imposible cumplir los pronunciamientos del fallo"[747]. La segunda se manifestará básicamente en materia urbanística, como consecuencia del cambio de planeamiento producto de la *potestas variandi* de la Administración[748]. El resultado de la demostración de las causales de imposibilidad será entonces el cumplimiento por equivalente[749].

---

[747] *Cfr.* GONZÁLEZ PÉREZ, *Comentarios...*, p. 1.029. Con más detalle, señalando como supuestos de jurisprudenciales de imposibilidad material de ejecución, entre otros: existencia de terceros de buena fe con título suficiente, construcción de una obra pública, incidencia sobre la prestación de un servicio público, inviabilidad técnica, transcurso del tiempo, y existencia de una sentencia judicial firme (GÓMEZ-FERRER RINCÓN, *op. cit.*, pp. 124-204 y 356-382).

[748] *Cfr.* ESCUDERO HERRERA, *op. cit.*, p. 108. Sobre la *potestas variandi* de la Administración y su incidencia en la ejecución de la sentencia, conforme a varias decisiones del Tribunal Supremo Español, véase: ALEGRE ÁVILA, Juan Manuel: "El Tribunal Supremo y la ejecución de sentencias contencioso-administrativas". En: SÁNCHEZ LAMELAS, A. (Coord.): *La ejecución de sentencias contencioso-administrativas. IV Curso sobre la Jurisdicción Contencioso-Administrativa*. Editorial Aranzadi, S.A. Navarra, 2006, pp. 70-74. Véase también en materia de ejecución de sentencias urbanísticas, el detallado estudio de GEIS I CARRERAS, *op. cit.*, pp. 199-274, quien aboga por la supresión de la causal de imposibilidad material, y en su defecto, por su interpretación restrictiva. Pueden consultarse también las consideraciones y ejemplos jurisprudenciales de: GONZÁLEZ PÉREZ, *Comentarios...*, pp. 1.030-1.032. Véase también las referencias jurisprudenciales al cambio sobrevenido del planeamiento urbanístico, así como las condiciones para que este determine la imposibilidad de ejecución en: GÓMEZ-FERRER RINCÓN, *op. cit.*, pp. 39-123 y 305-339, así como la referencia que tal cambio no se haya hecho con el fin de defraudar el cumplimiento de la sentencia y supere el juicio de proporcionalidad entre el valor del bien jurídico protegido y el

No obstante, con relación a la imposibilidad legal, y con apoyo en los criterios del Tribunal Constitucional Español, el cambio sobrevenido del marco legal (incluso del marco legislativo) tiene sus límites. En primer lugar, en la propia Constitución y en el principio constitucional de interdicción de la arbitrariedad, y en segundo término, en la ponderación entre los bienes jurídicos a tutelar tanto con el cambio legal como con la sentencia dictada "...de forma que el sacrificio que se produzca al inejecutar la sentencia no resulte desproporcionado"[750].

En ese mismo sentido[751], la doctrina refiere la distinción entre las causas de imposibilidad legal y material[752] y los supues-

---

sacrificio que impone no ejecutar la decisión en sus propios términos (*Ibídem*, pp. 321-324).

[749] *Cfr*. GEIS I CARRERAS, *op. cit.*, p. 201. Véase también al respecto, entre otros: CHOLBI CACHÁ y MERINO MOLINS, *op. cit.*, pp. 123-130.

[750] ESCUDERO HERRERA, *op. cit.*, p. 126. Respecto al tratamiento jurisprudencial por el Tribunal Supremo Español de la imposibilidad legal, véanse entre otros: FERNÁNDEZ VALVERDE, *op. cit.*, pp. 117-128; CHOLBI CACHÁ y MERINO MOLINS, *op. cit.*, pp. 236-244. Sobre el particular, señala GEIS I CARRERAS, *op. cit.*, pp. 200-201, que el Tribunal Supremo Español ha admitido la posibilidad de abrir una incidencia probatoria con el fin de demostrar la concurrencia de alguna de las causales legalmente admitidas.

[751] Especial atención le ha dedicado al análisis jurisprudencial de los supuestos que justifican la declaración de imposibilidad jurídica o material: GÓMEZ FERRER-RINCÓN, *op. cit.*, pp. 283-305. Este autor se refiere a que, de acuerdo con el criterio del Tribunal Supremo Español, la justificación tendrá que basarse en una "razón atendible", esto es, la consideración de bienes y valores constitucionales protegidos. De allí que procederá un juicio de ponderación entre el sacrificio del pronunciamiento contenido y tales intereses en el caso concreto, a fin de determinar la proporcionalidad o no de estos bienes o valores en colisión. Solo sobre la base de tal fundamento, será admisible sustituir la ejecución en especie o en sus propios términos por un equivalente pecuniario u otro

tos en que ésta sí es posible, pero por ser lesiva a un interés público, puede acordarse la expropiación de los derechos e intereses reconocidos frente a la Administración en la sentencia, por lo que no se da el cumplimiento en especie[753], sino por equivalente.

---

tipo de prestación, en el supuesto de que ello sea admisible a la luz del juicio de proporcionalidad.

[752] En cuyo caso, ciertamente no procederá la ejecución (GONZÁLEZ PÉREZ, *Comentarios...*, p. 1.007).

[753] *Cfr.* ESCUDERO HERRERA, *op. cit.*, p. 137; LOZANO CUTANDA: *Ejecución de sentencias. Artículo 105...*, pp. 730-741. Apunta esta última autora que, en primer lugar, no cabe pensar en razones de índole económica como causas de imposibilidad de ejecutar las sentencias de condena al pago de cantidades líquidas de dinero (la solución legislativa es también distinta para el caso de dificultades presupuestarias, como ya se evidenció). Agrega que, lógicamente, las causas de imposibilidad habrán de ser absolutas, habida cuenta de que deberán interpretarse del modo más favorable a la efectividad del derecho fundamental a la tutela judicial efectiva. De allí que las causas de imposibilidad material se refieren a la desaparición o destrucción de la cosa objeto de la obligación, y las de imposibilidad legal consisten en la modificación de las reglas jurídicas por las que debía regirse el cumplimiento. Con relación a las causas legitimadoras de la expropiación, coincide con la doctrina en que las dos últimas (temor fundado de guerra o el quebranto de la integridad del territorio nacional) son hasta difíciles de imaginar, por lo que será la absoluta incompatibilidad entre la ejecución de la sentencia en sus propios términos y la prestación de un servicio público de interés general, la verdadera justificación para que se proceda a expropiar tales derechos. En similar sentido: ESCUDERO HERRERA, *op. cit.*, pp. 141-142, destaca la escasa probabilidad de que se produzcan las causales de expropiación previstas en la Ley, y GONZÁLEZ PÉREZ, *Comentarios...*, p. 1.036 comenta algo similar respecto a la dificultad de imaginar que una sentencia contencioso-administrativa pueda dar lugar a una declaración de guerra. De allí que se ha destacado la crítica doctrinaria respecto a la falta de adaptación a la realidad e incluso insuficiencia de los supuestos de hecho contemplados en el precepto bajo análisis (CHOLBI

En todo caso, se ha enfatizado que esta expropiación de los derechos –e intereses[754]– reconocidos en la decisión, tal como ha sido regulada en la Ley actual, es una innovación[755], y que con

CACHÁ y MERINO MOLINS, *op. cit.*, pp. 251 y 256). Cabe señalar que los antecedentes de tales supuestos han sido calificados como un derecho de catastrofismo por PARADA VÁSQUEZ, Ramón: "Prólogo". En: GÓMEZ-FERRER RINCÓN, Rafael: *La imposibilidad de ejecución de sentencias en el proceso contencioso administrativo*. Thomson Civitas. Pamplona, 2008, pp. 26-27.

[754] La doctrina ha destacado que ahora el objeto de la misma no serán solo los derechos sino también los intereses legítimos reconocidos, ampliando los supuestos de la legislación derogada (FERNÁNDEZ VALVERDE, *op. cit.*, p. 130). Comentando las causas de expropiación de los derechos e intereses, véanse entre otros: GIMENO SENDRA, MORENO CATENA y SALAS SÁNCHEZ, *op. cit.*, pp. 259-260.

[755] No obstante, no es unánime la doctrina en este punto. Así por ejemplo, para GÓMEZ-FERRER RINCÓN, *op. cit.*, p. 264, esa potestad expropiatoria no es otra cosa que "...la tradicional potestad administrativa de inejecución de sentencias por motivos de interés público revestida de un nuevo ropaje y que, por tanto, nuestra legislación vigente mantiene vigente la ya histórica distinción entre supuestos en que la ejecución de una sentencia por sus propios términos no se produce por causa de imposibilidad y aquellos otros en que, siendo dicha ejecución posible, no va sin embargo a producirse por exigirlo así un interés público". En similar sentido: *Ibídem*, pp. 286-287. No obstante, admite el referido autor que en el caso de la expropiación de los derechos reconocidos en la sentencia, más allá de su necesario examen de constitucionalidad, los supuestos de procedencia en que la invocación del interés público efectivamente impiden la ejecución del fallo se reducen a los tres supuestos previstos en la Ley (*Ibídem*, pp. 288-289), y que motivos distintos habrían de superar el examen de constitucionalidad, sobre la base de la ya referida noción jurisprudencial de la "razón atendible" y, por tanto, el juicio de ponderación constitucional entre el bien o valor protegido y su proporcionalidad (*Ibídem*, pp. 289-302). Por último, de esas consideraciones concluye el autor que resulta innecesario haber mantenido la potestad de expropiación de los derechos e intereses legítimos reconocidos en la sentencia firme, toda vez que ella

ella se pretende armonizar la salvaguarda del interés público con el derecho constitucional a la ejecución de las sentencias "...aun con todas las prevenciones y riesgos que entraña un mecanismo que no deja de alterar las reglas generales de la justicia administrativa y que debe por ello aplicarse sólo de modo excepcional y con extrema cautela"[756]. En ese sentido, la solución legislativa ha sido la de acoger causales otrora contempladas como de suspensión o inejecución de la sentencia (salvo el caso del perjuicio grave a la Hacienda Pública, que también se mantiene pero en la modalidad de ejecución de sentencias contentivas de condenas pecuniarias), trasladándolas al supuesto de expropiación[757].

"...sólo tendría sentido si se configurara como una potestad gubernativa no sujeta a control judicial, como lo ha sido tradicionalmente, pero para ello tendrá que estar expresamente previsto así en la Constitución porque, como ya hemos expuestos, la potestad administrativa de decidir la inejecución de una sentencia, o de expropiar los derechos e intereses reconocidos en la misma frente a la Administración, que a estos efectos viene a ser equivalente, resulta de dudosa constitucionalidad" (*Ibídem*, p. 299).

[756] LOZANO CUTANDA: *op. cit.*, pp. 730-741. Véase también la reseña que expone BELTRÁN DE FELIPE, *El poder de sustitución...*, pp. 361-371, de las críticas doctrinarias a la regulación del instituto en la legislación previa a las normas comentadas, partiendo incluso del propio cuestionamiento a la posibilidad de expropiar derechos reconocidos en una sentencia. También puede consultarse la polémica surgida en la discusión de la Ley que reseña LÓPEZ-MEDEL BASCONES, *op. cit.*, pp. 38-39. En todo caso, destaca también la doctrina que, tanto en las hipótesis de imposibilidad de ejecución como en los de expropiación de los derechos reconocidos en la sentencia, no puede hablarse de inejecución absoluta, sino de inejecución en los términos de la sentencia (ESCUDERO HERRERA, *op. cit.*, p. 102).

[757] *Cfr.* LÓPEZ-MEDEL BASCONES, *op. cit.*, pp. 37-38; GONZÁLEZ PÉREZ, *Comentarios...*, p. 1034. Sobre los aspectos procesales de la expropiación de los derechos e intereses reconocidos en la sentencia firme, véanse entre otros: *Ibídem*, pp. 1.034-1.039; REQUERO IBÁÑEZ, *op. cit.*, pp. 40-42.

Por otra parte, también regula la Ley española otros aspectos vinculados con la ejecución de la sentencia, y que constituyen verdaderos avances en la materia[758]. Es el caso del incidente de ejecución, el cual si bien no es un instituto especialmente novedoso en el Derecho Procesal Administrativo español, ya que tiene su antecedente en la Ley de 1956[759], aporta nuevos elementos en los siguientes términos:

Artículo 109.

1. La Administración pública, las demás partes procesales y las personas afectadas por el fallo, mientras no conste en autos la total ejecución de la sentencia, podrán promover incidente para decidir, sin contrariar el contenido del fallo, cuantas cuestiones se planteen en la ejecución y especialmente las siguientes:

a) Órgano administrativo que ha de responsabilizarse de realizar las actuaciones[760].

b) Plazo máximo para su cumplimiento, en atención a las circunstancias que concurran.

c) Medios con que ha de llevarse a efecto y procedimiento a seguir.

---

[758] Como se ha señalado con elocuencia, juzgando el régimen de la Ley española en cuanto al objeto de estas páginas: "...se han dado pasos importantes y necesarios en esa continua lucha entre derecho y poder que se materializa de manera específica en la ejecución de las sentencias contencioso-administrativas" (FONT I LLOVET, *Justicia Administrativa...*, p. 841).

[759] Véase: BELTRÁN DE FELIPE, *Ejecución de sentencias. Artículo 109...*, pp. 774-779. El autor da cuenta de cómo un sector de la doctrina entiende que no se trata de algo novedoso, citando a GONZÁLEZ PÉREZ, pero a su vez sostiene que sí lo es por la amplitud del mismo.

[760] Se trata de la personalización de la ejecución, a decir de la doctrina, como se refiere más adelante.

El apartado 2 del dispositivo establece que de la solicitud de incidente debe comunicarse a las partes, a fin de que estas aleguen lo que estimen procedente en el correspondiente plazo legal, y el apartado 3, dispone que la decisión deberá dictarse en el plazo de diez días.

Como señala la doctrina, el propósito de este instituto es "...ofrecer a las partes –incluso (...) a quienes no hayan tenido la condición procesal de parte en el pleito principal– la posibilidad de abrir un incidente en el que el órgano jurisdiccional se pronuncie acerca de cuantos extremos tengan que ver con la ejecución de lo resuelto y le sean en tal sentido solicitados"[761].

Además, con el mismo se tiende hacia la unificación procesal, con el fin de evitar nuevos procesos judiciales y nuevos recursos contra los actos que dicte la Administración una vez emitida la sentencia, y en su lugar, concentrar en el tribunal competente para la ejecución el conocimiento y decisión de toda actuación ulterior del ente condenado[762]. De allí que su propósito será la resolución de cuantas cuestiones se planteen respecto a cualquier obstáculo o dificultad en el proceso de ejecución de la sentencia[763].

Característica de la regulación es –según la doctrina– su amplitud, tanto en lo temporal, al no establecer plazo de caducidad a los fines de promover el incidente y permitir su interposición las veces que sea necesario, como en cuanto a su objeto, habida cuenta de que pueden ventilarse en el mismo todos los asuntos vinculados con la ejecución[764]. La redacción de la

---

[761] BELTRÁN DE FELIPE, *Ejecución de sentencias. Artículo 109...*, pp. 774-779.

[762] *Cfr.* FONT I LLOVET, *Justicia Administrativa...*, p. 823.

[763] *Cfr.* GONZÁLEZ PÉREZ, *Comentarios...*, p. 1.060.

[764] *V.g.* la imposibilidad legal o material de la ejecución en especie, la expropiación de los derechos reconocidos en la sentencia, solicitudes de modificaciones presupuestarias en el caso de condenas al pago de cantidades líquidas de dinero, entre otras. *Cfr.*

norma evidencia que los supuestos descritos en sus apartados 1.a, 1.b y 1.c (también amplios en su descripción) son meros ejemplos, por lo que se trata de un *numerus apertus* de supuestos que puedan dar lugar al incidente[765]. Esa sería pues, la mayor novedad del dispositivo, conjugada con la también amplia legitimación para plantearlo, que incluye no solo a las partes sino a cualquier interesado[766].

Por otra parte, la Ley española regula el tema de la extensión de efectos de la sentencia en fase de ejecución, estableciendo los supuestos concurrentes a los fines de que opere esta, en los siguientes términos:

BELTRÁN DE FELIPE, *Ejecución de sentencias. Artículo 109...*, pp. 774-779. Se señala que también puede objeto de discusión en este incidente la naturaleza personalísima o no de la prestación establecida en la sentencia así como la designación del tercero o comisario encargado de la ejecución (*Cfr.* MARTÍN DELGADO, *La ejecución subrogatoria...*, p. 180).

[765] Aunque señala GEIS I CARRERAS, *op. cit.*, p. 197, que la jurisprudencia tiende a ser restrictiva, en el sentido de no admitir a trámite aquellos incidentes que se alejen de los supuestos legalmente previstos.

[766] BELTRÁN DE FELIPE, *Ejecución de sentencias. Artículo 109...*, pp. 774-779. De allí que se ha señalado que la legitimación en el proceso de ejecución de sentencias es más amplia que en el proceso declarativo, toda vez que incluye no solo a las partes preexistentes sino también al que sea afectado por la resolución judicial (PÉREZ DEL BLANCO, *op. cit.*, pp. 30-31; en similar sentido: GIMENO SENDRA, MORENO CATENA y SALAS SÁNCHEZ, *op. cit.*, p. 254, así como GONZÁLEZ PÉREZ, *Comentarios...*, p. 1.005, refiriendo jurisprudencia en ese mismo sentido); CHOLBI CACHÁ y MERINO MOLINS, *op. cit.*, pp. 139-140 y 234. Véanse también, entre otros, las consideraciones de GONZÁLEZ PÉREZ, *Manual de Derecho Procesal...*, pp. 501-507 y *Comentarios...*, pp. 1.060-1.062; FERNÁNDEZ VALVERDE, *op. cit.*, pp. 105-107; TOLOSA TRIBIÑO, *op. cit.*, pp. 188-193; CHOLBI CACHÁ y MERINO MOLINS, *op. cit.*, pp. 244-248 y 294-299, y PÉREZ DEL BLANCO, *op. cit.*, pp. 105-114, respecto a los aspectos procesales del incidente de ejecución de sentencias en la Ley española.

Comienza disponiendo el artículo 110, que en cuanto a las materias susceptibles de aplicárseles este instituto, lo son la tributaria, de personal al servicio de la Administración pública y de unidad de mercado. En tales ámbitos:

...los efectos de una sentencia firme que hubiera reconocido una situación jurídica individualizada a favor de una o varias personas podrán extenderse a otras, en ejecución de la sentencia, cuando concurran las siguientes circunstancias:

a) Que los interesados se encuentren en idéntica situación jurídica que los favorecidos por el fallo[767].

b) Que el juez o tribunal sentenciador fuera también competente, por razón del territorio, para conocer de sus pretensiones de reconocimiento de dicha situación individualizada.

c) Que soliciten la extensión de los efectos de la sentencia en el plazo de un año desde la última notificación de ésta a quienes fueron parte en el proceso. Si se hubiere interpuesto recurso en interés de ley o de revisión, este plazo se contará desde la última notificación de la resolución que ponga fin a éste.

En cuanto a los aspectos adjetivos del instituto procesal de la extensión de efectos de la sentencia, disponen los apartados 2 y 3 del artículo 110 de la Ley española, que la solicitud habrá de dirigirse directamente al órgano jurisdiccional competente que

---

[767] Se trata, a decir de la doctrina, del requisito esencial a establecer para que opere el instituto (FONT I LLOVET, Tomás: "La extensión a terceros de los efectos de la sentencia en vía de ejecución". *Revista Justicia Administrativa* número extraordinario. Ley de la Jurisdicción Contencioso-Administrativa. Editorial Lex Nova. Valladolid, 1999, p. 171). Más recientemente, véanse entre otros: MARTÍN CONTRERAS, Luis: *La extensión de efectos de una sentencia a terceros. El artículo 110 de la ley reguladora de la jurisdicción contencioso-administrativa*. Segunda edición. Comares editorial. Granada, 2010, pp. 46-54; DE DIEGO DÍEZ, Luis Alfredo: *Extensión de Efectos y Pleito Testigo en la Jurisdicción Administrativa*. Civitas Thomson Reuters. Madrid, 2016, pp. 41-122.

hubiera dictado la resolución de la que se pretende que se extiendan los efectos, en escrito razonado al que deberá acompañarse el documento o documentos que acrediten la identidad de situaciones o la no concurrencia de alguna de las circunstancias que impiden la extensión de efectos. De seguidas, el apartado 4 ordena al Secretario Judicial recabar de la Administración los antecedentes respectivos "y, en todo caso, un informe detallado sobre la viabilidad de la extensión solicitada", para luego oír los alegatos de los interesados directamente afectados por la extensión. Concluido el trámite, el órgano judicial debe pronunciarse, mas "no podrá reconocerse una situación jurídica distinta a la definida en la sentencia firme de que se trate".

Las causales que impiden la extensión de efectos de la decisión están previstas en el apartado 5, a saber: cosa juzgada; cuando la doctrina determinante del fallo cuya extensión se postule fuere contraria a la jurisprudencia del Tribunal Supremo o a la doctrina sentada por los Tribunales Superiores de Justicia en ciertos supuestos de interposición del recurso de casación; resolución consentida y firme por el interesado en vía administrativa por no haberse promovido el recurso contencioso; y pendencia de recurso de revisión o de casación en interés de la ley[768].

---

[768] Para más detalle sobre el régimen procesal del incidente de extensión de efectos de la sentencia, véanse entre otros: PÉREZ ANDRÉS, *Los Efectos...*, pp. 270-282; VEGA CASTRO, José Luis: "La extensión a terceros de los efectos de las sentencias dictadas por los Tribunales de la Jurisdicción Contencioso-Administrativa en el seno de la vía de ejecución: Una solución problemática". En: MONTORO CHINER, M.J. (Coord.): *Libro Homenaje al Prof. Dr. D. Rafael Entrena Cuesta*. Atelier. Barcelona, España. 2003, pp. 914-918 y 925; FERNÁNDEZ VALVERDE, *op. cit.*, pp. 111-113; TOLOSA TRIBIÑO, César: "El incidencia de ejecución de sentencias. Aspectos procesales". En: SÁNCHEZ LAMELAS, A. (Coord.): *La ejecución de sentencias contencioso-administrativas. IV Curso sobre la Jurisdicción Contencioso-Administrativa*. Editorial Aranzadi, S.A. Navarra, 2006, pp. 199-203; CHOLBI CACHÁ y MERINO MOLINS,

De acuerdo con un sector de la doctrina, la extensión de efectos de la sentencia contencioso-administrativa es un tema que debía ser objeto de regulación en la Ley, habida cuenta de que el mismo había sido tratado, para algunos de forma titubeante, por la jurisprudencia de los Tribunales contencioso-administrativos. Por lo que, aunque la respuesta legislativa ha sido tímida, su principal mérito reside en haber abordado tal asunto[769].

El propósito de la consagración del instituto de la extensión de efectos de la sentencia firme previsto en el artículo 110, es, como su propio nombre lo indica, establecer la posibilidad para que el juez contencioso-administrativo declare el derecho o reconozca la situación jurídica individualizada de un tercero que no fue parte, con lo que se rompe esa línea de continuidad que debe existir entre la sentencia firme como título declarativo y su ejecución. Ello, con el fin de dar respuesta a la masificación y acumulación de procesos, sobre todo en materia de función pública, los cuales no solo inciden en las partes intervinientes sino también en interesados que posteriormente interpondrán recursos frente a idénticas situaciones o actos[770].

---

op. cit., pp. 299-313; REQUERO IBÁÑEZ, op. cit., pp. 43-46; MARTÍN CONTRERAS, op. cit., pp. 87-273.

[769] Cfr. LÓPEZ BENÍTEZ, Mariano: "Ejecución de sentencias. Artículo 110". Revista Española de Derecho Administrativo N° 100. Comentarios a la Ley de la Jurisdicción Contencioso-Administrativa de 1998. Editorial Civitas, S.A Madrid, 1998, pp. 779-790. Véase también: PÉREZ ANDRÉS, Los Efectos..., pp. 252-257; GONZÁLEZ PÉREZ, Comentarios..., p. 1.065. Por su parte, en opinión de VEGAS CASTRO, op. cit., p. 907, se trata de una novedad legislativa, aunque el mismo autor reseña los antecedentes doctrinarios y jurisprudenciales (Ibídem, pp. 909-912). También lo consideran novedoso CHOLBI CACHÁ y MERINO MOLINS, op. cit., p. 299.

[770] Cfr. VEGA CASTRO, op. cit., p. 908. En similar sentido: FONT I LLOVET, La extensión..., pp. 166 y 170.

Asimismo, se señala que el fundamento de esta institución de la extensión de efectos de la sentencia se encuentra en criterios jurisprudenciales del Tribunal Constitucional Español, y, en última instancia, en el principio constitucional de igualdad en la aplicación de la Ley. Ello habida cuenta de que, tratándose de situaciones litisconsorciales, sería contrario a las normas que consagran el derecho a la tutela judicial efectiva y a un proceso sin dilaciones indebidas, que los litisconsortes inactivos o que no interpusieron el correspondiente recurso contencioso-administrativo, se vieran discriminados ante la ejecutoriedad de un fallo, frente a los que sí ejercieron la pretensión. De allí que se abre el proceso de ejecución a quienes no comparecieron en el proceso declarativo a fin de obtener el reconocimiento de su situación jurídica material[771].

En ese orden de ideas, también se señala que este instituto está destinado a otorgar la ventaja que supone evitar la reiteración de un proceso declarativo cuando éste resulte innecesario por haber sido la cuestión principal de fondo ya decidida por sentencia definitivamente firme[772].

Se trata de un procedimiento incidental de naturaleza declarativa dentro de la fase de ejecución, e incluso se plantea la hipótesis de que constituya un procedimiento especial en el cual se encauza una pretensión autónoma, solo que se tramita por el incidente de ejecución de sentencias por razones de celeridad procesal[773].

---

[771] *Cfr.* GIMENO SENDRA, MORENO CATENA y SALAS SÁNCHEZ, *op. cit.*, p. 281. Sobre los antecedentes de este instituto en el régimen español, puede consultarse entre otros: DE DIEGO DÍEZ, *op. cit.*, pp. 25-36.

[772] *Cfr.* GONZÁLEZ PÉREZ, *Comentarios...*, p. 1066.

[773] Véase: LÓPEZ BENÍTEZ, *op. cit.*, pp. 779-790. Sobre los aspectos procesales de este instituto, véanse también, entre otros: GONZÁLEZ PÉREZ, *Comentarios...*, pp. 1.067-1.072; FONT I LLOVET, *La extensión...*, pp. 172-177.

En cuanto a su ámbito de aplicación, la Ley española se refiere a la materia tributaria, que incluye todas las cuestiones referidas a la gestión, inspección y recaudación de los tributos estatales, autonómicos y locales, y en lo subjetivo, al personal al servicio de la Administración pública (también el de los órganos constitucionales), lo que debería comprender no solo a los funcionarios en sentido estricto, sino también a cualquier empleado público cualquiera que sea la naturaleza, administrativa o laboral, de su vínculo con la Administración[774].

Aunque la figura no deja de presentar problemas interpretativos[775], según la doctrina se está en presencia de un instituto que constituye un avance en lo atinente a la ampliación y mejora del ejercicio de la tutela judicial efectiva para determinados colectivos sociales[776], y que, además, ha sido objeto de modificaciones por leyes posteriores[777]. Ello, a diferencia del otro supuesto de extensión de efectos de la sentencia regulado en la Ley española en el artículo 111, identificado como la ex-

---

[774] Para VEGA CASTRO, *op. cit.*, p. 913, ese ámbito material se justificaría pues en él es donde se da la mayor masificación de procesos.

[775] De allí que se ha señalado que habrá de ser interpretado y aplicado con suma cautela y prudencia (FONT I LLOVET, *La extensión...*, p. 181).

[776] *Cfr.* LÓPEZ BENÍTEZ, *op. cit.*, pp. 779-790. Véanse también los comentarios de: PÉREZ ANDRÉS, *Los Efectos...*, pp. 259-261, quien entiende que la tendencia será hacia la extensión del ámbito de aplicación de este precepto. Sobre los requisitos y procedimiento regulados en este dispositivo, véanse los comentarios de este último autor en: *Ibídem*, pp. 262-270, así como en: GIMENO SENDRA, MORENO CATENA y SALAS SÁNCHEZ, *op. cit.*, pp. 278-284. Coincidiendo también en que no debe descartarse la posibilidad de su extensión a otros ámbitos: VEGA CASTRO, *op. cit.*, p. 913, si bien el mismo señala que aunque se trata de un notable esfuerzo por dar respuesta al problema de los actos masa, la regulación no deja de suscitar incertidumbres interpretativas (*Ibídem*, p. 926).

[777] CHOLBI CACHÁ y MERINO MOLINS, *op. cit.*, p. 301.

tensión de efectos de la sentencia dictada en el proceso que se tramitó con carácter preferente[778], atinente a la suspensión de la tramitación de los recursos contencioso-administrativos con idéntico objeto, el cual ha suscitado críticas de un sector de la doctrina, asunto que no abordaremos con detalle por exceder el tema objeto de esta investigación[779].

También regula la Ley española los medios que, sin tener como objeto propiamente la ejecución forzada de la sentencia, constituyen mecanismos que coadyuvan a la misma[780], como es el caso de la determinación de la responsabilidad de los funcionarios reticentes y la imposición de multas coercitivas, en los términos establecidos en el artículo 112[781]. En el mismo se dispone que, transcurridos los plazos para lograr el cabal cumplimiento del fallo, el órgano judicial, previa audiencia de las

---

[778] *Cf.* GONZÁLEZ PÉREZ, *Comentarios...*, p. 1.066. También modificado por leyes posteriores (CHOLBI CACHÁ y MERINO MOLINS, *op. cit.*, p. 301).

[779] En todo caso, véase el análisis que del artículo 111 de la Ley española realizan entre otros: GONZÁLEZ PÉREZ, *Comentarios...*, pp. 1.072-1.073; GÓMEZ-FERRER MORANT, Rafael: "Ejecución de sentencias. Artículo 111 y 112". *Revista Española de Derecho Administrativo* N° 100. Comentarios a la Ley de la Jurisdicción Contencioso-Administrativa de 1998. Editorial Civitas, S.A Madrid, 1998, pp. 790-799; y PÉREZ ANDRÉS, *Los Efectos...*, pp. 283-301; DE DIEGO DÍEZ, *op. cit.*, pp. 127-147.

[780] Los llamados "medios indirectos o compulsivos" por un sector de la doctrina (v.g. PÉREZ DEL BLANCO, *op. cit.*, pp. 218-233), o bien, medidas indirectas para hacer efectivo el cumplimiento de la sentencia (GONZÁLEZ PÉREZ, *Comentarios...*, p. 1.074).

[781] Se trata de la llamada "personalización de la ejecución" (*Cfr.* MARTÍN DELGADO, *Función jurisdiccional...*, pp. 181-194). Esta regulación ha sido destacada como de especial trascendencia ante las hipótesis de reorganización interna de la correspondiente estructura organizativa o bien de desaparición (supresión) del órgano administrativo con quien debía entenderse la ejecución (*Cfr.* REQUERO IBÁÑEZ, *op. cit.*, p. 36).

partes, adoptará "...las medidas necesarias para lograr la efectividad de lo mandado", específicamente, la imposición de multas coercitivas –incluso de forma reiterada– a los funcionarios o agentes que incumplan los requerimientos judiciales, determinada la correspondiente responsabilidad y sin perjuicio de las otras responsabilidades patrimoniales a que haya lugar, así como deducir el testimonio de particulares para exigir la responsabilidad penal que pudiera corresponder[782]. La doctrina ha sostenido que se trata de un elenco enunciativo[783], no un *numerus clausus*, de medidas a adoptar previo el trámite correspondiente que garantice el debido proceso, precepto sobre el cual ha incidido la legislación posterior[784]. No obstante, también se han planteado críticas respecto a la escasa efectividad práctica de varios de estos institutos[785].

---

[782] Y es que la imposición de multas coercitivas es compatible con la determinación de la responsabilidad penal, según señala –entre otros– GÓMEZ-FERRER MORANT: *op. cit.*, pp. 790-799. Véanse también, entre otros, con relación al artículo 112 de la Ley española, los comentarios de: FONT I LLOVET, *Justicia Administrativa...*, pp. 840-841; PÉREZ DEL BLANCO, *op. cit.*, pp. 234-287; CHOLBI CACHÁ y MERINO MOLINS, *op. cit.*, pp. 313-314. Sobre la deducción del testimonio de particulares con miras a exigir la responsabilidad penal correspondiente, se ha señalado que su efectividad está supeditada a la identificación del funcionario responsable (GEIS I CARRERAS, *op. cit.*, p. 347). Con relación a las medidas de coerción como mecanismos de presión para lograr el cumplimiento del fallo, puede verse el análisis general, no circunscrito a la Ley española vigente, de: CATALÁ COMAS, *op. cit.*, pp. 78-86, 111.

[783] Por lo cual, además, se aplica supletoriamente la regulación del proceso civil (PÉREZ DEL BLANCO, *op. cit.*, pp. 84-87). Sobre los aspectos procesales de este instituto, véase entre otros: GONZÁLEZ PÉREZ, *Comentarios...*, pp. 1.074-1.075.

[784] *Cfr.* FERNÁNDEZ VALVERDE, *op. cit.*, pp. 107-108.

[785] Una visión crítica de las multas coercitivas en la Ley española la ofrece GEIS I CARRERAS, *op. cit.*, pp. 343-347, quien concluye al respecto: 1) Su escaso uso práctico; 2) Sus bajos montos; 3) El pago

Por otra parte, ya se hizo referencia a la regulación que trae la Ley Española respecto a la nulidad de los actos y normas dictados por la Administración en contravención a la sentencia, lo que sin duda es una avance en la tarea de ir eliminando los obstáculos para el logro de la ejecución cabal de la sentencia contencioso-administrativa[786].

Por último, una peculiaridad de la Ley española consiste en la posibilidad de ejecutar cautelar o provisionalmente sentencias no firmes, con sujeción al cumplimiento de las exigencias legales correspondientes (Artículos 84 y 91), instituto que, si bien en principio puede considerarse como un avance en la búsqueda de tutela judicial efectiva, no ha dejado de suscitar controversias en la doctrina[787].

---

con cargo al patrimonio de las entidades y no de los funcionarios responsables.

[786] El balance general del régimen de ejecución de las sentencias en la Ley española es favorable, con sus matices, según la doctrina. Así por ejemplo, véanse: GIMENO SENDRA, MORENO CATENA y SALÁS SÁNCHEZ, *op. cit.*, pp. 250-251.

[787] Véanse entre otros: MARTÍNEZ DE PISÓN APARICIO, Íñigo: "Artículo 84". *Revista Española de Derecho Administrativo* N° 100. Comentarios a la Ley de la Jurisdicción Contencioso-Administrativa de 1998. Editorial Civitas, S.A Madrid, 1998, pp. 605-617; MARTÍNEZ DE PISÓN APARICIO, Íñigo: *La ejecución provisional de sentencias en lo contencioso-administrativo.* Civitas Ediciones, S.L. Madrid, 1999, *in totum*; GONZÁLEZ PÉREZ, *Comentarios…*, pp. 823-825 y 904-907; DEL SAZ CORDERO, Silvia: "Artículo 91". *Revista Española de Derecho Administrativo* N° 100. Comentarios a la Ley de la Jurisdicción Contencioso-Administrativa de 1998. Editorial Civitas, S.A Madrid, 1998, pp. 645-655; PÉREZ ANDRÉS, *Los Efectos…*, pp. 62-88; TOLOSA TRIBIÑO, *op. cit.*, pp. 194-199; PÉREZ DEL BLANCO, *op. cit.*, pp. 115-136; CHOLBI CACHÁ y MERINO MOLINS, *op. cit.*, pp. 317-330; REQUERO IBÁÑEZ, *op. cit.*, pp. 47-49, así como respecto a sus antecedentes normativos más próximos cronológicamente: LÓPEZ GONZÁLEZ, *El sistema español…*, pp. 437-439. Véase también el tratamiento jurispruden-

II. COSTA RICA

Por su parte, una peculiaridad de la Ley costarricense, y esto lo comparte con la española como acabamos de ver, es que prevé –aparte del eventual diferimiento de la ejecución de la sentencia condenatoria al pago de cantidades de dinero por causa justificada– la hipótesis excepcional, pero con carácter general respecto de todo tipo de fallos condenatorios, de suspensión de la ejecución de la sentencia por razones de interés general, e incluso, de inejecución por imposibilidad[788]. En ese sentido, aunque el texto comienza estableciendo como regla la prohibición de suspensión del cumplimiento del fallo así como la improcedencia en declarar su inejecución total o parcial (Artículo 173.1)[789], de seguidas agrega como excepción que "...cuando el fallo o su ejecución produzca graves dislocaciones a la seguridad o la paz, o cuando afecte la continuidad de los servicios públicos esenciales, previa audiencia a las partes, podrá suspenderse su ejecución, en la medida estrictamente necesaria a fin de evitar o hacer cesar y reparar el daño al interés público"(Artículo 173.2)[790].

---

cial del mismo por el Tribunal Supremo Español, reseñado en: ALEGRE ÁVILA, *op. cit.*, pp. 67-70, y su estudio en el ámbito urbanístico, en: GEIS I CARRERAS, *op. cit.*, pp. 383-386.

[788]   La llamada "imposibilidad de cumplimiento por razones de interés público", que es la única justificación para el cumplimiento por equivalente en el caso costarricense (GONZÁLEZ CAMACHO, *La ejecución...*, p. 580).

[789]   De allí que la doctrina señala que la prohibición de suspensión del fallo o de inejecutabilidad de la sentencia es la premisa (*Ibídem*, p. 605). Tal disposición hay que concatenarla con lo dispuesto en el artículo 162 *eiusdem*: "El derecho y los hechos nuevos, provenientes, total o parcialmente, de la Administración o de sus codemandados vencidos en juicio, o bien, provocados por ellos, no podrán justificar la suspensión ni la no ejecución del fallo".

[790]   Añade la doctrina que, aunque se trata del empleo de conceptos jurídicos indeterminados, las circunstancias en el caso concreto

Añade a esa hipótesis excepcional, para enfatizar que se trata de una suspensión o diferimiento temporal[791], al disponer que "Desaparecidas las graves dislocaciones a la seguridad, la paz o la afectación de la continuidad de los servicios públicos esenciales, se ejecutará el fallo, a petición de parte" (Artículo 174), salvo en caso de imposibilidad, en cuyo caso procederá el cumplimiento por equivalente, esto es, deberá "indemnizarse la frustración del derecho obtenido en sentencia" (Artículo 174). En tales supuestos, la parte tendrá también derecho a la indemnización por los daños y perjuicios que le cause la suspensión en la ejecución del fallo (Artículo 174), lo cual es una consecuencia lógica de la ocurrencia de un hecho (la suspensión de la ejecución) que incluso hasta podría vulnerar su derecho a la tutela judicial efectiva.

Siguiendo con la reseña del caso costarricense, sin duda que su Ley es de las más avanzadas en lo que se refiere a la ejecución de la sentencia. Ya se ha descrito su regulación en cuanto a los tipos de pretensiones y sentencias así como en cuanto al poder de sustitución ejecutiva del juez contencioso administrativo. Resta por señalar –brevemente– cuáles son las principales reglas que coadyuvan al logro de la ejecución forzada en caso de incumplimiento, permitiendo entonces la sustitución plena en caso de ser necesario, potenciando la ejecución cabal del fallo en sus justos términos, y por tanto, el respeto al principio de juridicidad y, en última instancia, el mantenimiento del Estado de Derecho mediante el restablecimiento del orden jurídico infringido.

En ese orden de ideas, en primer lugar, en el supuesto costarricense la ejecución forzada de la decisión corresponde a los jueces ejecutores. Es decir, a un conjunto de órganos judiciales que tienen como cometido específico la materialización

---

que justifiquen la suspensión han de tener gran impacto para la colectividad (GONZÁLEZ CAMACHO, *La ejecución...*, p. 605).

[791]   Tal temporalidad también es destacada en: *Ídem.*

del mandato judicial en caso de incumplimiento por parte de la Administración condenada (Artículo 155), jueces que tendrán "todos los poderes y deberes necesarios para su plena efectividad y eficacia" (artículo 155.2)[792], y asimismo contarán con el "auxilio de la Fuerza Pública para la ejecución plena e íntegra de las sentencias y demás resoluciones dictadas por el Tribunal de juicio, cuando contengan una obligación de hacer, de no hacer o de dar, y estas no sean cumplidas voluntariamente por la parte obligada"(Artículo 156.3).

En segundo término, la regla es que la sentencia firme debe ejecutarse de inmediato, salvo que el juez ejecutor, de oficio o a petición de parte, motivadamente otorgue un plazo de hasta tres meses para su cabal cumplimiento, pudiendo excepcionalmente prorrogarse tal plazo por igual tiempo. Todo ello bajo apercibimiento al funcionario responsable de las consecuencias en caso de incumplimiento (Artículo 157). No obstante, este precepto no es aplicable para el caso de condenas al pago de cantidades de dinero cuyo cumplimiento pueda afectar recursos destinados a la satisfacción de necesidades de interés público u ocasionen trastornos graves al patrimonio de la Administración (Artículo 172), supuesto ya revisado anteriormente.

En tercer lugar, el establecimiento de un régimen de responsabilidades para el funcionario (incluso habiendo dejado de serlo luego de la notificación de la sentencia) que no dé cumplimiento a la decisión, sin perjuicio del respeto a la garantía del debido proceso para el mismo, incluso bajo la previsión de que pueda presentar alegaciones ante el Juez ejecutor (Artículo 158, apartados 1 y 2).

---

[792] Señala la doctrina que ese precepto –y la regulación del tema de la ejecución de la sentencia– busca solventar los problemas que suelen plantearse en esa fase, varios de ellos suscitados por la regla de la legalidad presupuestaria y la prerrogativa de la inembargabilidad de los bienes públicos (GONZÁLEZ CAMACHO, *La ejecución...*, pp. 573-574).

En cuarto lugar, la regulación del procedimiento para la determinación e imposición de multas coercitivas, sin perjuicio de la responsabilidad penal del funcionario respectivo (Artículos 159 y 160).

En quinto lugar, la previsión detallada de las modalidades de ejecución sustitutiva a cargo de un tercero, ya referidas anteriormente (artículo 161).

Y en sexto lugar, la regulación de las modalidades para la revisión y declaración de nulidad, de ser el caso, de las conductas realizadas por la Administración, contrarias a lo decidido en la sentencia, y acaecidas con posterioridad a ésta. Ello sin necesidad de instaurar un nuevo procedimiento, sino a través del destinado a la ejecución de la decisión (artículo 175)[793], e incluso de forma sumaria y en cualquier momento[794], si la conducta se produce luego de concluida la ejecución (artículo 177).

III. PERÚ

Como ya se señaló, por su parte la Ley peruana regula mayormente la ejecución forzosa de sentencias contra la Administración en la hipótesis de fallos condenatorios al pago de cantidades de dinero, mientras que presenta carencias en el establecimiento de reglas para los otros tipos de sentencias de condena, así como para el caso de las sentencias de otra índole[795].

---

[793] Con ello se evita dejar en indefensión a la Administración, según destaca (GONZÁLEZ CAMACHO, *La ejecución...*, p. 606).

[794] Lo que implica que no hay plazo de caducidad para interponer la pretensión de nulidad frente a tales actuaciones, salvo que hubieren transcurrido los correspondientes plazos de prescripción (*Cfr. Ibídem*, p. 607).

[795] Lo cual podría encontrare explicación, entre otras causas, en que la normativa específica destinada al contencioso-administrativo es bastante reciente, y estaba orientada al análisis de la nulidad de

Se ha destacado también, de forma sucinta, los avances que sobre ese último aspecto presenta la Ley peruana. Vale la pena enfatizar entonces lo antes expuesto:

En primer término, la doctrina no duda al señalar que el poder de sustitución ejecutiva del juez respecto de la Administración, puede deducirse implícitamente del propio texto legal, visto que este le otorga competencias al órgano judicial para adoptar cuantas medidas sean necesarias para el restablecimiento o protección de los derechos del administrado[796].

En segundo lugar, ya en lo que concierne a la ejecución de sentencias que condenan al pago de cantidades dinerarias, la Ley peruana obliga a la realización de las correspondientes modificaciones o ajustes presupuestales, de tal forma que el pago ordenado no debe prolongarse, en todo caso, más allá de cinco años, conforme a lo establecido por la jurisprudencia constitucional y a la legislación presupuestaria peruana[797]. Este plazo, que pudiera considerarse excesivo bajo un criterio apriorístico, debe matizarse conforme a la propia doctrina, la cual señala que no se trata de un plazo rígido aplicable a todos los supuestos, sino que el mismo debe fijarse a la luz de cada caso concreto, de acuerdo con los principios aplicables a la actividad administrativa[798], es decir, conforme al principio de Buena Administración. A ello cabe agregar que la doctrina propone el empleo de otros mecanismos que coadyuvan al logro de la ejecución forzada de las sentencias contra la Administración, a saber, el empleo de multas coercitivas y la determinación de la responsabilidad de los funcionarios respectivos[799].

---

los actos administrativos (TIRADO BARRERA, *Las reglas aplicables*, p. 504).

[796]   *Cfr. Ibídem*, p. 509.

[797]   Véase: *Ibídem*, p. 519.

[798]   *Cfr. Ibídem*, p. 520.

[799]   Véase: *Ibídem*, p. 524.

IV. VENEZUELA

En cuanto a las peculiaridades de la Ley venezolana, cabe señalar que, en realidad, las mismas no se limitan al tema de la ejecución de sentencias, pero nos centraremos en estas. En primer término, como se evidencia de lo expuesto en los sub-epígrafes precedentes, la Ley no regula el tema integralmente, al punto que hasta para comentar el Derecho Positivo hay que remitirse a tres leyes distintas, y no únicamente a la que regula el proceso administrativo. De entrada, se trata de una solución legislativa bastante curiosa y poco práctica, que hace llevar a preguntarse qué sentido tiene dictar una Ley procesal administrativa si con ella no se aborda de forma integral este tema, sino que simplemente viene a coexistir con las anteriores, a las que no deroga sino solo parcialmente.

En segundo término, la Ley venezolana no regula con un mínimo de suficiencia el tema de la sentencia ni de su cumplimiento voluntario o ejecución forzada. En ese sentido, el núcleo del asunto, que lo es la determinación y delimitación de las potestades de sustitución declarativa y ejecutiva del juez contencioso-administrativo frente a la Administración es apenas mencionado, pero no regulado propiamente dicho.

Por otra parte, y como consecuencia necesaria de lo antes expuesto, otro de los aspectos más importantes del tema objeto de estudio, como lo es el del control jurisdiccional de las potestades discrecionales de la Administración, no es siquiera mencionado por la Ley. En ese orden de ideas, la regulación que existe es la que establecen las leyes procedimentales o que rigen al ejercicio de la actividad administrativa, y de ella –por supuesto en atención a los principios constitucionales– es que debe delinearse un asunto tan controversial.

De forma semejante, y a diferencia de las leyes española, costarricense y colombiana, la ley venezolana no reguló el tema de los efectos de la sentencia, ni los jurídico-procesales, ni los jurídico-materiales, ni los económicos, así como tampoco la eficacia subjetiva de la misma, a pesar de que tanto la jurisprudencia como la doctrina se han venido ocupando del tema desde hace varios lustros[800].

V. COLOMBIA

Por su parte, la Ley colombiana presenta múltiples peculiaridades en cuanto a las modalidades de ejecución de sentencias contra la Administración. Así por ejemplo, dispone en su artículo 189 que, en el caso de las pretensiones de nulidad y condena (nulidad y restablecimiento del derecho, en los términos de la Ley), en la hipótesis en que: "resulte imposible cumplir la orden de reintegro del demandante al cargo del cual fue desvinculado porque la entidad desapareció o porque el cargo fue suprimido y no existe en la entidad un cargo de la misma naturaleza y categoría del que desempeñaba en el momento de la desvinculación, podrá solicitar al juez de primera instancia la fijación de una indemnización compensatoria".

Se trata de la recepción en el Derecho Positivo de un principio general en materia de ejecución de sentencias, ya revisado previamente. Ante la imposibilidad material de cumplimiento de una condena *in natura*, en este caso la reincorporación del

---

[800] Véanse respecto a esto último, entre otros: CASTILLO MAR-CANO, José Luis e Ignacio CASTRO CORTIÑAS: "Ampliación subjetiva de los fallos en el contencioso-administrativo (Breve aproximación al tema)". *Revista de Derecho Administrativo* N° 7. Editorial Sherwood. Caracas, 1999, pp. 63-88; PÉREZ FERNÁN-DEZ, Carlos: "Conveniencia de regular las pretensiones de extensión de efectos de la sentencia en el Anteproyecto de Ley de la Jurisdicción Contencioso Administrativa". En: PARRA ÁRANGU-REN, F. (Edit.): *Ensayos de Derecho Administrativo. Libro Homenaje a Nectario Andrade Labarca*. Volumen II. Tribunal Supremo de Justicia, Caracas, 2004, pp. 415-446; ÁLVAREZ IRAGORRY, Andrés: "Extensión de la eficacia subjetiva de la sentencia en materia procesal administrativa y constitucional". En: BREWER-CARÍAS, A. y HERNÁNDEZ-MENDIBLE, V.R. (Dirs.): *El Contencioso Administrativo y los Procesos Constitucionales*. Colección Estudios Jurídicos N° 92. Editorial Jurídica Venezolana. Caracas, 2011, pp. 459-508.

funcionario al cargo del cual fue ilegítimamente separado, procede el cumplimiento por equivalente, es decir, el pago de una cantidad de dinero.

No obstante, lo peculiar del dispositivo es que establece reglas específicas para la tramitación y determinación de la cantidad a pagar como "indemnización compensatoria", y en ese sentido señala que debe dársele audiencia a la parte demandante para que se oponga y presente pruebas, de ser el caso, o acepte la suma estimada por la parte demandada al presentar su solicitud. En otros términos, el cumplimiento por equivalente es solicitado por la parte ejecutada, y respecto del mismo, y a tenor de la redacción del precepto, solo cuando el demandante lo rechace formalmente es que corresponderá la apertura de la correspondiente incidencia. Finaliza el dispositivo señalando que la determinación de la cantidad en cuestión se basará en los parámetros que indica la legislación laboral para el despido injusto.

Por otra parte, como ya se adelantó, la Ley colombiana adopta como regla general la asignación de la competencia de la jurisdicción contencioso-administrativa para conocer de los procesos ejecutivos destinados a lograr la ejecución forzada de sus fallos dictados en contra de la Administración, con las limitaciones ya señaladas, apartándose de la tradición legal de ese país que también aquí establecía una peculiar distribución competencial. No obstante, no ocurre lo mismo en cuanto a haber unificado en la misma todo el régimen procesal aplicable a la materia.

En efecto, persiste en el contencioso-administrativo colombiano, la remisión general a las normas del proceso civil en lo atinente a variados aspectos de la ejecución de las sentencias. Así por ejemplo, el artículo 299 establece que, salvo la regulación establecida para el cobro coactivo a favor de las entidades públicas "…en la ejecución de los títulos derivados de las actuaciones relacionadas con contratos celebrados por entidades públicas, se observarán las reglas establecidas en el Código de Procedimiento Civil para el proceso ejecutivo de mayor cuantía", para agregar de seguidas una regla que ha suscitado polémica (como de seguidas se expondrá), al disponer que "Las condenas impuestas a entidades públicas consistentes en la liquidación o pago de una suma de dinero serán ejecutadas ante esta misma jurisdicción según las reglas de competencia contenidas en este Código, si dentro de los diez (10) meses siguientes a la ejecutoria de la sentencia la entidad obligada no le ha dado cumplimiento".

Ahora bien, conjuntamente con esas peculiaridades, quizá lo más destacable en el caso de los avances o aportes de la Ley colombiana, es la existencia de un fondo especial destinado al pago de las sentencias condenatorias a dar cantidades de dinero, y ciertamente la Ley colombiana aporta una serie de previsiones que merece la pena comentar.

Dispone el artículo 194 de la Ley Colombiana[801], las siguientes reglas respecto a ese fondo de contingencia:

En primer lugar, establece que todas las entidades que reciban aportes presupuestarios nacionales, deben valorar sus contingencias judiciales para todos los procesos que se adelanten en su contra, en los términos que defina la correspondiente reglamentación del Gobierno Nacional.

En segundo lugar, las referidas entidades (así como los entes territoriales y demás entidades descentralizadas obligadas al manejo de presupuesto de contingencias y sometidas a ese régimen conforme a la regulación correspondiente), deben aportar al respectivo fondo conforme a la normativa que lo regule (actualmente la Ley 448 de 1998), en los montos, condiciones, porcentajes, cuantías y plazos que determine la Administración de Hacienda y Crédito Público "...con el fin de atender, oportunamente, las obligaciones dinerarias contenidas en providencias judiciales en firme".

---

[801] Ya la doctrina colombiana ha destacado que el dispositivo comentado requerirá desarrollo reglamentario, entre otros fines, con los de determinar el monto y la oportunidad de los aportes y la forma como el precepto habrá de aplicarse a los procesos en curso (SANABRIA SANTOS, *op. cit.*, p. 426).

En tercer lugar –y aquí ciertamente se presenta una duda interpretativa por cuanto la regla es definida en la Ley colombiana como transitoria, y la primera parte del precepto así lo evidencia puesto que señala que la regulación sobre el fondo de contingencia no se aplica de manera inmediata a los procesos judiciales existentes en contra de las entidades públicas–, se establece que la valoración de la contingencia, así como el monto y las condiciones de los aportes al fondo se harán teniendo en cuenta la disponibilidad de recursos y de acuerdo con las condiciones gradualmente definidas en la reglamentación que se dicte. Pareciera que esta última parte del encabezamiento del parágrafo es una norma aplicable no solo transitoriamente, sino como regla general para establecer el fondo de contingencia.

Algo semejante puede señalarse de la última parte del parágrafo transitorio del artículo 194 de la Ley colombiana, el cual ordena a los entes públicos priorizar, dentro del marco de gastos del sector correspondiente, los recursos para atender las condenas y para aportar al Fondo de Contingencias según la valoración que se haya efectuado[802].

En cuarto lugar, respecto al procedimiento para el pago, el artículo 298 de la Ley colombiana establece dos supuestos diversos:

En los casos a que se refiere el numeral 1 del artículo 297 (sentencias ejecutoriadas dictadas por los tribunales de la jurisdicción contencioso-administrativa), transcurrido un año desde la ejecutoria de la sentencia condenatoria o de la fecha que ella señale, sin que esta se haya pagado "…sin excepción alguna el juez que la profirió ordenará su cumplimiento inmediato".

---

[802] Salvo que se entienda que se trata de un régimen transitorio pues, una vez consolidado el instituto, ya no habrá necesidad de aplicar criterios de priorización en cuanto a los pagos por concepto de condenas pecuniarias al existir plena disponibilidad presupuestara para dar cumplimiento a tales decisiones condenatorias.

En las hipótesis previstas en el numeral 2 del artículo 297 (decisiones dictadas con ocasión de los medios alternativos de solución de conflictos mediante las cuales los entes públicos quedan obligados al pago de sumas de dinero en forma clara, expresa exigible), la orden de cumplimiento se emitirá transcurridos seis meses desde la firmeza de la decisión o desde la fecha que en ella se señale, bajo las mismas condiciones y consecuencias establecidas para las sentencias como título ejecutivo. El juez competente en estos eventos se determinará de acuerdo con los factores territoriales y de cuantía establecidos en la Ley colombiana.

Llama la atención la distinción legal no solo en cuanto al procedimiento sino también incluso en cuanto a la determinación del juez al que corresponde la ejecución (contencioso-administrativo el primero mas no así el segundo)[803], y también

---

[803] La doctrina ha puesto de relieve lo confuso de la redacción y las posibles tesis interpretativas del artículo 298 de la Ley colombiana en lo concerniente a la determinación del juez competente en cada caso. La primera, entendiendo que órgano judicial competente será el contencioso-administrativo, homologando las potestades de este con las del juez civil en cuanto a ejecutar sus decisiones, y por tanto, facultándolo para adelantar la ejecución de su sentencia. La tesis contraria, que no se ajustaría a la intención de la Ley pero sí a la redacción del artículo 299 de la misma, apuntaría a que la orden que da el juez contencioso administrativo conforme al artículo 298 *eiusdem* sería una suerte de apremio a la entidad condenada para que proceda a cumplir con la sentencia (ESTRADA SÁNCHEZ, *op. cit.*, p. 599). De allí que se señala, comentando el artículo 299 *eiusdem*, que existen dos opciones para el ejecutante. La primera, al vencerse el plazo del año desde la fecha de la ejecutoria, solicitar ante el mismo juez que dictó la decisión, la tramitación del juicio ejecutivo civil. La segunda, plantear demanda ejecutiva de acuerdo con las reglas de competencia, una vez vencido el plazo de diez meses que establece el artículo 299 (*Ibídem*, p. 602). Como puede verse, la polémica en cuestión recuerda la vieja noción de la "Justicia retenida" imperante, por ejemplo para el caso español, hasta la Ley de 1956.

destaca el hecho de la aparente contradicción de ese precepto con el contenido del artículo 299, pues como ha señalado la doctrina, mientras que en los supuestos del artículo 298:

> ...pareciera querer implementar en el nuevo Código lo que el Código de Procedimiento Civil instauró hace tiempo en beneficio de la descongestión judicial, esto es, que la sentencia que no ha sido atendida por el condenado se ejecuta ante el mismo juez que la profirió en un procedimiento breve y sin dilaciones que se deberá surtir (sic) un (1) año después de que la sentencia se haya proferido o de transcurrida la fecha en ella señalada, el segundo artículo prevé que para cobrar una suma de dinero cuyo pagó se ordenó en una sentencia será menester iniciar una ejecución ante el juez que resulte competente conforme a las reglas de competencia, y ello, esta vez, ya no un (1) año después, sino si dentro de los diez (10) meses siguientes a la ejecutoria de la providencia la misma no ha sido atendida por la entidad obligada[804].

En todo caso, lo cierto es que el contenido del artículo 298 no establece realmente un proceso judicial de ejecución, y para la doctrina ni siquiera un procedimiento propiamente dicho[805]. De allí que parece necesaria, dada la poca claridad evidenciada en la regulación atinente a la ejecución de la sentencia, transcribir las conclusiones que hasta el momento un sector de la doctrina ha formulado al respecto:

> Primero: El artículo 297 define los títulos ejecutivos con los que se puede acudir a la jurisdicción. Los actos administrativos que contienen obligaciones claras, expresas y exigibles a favor de la Administración, solo serán susceptibles de cobro coactivo en procura de la descongestión de los despachos judiciales.

---

[804] *Cfr. Ibídem*, p. 595.

[805] De engañoso califica *Ibídem*, p. 599, el título de Procedimiento que le da la Ley colombiana al artículo 298, pues en su criterio esta no establecería procedimiento alguno sino que remite a la legislación procesal civil.

Segundo: Se estableció un procedimiento especial para que las sentencias que luego de un año de ejecutoriada no hayan sido cumplidas, con el propósito a que estas sean ejecutadas por el mismo juez que las profirió, dando aplicación al procedimiento previsto en la legislación procesal general;

Tercero: Las decisiones dictadas con ocasión de los mecanismos alternativos de solución de conflictos se ejecutarán ante la jurisdicción, y el juez competente se determinará conforme los factores de competencia territorial y de cuantía;

Cuarto: En los últimos dos casos el ejecutante deberá haber solicitado el pago de la sentencia en sede administrativa antes de acudir a la sede judicial;

Quinto: Aunque no hay claridad en las normas, siempre que la ejecución sea judicial y ante juez distinto de aquél que profirió la sentencia, esto es, en el supuesto de que se trate de ejecutar títulos ejecutivos contenidos en actos contractuales o decisiones adoptadas en desarrollo de mecanismos alternativos de solución de controversias, el procedimiento a seguir será el proceso ejecutivo de mayor cuantía del Código General del Proceso; y

Sexto: Para la ejecución de sentencia se puede, bien acudir al juez que la profirió, en aplicación del artículo 298, sin necesidad de formular demanda ejecutiva, o bien demandar ante el juez que resulte competente en razón de la cuantía y el territorio[806].

Consideramos que de este panorama resalta el casuismo y la fragmentación de la regulación colombiana, en la cual, ni todas las sentencias son ejecutadas judicialmente, pues hay la posibilidad en ciertos supuestos para el cobro en vía administrativa[807], ni aquellas que se ejecutan judicialmente lo son en el

---

[806] Esta enumeración ha sido obtenida de: *Ibídem,* p. 603.

[807] Como ya se señaló, la legislación previa colombiana regulaba de forma similar a través de dos procesos especiales, o más bien, un procedimiento administrativo y uno judicial, la ejecución de las

mismo proceso judicial originalmente tramitado, ni por el mismo régimen, y ni siquiera por el mismo orden jurisdiccional contencioso-administrativo, por lo que resulta necesario esperar a la evolución doctrinaria y jurisprudencial, para un análisis más detallado y profundo de la misma.

En todo caso, un último avance a reseñar en cuanto a la Ley colombiana, que aunque no se relaciona directamente con la ejecución de la sentencia, se vincula con un tema abordado también por otras legislaciones, como la española. Nos referimos a la posibilidad de extender los efectos de las sentencias del Consejo de Estado (sentencias de unificación, aunque en realidad no se trata de un tipo de sentencia en sí, sino que la unificación vendría dada como consecuencia de la extensión de sus efectos)[808]. En tal supuesto, una vez más el caso colombiano presenta diferencias, puesto que tal procedimiento no se da enteramente en sede judicial, sino solo bajo determinadas hipótesis.

---

decisiones en materia contencioso-administrativa (y otros títulos ejecutivos) que imponen el pago de obligaciones dinerarias. El primero era aplicable al cobro coactivo de las obligaciones administrativas de una entidad pública (Dirección de Impuestos y Aduanas Nacionales), y el segundo, para el resto de los entes públicos (*Cfr*. LÓPEZ BLANCO, *op. cit.*, pp. 611-629).

[808] Este instituto ha sido calificado como una de las grandes innovaciones de la Ley colombiana (ÁLVAREZ JARAMILLO, Luis Fernando: "Antecedentes y presentación general de la Ley 1437 de 2011". En: *AA.VV.: Memorias del Seminario Internacional de presentación del nuevo Código de Procedimiento Administrativo y de lo Contencioso Administrativo. Ley 1437 de 2011.* Consejo de Estado. Imprenta Nacional de Colombia, s/f, p. 32 (documento en línea: http://www.consejodeestado.gov.co/publicaciones/LIBRO%20M EMORIAS%20Nuevo%20CCA.pdf. Consulta noviembre 2014). Véase también el comentario que respecto a ese instituto y sus semejantes en los ordenamientos europeos, expone: PAREJO ALFONSO, *El nuevo Código…*, p. 106).

En efecto, conforme al artículo 102 de la Ley colombiana, la solicitud de extensión de efectos de la sentencia se plantea originariamente en sede administrativa[809], con sujeción a unos requisitos y a un procedimiento administrativo regulados en el referido dispositivo, y solo ante la negativa o el silencio de la Administración en acoger la petición del requirente, procede entonces interponer la solicitud ante el Consejo de Estado (artículo 269)[810]. Los requisitos para plantear la solicitud en vía judicial (que entendemos pasa a ser una verdadera pretensión procesal constitutiva y en ocasiones de condena, dependiendo del contenido del petitorio), el procedimiento a seguir y los efectos de la sentencia que la declare procedente, encuentran su previsión en el aludido dispositivo[811].

---

[809] *Cfr.* ZAMBRANO CETINA, William: "Las sentencias de unificación jurisprudencial y la extensión de sus efectos en Colombia". En: RODRÍGUEZ-ARANA, J., VÁZQUEZ IRIZARRY, W. y RODRÍGUEZ MARTÍN-RETORTILLO, M. (Coords.): *Contenciosos Administrativos en Iberoamérica. XIV Foro Iberoamericano de Derecho Administrativo.* Tomo II. San Juan de Puerto Rico, 2015, pp. 1.189-1.193.

[810] Véase sobre los aspectos procedimentales: *Ibídem,* pp. 1.198-1205. Un instituto semejante lo prevé la Ley costarricense, al establecer el proceso de extensión y adaptación de la jurisprudencia a terceros, el cual también se plantea primeramente en sede administrativa, y solo ante la negativa de la Administración se acude al órgano judicial, como puede verse en los artículos 185 al 188. Véase al respecto: JINESTA LOBO, *Manual del Proceso...,* pp. 287-289; GONZÁLEZ CAMACHO, Óscar Eduardo: "Proceso de Extensión y Adaptación de la Jurisprudencia a Terceros". En: JIMÉNEZ MEZA, Manrique, JINESTA LOBO, Ernesto, MILANO SÁNCHEZ y Óscar GONZÁLEZ CAMACHO: *El nuevo Proceso Contencioso-Administrativo. Poder Judicial.* San José, Costa Rica, 2006, pp. 625-643.

[811] Sobre la justificación, los trámites y procedimiento para la aplicación de este instituto, puede verse también, entre otros: HERNÁNDEZ BECERRA, Augusto: "La Jurisprudencia en el nuevo Código". En: *AA.VV.: Memorias del Seminario Internacional de presentación del nuevo Código de Procedimiento Administrativo y de*

Concluido el presente Capítulo, en el siguiente se descri-
birá la situación actual de los límites y obstáculos aún existentes, derivadas de la propia posición constitucional de la Administración -o más bien en muchos caso de su inadecuada comprensión al materializarse en ciertos casos en desmedidas prerrogativas procesales- para el logro de una cabal tutela judicial
efectiva en lo atinente a la ejecución cabal de las sentencias
contencioso-administrativas.

---

lo Contencioso Administrativo. Ley 1437 de 2011. Consejo de Estado.
Imprenta Nacional de Colombia, s/f, pp. 234-244 (documento en
línea: http://www.consejodeestado.gov.co/publicaciones/LIBRO
%20MEMORIAS%20Nuevo%20CCA.pdf. Consulta noviembre
2014).

CAPÍTULO VI

LAS LIMITACIONES PARA LA EJECUCIÓN FORZADA DE SENTENCIAS EN EL PROCESO ADMINISTRATIVO IMPUESTAS POR LAS PRERROGATIVAS PROCESALES DE LA ADMINISTRACIÓN. TENDENCIAS LEGISLATIVAS HACIA SU REDIMENSIONAMIENTO

La principal prerrogativa procesal que obstaculiza la ejecución forzada de las sentencias es, sin lugar a dudas, la inembargabilidad de los bienes públicos. Veremos a continuación cómo la misma cada día tiende a redimensionarse en los ordenamientos jurídicos bajo estudio –salvo el caso de Venezuela, que navega a contracorriente- hasta llevarla a justos límites. Y estos no son otros que reconducir la inembargabilidad al caso de los bienes demaniales, visto que en todos los supuestos, bien sea por mandato constitucional o legal, se trata de una característica ínsita a los mismos (cosa distinta es la discusión acerca de cuáles bienes en la actualidad están llamados a pertenecer a esa categoría jurídica que es el demanio bajo parámetros de razonabilidad y racionalidad, asunto que escapa al objeto de esta investigación[812]).

Por el contrario, en el caso de los bienes públicos del dominio privado o patrimoniales, solo excepcionalmente se les otorgará tal prerrogativa, en aquellos supuestos en que su destinación o afectación así lo requiera.

---

[812] Al respecto, puede verse recientemente, entre otros: MEILÁN GIL, José Luis: *Sobre la categoría jurídica del dominio público*. Categorías jurídicas en el Derecho Administrativo. Iustel. Madrid, 2011, pp. 253-295; PAREJO ALFONSO, Luciano: *Los bienes públicos en el Derecho Español, con especial referencia al régimen de los de carácter demanial;* y DE LA RIVA, Ignacio M.: "La naturaleza jurídica del dominio público", ambos en: En: Gabriel de Reina Tartière (Coordinador). *Dominio Público. Naturaleza y régimen de los bienes públicos.* Editorial Heliasta S.R.L. Buenos Aires, 2009, pp. 17-117 y 181-199, respectivamente.

I. COSTA RICA

Así por ejemplo, en el ordenamiento costarricense, ya la técnica legislativa comienza denotando el justo lugar que requiere el tratamiento del tema. A saber, primero se regula en el dispositivo cuáles son las categorías de bienes públicos embargables (Artículo 169), y seguidamente los inembargables (Artículo 170), es decir, se coloca primero la regla y luego la excepción[813].

Luego de ello, se establece la enumeración de bienes públicos embargables, a saber[814]: Los del dominio privado no destinados a un fin público (Artículo 169.1.a)[815]; las participaciones accionarias o económicas del ente condenado en empresas públicas o privadas, siempre que no se supere (por todos los embargos existentes) el 25% del total participativo (Artículo

---

[813] Sobre el tema del embargo de bienes públicos en el Derecho Costarricense, puede verse entre otras la reseña de sus antecedentes normativos en: HIDALGO CUADRA, *op. cit.*, pp. 148-156.

[814] La lista de bienes susceptibles de embargo es enunciativa, pues la propia Ley señala que los bienes allí identificados son "entre otros" (*Cfr.* GONZÁLEZ CAMACHO, *La ejecución…*, p. 603), lo cual confirma que la regla entonces es la embargabilidad y la excepción (sujeta por tanto a interpretación estricta) es la imposibilidad de embargo.

[815] Se señala al respecto que si son bienes públicos del dominio privado no han de estar afectados a ningún fin público, por lo que la última frase del precepto no establece novedad alguna (GONZÁLEZ CAMACHO, *La ejecución…*, p. 602). Ahora bien, sin entrar a analizar el ordenamiento costarricense respecto a tales categorías jurídicas, consideramos que la aclaración legal no necesariamente sobra, pues no cabría descartar del todo –al menos como principio general– la existencia de bienes públicos que formalmente no se encuentren incluidos en la categoría del dominio público (o que estén en proceso de serlo) pero que se destinen directamente a la prestación de un fin público.

169.1.b)[816]; los ingresos percibidos por transferencias presupuestarias, siempre que no se supere (por todos los embargos existentes) el 25% del total de la transferencia de ese período presupuestario (Artículo 169.1.c). En todo caso, visto que los bienes a embargar deben ser identificados de forma precisa, la Administración puede proponer al juez otros en su reemplazo (Artículo 199, apartados 2 y 3), lo que significa un medio adicional de garantizar la protección del interés general.

De seguidas, la Ley costarricense indica cuáles son los bienes no susceptibles de embargo ejecutivo, a saber: los de titularidad pública destinados al uso y aprovechamiento común; los vinculados directamente con la prestación de servicios públicos en el campo de la salud; la educación o la seguridad y cualquier otro de naturaleza esencial (artículo 170.1); los de dominio público custodiados o explotados por particulares bajo cualquier título o modalidad de gestión; el dinero público depositado en cuentas bancarias; los fondos, valores o bienes que sean indispensables o insustituibles para el cumplimiento de fines o servicios públicos; los recursos destinados por ley a una finalidad específica, al servicio de la deuda pública tanto de intereses como de amortización, al pago de servicios personales, a la atención de estados de necesidad y urgencia, los destinados a dar efectividad al sufragio; los fondos para el pago de pensiones, las transferencias del fondo especial para la Educación Superior, los fondos públicos otorgados en garantía, aval o reserva dentro de un proceso judicial (artículo 170.2).

Como puede verse, la Ley costarricense delimita de forma racional cuáles bienes públicos son susceptibles de embargo y cuáles no, armonizando el ejercicio del derecho constitucional o fundamental a la ejecución de la sentencia, como atributo del

---

[816] Apunta la doctrina que la fijación del tope porcentual se hizo en la elaboración del texto legal, con el fin de evitar que se pusiera en peligro la propiedad de las empresas públicas (*Ídem*). Sobre el tema de la embargabilidad de los bienes de tales entidades, puede verse también: HIDALGO CUADRA, *op. cit.*, p. 161.

derecho a la tutela judicial efectiva, con la tutela del interés público al cual está destinada la actividad administrativa, y por tanto, los medios materiales con que cuenta la Administración[817].

II. ESPAÑA

En el ordenamiento jurídico español, la prerrogativa de la inembargabilidad de los bienes públicos ha sido estudiada incluso desde su sus orígenes históricos[818], hasta la situación inmediatamente anterior a la sentencia del Tribunal Constitucional 166/1998, calificándose esta imposibilidad de embargo como un exorbitante supuesto basado de forma genérica en la legalidad presupuestaria y en el funcionamiento de los servicios públicos[819], críticas ya adelantadas previamente al estudiar el marco conceptual y los lineamientos constitucionales de la ejecución de las sentencias contencioso-administrativas en los ordenamientos bajo estudio.

---

[817] Ya señalaba la doctrina costarricense antes de la entrada en vigencia de la Ley bajo análisis, respecto a los bienes susceptibles de embargo, que el parámetro básico "...no atiende a tomar como único punto de partida un aspecto basado en la naturaleza del sujeto titular de los bienes –el Estado– sino a un criterio objetivo, relacionado con la funcionalidad del bien, sea que su uso es indispensable para el servicio público o que su inmovilización y potencial salida del dominio de la respectiva Administración, pueden causar grave perjuicio para la función administrativa" (HIDALGO CUADRA, *op. cit.*, pp. 157-158).

[818] *Cfr.* entre otros: BALLESTEROS MOFFA, Luis Ángel: *Inembargabilidad de bienes y derechos de las Administraciones Públicas*. Editorial Colex. Madrid, 2000, pp. 23-353.

[819] *Ibídem*, p. 356. Es muy conocida la expresión de "fósil medieval viviente" con que calificó a tal prerrogativa GARCÍA DE EN-TERRÍA, *Los postulados...*, p. 13. Véase también, entre otros: CHOLBI CACHÁ y MERINO MOLINS, *op. cit.*, pp. 185-186.

En todo caso, luego de varias decisiones del Tribunal Constitucional[820], la doctrina se preguntó si el criterio allí establecido podía extenderse a otras Administraciones, como la estatal, que gozaban de la prerrogativa de la inembargabilidad en virtud de otras leyes que no habían sido objeto de revisión en tales fallos[821]. En ese sentido, la Exposición de Motivos de la Ley española señala que no aborda expresamente ese punto "...ya que dicha modificación no puede abordarse aisladamente en la Ley Jurisdiccional, sino –en su caso– a través de una nueva regulación, completa y sistemática, del estatuto jurídico de los bienes públicos", lo cual fue objeto de críticas[822]. Posteriormente, la legislación recogió el criterio jurisprudencial al

---

[820] La decisión citada vino a ser reiterada en las sentencias 201/1998 de 14 de octubre, 211/1998 de 18 de octubre y 228/1998 de 1 de diciembre (*Cfr.* ESCUDERO HERRERA, *op. cit.,* p. 171). Véase también la reseña jurisprudencial contenida en: CHOLBI CACHÁ y MERINO MOLINS, *op. cit.,* pp. 216-218.

[821] *Cfr.* GÓMEZ-FERRER MORANT: *Ejecución de sentencias. Artículo 111 y 112...,* pp. 790-799. Véase también: FONT I LLOVET, *Justicia Administrativa...,* pp. 835-836; PÉREZ DEL BLANCO, *op. cit.,* pp. 338-363).

[822] Ya tempranamente advertía GARCÍA DE ENTERRÍA, Eduardo: "Introducción". *Revista Española de Derecho Administrativo* N° 100. Comentarios a la Ley de la Jurisdicción Contencioso-Administrativa de 1998. Editorial Civitas, S.A Madrid, 1998, pp. 17 y ss., que si bien el régimen de ejecución de las sentencias previsto en la Ley merecía un juicio general favorable, el mismo había quedado: "inmediatamente desfasado por la Sentencia Constitucional del día siguiente al de la publicación de la Ley, 15 de julio de 1998 (y corroborada por la más reciente de 1 de diciembre de 1998), cuando ya el legislativo ordinario hacía medio año que había roto el convencional e inadmisible dogma de la inembargabilidad absoluta de los bienes de la Administración" (*Introducción...,* pp. 17-21). Véanse también, entre otros: FONT I LLOVET, *Justicia Administrativa...,* pp. 835-836; CHOLBI CACHÁ y MERINO MOLINS, *op. cit.,* pp. 182-184 y 221-222.

establecer como susceptibles de embargos los bienes patrimoniales no afectados a un uso o servicio público[823].

Lo cierto es que el estado actual de la cuestión en España a la luz del ordenamiento de ese país es, plasmado de forma breve: la embargabilidad de los bienes patrimoniales de la Administración no afectados a un uso o servicio público, aunque dentro de estos no se incluyen los fondos públicos[824]. O expre-

---

[823] *Cfr.* BALLESTEROS MOFFA, *op. cit.*, p. 365; CHOLBI CACHÁ y MERINO MOLINS, *op. cit.*, pp. 186-212.

[824] El embargo de fondos públicos, según señala un sector de la doctrina, era la solución compatible con las regulaciones presupuestarias vigentes (*Cfr.* RUIZ OJEDA, Alberto: *La responsabilidad contractual de la Administración y el embargo del dinero público*. Servicio de Publicaciones e Intercambio Científico-Universidad de Málaga. Editorial Civitas, S.A. Madrid, 1993, pp. 97-101). Véanse entre otros: ESCUDERO HERRERA, *op. cit.*, pp. 167-185; CHOLBI CACHÁ y MERINO MOLINS, *op. cit.*, p. 204. Los antecedentes de este asunto se encuentran, entre otros, en la posición sostenida por GARCÍA DE ENTERRÍA, *Los postulados constitucionales...*, p. 14, al sostener que el dinero público era perfectamente susceptible de embargo, el cual podía materializarse mediante la expedición de la correspondiente orden judicial sobre las cuentas del Tesoro en el Banco de España, reiterado en: GARCÍA DE ENTERRÍA, Eduardo y FERNÁNDEZ, Tomás Ramón: *Curso de Derecho Administrativo*. Séptima Edición. Volumen II. Editorial Civitas. Madrid, 2000, pp. 654-659. En contra, entre otros: GONZÁLEZ PÉREZ, *Comentarios...*, p, 1.042, quien sostiene la incompatibilidad de librar mandamiento de pago contra cuentas públicas con el principio de legalidad presupuestaria y con la actual posición de los Bancos Centrales Europeos. Y es que las sentencias dictadas por el Tribunal Constitucional Español en 1998 han sido alabadas y cuestionadas. En ese último sentido, incluso se ha llegado a sostener que aunque se ha establecido una importante excepción a la prerrogativa de la inembargabilidad, ello no habría supuesto un cambio sustancial en la doctrina previa de ese órgano judicial (BALLESTEROS MOFFA, *op. cit.*, p. 363), y que en el ámbito local la prerrogativa no solo se habría mantenido sino incluso reforzado en lo que se refiere a los recursos financieros (*Ibídem*, pp. 365-367). Posiciones más matizadas pueden encontrarse entre

sado conforme a la reciente legislación, en términos negativos y quizá más precisos, no son susceptibles de embargo los bienes y derechos patrimoniales: 1) Cuando se encuentren materialmente afectados a un servicio público o a una función pública; 2) Cuando sus rendimientos o el producto de su enajenación estén legalmente afectados a fines determinados; o 3) Cuando se trate de valores o títulos representativos del capital de sociedades estatales que ejecuten políticas públicas o presten servicios de interés económico general[825].

---

otros, en: PÉREZ DEL BLANCO, *op. cit.*, pp. 348-361. En el caso de los Manuales, sobre el punto, se señala que en la actualidad, si bien los órganos judiciales pueden ordenar el embargo de bienes públicos, quedan excluidos "...los mandamientos de ejecución contra el dominio público y contra bienes y derechos patrimoniales afectados materialmente (aunque no formalmente) a un servicio público o a una función pública o si sus rendimientos o productos están afectados 'a fines determinados' o si se trata (de) títulos representativos del capital de sociedades públicas que ejecuten políticas públicas o presten servicios de interés económico general. Estas exclusiones, que pretenden salvaguardar los bienes públicos por su interés general prioritario, limitan bastante el alcance real de la facultad de apremio judicial" (SÁNCHEZ MORÓN, Miguel: *Derecho Administrativo...*, p. 898). Se precisa también al respecto que el embargo procede "...siempre que se trate de bienes patrimoniales que no tengan relación alguna con un servicio público: no estaría entonces constitucionalmente justificada la inembargabilidad, pues en definitiva, sería simple cobertura para no responder del pago de obligaciones contraídas" (MARTÍN-RETORTILLO BAQUER, Sebastián: *Instituciones de Derecho Administrativo*. Thomson Civitas. Madrid, 2007, p. 442).

[825] *Cfr.* LÓPEZ RAMÓN, Fernando: *Sistema jurídico de los bienes públicos*. Civitas Thomson Reuters. Editorial Aranzadi, S.A. Navarra, 2012, pp. 84-85. Sobre la actual situación del ordenamiento español en materia de embargo de bienes públicos, comenta GONZÁLEZ PÉREZ, *Comentarios...*, p. 1.043: "En definitiva, la efectividad de la sentencia de condena al pago de cantidad líquida a través de los procedimientos legales ha de lograrse fundamentalmente a través de medidas indirectas encaminadas a que los titulares de los órganos competentes cumplan sus deberes dentro de los pla-

III. PERÚ

En el caso peruano, la regla de la inembargabilidad de bienes públicos se limita a los del dominio público y a algunas categorías de bienes del dominio privado[826], embargo que procederá ante la constatación de que la Administración condenada no está dando cumplimiento a la ejecución de la sentencia conforme a las previsiones ya comentadas[827]. Sería susceptible de embargo, por ejemplo, el caso del dinero público, incluso ante el supuesto de que el mismo se destine al financiamiento de obras de infraestructura de impacto regional y local[828]. En conclusión, las limitaciones para la ejecución forzada son permanentes únicamente respecto a los bienes del dominio público o a aquellos del dominio privado excepcionalmente amparados por esa prerrogativa conforme a las leyes. Con relación al resto de los bienes públicos, la limitación es temporal y relativa, en el sentido de que debe seguirse el procedimiento

---

zos". Véase también, entre otros: CHOLBI CACHÁ y MERINO MOLINS, *op. cit.,* pp. 206-218

[826] Es por ejemplo el caso del dinero público, en la hipótesis de que esté destinado al cumplimiento de fines esenciales del Estado o contribuyan con su funcionamiento (*Cfr.* TIRADO BARRERA, *Las reglas aplicables…,* p. 522), redacción que en nuestro criterio debe ser interpretada de forma estricta y a la luz del caso concreto, pues en caso contrario lo que parece ser una excepción terminaría convirtiéndose en regla (En similar sentido: BACA ONETO, *La ejecución..,* p. 169; EGUIGUREN PRAELI, *op. cit.,* pp. 553 y 557-558). Es de señalar que en el caso del dinero, un sector de la doctrina peruana señala, al comentar la jurisprudencia constitucional, que a pesar de lo afirmado por ella, tal categoría no debe incluirse en sentido estricto dentro del dominio público, visto que se trata de un bien por esencia fungible y que por ende no responde a los mínimos criterios para ser considerado demanial. De allí que su inembargabilidad vendría dada más bien por su afectación (BACA ONETO, *La ejecución…,* p. 167).

[827] *Cfr.* TIRADO BARRERA, *Las reglas aplicables…,* p. 521.

[828] Conocido como "canon", regulado por un instrumento legal destinado a tal fin (BACA ONETO, *op. cit.,* p. 168).

previsto en la legislación procesal en atención al principio de legalidad presupuestaria[829].

IV. COLOMBIA

En el caso del ordenamiento colombiano del proceso administrativo[830], en el supuesto específico del embargo sobre bienes públicos, ya la Corte Constitucional Colombiana y el Consejo de Estado, sobre la base de lo dispuesto en el artículo 63 de la Constitución de ese país, habían venido delineando los criterios jurisprudenciales que determinan que la inembargabilidad de bienes públicos no es absoluta para el caso de las entidades territoriales[831], lo cual ha venido a ser complementado con la legislación más reciente[832], que delimita el ámbito de aplicación de tal prerrogativa.

V. VENEZUELA

Por último, en el supuesto de la legislación venezolana, el tema del embargo sobre bienes públicos ha sido objeto de con-

---

[829] Cfr. BACA ONETO, La ejecución..., p. 169.

[830] Este párrafo tiene su base en lo escrito en: TORREALBA SÁNCHEZ, Miguel Ángel: "La inembargabilidad absoluta de los bienes públicos: Un anacronismo desde la perspectiva Iberoamericana. (A propósito de la sentencia 1.582 del 21 de octubre de 2008 de la Sala Constitucional)". En: CANÓNICO SARABIA, A. (Coord): Temas relevantes sobre los contratos, servicios y bienes públicos. VI Congreso Internacional de Derecho Administrativo, Margarita 2014. Editorial Jurídica Venezolana-Centro de Adiestramiento Jurídico. Caracas, 2014, pp. 196-197.

[831] Cfr. SANTOFIMIO GAMBOA, Tratado... Contencioso..., pp. 655-659.

[832] Véanse los diversos supuestos establecidos en el artículo 594 de la Ley 1564 (Código General del Proceso), publicada en el Diario Oficial 48.489 del 12 de julio de 2012, que establece la inembargabilidad limitada para cierto tipo de bienes públicos (y privados en ciertos casos) dependiendo de su origen y destino vinculados al uso y servicio público.

troversia y continúa siéndolo, pero lo cierto es que parte de la legislación, y sobre todo la jurisprudencia constitucional, navegan a contracorriente y, en vez de limitar la tradicional prohibición de embargar bienes públicos, tienden a consagrarla como regla general de forma irrestricta. Ello a pesar de que el embargo de bienes en principio sí está previsto para el caso de la ejecución contra la Administración en el ordenamiento jurídico administrativo venezolano, como se evidencia de la redacción de los preceptos ya citados tanto de la Ley Orgánica de la Jurisdicción Contencioso Administrativa como de la Ley Orgánica del Poder Público Municipal, al remitir a la legislación procesal civil[833]. Y tal medida tendría que ser aplicable por analogía también en la ejecución de las sentencias contra la República y los Estados, en ausencia de su expresa acogida en el procedimiento de ejecución de sentencias del Decreto-Ley Orgánica de la Procuraduría General de la República, por mandato de las normas constitucionales citadas anteriormente y que regulan el derecho a la ejecución de la sentencia como atributo del derecho constitucional a la tutela judicial efectiva. No obstante, la legislación venezolana consagra de forma bastante irrestricta la prohibición de dictar medidas ejecutivas sobre bienes de la República y los Estados[834], prerrogativa cuya constitucionalidad ha sido

---

[833] "Cuando la orden del tribunal no fuese cumplida o la partida prevista no fuese ejecutada, el tribunal, a petición de parte, ejecutará la sentencia conforme al procedimiento previsto en el Código de Procedimiento Civil para la ejecución de sentencias de condena sobre cantidades líquidas de dinero" (Artículo 110.1 de la Ley Orgánica de la Jurisdicción Contencioso Administrativa). "Cuando la orden del Tribunal no fuere cumplida o la partida prevista no fuere ejecutada, el Tribunal, a petición de parte, ejecutará la sentencia conforme al procedimiento previsto en el Código de Procedimiento Civil para la ejecución de sentencias de condena sobre cantidades líquidas de dinero" (Artículo 159.1 de la Ley Orgánica del Poder Público Municipal) *Cfr.* en el caso de la doctrina: BREWER-CARÍAS, *Nuevas tendencias…*, pp. 228-229; HENRÍQUEZ LARRAZÁBAL, *op. cit.*, pp. 374-378 y 396-399.

[834] La prohibición ha vuelto a consagrarse, para el caso de la República, en la Ley Orgánica de Bienes Públicos, reformada re-

puesta en tela de juicio por la doctrina, pero que en la actualidad cuenta con el respaldo del criterio de la Sala Constitucional del Tribunal Supremo de Justicia en cuanto a su apego al texto fundamental[835].

Resultado de ello, es que solo en algunos ámbitos se acepta en la jurisprudencia y por ende en la práctica forense la posibilidad de acordar y practicar embargos ejecutivos sobre bienes públicos (para ser más precisos, bienes del dominio privado de los Municipios no afectos a la prestación de un servicio público, al uso público o a una actividad de utilidad pública)[836], lo que implica que, en muchos casos la ejecución forzada de las sentencias queda librada, en última instancia, a la buena voluntad de la Administración condenada. Consecuencia inaceptable en un Estado de Derecho y contraria a los principios y derechos constitucionales ya esbozados previamente, por las razones que ya también fueron expuestas.

---

cientemente (G.O. 6.155 Extraordinario del 19 de noviembre de 2014. Decreto con rango, valor y fuerza de Ley 1.407 del 13 de noviembre de 2014), quedando inalterado su artículo 10. No obstante, un sector de la doctrina ha puesto de relieve que el artículo 119 de la Ley Orgánica de la Administración Financiera del Sector Público (de 2008) preveía la práctica de embargos sobre el presupuesto nacional (*Cfr. Ibídem*, pp. 398-399), aunque al respecto hay que reiterar la advertencia de que tal disposición quedó derogada con la ya mencionada reforma de 2014.

[835] Véase para más detalle: TORREALBA SÁNCHEZ: *La inembargabilidad...*, pp. 167-202, así como la bibliografía allí citada.

[836] *Cfr.* UROSA MAGGI, *De la actuación del Municipio...*, p. 508. Véanse como ejemplos las decisiones de la Sala Político-Administrativa del Tribunal Supremo de Justicia 1.588 del 26 de septiembre de 2007; 1.769 del 7 de noviembre de 2007, 165 del 24 de febrero de 2010 y 319 del 10 de marzo de 2011. También se ha decretado recientemente el embargo ejecutivo sobre bienes del dominio privado "no afectados al interés público" de entidades estatales con forma de Derecho Privado (sentencia de la Sala Político-Administrativa 629 del 6 de julio de 2010).

CONCLUSIONES

1. Una primera aproximación a las legislaciones Iberoamericanas seleccionadas para su estudio en este trabajo, en lo atinente al régimen de la ejecución de las sentencias en el proceso administrativo, así como a sus respectivos contextos doctrinarios –y en algunos casos también jurisprudenciales– evidencia una tendencia creciente a superar el primigenio carácter revisor y objetivo del contencioso-administrativo. Así como a sustituir este, con mayor o menor amplitud y acierto según el caso, por la adopción del instituto de la pretensión procesal administrativa, en los términos en que esta fue planteada por la doctrina procesal española de mediados del pasado siglo (GUASP), y acogida para el proceso administrativo por GONZÁLEZ PÉREZ. Excepción parcial de ello lo constituye el caso colombiano, en el cual aún parece requerirse, tanto en el ámbito legislativo como doctrinario, de una mayor evolución a los fines de lograr la plena recepción de ese instituto procesal en la Justicia Administrativa. La excepción en referencia aparentemente obedecería a las peculiaridades del contencioso de ese país, parcialmente influido por el originario paradigma francés y su clásica dicotomía: exceso de poder-plena jurisdicción.

2. Por consiguiente, en las legislaciones referidas se viene ampliando, en primer lugar, el propio objeto de la pretensión procesal administrativa, que ya no se limita a la tradicional dualidad: anulación de acto administrativo-condena al pago de dinero por indemnización producto del daño causado por actividad administrativa, sino que incluye a cualquier tipo de manifestación de esta última (actos formales unilaterales o bilaterales, actividad material prestacional, actividad material carente

de título jurídico, inactividad formal o material, etc.). Y en segundo término, al partirse de la pretensión procesal administrativa como objeto del proceso, también se le vincula con el tipo de garantía jurisdiccional (diseño procesal) y con la modalidad de sentencia requerida para el logro de los cometidos de la Justicia Administrativa, a saber: el control de la juridicidad del actuar administrativo y la tutela de los derechos e intereses de la persona frente al Poder, incluyendo, de ser necesario, la adopción de las medidas requeridas para el restablecimiento de las situaciones jurídicas subjetivas que hayan sido lesionadas.

3. Consecuentemente, el tipo de pronunciamiento judicial de fondo requerido para lograr esos propósitos fundamentales de la Justicia Administrativa va a estar determinado, no tanto por el tipo de "actividad administrativa impugnable", como en la concepción tradicional, en la que se vinculaba básicamente el acto administrativo con la nulidad (y eventualmente el restablecimiento del derecho subjetivo o interés legítimo lesionado de forma accesoria o secundaria), o bien con el daño producto de la actividad administrativa y la consiguiente condena al pago de una cantidad de dinero por concepto de indemnización (lo que se traducía más modernamente en la fórmula: acto o actividad-tipo de recurso-sentencia). Más bien, la correlación será entre las pretensiones que se interpongan, que determinarán entonces el tipo de garantía jurisdiccional adecuada a la necesidad de tutela jurídica y la modalidad de sentencia que haya de dictarse para lograr tales fines. Así pues, pretensiones mero-declarativas, constitutivas o de condena, o su acumulación de ser requerida, determinarán los correlativos fallos judiciales que respondan a tal clasificación, sin perjuicio de las matizaciones que pueda sufrir el principio dispositivo tratándose del proceso administrativo, en el cual están llamados a ventilarse intereses generales a ser tutelados por la Administración. En definitiva, el contenido de la sentencia vendrá determinado, en gran medida, por el tipo y alcance de la tutela judicial requerida mediante la interposición de la correspondiente pretensión procesal administrativa.

4. Tal esquema conceptual ha sido paulatinamente recogido pues, con mayor o menor acierto según cada caso, en primer lugar en la doctrina, y en segundo término, en las leyes procesales administrativas bajo análisis. Más o menos explícita o implícitamente, con diversas denominaciones, modalidades o sistematicidad, los textos legales consagran pretensiones meramente declarativas, constitutivas, de condena e incluso ejecutivas, que determinan a su vez el diseño procesal y, sobre todo, el contenido y alcance de la sentencia a dictarse, en caso de acogerse tales pretensiones. Ello es a su vez, consecuencia de la consagración en los correspondientes lineamientos constitucionales, del principio de universalidad del control de la jurisdicción contencioso-administrativa, así como de su moderna interpretación que implica que no hay ámbitos de actuar administrativo inmunes al control jurisdiccional, garantía necesaria como cobertura a la operatividad del principio de juridicidad administrativa, y en última instancia, a la propia existencia del Estado de Derecho.

5. En cuanto a los efectos de esas decisiones judiciales que dictan los Jueces contencioso-administrativos, más allá de las polémicas doctrinarias o las soluciones legislativas en cada ordenamiento, destacan como elementos novedosos, tanto su regulación –en algunos casos incluso pormenorizada– en el Derecho Positivo, sobre todo en lo concerniente a los efectos subjetivos y objetivos, jurídico-materiales y jurídico-procesales, así como la necesaria ampliación del tema. Expansión que resulta también consecuencia de la ampliación del objeto de la pretensión procesal administrativa, que como ya se destacó no se limita en la actualidad a la mera revisión de legalidad de las actuaciones formales de la Administración.

6. Por otra parte, el estudio de los marcos normativos (Constitucional y Convencional) de los ordenamientos en que se inscriben las Leyes Procesales Administrativas objeto de la presente investigación, evidencia la consagración común en estos de la Tutela Judicial efectiva como Derecho Fundamental, Constitucional o Convencional, según el caso, así como de la Garantía del Debido Proceso que se manifiesta en diversos De-

rechos Constitucionales Procesales. Y como atributo de tal Tutela Jurisdiccional, la inclusión del Derecho a la ejecución de la sentencia en los términos en que fue dictada, ejecución que corresponde a los Tribunales que dictaron la sentencia. De tal forma que queda totalmente abandonada la original concepción de la "Justicia Retenida", por fuerza del marco constitucional vigente, en el caso de España, así como por la tradición jurídica del sistema contencioso-administrativo basado en una irrestricta visión judicialista, respecto del resto de los ordenamientos referidos, con los matices propios en el caso colombiano.

7. Por consiguiente, el estudio a que se refiere el anterior apartado evidencia como regla general (una vez más con la excepción –hasta cierto punto– del caso Colombiano) la inserción de la Jurisdicción Contencioso-Administrativa dentro de la estructura organizativa de la rama Judicial del Poder Público. Ello implica entonces que el marco normativo constitucional destinado a los Tribunales es enteramente aplicable a la Justicia Administrativa, lo que trae como consecuencia el que la potestad de ejecutar la sentencia dictada por el Juez Contencioso-Administrativo corresponde a este, "juzgando y haciendo ejecutar lo juzgado", y no a la Administración Pública. Con ello los ordenamientos bajo análisis tienden a apartarse del originario modelo francés, y por ende, se impone tanto en el plano legislativo como en la interpretación jurisprudencial, la llamada "normalización" del proceso administrativo, sobre todo en la fase de ejecución del fallo, entendida ésta como la aplicación de las reglas procesales generales que invisten al juez de las potestades ejecutivas requeridas con el fin de lograr la ejecución de los fallos incluso en contra de las Administraciones Públicas perdidosas, en la eventualidad de ser necesario.

8. En el plano dogmático y conceptual, no parecen haber dudas de que una vez dictada y no acatada la sentencia de mérito, la sustitución del Juez contencioso-administrativo en la actividad de la Administración no solo es posible, sino en muchos casos imperativa. Sustitución que viene a ser una consecuencia obligada tanto de la garantías del respecto al derecho a que la tutela judicial sea efectiva, como de la potestad del juez

para juzgar y hacer ejecutar lo juzgado (facetas subjetiva y objetiva), y que ni las genéricas invocaciones al principio de separación de poderes, a la legalidad presupuestaria o a la protección del interés general que se asigna como cometido a la Administración, pone en tela de juicio en la actualidad. Ello, puesto que tal subrogación, lejos de alterar tales reglas, las confirma, al poner en práctica la garantía de la juridicidad propia de todo Estado de Derecho. Y en el supuesto de que se amerite un hacer (o no hacer) material que no corresponda estrictamente a lo jurídico pero que sigue siendo parte del ejercicio de la función jurisdiccional, procederá entonces la ejecución subsidiaria a través de un tercero (público o privado) que realizará el mandato judicial en lugar del condenado reticente (una Administración Pública) con cargo al patrimonio de este.

9. No obstante, ese poder de sustitución o subrogación judicial no es absoluto. Cede en ciertas hipótesis, como ante el núcleo duro de las potestades propiamente discrecionales de la Administración, o en el muy excepcional caso de obligaciones infungibles. Y en última instancia, ante tasadas razones de interés general de tal magnitud que legal y racionalmente justifiquen la conversión del derecho o interés de la persona reconocidos en la sentencia, en el pago a través del cumplimiento por equivalente, en la mayoría de los casos equivalente dinerario.

10. Notablemente vinculado con el objeto del presente trabajo, el tema de de las potestades discrecionales administrativas presenta un desarrollo doctrinario que, aunque no deja de resultar polémico, permite esbozar algunas conclusiones, si se quiere preliminares. La primera, su necesario estudio partiendo de la premisa de que la discrecionalidad es una necesidad para el actuar administrativo, pero siempre delimitada por el ordenamiento jurídico. La segunda, la diferenciación entre esta y los conceptos jurídicos indeterminados, más allá de que dentro de la llamada zona de incertidumbre de estos últimos, la distinción se torna ciertamente difusa. La tercera, la no aceptación de la llamada discrecionalidad técnica como una zona inmune al control jurisdiccional, sino en todo caso, de un ámbito administrativo que requiere de mayores precisiones para su revisión

judicial, incluso con el auxilio de la técnica y la ciencia. La cuarta, la tendencia a acentuar las técnicas de control de la discrecionalidad, partiendo de reconducir esta a sus justos contornos, desbrozándola de los elementos reglados que siempre la circundan, para luego hacer uso de los Principios Generales del Derecho y de parámetros de juridicidad en lo que se refiere al examen de su ejercicio en cada caso concreto. En ese último supuesto, es decir, ante estricta y pura discrecionalidad, el control del Juez tenderá a ser negativo, a saber, centrado en determinar si se produjo una violación manifiesta de tales estándares jurídicos.

11. En lo que concierne a la regulación concreta del control jurisdiccional de la discrecionalidad administrativa, las leyes procesales administrativas española y costarricense, y en menor medida también la colombiana, establecen parámetros, más o menos detallados y no exentos de polémicas en algunos casos, respecto a la misma. Por el contrario, en los ordenamientos peruano y venezolano, son las leyes procedimentales administrativas las que regulan el asunto, de forma por supuesto menos idónea, tanto por el hecho de que se trata de preceptos destinados a regir el control administrativo y no jurisdiccional de tales potestades, por lo que el tema de la sustitución del Juez y sus límite no encuentra adecuado tratamiento, como también debido a que se trata de pautas escuetas y que básicamente se refieren al control de los elementos reglados o reenvían a los Principios o parámetros jurídicos mencionados en el apartado anterior.

12. En lo concerniente a otro asunto muy vinculado con las tendencias actuales en el tema bajo estudio, a saber, el control y tutela jurisdiccional frente a la inactividad administrativa, de la revisión de la legislación objeto de la investigación se constata su tratamiento en el Derecho Positivo. Con ello, de entrada se superan entonces los escollos previos, en cuanto a que para lograr ese control y tutela se debía acudir a diversas técnicas adjetivas con el fin de "convertir" esa inactividad en denegatorias expresas o tácitas, en atención al diseño procesal que se centraba en el control del acto administrativo o en el silencio

administrativo como mecanismo procesal sucedáneo de este. En nuestro criterio y de acuerdo con un sector de la doctrina, ello de por sí implica un primer avance al consagrarse expresamente la posibilidad de acudir directamente al proceso administrativo –salvo el cumplimiento de algunas formalidades– frente a la inacción u omisión administrativa en el ejercicio de sus potestades. Aunado a ello, superado el tema del control de la inactividad administrativa con contenido discrecional a través de las técnicas correspondientes, incluido en última instancia el uso de las condenas "marco", el punto que resta por desarrollar se refiere a la instrumentación de mecanismos eficaces para lograr la materialización de los mandatos judiciales condenatorios a un hacer material, vistas las limitaciones jurídicas y prácticas del órgano judicial en tales casos. La ejecución subsidiaria por un tercero, público o privado, con cargo al patrimonio de la Administración condenada, luce la opción viable, y así está expresamente consagrada en algunas Leyes, como la española o la costarricense.

13. Con relación al régimen concreto del control y tutela frente a la inactividad administrativa, destacan los contrastes en la regulación pormenorizada de España o Costa Rica, frente a la precariedad de los regímenes colombiano, peruano o venezolano. Esto podría obedecer en parte a que en esos últimos ordenamientos coexisten mecanismos judiciales de control de constitucionalidad de esas omisiones con los medios del proceso administrativo, lo cual determina que por ejemplo en Colombia, el cauce judicial previsto tiene una consagración constitucional específica y se aborda más desde la perspectiva de la Justicia Constitucional que del Contencioso-Administrativo. No obstante, el resultado obtenido permite constatar cierta limitación en el diseño de los medios procesales administrativos destinados a tal fin en contraposición con las dos legislaciones primeramente nombradas. En todo caso, resulta común evidenciar las carencias o problemas aún existentes en el Derecho Positivo en cuanto a la instrumentación adecuada de los procesos judiciales llamados a controlar la inactividad administrativa y a culminar con la emanación de una sentencia de condena a un

hacer administrativo, sea por insuficiencias regulatorias (quizá es la legislación costarricense la que resulta la más completa), o bien por limitaciones en el tratamiento teórico o jurisprudencial (por ejemplo, en cuanto a determinar el alcance de la inactividad administrativa susceptible de control). Ello determina en la práctica la persistencia de vacíos o lagunas en lo que respecta a la posibilidad de examen judicial de determinadas manifestaciones de la inactividad administrativa, ante la falta de previsión del Legislador, sobre todo en lo que respecta a la sustitución judicial declarativa o ejecutiva, asunto que amerita de esfuerzos doctrinarios, jurisprudenciales e incluso de *lege ferenda*, con miras a su paulatina superación.

14. En lo que respecta al control jurisdiccional sobre la actividad material de la Administración, esto es, aquella que se materializa sin contar con un título jurídico constituido en un acto administrativo concreto, también se evidencia –con excepción del vacío normativo colombiano– la tendencia a su regulación expresa, lo que apuntala el rumbo a deslastrarse del originario modelo centrado en la revisión objetiva del acto administrativo que caracterizó a la Justicia Administrativa Iberoamericana hasta hace algunas décadas. Quedan algunos asuntos importantes por esclarecer en cuanto a los aspectos estrictamente procesales, y en los casos venezolano y peruano, una mayor regulación que defina con claridad el alcance y límites de los poderes del juez ante hipótesis de sentencias condenatorias a no hacer o a deshacer frente a actuaciones materiales administrativas.

15. En cuanto al régimen específico de ejecución de las sentencias en las Leyes Procesales Administrativas de los ordenamientos bajo estudio, hay que abordarlo haciendo algunas previas precisiones. Las Leyes española y costarricense le dedican una detallada atención al mismo, al punto que incluso comienzan estableciendo lineamientos generales para luego regular los aspectos concretos. La Ley colombiana contiene un apartado destinado a regular las sentencias condenatorias al pago de cantidades de dinero, mas no le da demasiado tratamiento a los otros tipos de sentencias, ni siquiera las de con-

dena a dar otro tipo de bienes, lo cual resulta consecuente con el hecho de que la misma parte aún de la existencia de una serie de "medios de control", que tienen su origen remoto en la dicotomía francesa exceso de poder-plena jurisdicción, aunque con una serie de derivaciones producto de su propia evolución histórica. La Ley venezolana, por su parte, aunque contiene un apartado dedicado a la ejecución del fallo, en realidad aporta muy poco a ese ordenamiento toda vez que sus preceptos se basan en leyes previas –que por cierto mantiene vigentes, lo que origina una multiplicidad de regímenes de ejecución de sentencias poco deseable por lo demás– Tal fenómeno es resultado de un poco reflexivo tratamiento de temas tan trascendentes como el de las pretensiones procesales administrativas y su correlación con las garantías jurisdiccionales y en general con el diseño de los diversos procesos, así como con el de la tipología y alcance de las sentencias (este último aspecto totalmente carente de previsión legal). Por último, la Ley peruana exhibe una regulación bastante limitada en el tema, al concentrarse básicamente en la ejecución de las sentencias condenatorias al pago de sumas de dinero.

16. En todo caso, los lineamientos orientativos que aporta explícitamente la Ley española (y también en parte la costarricense) resultan aplicables en general a todos los ordenamientos bajo estudio, con excepción parcial del caso colombiano, por las razones que más adelante se expondrán. Así pues, las potestades de juzgar y hacer ejecutar lo juzgado como elementos intrínsecos a la función jurisdiccional, la obligatoriedad para la Administración perdidosa de acatar y dar cumplimiento a lo decidido, el deber de colaboración de los entes públicos y privados para la ejecución de las sentencias (previsto también en la Ley costarricense), la nulidad de las actuaciones administrativas contrarias al contenido de lo sentenciado (también regulada en la Ley costarricense), resultan principios generales susceptibles de extrapolación a toda ejecución judicial. También es aplicable la consagración del principio de exhaustividad de la sentencia, bajo el marco de la congruencia entre la pretensión y el fallo, así como en atención a la necesidad de restablecimiento

integral de las situaciones jurídicas subjetivas lesionadas por la actividad administrativa y que dieron lugar a la emanación del fallo favorable a la persona y contraria a la Administración, lineamientos recogidos en la Ley costarricense.

17. En todas las Leyes bajo estudio pueden encontrarse ejemplos de sentencias mero-declarativas, constitutivas y de condena (en el caso venezolano pueden extraerse las dos primeras de los tipos de pretensiones a interponer, puesto que no están reguladas expresamente como tales), y en las Leyes española y costarricense puede obtenerse además la relación directa entre las diversas potestades de sustitución judicial declarativa y ejecutiva con los diversos tipos de decisiones judiciales. De allí que, en líneas generales, también en el régimen de ejecución de las sentencias la tendencia demuestra la superación del carácter objetivo y revisor de la Justicia Administrativa centrada en el acto administrativo, y su suplantación por una multiplicidad de tipos de pronunciamientos judiciales acordes con los términos en que se hayan planteado las pretensiones del caso y con la necesidad de tutela jurídica en cada hipótesis en particular.

18. Especial atención merece, sin embargo, la Ley colombiana, la cual, cónsona con sus antecedentes, regula un proceso ejecutivo distinto y separado de los procesos de cognición, y que en algunos casos resulta ser un procedimiento a llevarse a cabo en sede administrativa para la ejecución de una sentencia judicial. La competencia jurisdiccional o administrativa dependerá de que la sentencia encuadre o no en un *numerus clausus* de pretensiones derivadas de determinados objetos o causales, o bien de algunos tipos de fallos condenatorios según el caso. Esta divergencia, si bien en nuestro criterio viene a resultar la excepción confirmatoria de la regla de la ejecución de la sentencia como potestad plenamente jurisdiccional también en el proceso administrativo, genera múltiples interrogantes y problemas, varios de ellos expuestos por la doctrina colombiana, y en última instancia, viene a poner en tela de juicio la condición estrictamente jurisdiccional de esa potestad de ejecución de los fallos contencioso-administrativos en el ordenamiento jurídico de ese país.

19. En el supuesto de las sentencias declarativas o constitutivas de nulidad de actos administrativos, las Leyes española, costarricense y colombiana regulan con detalle los efectos objetivos y subjetivos de las mismas, inspirándose hasta cierto punto en la clásica distinción doctrinaria entre nulidades absolutas y relativas, aunque la Ley española se cuida de dejar la decisión final en manos de los Jueces a la luz del caso concreto. Asimismo, las Leyes española y costarricense regulan los efectos subjetivos de las sentencias desestimatorias de inadmisibilidad o improcedencia de la pretensión.

20. En cuanto a las sentencias de condena, las Leyes española y costarricense recogen expresamente la potestad de sustitución judicial como parte intrínseca en la fase de ejecución forzada, incluyendo la sustitución por el propio Tribunal o su encargo a un tercero público o privado. Asimismo detallan varias de las consecuencias de tal subrogación en cada caso concreto. La Ley venezolana apenas regula el asunto limitándose a emplear el término, sin mayores detalles, y las Leyes colombiana y peruana lo acogen implícitamente al prever que el Juez ordenará o adoptará las medidas necesarias para la ejecución del fallo así como el restablecimiento de los derechos o intereses afectados. Solo en caso de sentencias que imponen prestaciones de dar derechos reales (propiedad), la Ley colombiana regula con detalle algunos supuestos, en los que la sentencia hará las veces de título traslaticio del dominio. De tal suerte que en los tres últimos instrumentos legales, se echa de menos un mayor y más adecuado tratamiento del difícil asunto del contenido y alcance de la sustitución judicial ejecutiva ante la contumacia de la Administración condenada, resultando obligado acudir a los principios de la Teoría General del Proceso, lo cual no es del todo deseable en un asunto de tanta complejidad y trascendencia.

21. Lógicamente, la ejecución de sentencias condenatorias al pago de cantidades de dinero ocupa especial atención en todas las Leyes bajo estudio. En ese sentido, con excepción del caso venezolano en el que la Ley poco o nada aporta al régimen preexistente, se constata el esfuerzo legislativo por intentar armonizar el derecho a la ejecución del fallo en un término ra-

zonable con las necesidades presupuestarias y financieras de la Administración, buscando agilizar los trámites para el pago judicialmente ordenado. Así pues, se prevén plazos para la ejecución de las sentencias (todas las Leyes); mecanismos de modificación de las partidas o pliegos presupuestarios (España, Costa Rica, Perú); medios de comunicación directa entre la Administración condenada y el Juez ejecutor a los fines de arbitrar soluciones a posibles afectaciones a los presupuestos (España, Costa Rica, Perú); Reglas de compensación de deudas (España); Pago de intereses (España, Colombia) o correcciones monetarias (Costa Rica); Afectaciones automáticas de las partidas presupuestarias (Costa Rica); Potestades judiciales para suspender modificaciones presupuestarias en caso de incumplimiento de las sentencias (Costa Rica); Priorización de órdenes de pago de decisiones judiciales (Perú); así como Fondos de Contingencia para el pago de deudas monetarias originadas en compromisos judiciales (Colombia). Todo ello sin perjuicio de la aplicación de mecanismos de coacción (establecimiento de responsabilidades, multas coercitivas). Destaca como contraste el caso del ordenamiento venezolano, en el cual la Ley, en primer lugar, siguiendo los instrumentos normativos previos, prevé que el pago de la condena puede diferirse hasta por tres ejercicios presupuestarios y con un tope máximo a los fines de no exceder un porcentaje de los ingresos ordinarios del ente público condenado. Y en segundo término, no contempla soluciones alternas o siquiera paliativos ante la hipótesis de incumplimiento de la sentencia por una previsible falta de inclusión en las partidas o pliegos presupuestarios, todo lo cual refleja una concepción que parece tomar en cuenta solo las reglas presupuestarias destinadas a la Administración, no al Juez, y no el derecho a la ejecución cabal y oportuna de la sentencia judicial, en cuestionable desapego a los lineamientos constitucionales.

22. Prevén también las Leyes española y costarricense, ante la hipótesis de imposibilidad (que no mera dificultad) legal o material de ejecución del fallo, y sobre la base de previsiones expresas y legalmente tasadas, la conversión de tal ejecución en el cumplimiento por equivalente de una suma de dinero, suerte de "expropiación" de los derechos o intereses reconocidos en la

sentencia. Se trata de hipótesis excepcionales y de escasa aplicación práctica, tanto por la naturaleza de las causales justificadoras, como en atención al principio general del cumplimiento en especie o *in natura* como atributo del derecho a la ejecución de la sentencia. La Ley colombiana también prevé la posibilidad de una indemnización compensatoria pero ante supuestos específicos de imposibilidad de ejecución de sentencias que condenan a un hacer, específicamente, la reincorporación de funcionarios públicos a sus cargos.

23. Las Leyes española, costarricense y colombiana prevén diversos mecanismos de extensión subjetiva de efectos de las sentencias definitivamente firmes, en atención al derecho a la tutela judicial efectiva y a las reglas procesales de economía y celeridad. Se trata de supuestos excepcionales y que han dado lugar, al menos en el caso español, a cuestionamientos doctrinarios.

24. Por otra parte, la Ley española contempla (así como también la costarricense), en consonancia con su legislación procesal general, la ejecución provisional de las sentencias, siempre bajo el cumplimiento de una serie de requisitos legales, instituto que ha suscitado polémicas doctrinarias. De igual forma, la Ley española contempla expresamente el incidente de ejecución de sentencias como figura procesal destinada a permitir la pronta resolución de cualquier controversia que se plantee en esa fase (la Ley colombiana prevé también un incidente pero solo para el caso de la liquidación de sentencias de condenas pecuniarias no líquidas o en abstracto así como ante el desacato judicial). Incidente que en todo caso resulta extrapolable a las demás leyes, en aplicación analógica de las reglas procesales generales, que suelen contemplar como potestad judicial la apertura de incidencias de esta índole para resolver cuestiones conexas atinentes a los procesos principales.

25. Con relación a las prerrogativas procesales de los entes públicos, especialmente la prohibición de despachar mandamientos de embargo sobre bienes públicos, salvo el caso venezolano, los otros ordenamientos, en algunos casos precedidos o

445

seguidos por criterios jurisprudenciales, tienden a redimensionar tal limitación, reconduciéndola únicamente, además de a los lógicos supuestos de demanialidad, a los bienes públicos del dominio privado o patrimoniales directamente afectados a una finalidad de interés general o a la prestación de servicios públicos. Incluso, la funcionalización de tal prerrogativa parece apuntar a que el criterio rector será en un futuro el de la afectación real y directa de bienes a satisfacer necesidades de interés general, por lo que inclusive entrarían dentro de tal prohibición de embargo bienes de entidades privadas pero que encuadren dentro de tal criterio funcional.

26. Conjuntamente con la potestad de sustitución, prevén las Leyes española, costarricense y colombiana, la posibilidad de imponer multas coercitivas al condenado renuente, así como la determinación de las responsabilidades patrimoniales, administrativas, disciplinarias y penales a que haya lugar, mecanismos que si bien no garantizan la ejecución de los fallos, coadyuvan a ello en atención a que constituyen medios de presión o compulsión a los funcionarios encargados de darle cumplimiento al mandato judicial. En el caso de las Leyes peruana y venezolana, tal solución habrá de buscarse en otras leyes de sus ordenamientos, ante el vacío legal en ellas, que solo prevén la imposición de multas en etapas previas a la ejecución de la sentencia.

27. Ya para concluir, se observa entonces –con la excepción venezolana y en menor medida la peruana– la especial atención prestada por las recientes leyes procesales administrativas iberoamericanas al que ha sido considerado el talón de Aquiles del contencioso-administrativo: la ejecución de la sentencia. Lógica consecuencia de la tendencia a acoger el instituto de la pretensión procesal administrativa, a ampliar el objeto de esta más allá de la actividad administrativa formalizada, así como a desarrollar los lineamientos constitucionales en cuanto al derecho a la ejecución cabal de la sentencia como atributo de la tutela judicial efectiva. A tal fin, esas Leyes, con mayor o menor prolijidad y acierto según el caso, tienden entonces a materializar el *desiderátum* constitucional en cuanto a tutela jurisdiccio-

nal y control integral de juridicidad, mediante el establecimiento de diversos mecanismos tendientes a superar los escollos tradicionales y recientes y a lograr la ejecución de la sentencia, también la que se dicta en el proceso administrativo. De ser
necesario, incluso prescindiendo de la colaboración de la Administración perdidosa y aún en contra de esta última. Aban-
donado entonces ese vestigio de "Justicia Retenida", se
aproxima más el contencioso-administrativo Iberoamericano
hacia su "normalización" dentro de las reglas de la Teoría General del Proceso en todos sus aspectos, sin menoscabo de que
el mismo también presente sus peculiaridades derivadas de la
necesidad de seguir tomando en cuenta la posible afectación del
interés general, interés que es el de la persona considerada en
su contexto social en última instancia, y que siempre habrá de
estar presente guiando como norte la actuación de las Administraciones Públicas.

BIBLIOGRAFÍA

ALEGRE ÁVILA, Juan Manuel: "El Tribunal Supremo y la ejecución de sentencias contencioso-administrativas". En: SÁN-CHEZ LAMELAS, A. (Coord.): *La ejecución de sentencias contencioso-administrativas. IV Curso sobre la Jurisdicción Contencioso-Administrativa*. Editorial Aranzadi, S.A. Navarra, 2006.

ALESSI, Renato: *Instituciones de Derecho Administrativo*. Tomo I. Traducción de la 3° edición italiana. Bosch, Casa Editorial. Barcelona, España, 1970.

ALONSO GARCÍA, Ricardo: "Objeto del Recurso Contencioso Administrativo. Artículo 27". *Revista Española de Derecho Administrativo N° 100. Comentarios a la Ley de la Jurisdicción Contencioso-Administrativa de 1998*. Editorial Civitas, S.A Madrid, 1998.

ALONSO IBÁÑEZ, Mª Rosario: "Artículo 51". *Revista Española de Derecho Administrativo N° 100. Comentarios a la Ley de la Jurisdicción Contencioso-Administrativa de 1998*. Editorial Civitas, S.A Madrid, 1998.

ÁLVAREZ CHAMOSA, María Lidia: "Visión de la tutela judicial efectiva: Ejecución de las sentencias contra el Estado en Venezuela". En: RODRÍGUEZ-ARANA MUÑOZ, J., GARCÍA PÉREZ, M. (Dirs.) AYMERICH CANO, C. y PERNAS GARCÍA, J. (Coords.): *Reforma del Estado y transformación del Derecho Administrativo. Derecho Público Global*. Colección Libros de Actas de Congresos y Jornadas. España, pp. 472-489. Libro disponible en línea: http://www.bubok.es/libros/232196/Reforma-del-Estado-y-Transformacion-del-Derecho-Administrativo.

ÁLVAREZ IRAGORRY, Andrés: "Extensión de la eficacia subjetiva de la sentencia en materia procesal administrativa y constitucional". En: BREWER-CARÍAS, A. y HERNÁNDEZ-MENDIBLE, V.R. (Dirs.): *El Contencioso Administrativo y los Procesos Constitucionales*. Colección Estudios Jurídicos Nº 92. Editorial Jurídica Venezolana. Caracas, 2011.

ÁLVAREZ JARAMILLO, Luis Fernando: "Antecedentes y presentación general de la Ley 1437 de 2011". En: *AA.VV Memorias del Seminario Internacional de presentación del nuevo Código de Procedimiento Administrativo y de lo Contencioso Administrativo. Ley 1437 de 2011*. Consejo de Estado. Imprenta Nacional de Colombia, s/f, (documento en línea: http://www.consejode estado.gov.co/publicaciones/LIBRO%20MEMORIAS%20Nuevo %20CCA.pdf. Consulta noviembre 2014

ARAUJO-JUÁREZ, José: *Derecho Administrativo. Parte general*. Ediciones Paredes. Caracas, 2007.

_____: "La Justicia Administrativa y el Derecho Administrativo. Antecedentes, consolidación y principios fundamentales". En: BREWER-CARÍAS, A. y HERNÁNDEZ MENDIBLE, V.R (Dirs.): *El Contencioso Administrativo y los Procesos Constitucionales*. Colección Estudios Jurídicos Nº 92. Editorial Jurídica Venezolana. Caracas, 2011.

_____: "La configuración constitucional del contencioso administrativo en Venezuela. Antecedentes, origen, evolución y consolidación". En: HERNÁNDEZ-MENDIBLE, V.R. (Dir.): *La actividad e inactividad administrativa y la Jurisdicción Contencioso-Administrativa*. Colección Estudios Jurídicos Nº 96. Editorial Jurídica Venezolana. Caracas, 2012.

ATIENZA, Manuel: "Sobre el control de la discrecionalidad administrativa. Comentarios a una polémica". *Revista Española de Derecho Administrativo* N° 85 (CD ROM). Editorial Civitas. Madrid, 1995.

AZZENA, Alberto: "L´atto administrativo". En: MAZZAROLLI, L., PERICU, G., ROMANO, A., ROVERSI MONACO, F.A., SCOCA, F.G. (Dirs.): *Diritto Amministrativo*. Volume II. Monduzzi Editore. Bologna, 1993.

BACA ONETO, Víctor Sebastián: "La ejecución de senten-cias condenatorias de la Administración". En especial, el caso del embargo de dinero público. *Revista de Derecho Administrativo* 2. Lima, 2006.

_____: "La discrecionalidad adminis-trativa y la jurisprudencia del Tribunal Constitucional". *Revista de Derecho Administrativo*. Círculo de Derecho Administrativo. Lima, 2012.

BADELL BENÍTEZ, Nicolás: "Demanda contra vía de hecho y abstenciones de la Administración Pública". En: *AA.VV: Avances Jurisprudenciales del Contencioso Administrativo en Venezuela. XXXVIII Jornadas Domínguez Escovar. Homenaje al Profesor Gonzalo Pérez Luciani.* Instituto de Estudios Jurídicos "Ricardo Hernández Álvarez". Editorial Horizonte, C.A. Bar-quisimeto, 2013.

BADELL MADRID, Rafael: "El recurso por abstención o carencia". En: *AA.VV.: Derecho Procesal Administrativo. 1° Jorna-das Centenarias del Colegio de Abogados del Estado Carabobo.* Vadell Hermanos Editores. Valencia, Venezuela, 1997.

BACIGALUPO, Mariano: *La discrecionalidad administrativa (estructura normativa, control judicial y límites constitucionales de su atribución).* Monografías Jurídicas. Marcial Pons. Madrid, 1997.

_____: "Artículo 71". *Revista Española de Derecho Administrativo N° 100. Comentarios a la Ley de la Jurisdic-ción Contencioso-Administrativa de 1998.* Editorial Civitas, S.A Madrid, 1998.

BALZÁN, Juan Carlos: "Los límites a la discrecionalidad, la arbitrariedad y razonabilidad de la Administración". En: *AA.VV.: V Jornadas Internacionales de Derecho Administrativo "Allan Randolph Brewer-Carías". Los requisitos y vicios de los actos administrativos.* FUNEDA. Caracas, 2000.

BALLESTEROS MOFA, Luis Ángel: *Inembargabilidad de los bienes y derechos de las Administraciones Públicas*. Editorial Colex. Madrid, 2000.

BAÑO LEÓN, José María: "Ejecución de sentencias. Artículo 103.4 y 5". *Revista Española de Derecho Administrativo Nº 100. Comentarios a la Ley de la Jurisdicción Contencioso-Administrativa de 1998*. Editorial Civitas, S.A Madrid, 1998.

BARNÉS VÁZQUEZ, Javier: "La tutela judicial efectiva en la Grundgesetz (Art. 19.V)". En: BARNÉS VÁZQUEZ, J. (Coord.): *La Justicia Administrativa en el Derecho Comparado*. Editorial Civitas, S.A. Madrid, 1993.

_____: "Una nota sobre el análisis comparado. A propósito del control judicial de la discrecionalidad administrativa". En: HINOJOSA MARTÍNEZ, E. y GONZÁLEZ DELEITO-DOMÍNGUEZ, N. (Coords.): *Discrecionalidad administrativa y control judicial. I Jornadas del Gabinete Jurídico de la Junta de Andalucía*. Editorial Civitas, S.A. Madrid, 1996.

BARRERO RODRÍGUEZ, María Concepción: "Discrecionalidad administrativa y patrimonio histórico". En: HINOJOSA MARTÍNEZ, E. y GONZÁLEZ DELEITO-DOMÍNGUEZ, N. (Coords.): *Discrecionalidad administrativa y control judicial. I Jornadas del Gabinete Jurídico de la Junta de Andalucía*. Editorial Civitas, S.A. Madrid, 1996.

BARRA, Rodolfo Carlos: "Comentarios acerca de la discrecionalidad administrativa y su control judicial". En: MARTÍN-RETORTILLO BAQUER, L. (Coord): *La protección jurídica del ciudadano (Procedimiento administrativo y garantía jurisdiccional). Estudios en Homenaje al Profesor Jesús González Pérez*. Tomo III. Editorial Civitas, S.A. Madrid, 1993.

BASTIDAS BÁRCENAS, Hugo Fernando: "Los Medios de Control en la Ley 1437 de 2011". En: *AA.VV Memorias del Seminario Internacional de presentación del nuevo Código de Procedimiento Administrativo y de lo Contencioso Administrativo. Ley 1437 de 2011*. Consejo de Estado. Imprenta Nacional de Colombia, s/f. (documento en línea: http://www.consejode estado.gov. co /publicaciones/LIBRO%20MEMORIAS%20Nuevo%20CCA.pdf.

BELADIEZ ROJO, Margarita: *Validez y eficacia de los actos administrativos*. Monografías Jurídicas. Marcial Pons, Ediciones Jurídicas S.A., Madrid, 1994.

BELTRÁN DE FELIPE, Miguel: *El poder de sustitución en la ejecución de las sentencias condenatorias de la Administración*. Editorial Civitas, S.A. Madrid, 1996.

_____: "Ejecución de sentencias. Artículo 107". *Revista Española de Derecho Administrativo N° 100. Comentarios a la Ley de la Jurisdicción Contencioso-Administrativa de 1998*. Editorial Civitas, S.A Madrid, 1998.

_____: "Ejecución de sentencias. Artículo 109". *Revista Española de Derecho Administrativo N° 100. Comentarios a la Ley de la Jurisdicción Contencioso-Administrativa de 1998*. Editorial Civitas, S.A Madrid, 1998.

_____: "Ejecución de sentencias. Artículo 113". *Revista Española de Derecho Administrativo N° 100. Comentarios a la Ley de la Jurisdicción Contencioso-Administrativa de 1998*. Editorial Civitas, S.A Madrid, 1998.

BENOIT, Francis-Paul: *El Derecho Administrativo Francés*. Traducción de Rafael Gil Cremades. Instituto de Estudios Administrativos. Madrid, 1977.

BLANCO GUZMÁN, Armando: "Las pretensiones en materia de controversias administrativas". En: BREWER CARÍAS, A. y HERNÁNDEZ-MENDIBLE, V.R. (Dirs.): *El Contencioso Administrativo y los Procesos Constitucionales*. Colección Estudios Jurídicos N° 92. Editorial Jurídica Venezolana. Caracas, 2011

_____: "Los procesos surgidos por la prestación de los servicios públicos y la realidad contemporánea". En: HERNÁNDEZ-MENDIBLE, V.R. (Dir.): *Los servicios públicos domiciliarios*. Colección Centro de Estudios de Regulación Económica (CERECO). Universidad Monteávila. Editorial Jurídica Venezolana. Fundación Estudios de Derecho Administrativo. Caracas, 2012.

BLANCO-URIBE QUINTERO, Alberto: "Desjudicialización de la función jurisdiccional Código Orgánico Tributario 2014". En: *AA.VV.: Libro Homenaje a la Academia de Ciencias Políticas y Sociales en el centenario de su fundación 1915-2015*. Tomo III. Colección Centenario. Academia de Ciencias Políticas y Sociales. Caracas, 2015.

BOQUERA OLIVER, José María: *Estudios sobre el acto administrativo*. 5° edición. Tratados y Manuales. Editorial Civitas, S.A. Madrid, 1988.

BRAIBANT, Guy et Bernard STIRN: *Le Droit Administratif Francais*. 4e Edition. Press de Sciences Po et Dalloz. Paris, 1997.

BREWER-CARÍAS, Allan R.: "Los límites del poder discrecional de las autoridades administrativas". *Revista de la Facultad de Derecho de la Universidad Católica Andrés Bello*. Caracas. 1966.

_____: *Instituciones Políticas y Constitucionales. La Justicia Contencioso-Administrativa*. Tomo VII. Editorial Jurídica Venezolana-Universidad Católica del Táchira. Caracas-San Cristóbal, 1997.

_____: *Nuevas tendencias en el contencioso-administrativo venezolano*. Editorial Jurídica Venezolana. Caracas, 1993.

_____: "Algunos aspectos del control judicial de la discrecionalidad en Venezuela. Ponencia para el Congreso de Derecho Administrativo, paralelo al VIII Foro Iberoamericano de Derecho Administrativo", Panamá septiembre 2009. Documento en línea: http://www.allan brewercarias.com/Content/449725d9-f1cb-474b-8ab2-41efb849fea2/ Content/II,%204,%20606,%20Control%20judicial%20de%20la%20 dis crecionalidad%20en%20Venezuela.%20Foro%20IDA,%20Panama %C3%A1.%20Sept.%202009.doc).pdf.

_____: "Notas sobre la discrecionalidad administrativa, y sobre su delimitación y límites", pp. 1-2. Documento en línea: http://www.allanbrewercarias.com/Content /449725d9-f1cb-474b-8ab2-41efb849fea2/Content/I,%201,%2095 3.%20Sobre%20la%20discrecionalidad%20administrativa..%20M %C3%A9xico.pdf.

_____: "Introducción general al régimen de la jurisdicción contencioso-administrativa". En: *Ley Orgánica de la Jurisdicción Contencioso-Administrativa*. Colección textos legislativos N° 47. 1° Edición. Editorial Jurídica Venezolana. Caracas, 2010.

_____: "Sobre la Justicia Constitucional y la Justicia Contencioso-Administrativa. A 35 años del inicio de la configuración de los procesos y procedimientos constitucionales y contencioso administrativos (1976-2011)". En: BREWER-CARÍAS, A. y HERNÁNDEZ-MENDIBLE, V.R. (Dirs.): *El Contencioso Administrativo y los Procesos Constitucionales*. Colección Estudios Jurídicos N° 92. Editorial Jurídica Venezolana. Caracas, 2011.

_____: "La regulación del procedimiento administrativo en América Latina con ocasión de la primera década (2001-2011) de la Ley de Procedimiento Administrativo General del Perú (ley 27444)". *Revista de la Facultad de Derecho de la Pontificia Universidad Católica del Perú N° 67*. Lima, 2011, p. 62. Documento en línea consulta septiembre 2015: http://ez proxybib.pucp.edu.pe/index.php/derechopucp/article /view / 2978/3506.

_____: "Los actos de gobierno y los actos preeminentemente discrecionales". En: HERNÁNDEZ-MENDIBLE, V.R. (Dir.): *La actividad e inactividad administrativa y la Jurisdicción Contencioso-Administrativa*. Colección Estudios Jurídicos N° 96. Editorial Jurídica Venezolana. Caracas, 2012.

_____: *Tratado de Derecho Administrativo. Derecho Público en Iberoamérica. El procedimiento administrativo*. Volumen IV. Civitas Thomson Reuters-Editorial Jurídica Venezolana, Madrid, 2013.

_____: *Tratado de Derecho Administrativo. Derecho Público en Iberoamérica. La acción de la Administración: poderes, potestades y relaciones con los Administrados*. Volumen V. Civitas Thomson Reuters-Editorial Jurídica Venezolana, Madrid, 2013.

_____: *Tratado de Derecho Administrativo. Derecho Público en Iberoamérica. La Jurisdicción Contencioso-Administrativa.* Volumen VI. Civitas Thomson Reuters-Editorial Jurídica Venezolana, Madrid, 2013.

BREWER-CARÍAS, Allan y ORTIZ ÁLVAREZ, Luis: *Las grandes decisiones de la jurisprudencia contencioso-administrativa (1961-1996).* Colección Jurisprudencia N° 4. Editorial Jurídica Venezolana. Caracas, 1996.

BURLADA ECHEVESTE, José Luis: "Una categoría que se resiste a desparecer en el Derecho Francés: La vía de hecho administrativa". *Revista Vasca de Administración Pública* N° 67. Oñati, Bilbao, 2003.

_____: *Las garantías jurisdiccionales frente a la vía de hecho de la Administración.* Instituto Vasco de Administración Pública. Oñati, Bilbao, 2004.

CANOVA GONZÁLEZ, Antonio: *Reflexiones para la reforma del sistema contencioso administrativo venezolano.* Editorial Sherwood. Caracas, 1998.

_____: "Tutela judicial efectiva, contencioso administrativo y Sala Constitucional". *Revista de Derecho Administrativo* N° 7. Editorial Sherwood. Caracas, 1999.

CÁRDENAS MEJÍA, Juan Pablo: "El objeto de la jurisdicción contencioso administrativa". En: *AA.VV.: Memorias del Seminario Internacional de presentación del nuevo Código de Procedimiento Administrativo y de lo Contencioso Administrativo. Ley 1437 de 2011.* Consejo de Estado. Imprenta Nacional de Colombia, s/f (documento en línea: http://www.consejode estado. gov.co/publicaciones/LIBRO%20MEMORIAS%20Nuevo%20C CA.pdf. Consulta noviembre 2014).

CARNELUTTI, Francesco: *Instituciones de Derecho Procesal Civil.* Biblioteca Clásicos del Derecho. Volumen 5. Traducción y compilación de Sistema di Diritto Processuale Civile de Enrique Figueroa Alfonzo. Harla S.A. México, 1997.

CARRILLO ARTILES, Carlos Luis: *El recurso jurisdiccional contra las abstenciones u omisiones de los funcionarios públicos*. Universidad Católica Andrés Bello. Caracas, 1999.

_____: "Revisión crítica de la implementación jurisprudencial y legislativa de la caducidad procesal en el contencioso administrativo del control de las omisiones". En: CANÓNICO SARABIA, A (Coord.): *Actualidad del Contencioso Administrativo y otros Mecanismos de Control del Poder Público*. Centro de Adiestramiento Jurídico (CAJO)-Editorial Jurídica Venezolana Caracas, 2013.

CASSAGNE, Juan Carlos: *El principio de legalidad y el control judicial de la discrecionalidad administrativa*. Marcial Pons. Buenos Aires-Madrid-Barcelona, 2009.

CASTILLO MARCANO, José Luis e Ignacio CASTRO CORTIÑAS: "Ampliación subjetiva de los fallos en el contencioso-administrativo (Breve aproximación al tema)". *Revista de Derecho Administrativo* N° 7. Editorial Sherwood. Caracas, 1999.

CASTILLO VEGAS, Jesús Luis: "Debate de la doctrina española sobre el control judicial de la discrecionalidad administrativa". *Revista Tachirense de Derecho* N° 23. San Cristóbal. Venezuela, 2012.

CATALÁ COMAS, Chantal: *Ejecución de condenas de hacer y no hacer*. José María Bosch Editor. Barcelona, España, 1998.

CERULLI IRELLI, Vincenzo: *Lineamenti del Diritto Amministrativo*. G. Giapichelli Editore. Terza edizione. Torino, 2012.

CLAVERO ARÉVALO, Manuel: "Actuaciones administrativas contrarias a los pronunciamientos de las sentencias". En: MONTORO CHINER, M.J. (Coord.): *Libro Homenaje al Prof. Dr. D. Rafael Entrena Cuesta*. Atelier. Barcelona, España. 2003.

CORDÓN MORENO, Faustino: "El control judicial del uso por la Administración de sus facultades discrecionales". *Revista Jurídica de Castilla y León* N° 1. Septiembre 2003. Documento en línea (septiembre 2015) http://dialnet.unirioja.es/servlet/articulo?codigo=758675).

CORREA, María Alejandra: "El principio de la legalidad administrativa". En: HERNÁNDEZ G., J.I. (Coord.): *Libro Homenaje a las Instituciones Fundamentales del Derecho Administrativo y la Jurisprudencia Venezolana del Profesor Allan R. Brewer-Carías en el cincuenta aniversario de su publicación 1964-2014*. Editorial Jurídica Venezolana. Caracas, 2015.

CORREA PALACIO, Ruth Estella: "Fundamentos de la reforma del Libro Segundo del Nuevo Código de Procedimiento Administrativo y de lo Contencioso Administrativo". En: AA.VV.: *Memorias del Seminario Internacional de presentación del nuevo Código de Procedimiento Administrativo y de lo Contencioso Administrativo. Ley 1437 de 2011*. Consejo de Estado. Imprenta Nacional de Colombia, s/f. http://www.consejodeestado. gov.co/publicaciones/LIBRO%20MEMORIAS%20Nuevo%20CCA.pdf. Consulta noviembre 2014.

CORTÉS DOMÍNGUEZ, Valentín, GIMENO SENDRA, Vicente y Víctor MORENO CATENA: *Derecho Procesal Civil*. Tirant Lo Blanch Libros. Valencia, España, 1995.

CHAPUS, René: *Droit Administratif Général*. Tomo 1. 7e édition. Montchrestien E.J.A. Paris, 1993.

CHAVES, J.R.: "El Tribunal Supremo salta el burladero de la discrecionalidad técnica, 2014". Documento en línea consulado en junio de 2016: https://delajusticia.com/2014/10/14/el-tribunal-supremo-salta-el-burladero-de-la-discrecionalidad-tecnica/.

CHINCHILLA MARÍN, Carmen: "Artículo 136". *Revista Española de Derecho Administrativo N° 100. Comentarios a la Ley de la Jurisdicción Contencioso-Administrativa de 1998*. Editorial Civitas, S.A Madrid, 1998.

CHIOVENDA, Giuseppe: *Instituciones de Derecho Procesal Civil*. Volumen I. Traducción del italiano por E. Gómez Urbaneja. Editorial Revista de Derecho Privado. Madrid, 1954.

CHOLBI CACHÁ, Francisco Antonio y Vicente MERINO MOLINS: *Ejecución de sentencias en el proceso contencioso-administrativo e inembargabilidad de los bienes públicos*. Especial referencia a las entidades locales. Editorial Lex Nova. Valladolid, 2007.

DANÓS ORDÓÑEZ, Jorge: "El proceso contencioso administrativo en el Perú. Documento en línea consultado en agosto de 2013": http://www.jusdem.org.pe/webhechos/N010/ contencioso%20administrativo.htm.

DE DIEGO DÍEZ, Luis Alfredo: *Extensión de Efectos y Pleito Testigo en la Jurisdicción Administrativa*. Civitas Thomson Reuters. Madrid, 2016.

DE LAUBADERE, André, Jean-Claude VENEZIA et Yves GAUDEMENT: *Traité de Droit Administratif*. Tome 1. Droit administratif général. L.G.D.J. 15e édition. Paris, 1999.

DEL SAZ CORDERO, Silvia: "Artículo 91". *Revista Española de Derecho Administrativo N° 100. Comentarios a la Ley de la Jurisdicción Contencioso-Administrativa de 1998*. Editorial Civitas, S.A Madrid, 1998.

DE LA QUADRA-SALCERO Y FERNÁNDEZ DEL CASTILLO, Tomás: "Objeto del Recurso Contencioso Administrativo. Artículo 29". *Revista Española de Derecho Administrativo N° 100. Comentarios a la Ley de la Jurisdicción Contencioso-Administrativa de 1998*. Editorial Civitas, S.A Madrid, 1998.

DE LA RIVA, Ignacio M.: "La naturaleza jurídica del dominio público, ambos en: Dominio Público. Naturaleza y régimen de los bienes públicos". En: DE REINA TARTIÉRE, G. (Coord.): *Dominio Público. Naturaleza y régimen de los bienes públicos*. Editorial Heliasta S.R.L. Buenos Aires, 2009.

DESDENTADO DAROCA, Eva: *Los problemas del control judicial de la discrecionalidad técnica (Un estudio crítico de la jurisprudencia)*. Editorial Civitas, S.A. 1997.

DIEZ, Manuel María: *El acto administrativo*. 2° edición. Tipográfica Editora Argentina S.A. Buenos Aires, 1961.

DÍEZ SÁNCHEZ, Juan José: "Comentarios en torno a la Ley del Proceso Contencioso-Administrativo del Perú". *Revista de Administración Pública* N° 165. Centro de Estudios Políticos y Constitucionales. Madrid, 2004.

EGUIGUREN PRAELI, Francisco: "La inejecución de sentencias por incumplimiento de entidades estatales: algunas propuestas de solución". En: *Estudios Constitucionales*. Ara Editores. Lima. 2002. (El texto recoge el artículo publicado por el mismo autor en la *Revista Ius et Veritas* en el año 1999).

ESCRIBANO COLLADO, Pedro: España. "Técnicas de control de la discrecionalidad administrativa". En: BARNÉS VÁZQUEZ, J. (Coord.): *La Justicia Administrativa en el Derecho Comparado*. Editorial Civitas, S.A. Madrid, 1993.

ESCUDERO LEÓN, Margarita: "Reflexiones sobre la ejecución de sentencias que condenan al Estado Venezolano al pago de sumas de dinero". En: ARISMENDI A., A. y CABALLERO ORTIZ, J. (Coords.): *El Derecho Público a comienzos del Siglo XXI. Estudios en Homenaje al Profesor Allan R. Brewer Carías*. Tomo II. Tercera Parte. Derecho Administrativo. Civitas Ediciones. Madrid, 2003, pp. 2.322-2.323, disponible también en línea en: http://www.allanbrewercarias.com/Content/44972 5d9-f1cb-474b-8ab2-41efb849fec1/Content/III.6.2.%20LIBRO%20HOME-NAJE%20ARBC%20TOMO%20II.pdf

ESCUDERO HERRERA, Margarita: *Los obstáculos a la efectividad de las sentencias en el contencioso-administrativo, y sus soluciones*. Editorial Dykinson, S.L. Madrid, 2005.

ESGUERRA PORTOCARRERO, Juan Carlos: "El proceso ejecutivo contencioso administrativo y la Jurisdicción Coactiva". *Revista del Instituto Colombiano de Derecho Procesal* N° 20. Bogotá, 1996. (Documento en línea: http://www.icdp.org.co/revista/articulos/20/10-20EL%20PROCESO%20EJECUTIVO %20CONTENCIOSOS%20ADMINISTRATIVO.pdf. Consulta noviembre 2014).

ESPINOSA-SALDAÑA BARRERA, Eloy: "Proceso Contencioso Administrativo peruano: Evolución, balance y perspectivas". *Revista de Derecho Administrativo*. Círculo de Derecho Administrativo. Lima, 2012.

_____: "Notas sobre el anteproyecto de Ley del Proceso Contencioso Administrativo hoy en debate en el Perú". En: DANÓS ORDÓÑEZ, J., HUAPAYA TAPIA, R., ROJAS MONTES, V., TIRADO BARRERA, J.A. y VIGNOLO CUEVA, O. (Coords.): *Derecho Administrativo, Innovación, Cambio y Eficacia. Libro de Ponencias del Sexto Congreso Nacional de Derecho Administrativo*. ECB Ediciones-Thomson Reuters. Lima, 2014.

ESPINOZA, Alexander y Jhenny Rivas: *Ley Orgánica de la Jurisdicción Contencioso Administrativa. Aspectos Fundamentales*. 3ra. Edición. Instituto de Estudios Constitucionales. Caracas, 2013.

ESTRADA SÁNCHEZ, Juan Pablo: "Proceso Ejecutivo". En: *AA.VV.: Código de Procedimiento Administrativo y de lo Contencioso-Administrativo. Ley 1437 de 2011. Comentado y concordado*. *José Luis Benavides* Editor. Universidad Externado de Colombia. Bogotá, 2013.

FAJARDO GÓMEZ, Mauricio: "Medidas cautelares". En: *AA.VV.: Memorias del Seminario Internacional de presentación del nuevo Código de Procedimiento Administrativo y de lo Contencioso Administrativo. Ley 1437 de 2011*. Consejo de Estado. Imprenta Nacional de Colombia, s/f. http://www.consejodeestado.gov.co/publicaciones/LIBRO%20MEMORIAS%20Nuevo%20CCA.pdf. Consulta noviembre 2014.

FARÍAS MATA, Luis Enrique: "La doctrina de los actos excluidos en la jurisprudencia del supremo tribunal. Archivo de Derecho Público y Ciencias de la Administración. Instituto de Derecho Público". Facultad de Derecho. Universidad Central de Venezuela. Caracas, 1971.

FERNÁNDEZ VALVERDE, Rafael: "Urbanismo y ejecución de sentencias". En: SÁNCHEZ LAMELAS, A. (Coord.): *La ejecución de sentencias contencioso-administrativas. IV Curso sobre la Jurisdicción Contencioso-Administrativa*. Editorial Aranzadi, S.A. Navarra, 2006.

FERNÁNDEZ RODRÍGUEZ TAMAYO, Mauricio: *La acción ejecutiva ante la Jurisdicción Administrativa. Segunda edición*. Colección Textos de jurisprudencia. Editorial Universidad del Rosario. Bogotá, Colombia, 2007. Documento en línea consultado en noviembre de 2014: http://books.google.co.ve/ books?id=T5wvICjlBiUC&pg=PP9&hl=es&source=gbs_selected_p ages&cad=2#v=onepage&q&f=false).

FERNÁNDEZ, Tomás Ramón: "Los vicios de orden público y la teoría de las nulidades en el Derecho Administrativo". En: *Revista de Administración Pública* N° 58. Instituto de Estudios Políticos. Madrid, 1969.

_____: *La nulidad de los actos administrativos*. 2° edición. Colección monografías jurídicas N° 11. Editorial Jurídica Venezolana. Caracas, 1987.

_____: *De la arbitrariedad de la Administración*. 3° edición ampliada. Civitas Ediciones, S.L. Madrid, 1999.

_____: "La discrecionalidad técnica: Un viejo fantasma que se desvanece". *Revista de Administración Pública* N° 196. Centro de Estudios Constitucionales. Madrid, 2015.

FONT I LLOVET, Tomás: "Justicia administrativa y ejecución de sentencias". En: MONTORO CHINER, M.J. (Coord.): *Libro Homenaje al Prof. Dr. D. Rafael Entrena Cuesta*. Atelier. Barcelona, España. 2003.

FRIER, Pierre-Laurent et Jacques PETIT: *Droit Administatif*. 7° edition. Montchrestien. Paris, 2012.

GALÁN GALÁN, Alfredo: "Los poderes del Juez en la eje-cución de sentencias: Reacción frente a los actos de la Adminis-tración o del Legislador que tengan como finalidad eludir su cumplimiento". En: SÁNCHEZ LAMELAS, A. (Coord.): *La eje-cución de sentencias contencioso-administrativas. IV Curso sobre la Jurisdicción Contencioso-Administrativa.* Editorial Aranzadi, S.A. Navarra, 2006.

GALLOTTI, Alejandro: *Las prerrogativas del Estado en el De-recho Procesal Administrativo.* Segunda Edición. Fundación Estu-dios de Derecho Administrativo (FUNEDA). Caracas, 2011.

_____: *El poder de sustitución del juez en la función administrativa.* Cuadernos de la Cátedra Fundacional Allan R. Brewer-Carías. Universidad Católica Andrés Bello. N° 34. Editorial Jurídica Venezolana. Caracas, 2015.

GARCÍA DE ENTERRÍA, Eduardo: *Legislación delegada, po-testad reglamentaria y control judicial.* Editorial Tecnos. Madrid, 1970.

_____: "Los postulados constitucionales de la ejecución de las sentencias contencioso-administrativas. Documentación Administrativa N° 209. La ejecución de las sentencias condenatorias de la Administración". Instituto Na-cional de Administración Pública. Madrid, 1987.

_____: *Revolución Francesa y Administra-ción Contemporánea.* 4° edición. Monografías Civitas. Madrid, 1994.

_____: *Reflexiones sobre la Ley y los Prin-cipios Generales del Derecho.* Editorial Civitas. Madrid, 1984.

_____: *La lucha contra las inmunidades del poder (Poderes discrecionales, poderes de gobierno, poderes normati-vos).* Reimpresión de la 3° edición. Cuadernos Civitas. Editorial Civitas, S.A. Madrid, 1995.

_____: "Introducción". *Revista Española de Derecho Administrativo* N° 100. Comentarios a la Ley de la Jurisdicción Contencioso-Administrativa de 1998. Editorial Civitas, S.A Madrid, 1998.

_____: *Democracia, Jueces y Control Judicial de la Administración*. 5° edición. Editorial Civitas. Madrid, 2000.

_____: "Prólogo". En: MARTÍN DELGADO, Isaac: *La ejecución subrogatoria de las sentencias contencioso-administrativas*. Iustel, Madrid, 2006.

_____: *Las transformaciones de la justicia administrativa: de excepción singular a la plenitud jurisdiccional. ¿Un cambio de paradigma?* Thomson Civitas. Navarra, 2007.

GARCÍA DE ENTERRÍA, Eduardo y Tomás Ramón Fernández: *Curso de Derecho Administrativo*. Duodécima edición. Volumen I. Thomson Civitas. Madrid, 2004.

_____: *Curso de Derecho Administrativo*. Séptima Edición. Volumen II. Editorial Civitas. Madrid, 2000.

GARCÍA DEL RÍO, Luis: "El control judicial de la discrecionalidad técnica. Los procedimientos de selección de personal al servicio de las Administraciones Públicas". En: HINOJOSA MARTÍNEZ, E. y GONZÁLEZ DELEITO-DOMÍNGUEZ, N. (Coords.): *Discrecionalidad administrativa y control judicial*. I Jornadas del Gabinete Jurídico de la Junta de Andalucía. Editorial Civitas, S.A. Madrid, 1996.

GARCÍA ETCHEGOYEN, Marcos Federico: "La vía de hecho en la nueva regulación de la Ley de Jurisdicción Contencioso-Administrativo (extensión material de la autotutela administrativa a la vía de hecho)". *Revista E-Derecho Administrativo*. Año 2001 número 1. Documento en línea: file:///C:/Users/User1/Downloads/Dialnet-LaViaDeHechoEnLaNuevaLeyDeJurisdiccionContenciosoa-238292.pdf.

GARCÍA PÉREZ, Marta: *El objeto del proceso contencioso-administrativo*. Editorial Aranzadi. Navarra, España, 1999.

GARCÍA-TREVIJANO FOS, José Antonio: *Los actos administrativos*. *2° Edición actualizada*. *Tratados y Manuales*. Editorial Civitas, S.A. Madrid, 1991.

GARRIDO FALLA, Fernando: *Tratado de Derecho Administrativo*. *Parte General*. Volumen I. 12° Edición. Editorial Tecnos S.A. Madrid, 1994.

_____: "Objeto del recurso contencioso-administrativo. Artículos 25 y 26". *Revista Española de Derecho Administrativo N° 100*. Comentarios a la Ley de la Jurisdicción Contencioso-Administrativa de 1998. Editorial Civitas, S.A Madrid, 1998.

GEIS I CARRERAS, Gemma: *La ejecución de las sentencias urbanísticas*. Segunda edición. Atelier. Barcelona, 2013.

GHAZZAOUI, Ramsis: "El control contencioso administrativo sobre las vías de hecho". En: CANÓNICO SARABIA, A. (Coord.): *Actualidad del Contencioso Administrativo y otros mecanismos de control del Poder. V Congreso Internacional de Derecho Administrativo Margarita* 2013. Editorial Jurídica Venezolana. Centro de Adiestramiento Jurídico. Caracas, 2013.

GIMENO SENDRA, Vicente, Víctor MORENO CATENA y Pascual SALA SÁNCHEZ: *Derecho Procesal Administrativo*. Segunda edición. Editorial Centro de Estudios Ramón Areces, S.A. Madrid, 2004.

GÓMEZ DÍAZ, Ana Belén: "Recurso contra vías de hecho: Una regulación peligrosa y problemática". *Revista de Administración Pública N° 151*. Centro de Estudios Políticos y Constitucionales. Madrid, 2000.

GÓMEZ-FERRER MORANT, Rafael: "Ejecución de sentencias. Artículo 111 y 112". *Revista Española de Derecho Administrativo N° 100*. Comentarios a la Ley de la Jurisdicción Contencioso-Administrativa de 1998. Editorial Civitas, S.A Madrid, 1998.

GÓMEZ PUENTE, Marcos: "Ejecución de sentencias. Artículo 108". *Revista Española de Derecho Administrativo N° 100.* Comentarios a la Ley de la Jurisdicción Contencioso-Administrativa de 1998. Editorial Civitas, S.A Madrid, 1998.

_____: *La inactividad de la Administración.* 2° edición. Editorial Aranzadi. Elcano, Navarra, 2000.

GONZÁLEZ BETANCOURT, Gina: "La inactividad de la Administración Pública en cuanto al derecho de acceso a la información pública y el principio de transparencia administrativa". En: HERNÁNDEZ-MENDIBLE, V.R. (Dir.): *La actividad e inactividad administrativa y la Jurisdicción Contencioso-Administrativa.* Colección Estudios Jurídicos N° 96. Editorial Jurídica Venezolana. Caracas, 2012.

GONZÁLEZ CAMACHO, Óscar Eduardo: "Sentencia". En: JIMÉNEZ MEZA, Manrique, JINESTA LOBO, Ernesto, MILANO SÁNCHEZ y Óscar GONZÁLEZ CAMACHO: *El nuevo Proceso Contencioso-Administrativo.* Poder Judicial. San José, Costa Rica, 2006.

_____: "Recursos". En: JIMÉNEZ MEZA, Manrique, JINESTA LOBO, Ernesto, MILANO SÁNCHEZ y Óscar GONZÁLEZ CAMACHO: *El nuevo Proceso Contencioso-Administrativo.* Poder Judicial. San José, Costa Rica, 2006

_____: "La ejecución de sentencia". En: JIMÉNEZ MEZA, Manrique, JINESTA LOBO, Ernesto, MILANO SÁNCHEZ y Óscar GONZÁLEZ CAMACHO: *El nuevo Proceso Contencioso-Administrativo. Poder Judicial.* San José, Costa Rica, 2006.

_____: "Proceso de Extensión y Adaptación de la Jurisprudencia a Terceros". En: JIMÉNEZ MEZA, Manrique, JINESTA LOBO, Ernesto, MILANO SÁNCHEZ y Óscar GONZÁLEZ CAMACHO: *El nuevo Proceso Contencioso-Administrativo. Poder Judicial.* San José, Costa Rica, 2006.

GONZÁLEZ PÉREZ, Jesús: *La pretensión procesal administrativa*. Revista de Administración Pública N° 12. Instituto de Estudios Políticos. Madrid, 1952.

_____: *Derecho Procesal Administrativo Hispanoamericano*. Editorial Temis S.A. Bogotá, Colombia, 1985.

_____: "Acciones declarativas, constitutivas y de condena de la Administración Pública". *Revista de Derecho Público* N° 26. Editorial Jurídica Venezolana. Caracas, 1986.

_____: "Control jurisdiccional de la inactividad y de la vía de hecho". *Revista Jurídica de la Comunidad de Madrid* N° 2. 1999, Documento en línea consultado en abril de 2009: http://www.madrid.org/cs/Satellite?c=CM_Revista_ FP&cid=1109168501031&esArticulo=true&idRevistaElegida=1109168 490942&language=es&pagename=RevistaJuridica%2FPage%2Fh ome_RJU&seccion=1109168469706&siteName=RevistaJuridica.

_____: *El derecho a la tutela jurisdiccional*. Tercera edición. Editorial Civitas SL. Madrid, 2001.

_____: *Manual de Derecho Procesal Administrativo*. Tercera edición. Civitas Ediciones S.L. Madrid, 2001.

_____: "Hacia un Código Procesal Administrativo Modelo para Iberoamérica". En: GONZÁLEZ PÉREZ, Jesús y Juan Carlos CASSAGNE: *La Justicia Administrativa en Iberoamérica*. LexisNexis. Aveledo-Perrot. Buenos Aires, 2005.

_____: *Comentarios a la Ley de la Jurisdicción Contencioso-Administrativa (Ley 29/1998, del 13 de julio)*. Séptima edición. Thomson Reuters Civitas. Editorial Aranzadi, S.A. Navarra, 2013.

GONZÁLEZ REY, Sergio: "Medidas cautelares". En: *AA.VV.: Código de Procedimiento Administrativo y de lo Contencioso-Administrativo. Ley 1437 de 2011.* Comentado y concordado. José Luis Benavides Editor. Universidad Externado de Colombia. Bogotá, 2013.

GONZÁLEZ SALINAS, Jesús: "Objeto del Recurso Contencioso Administrativo. Artículo 31". *Revista Española de Derecho Administrativo N° 100. Comentarios a la Ley de la Jurisdicción Contencioso-Administrativa de 1998.* Editorial Civitas, S.A Madrid, 1998.

GONZÁLEZ-VARAS, Santiago: *La vía de hecho administrativa.* Editorial Tecnos, S.A. Madrid, 1994.

_____: "Objeto del Recurso Contencioso Administrativo. Artículo 32". *Revista Española de Derecho Administrativo N° 100. Comentarios a la Ley de la Jurisdicción Contencioso-Administrativa de 1998.* Editorial Civitas, S.A Madrid, 1998.

GRANADO HIJELMO, Ignacio: "La interdicción constitucional de la arbitrariedad de los Poderes Públicos". En: HINOJOSA MARTÍNEZ, E. y GONZÁLEZ DELEITO-DOMÍNGUEZ, N. (Coords.): *Discrecionalidad administrativa y control judicial. I Jornadas del Gabinete Jurídico de la Junta de Andalucía.* Editorial Civitas, S.A. Madrid, 1996.

GUAITA, Aurelio: "Ejecución de sentencias en el proceso administrativo español". *Revista de Administración Pública* N° 9. Instituto de Estudios Políticos. Madrid, 1952.

GUASP DELGADO, Jaime: *La pretensión procesal.* Editorial Civitas S.A. Segunda edición. Madrid, 1985.

GUZMÁN NAPURI, Christian: "Los principios generales del Derecho Administrativo". *Revista Ius et Veritas.* Facultad de Derecho de la Pontificia Universidad Católica del Perú. Vol. 19 N° 38. Lima, 2009.

_____: "Las actuaciones impugnables en el Proceso Contencioso Administrativo peruano". *Revista de Derecho Administrativo.* Círculo de Derecho Administrativo. Lima, 2012.

HENRÍQUEZ LARRAZÁBAL, Ricardo: "La ejecución de las sentencias en la nueva Ley Orgánica de la Jurisdicción Contencioso Administrativa". En: *AA.VV. III Jornadas Aníbal Dominici. Homenaje Dr. Ricardo Henríquez Laroche. Derecho Probatorio.* Fundación Estudios de Derecho Administrativo (FUNEDA). Caracas, 2011.

HERNÁNDEZ BECERRA, Augusto: "La Jurisprudencia en el nuevo Código". En: *AA.VV.: Memorias del Seminario Internacional de presentación del nuevo Código de Procedimiento Administrativo y de lo Contencioso Administrativo. Ley 1437 de 2011.* Consejo de Estado. Imprenta Nacional de Colombia, s/f (documento en línea: http://www.consejodeestado.gov.co/ publicaciones/LIBRO%20MEMORIAS%20Nuevo%20CCA.pdf. Consulta noviembre 2014).

HERNÁNDEZ G., José Ignacio: "El poder de sustitución del juez contencioso administrativo: contenido y ejecución de la sentencia. En: El contencioso administrativo hoy". En: *Jornadas 10° Aniversario.* Fundación Estudios de Derecho Administrativo. Caracas, 2004.

_____: "La vía de hecho en la nueva Ley Orgánica del Tribunal Supremo de Justicia". En: *AA.VV.: Temas de Derecho Procesal.* Volumen I. Colección Estudios Jurídicos N° 15. Tribunal Supremo de Justicia. Caracas, 2005.

_____: "La pretensión procesal administrativa frente a las vías de hecho". En: *AA.VV.: Derecho Contencioso Administrativo. Libro Homenaje al Profesor Luis Henrique Farias Mata.* Instituto de Estudios Jurídicos del Estado Lara. Librería J. Rincón. Barquisimeto, 2006.

_____: "Ejecución de la sentencia en el orden contencioso administrativo". En: *AA.VV.: El contencioso administrativo en el ordenamiento jurídico venezolano y en la jurisprudencia del Tribunal Supremo de Justicia. III Jornadas sobre Derecho Administrativo en Homenaje a la Dra. Hildegard Rondón de Sansó.* Funeda. Caracas, 2006.

_____: "Vías de hecho y contencioso administrativo" En: HERNÁNDEZ-MENDIBLE, V. (Coord.): *Derecho Administrativo Iberoamericano. 100 autores en homenaje al postgrado de Derecho Administrativo de la Universidad Católica "Andrés Bello".* Tomo 2. Ediciones Paredes. Caracas, 2007.

_____: "Breves notas sobre la vía de hecho en la actualidad de la justicia administrativa en Venezuela" En: *AA.VV.: El contencioso-administrativo a partir de la Ley Orgánica del Tribunal Supremo de Justicia*. Fundación Estudios de Derecho Administrativo (FUNEDA). Caracas, 2009.

_____: "Pasado, presente y futuro de la nueva Ley Orgánica de la Jurisdicción Contencioso Administrativa". En: *AA.VV.: Comentarios a la Ley Orgánica de la Jurisdicción Contencioso Administrativa*. Volumen I. Fundación Estudios de Derecho Administrativo (FUNEDA). Caracas, 2010.

_____: "El cambio de paradigma: Las pretensiones procesales administrativas". En: BREWER-CARÍAS, A. y HERNÁNDEZ-MENDIBLE, V.R. (Dirs.): *El Contencioso Administrativo y los Procesos Constitucionales*. Colección Estudios Jurídicos Nº 92. Editorial Jurídica Venezolana. Caracas, 2011.

HERNÁNDEZ-MENDIBLE, Víctor Rafael: "Los vicios de anulabilidad en el Derecho Administrativo". *Revista de la Facultad de Ciencias Jurídicas y Políticas*. Universidad Central de Venezuela. Caracas, 1996.

_____: "La ejecución de sentencias en el proceso administrativo venezolano". En: DURÁN MARTÍNEZ, A. (Dir.): *Estudios de Derecho Administrativo*. Nº 1. La Ley. Montevideo, 2010.

_____: "Los Recursos de Apelación, Especial de Juridicidad y la ejecución de sentencias en el proceso administrativo". En: *AA.VV.: Comentarios a la Ley Orgánica de la Jurisdicción Contencioso Administrativa*. Vol. I. Fundación Estudios de Derecho Administrativo (FUNEDA). Caracas, 2010.

_____: "Sobre la nueva reimpresión por supuestos errores materiales de la Ley Orgánica del Tribunal Supremo, octubre 2010". *Revista de Derecho Público* Nº 124. Editorial Jurídica Venezolana. Caracas, 2010.

_____: "Los Derechos Constitucionales Procesales". En: BREWER-CARÍAS, A. y HERNÁNDEZ-MENDIBLE (Dirs.): *El Contencioso Administrativo y los Procesos Constitucionales.* Colección Estudios Jurídicos N° 92. Editorial Jurídica Venezolana. Caracas, 2011.

_____: "Los actos administrativos: Generales e individuales". En: HERNÁNDEZ-MENDIBLE, V.R. (Dir.): *La actividad e inactividad administrativa y la Jurisdicción Contencioso-Administrativa.* Colección Estudios Jurídicos N° 96. Editorial Jurídica Venezolana. Caracas, 2012.

_____: *Estudio Jurisprudencial de las nulidades, potestades de la Administración y Poderes del Juez en el Derecho Administrativo.* Fundación Estudios de Derecho Administrativo (FUNEDA). Caracas, 2012.

_____: "La ejecución de sentencias en el proceso administrativo venezolano". En: *AA.VV.: 20 Años de FUNEDA y el contencioso-administrativo.* Volumen II. Fundación Estudios de Derecho Administrativo. Caracas, 2015.

HERRERA ORELLANA, Luis Alfonso: "La defensa de los derechos constitucionales frente a las vías de hecho: razones a favor del mantenimiento -provisional- en Venezuela del amparo constitucional en contra de las vías de hecho de la Administración Pública". *Revista de la Facultad de Derecho* N° 60-61. Universidad Católica "Andrés Bello". Caracas, 2009.

HIDALGO CUADRA, Ronald: "Hacienda pública y ejecución de sentencias en lo contencioso administrativo". *Revista de Ciencias Jurídicas* No. 104 Universidad de Costa Rica. Facultad de Derecho. San José de Costa Rica, 2004.

HINOJOSA MARTÍNEZ, Eduardo: "Aspectos procesales del control judicial de la discrecionalidad administrativa". En: HINOJOSA MARTÍNEZ, E. y GONZÁLEZ DELEITO-DOMÍNGUEZ, N. (Coords.): *Discrecionalidad administrativa y control judicial. I Jornadas del Gabinete Jurídico de la Junta de Andalucía.* Editorial Civitas, S.A. Madrid, 1996.

HOYOS, Arturo: *El Debido Proceso*. Temis S.A. Bogotá, 1998.

HUAPAYA TAPIA, Ramón A.: *Tratado del Proceso Contencioso Administrativo*. Jurista Editores. Lima, 2006.

HUERGO LORA, Alejandro: "Objeto del Recurso Contencioso Administrativo. Artículo 33". *Revista Española de Derecho Administrativo N° 100. Comentarios a la Ley de la Jurisdicción Contencioso-Administrativa de 1998*. Editorial Civitas, S.A Madrid, 1998.

_____: *Las pretensiones de condena en el contencioso-administrativo*. Editorial Aranzadi. Navarra, 2000.

HUTCHINSON, Tomás: *Derecho Procesal Administrativo*. Tomos I y III. Rubinzol-Culzoni Editores. Buenos Aires, 2009.

IBÁÑEZ RIVAS, Juana María: "Comentario al artículo 8. Garantías Judiciales". En: STEINER, K. y URIBE, P. (Edit.): *Convención Americana Sobre Derechos Humanos*. Comentarios. Konrad Adenauer Stifung. Bolivia, 2014, pp. 207-254. Documento en línea (consulta junio 2015).

JINESTA LOBO, Ernesto: *La tutela jurisdiccional contra las vías de hecho o las simples actuaciones materiales de la Administración Pública: La desmitificación del interdicto por vías de hecho*. Ivstitia. Año 12 N° 136. Costa Rica, 1998. Consultado en línea: http://www.ernestojinesta.com/_REVISTAS/TUTELA%20JURISDICCIONAL%20CONTRA%20LAS%20V%C3%8DAS%20DE%20HECHO%20O%20LAS%20SIMPLES%20ACTUACIONES%20MATERIALES%20DE%20LA%20ADMINISTRACI%C3%93N%20P%C3%9ABLICA.PDF.

_____: "Conducta administrativa objeto del proceso". En: JIMÉNEZ MEZA, Manrique, JINESTA LOBO, Ernesto, MILANO SÁNCHEZ y Óscar GONZÁLEZ CAMACHO: *El nuevo Proceso Contencioso-Administrativo. Poder Judicial*. San José, Costa Rica, 2006.

_____: Pretensiones. En: JIMÉNEZ MEZA, Manrique, JINESTA LOBO, Ernesto, MILANO SÁNCHEZ y Óscar GONZÁLEZ CAMACHO: El nuevo Proceso Contencioso-Administrativo. Poder Judicial. San José, Costa Rica, 2006.

_____: *Manual del Proceso Contencioso-Administrativo*. Editorial Jurídica Continental. Primera edición primera reimpresión. San José. Costa Rica, 2009.

_____: "La nueva Justicia Administrativa en Costa Rica". *Revista de Administración Pública N° 179*. *Mayo-Agosto 2009*. Centro de Estudios Políticos y Constitucionales. Madrid, 2009.

KIRIAKIDIS LONGHI, Jorge: "Notas en torno al procedimiento breve de la Ley Orgánica de la Jurisdicción Contencioso Administrativa". En: *AA.VV.: Comentarios a la Ley Orgánica de la Jurisdicción Contencioso Administrativa*. Vol. II. Fundación Estudios de Derecho Administrativo. Caracas, 2011.

_____: *El contencioso administrativo a la luz de la Ley Orgánica de la Jurisdicción Contencioso Administrativa*. Segunda Edición. Fundación Estudios de Derecho Administrativo (FUNEDA). Caracas, 2013.

LARES MARTÍNEZ, Eloy: *Manual de Derecho Administrativo*. 12° Edición (reimpresión). Facultad de Ciencias Jurídicas y Políticas. Universidad Central de Venezuela. Caracas, 2002.

LAZARTE VILLANUEVA, Patricia: "Algunos alcances sobre la Ejecución de Sentencias en materia previsional". *Revista de Derecho Administrativo*. Círculo de Derecho Administrativo. Lima, 2012.

LINARES BENZO, Gustavo: "La vía de hecho como objeto de la pretensión procesal administrativa". En: *AA.VV.: El contencioso-administrativo hoy. Jornadas 10° aniversario*. Fundación Estudios de Derecho Administrativo. Caracas, 2004.

_____: "Notas sobre los actos administrativos". *El Derecho Público a los 100 números de la Revista de Derecho Público 1980-2005*. Editorial Jurídica Venezolana. Caracas, 2007.

LINDE PANIAGUA, Enrique: *Fundamentos de Derecho Administrativo. Del Derecho del poder al derecho de los ciudadanos*. 4°

edición. Universidad Nacional de Educación a Distancia. Colex Editorial. Madrid, 2012.

LÓPEZ BENÍTEZ, Mariano: "Ejecución de sentencias. Artículo 110". *Revista Española de Derecho Administrativo N° 100. Comentarios a la Ley de la Jurisdicción Contencioso-Administrativa de 1998*. Editorial Civitas, S.A Madrid, 1998.

LÓPEZ BLANCO, Hernán Fabio: *Instituciones de Derecho Procesal Civil Colombiano. Parte Especial*. Tomo II. Octava edición. Dupre Editores. Bogotá, 2004.

LÓPEZ GONZÁLEZ, José Ignacio: "El sistema español de ejecución de sentencias condenatorias de la Administración". En: BARNÉS VÁZQUEZ, J. (Coord.): *La Justicia Administrativa en el Derecho Comparado*. Editorial Civitas, S.A. Madrid, 1993.

LÓPEZ-MEDEL BASCONES, Jesús: "Ejecución de sentencias en la Ley de la Jurisdicción Contencioso-Administrativa". En: A. SÁNCHEZ LAMELAS, A. (Coord.): *La ejecución de sentencias contencioso-administrativas. IV Curso sobre la Jurisdicción Contencioso-Administrativa*. Editorial Aranzadi, S.A. Navarra, 2006.

LÓPEZ MENUDO, Francisco: *Vía de hecho administrativa y justicia civil. Universidad de Córdoba*. Editorial Civitas, S.A., Madrid, 1988.

_____: "Reclamación previa a interdictos contra la Administración. Fin de un requisito controvertido". En: MARTÍN-RETORTILLO BAQUER, L. (Coord): *La protección jurídica del ciudadano (Procedimiento administrativo y garantía jurisdiccional). Estudios en Homenaje al Profesor Jesús González Pérez*. Tomo II. La jurisdicción contencioso-administrativa. Editorial Civitas, S.A., Madrid, 1993.

_____: "El control judicial de la Administración en la Constitución Española". En: HINOJOSA MARTÍNEZ, E. y GONZÁLEZ DELEITO-DOMÍNGUEZ, N. (Coords.): *Discrecionalidad administrativa y control judicial. I Jornadas del Gabinete Jurídico de la Junta de Andalucía*. Editorial Civitas, S.A. Madrid, 1996.

_____: "Objeto del Recurso Contencioso Administrativo. Artículo 30". *Revista Española de Derecho Administrativo N° 100. Comentarios a la Ley de la Jurisdicción Contencioso-Administrativa de 1998.* Editorial Civitas, S.A Madrid, 1998.

LÓPEZ RAMÓN, Fernando: *Sistema jurídico de los bienes públicos.* Civitas Thomson Reuters. Editorial Aranzadi, S.A. Navarra, 2012.

LOZANO CUTANDA, Blanca: "Ejecución de sentencias. Artículo 105". *Revista Española de Derecho Administrativo N° 100. Comentarios a la Ley de la Jurisdicción Contencioso-Administrativa de 1998.* Editorial Civitas, S.A Madrid, 1998.

MARÍN HERNÁNDEZ, Hugo Alberto: "Algunas anotaciones en relación con la discrecionalidad administrativa y el control judicial de su ejercicio en el Derecho Urbanístico Colombiano". *Revista digital de Derecho Administrativo N° 2.* Universidad Externado de Colombia. Julio-diciembre, 2009. http://portal.uexternado.edu.co/pdf/Derecho/Revista%20Digital%20de%20Derecho%20Administrativo/Edici%C3%83%C2%B3n%202/Art%C3%83%C2%ADculos/5_hugoMarin.pdf.

MARTÍN CONTRERAS, Luis: *La extensión de efectos de una sentencia a terceros. El artículo 110 de la ley reguladora de la jurisdicción contencioso-administrativa.* Segunda edición. Comares editorial. Granada, 2010.

MARTÍN DELGADO, Isaac: *Función jurisdiccional y ejecución de sentencias en lo contencioso-administrativo. Hacia un sistema de ejecución objetivo normalizado.* Marcial Pons. Madrid, 2005.

_____: *La ejecución subrogatoria de las sentencias contencioso-administrativas.* Iustel, Madrid, 2006.

MARTÍN-RETORTILLO BAQUER, Sebastián: "Comentario. Artículo 2.b." *Revista Española de Derecho Administrativo N° 100. Comentarios a la Ley de la Jurisdicción Contencioso-Administrativa de 1998.* Editorial Civitas, S.A Madrid, 1998.

_____: *Instituciones de Derecho Administrativo.* Thomson Civitas. Madrid, 2007.

MARTÍNEZ DE PISÓN APARICIO, Íñigo: "Artículo 84". *Revista Española de Derecho Administrativo N° 100. Comentarios a la Ley de la Jurisdicción Contencioso-Administrativa de 1998*. Editorial Civitas, S.A Madrid, 1998.

_____: *La ejecución provisional de sentencias en lo contencioso-administrativo*. Civitas Ediciones, S.L. Madrid, 1999.

MEILÁN GIL, José Luis: "La Jurisdicción Contencioso-Administrativa y la Constitución Española de 1978". En: GARCÍA PÉREZ, M. (Coord.): *Jornadas de Estudio sobre la Jurisdicción Contencioso-Administrativa*. Universidade Da Coruña. Coruña, 1997.

_____: "Prólogo". En: GARCÍA PÉREZ, Marta: *El objeto del proceso contencioso-administrativo*. Editorial Aranzadi. Navarra, España, 1999.

_____: *La argumentación en el contencioso administrativo. Anuario de la Facultad de Derecho de la Universidade Da Coruña*. N° 15. La Coruña, 2001.

_____: *Los Principios Generales del Derecho desde la perspectiva del Derecho Público. Categorías Jurídicas en el Derecho Administrativo*. Iustel. Madrid, 2011

_____: *Sobre la categoría jurídica del dominio público. Categorías jurídicas en el Derecho Administrativo*. Iustel. Madrid, 2011.

_____: "Dificultades y atajos en la Justicia Administrativa". En: RODRÍGUEZ ARANA, J., VÁZQUEZ IRIZARRY, W. y RODRÍGUEZ MARTÍN-RETORTILLO, M. (Coords.): *Contenciosos Administrativos en Ibero-américa*. XIV Foro Iberoamericano de Derecho Administrativo. Tomo II. San Juan de Puerto Rico, 2015.

MEILÁN GIL, José Luis y Marta GARCÍA PÉREZ: Cuestiones actuales de la Justicia Administrativa en España. Disponible en línea consulta octubre 2015: http://biblio.juri dicas.unam.mx/libros/7/3282/25.pdf

_____: "Una visión actual de la Justicia Administrativa en España". En: RODRÍGUEZ-ARANA MUÑOZ, J. y GARCÍA PÉREZ, M. (Coord.): *La Jurisdicción Contencioso Administrativa en Iberoamérica.* Colección Derecho Público Iberoamericano N° 1. Editorial Jurídica Venezolana. Caracas, 2014.

MEJÍA ALFONSO, Rafael: "Artículo 146". En: *AA.VV.: Código de Procedimiento Administrativo y de lo Contencioso-Administrativo. Ley 1437 de 2011.* Comentado y concordado. José Luis Benavides Editor. Universidad Externado de Colombia. Bogotá, 2013.

MERINO, Ignacio: *La protección de las libertades públicas contra la vía de hecho administrativa.* Generalitat Valenciana. Editorial Civitas, S.A. Madrid, 1992.

MESEGUER YEBRA, Joaquín: *La vía de hecho como objeto de recurso. Biblioteca básica de práctica procesal.* Serie administrativa. Editorial Bosch, S.A., Barcelona, 2002.

MÍGUEZ BEN, Eduardo. "Ejecución de sentencias. Artículo 106". *Revista Española de Derecho Administrativo N° 100.* Comentarios a la Ley de la Jurisdicción Contencioso-Administrativa de 1998. Editorial Civitas, S.A Madrid, 1998.

MOLES CAUBET, Antonio: "Rasgos generales de la jurisdicción contencioso administrativa". En: *AA.VV.: El Control Jurisdiccional de los Poderes Públicos en Venezuela.* Instituto de Derecho Público. Universidad Central de Venezuela. Caracas, 1979.

_____: "El principio de legalidad y sus implicaciones". En: *Estudios de Derecho Público.* ACOSTA-HOENICKA, O. (Comp.). Facultad de Ciencias Jurídicas y Políticas. Universidad Central de Venezuela. Caracas, 1997.

MORÓN PALOMINO, Manuel: *Derecho Procesal Civil.* Cuestiones Fundamentales. Marcial Pons. Madrid, 1993.

MUCI BORJAS, José Antonio: "Los poderes del juez administrativo. Tutela judicial efectiva y control integral de la actividad administrativa". En: ARISMENDI A., A y CABALLERO ORTIZ, J. (Coords.): *El Derecho Público a comienzos del Siglo XXI. Estudios en Homenaje al Profesor Allan R. Brewer Carías.* Tomo II. Tercera Parte. Derecho Administrativo. Civitas Ediciones. Madrid, 2003.

_____: "El Derecho Administrativo global y las limitaciones de derecho interno, para la ejecución de los fallos de condena al pago de sumas de dinero dictados contra la República. Juicio crítico sobre los privilegios y prerrogativas de la Nación a la luz de los Tratados Bilaterales de Inversión (Bits)". En: HERNÁNDEZ-MENDIBLE, V. (Coord.): *Desafíos del Derecho Administrativo Contemporáneo. Conmemoración Internacional del Centenario de la Cátedra de Derecho Administrativo en Venezuela.* Tomo II. Ediciones Paredes. Caracas, 2009.

MUÑOZ MACHADO, Santiago: "Exposición de Motivos". *Revista Española de Derecho Administrativo N° 100. Comentarios a la Ley de la Jurisdicción Contencioso-Administrativa de 1998.* Editorial Civitas, S.A Madrid, 1998.

NIETO, Alejandro: "La inactividad de la Administración y el recurso contencioso-administrativo". *Revista de Administración Pública* N° 37. Centro de Estudios Políticos. Madrid, 1962.

_____: *La inactividad material de la Administración: veinticinco años después.* Documentación Administrativa N° 208. Instituto Nacional de Administración Pública. Madrid, 1986.

_____: "Estudio Preliminar". En: BELADIEZ ROJO, Margarita: *Validez y eficacia de los actos administrativos.* Monografías Jurídicas. Marcial Pons, Ediciones Jurídicas S.A., Madrid, 1994.

_____: "Contra las teorías al uso. Una propuesta de renovación". En: *III Jornadas Internacionales de Derecho Administrativo "Allan Randolph Brewer-Carías". Los efectos y la ejecución de los actos administrativos.* Caracas, 1997.

_____: "La inactividad de la Administración en la LJCA de 1998". *Revista Justicia Administrativa* *número extraordinario 1 dedicado a la Ley de la Jurisdicción Contencioso-Administrativa.* Editorial Lex Nova. Valladolid, 1999.

_____: "La vía de hecho omisiva". En: MONTORO CHINER, M.J. (Coord.): *La Justicia Administrativa. Libro Homenaje al Prof. Dr. D. Rafael Entrena Cuesta.* Atelier. Barcelona, España. 2003.

NIEVA FENOLL, Jordi: *La cosa juzgada.* Atelier. Barcelona, España, 2006.

ORLANDO, Freddy: "El poder discrecional y sus límites". En: HERNÁNDEZ G., J.I. (Coord.): *Libro Homenaje a las Instituciones Fundamentales del Derecho Administrativo y la Jurisprudencia Venezolana del Profesor Allan R. Brewer-Carías en el cincuenta aniversario de su publicación 1964-2014.* Editorial Jurídica Venezolana. Caracas, 2015.

ORTEGA ÁLVAREZ, Luis: "La ejecución de sentencias". *Revista Justicia Administrativa número extraordinario 1 dedicado a la Ley de la Jurisdicción Contencioso-Administrativa.* Editorial Lex Nova. Valladolid, 1999.

ORTELLS RAMOS, Manuel: *Derecho Procesal Civil.* Aranzadi Editorial. 2° edición. Elcano, Navarra, 2001.

ORTIZ ÁLVAREZ, Luis: *Revolución Francesa y justicia administrativa.* Editorial Sherwood. Caracas, 2003.

OSPINA SEPÚLVEDA, Roosvelt Jair: "Límites jurídicos y políticos de la decisión de la Administración Pública en nuestro sistema constitucional". *Revista Electrónica* N° 2 Año 1. Facultad de Derecho y Ciencias Políticas. Universidad de Antioquia. Septiembre-Diciembre, 2009. Documento en línea: http:// aprendeenlinea.udea.edu.co/revistas/index.php/derypol/article /viewFile/3286/3049 (consulta julio 2015).

OVIEDO RUIZ, Lourdes Margot: "El proceso urgente en la Ley del Proceso Contencioso Administrativo". Documento en línea consultado en septiembre de 2015: http://es.scribd.com/

doc/48470266/El-Proceso-Urgente-en-la-Ley-del-Proceso-Con tencioso-Administrativo#scribd.

PALACIO HINCAPIE, Juan Ángel: *Derecho Procesal Administrativo.* Librería Jurídica Sánchez R. LTDA, Medellín, 2000.

PARADA VÁZQUEZ, José Ramón: "Prólogo". En: GÓMEZ-FERRER RINCÓN, Rafael: *La imposibilidad de ejecución de sentencias en el proceso contencioso administrativo.* Thomson Civitas. Pamplona, 2008.

PARADA VÁZQUEZ, José Ramón y Alejandro NIETO: *La Administración y los Jueces.* Editorial Jurídica Venezolana. Marcial Pons. Caracas-Madrid, 1989.

PAREJO ALFONSO, Luciano: "Los bienes públicos en el Derecho Español, con especial referencia al régimen de los de carácter demanial". En: DE REINA TARTIÉRE, G. (Coord.). *Dominio Público. Naturaleza y régimen de los bienes públicos.* Editorial Heliasta S.R.L. Buenos Aires, 2009.

_____: "El Nuevo Código de Procedimiento Administrativo y de lo Contencioso Administrativo desde la perspectiva del Derecho Comparado". En: *AA.VV. Memorias del Seminario Internacional de presentación del nuevo Código de Procedimiento Administrativo y de lo Contencioso Administrativo. Ley 1437 de 2011.* Consejo de Estado. Imprenta Nacional de Colombia, s/f. http://www.consejode estado.gov.co /publicaciones/LIBRO%20MEMORIAS%20Nuevo%20CCA.pdf (Consulta noviembre 2014).

PAREJO ALFONSO, Luciano, JIMÉNEZ BLANCO, Antonio y Luis ORTEGA ÁLVAREZ: *Manual de Derecho Administrativo.* Volumen 1. 4° Edición. Editorial Ariel S.A. Barcelona, España, 1996.

PAZOS GUERRERO, Ramiro: "Medios de control judicial. Los cambios que introdujo la Ley 1437 de 2011 a la fiscalización judicial de la Administración". En: ARENAS MENDOZA, H.A. (Edit.): *Instituciones de Derecho Administrativo. Responsabilidad, contratos y procesal.* Tomo II. Grupo Editorial Ibáñez-Universidad Del Rosario Editorial. Bogotá, 2016

PELLEGRINO PACERA, Cosimina: "La inactividad procedimental: La omisión de expedición de reglamentos y actos administrativos normativos". En: HERNÁNDEZ-MENDIBLE, V.R. (Dir.): *La actividad e inactividad administrativa y la Jurisdicción Contencioso-Administrativa.* Colección Estudios Jurídicos Nº 96. Editorial Jurídica Venezolana. Caracas, 2012.

PEÑA SOLÍS, José: *Manual de Derecho Administrativo. Adaptado a la Constitución de 1999.* Volumen 1. Colección de Estudios Jurídicos. Tribunal Supremo de Justicia. Caracas, 2000.

PÉREZ ANDRÉS, Antonio Alfonso: "La limitación constitucional de la remisión legislativa al planeamiento (Hacia la reducción de la discrecionalidad)". En: HINOJOSA MARTÍNEZ, E. y GONZÁLEZ DELEITO-DOMÍNGUEZ, N. (Coords.): *Discrecionalidad administrativa y control judicial.* I Jornadas del Gabinete Jurídico de la Junta de Andalucía. Editorial Civitas, S.A. Madrid, 1996.

_____: *Los efectos de las sentencias de la Jurisdicción Contencioso-Administrativa.* Editorial Aranzadi. Navarra, 2000.

PÉREZ DEL BLANCO, Gilberto: *La ejecución forzosa de sentencias en el orden jurisdiccional contencioso administrativo. Doctrina y formularios.* Del Blanco Editores. León, 2003.

PÉREZ FERNÁNDEZ, Carlos: "Conveniencia de regular las pretensiones de extensión de efectos de la sentencia en el Anteproyecto de Ley de la Jurisdicción Contencioso Administrativa". En: PARRA ARANGUREN, F. (Edit.): *Ensayos de Derecho Administrativo. Libro Homenaje a Nectario Andrade Labarca.* Volumen II. Tribunal Supremo de Justicia, Caracas, 2004.

PERNÍA REYES, Mauricio Rafael: "El control jurisprudencial de las vías de hecho. Breve aproximación conceptual, evolución y perspectiva ante la Ley Orgánica de la Jurisdicción Contencioso Administrativa". En: HERNÁNDEZ-MENDIBLE,

V.R. (Dir.): *La actividad e inactividad administrativa y la Jurisdicción Contencioso-Administrativa*. Colección Estudios Jurídicos N° 96. Editorial Jurídica Venezolana. Caracas, 2012.

PICÓ I JUNOY, Joan: *Las garantías constitucionales del proceso*. José María Bosch Editor. Barcelona, 1997.

PROSPER, Weil: *El Derecho Administrativo*. Cuadernos Taurus. Traducción de Luis Rodríguez Zúniga. Madrid, 1968.

RACHADELL, Manuel: "La defensa del ciudadano frente a las vías de hecho de la Administración". En: *AA.VV.: Primeras Jornadas Internacionales de Derecho Administrativo "Allan Randolph Brewer Carías. Contencioso-administrativo*. Fundación Estudios de Derecho Administrativo-Editorial Jurídica Venezolana. Caracas, 1995.

RAFFALLI A., Juan M: "El fomento normativo de las vías de hecho". En: *AA.VV.: Temas de Derecho Constitucional y Administrativo. Libro homenaje a Josefina Calcaño de Temeltas*. Fundación Estudios de Derecho Administrativo (FUNEDA). Caracas, 2010.

RAMÍREZ ARCILA, Carlos: *Fundamentos procesales y pretensiones contencioso-administrativas*. Editorial Temis Librería. Bogotá, 1983.

REBOLLO PUIG, Manuel: "Artículos 72 y 73". *Revista Española de Derecho Administrativo N° 100. Comentarios a la Ley de la Jurisdicción Contencioso-Administrativa de 1998*. Editorial Civitas, S.A Madrid, 1998.

_____: "Los Principios Generales del Derecho (Atrevimiento atribulado sobre su concepto, funciones e inducción)". En: SANTAMARÍA PASTOR J.A. (Dir.) *Los Principios Jurídicos del Derecho Administrativo*. La Ley. Madrid, 2010.

REQUENA LÓPEZ, Tomás: "Ideas en torno a una expresión falaz: El control de la discrecionalidad administrativa". En: HINOJOSA MARTÍNEZ, E. y GONZÁLEZ DELEITO-DOMÍNGUEZ, N. (Coords.): *Discrecionalidad administrativa y control judicial. I Jornadas del Gabinete Jurídico de la Junta de Andalucía.* Editorial Civitas, S.A. Madrid, 1996.

REQUERO IBÁÑEZ, José Luis: "Ejecución de sentencias en la Ley de la jurisdicción contencioso-administrativa". *Revista QDL Cuadernos de Derecho Local N° 8.* Fundación Democracia y Gobierno Local. Junio 2005. Documento en línea septiembre 2015: http://repositorio.gobiernolocal.es/xmlui/bitstream/handle /10873/208/qdl08_03_est02_requero.pdf?sequence=3

REVIDATTI, Gustavo Adolfo: "La técnica como limitante de la discrecionalidad (La ampliación de defensa de derechos, libertades y garantías como consecuencia de la influencia de normas no jurídicas)". En: MARTÍN-RETORTILLO BAQUER, L. (Coord): *La protección jurídica del ciudadano (Procedimiento administrativo y garantía jurisdiccional).* Estudios en Homenaje al Profesor Jesús González Pérez. Tomo III. Editorial Civitas, S.A. Madrid, 1993.

REYES, Pedro Miguel: "La procedencia de los interdictos frente a la actividad de la Administración". *Revista de Derecho Público N° 14.* Editorial Jurídica Venezolana, 1983.

RIVERO, Jean: *Derecho Administrativo.* Traducción de la 9° edición. Instituto de Derecho Público. Facultad de Ciencias Jurídicas y Políticas. Universidad Central de Venezuela. Caracas, 1984.

RIVERO YSERN, José Luis: "Reflexiones sobre la discrecionalidad administrativa en el urbanismo. Breve reseña jurisprudencial". En: HINOJOSA MARTÍNEZ, E. y GONZÁLEZ DELEITO-DOMÍNGUEZ, N. (Coords.): *Discrecionalidad administrativa y control judicial. I Jornadas del Gabinete Jurídico de la Junta de Andalucía.* Editorial Civitas, S.A. Madrid, 1996.

RIVERO YSERN, Enrique y Jaime RODRÍGUEZ-ARANA MUÑOZ: "Con miras al interés general. Derecho Público Global". Madrid, 2014, pp. 65-72. Libro en línea: http://www. bubok.es /libros/232201/Con-miras-al-interes-general.

RODRÍGUEZ COSTA, Manuel: *Control de la inactividad administrativa*. Fundación Estudios de Derecho Administrativo. Caracas, 2005.

RODRÍGUEZ-ZAPATA PÉREZ, Jorge: "Ejecución de sentencias contencioso-administrativas y Tribunal Constitucional". En: SÁNCHEZ LAMELAS, A. (Coord.): *La ejecución de sentencias contencioso-administrativas. IV Curso sobre la Jurisdicción Contencioso-Administrativa*. Editorial Aranzadi, S.A. Navarra, 2006.

ROMERO MUCI, Humberto: "Contribución al estudio de la acción de carencia en el contencioso administrativo venezolano". *Revista de la Fundación de la Procuraduría General de la República*. Caracas, 1991.

RONDÓN DE SANSÓ, Hildegard: *Teoría General de la Actividad Administrativa. Organización. Actos internos*. Facultad de Ciencias Jurídicas y Políticas, Universidad Central de Venezuela. Editorial Jurídica Venezolana. Caracas, 1981.

ROSALES GUTIÉRREZ, Jean-Denis: "La suficiencia del título ejecutivo previo en la vía de hecho y su incidencia sobre la autotutela ejecutiva: Análisis enfocado desde la nulidad absoluta". En: *Anuario de Derecho*. Año 29, N° 29. Enero-diciembre 2012. Mérida-Venezuela, pp. 127-164. Documento en línea consultado en julio de 2013: http://www.saber. ula.ve/bitstream /123456789/37042/1/articulo5.pdf.

RUAN SANTOS, Gabriel: *El principio de la legalidad, la discrecionalidad y las medidas administrativas*. Ediciones FUNEDA. Caracas, 1998.

RUIZ OJEDA, Alberto: *La responsabilidad contractual de la Administración y el embargo del dinero público*. Servicio de Publicaciones e Intercambio Científico-Universidad de Málaga. Editorial Civitas, S.A. Madrid, 1993.

SALAS FERRO, Percy: "Las pretensiones en el proceso contencioso administrativo". *Revista Oficial del Poder Judicial*. Corte Suprema de Justicia de la República. Números 8 y 9. Año 6 /7. Lima, 2012/2013. Documento en línea consultado en sep-

tiembre de 2015. http://www.pj.gob.pe/wps/wcm/con nect/
e26cc40047544a13be2eff6da8fa37d8/1.+%C3%8 Dndice+y+ Pre
sentaci%C3%B3n.pdf?MOD=AJPERES&CACHEID=e26cc400475
44a13be2eff6da8fa37d8.

SÁNCHEZ MORÓN, Miguel: *Derecho Administrativo. Parte
General.* Cuarta edición. Editorial Tecnos. Madrid, 2008.

_____: "Legalidad y sometimiento a la
Ley y al Derecho". En: SANTAMARÍA PASTOR, J.A. (Dir.): *Los
Principios Jurídicos del Derecho Administrativo. La Ley.* Madrid,
2010.

_____: "Función, límites y control de la
discrecionalidad administrativa". *Revista Ius et Veritas.* Facultad
de Derecho de la Pontificia Universidad Católica del Perú. Vol.
21 N° 43. Lima, 2011. Documento en línea consulta septiembre
2015 http://revistas.pucp.edu.pe/index.php/ iusetveritas /arti
cle/view/12064/12631.

SANABRIA SANTOS, Henry: "Sentencia". En: *AA.VV.
Código de Procedimiento Administrativo y de lo Contencioso-Administrativo. Ley 1437 de 2011.* Comentado y concordado. José Luis
Benavides Editor. Universidad Externado de Colombia. Bogotá,
2013.

SANTAMARÍA PASTOR, Juan Alfonso: *La nulidad de pleno
derecho de los actos administrativos. Contribución a una teoría de la
ineficacia en el Derecho Público.* Instituto de Estudios Administrativos. Escuela Nacional de Administración Pública. Madrid,
1972.

SANTOFIMIO GAMBOA, Jaime Orlando: *Tratado de Derecho Administrativo. Introducción a los conceptos de la Administración Pública y el Derecho Administrativo.* Universidad Externado
de Colombia. 3° edición. Bogotá, 2003.

_____: *Tratado de Derecho Administrativo.
Contencioso Administrativo.* Tomo III. Universidad Externado de
Colombia. Bogotá, 2004.

_____: "Fundamentos de los procedi-
mientos administrativos en el Código de Procedimiento Administrativo y de lo Contencioso Administrativo –Ley 1437 de
2011-". En: *AA.VV Memorias del Seminario Internacional de presentación del nuevo Código de Procedimiento Administrativo y de lo
Contencioso Administrativo. Ley 1437 de 2011.* Consejo de Estado.
Imprenta Nacional de Colombia, s/f, (documento en línea:
http://www.consejodeestado.gov.co/publicaciones/LI
BRO%20MEMORIAS%20Nuevo%20CCA.pdf.   Consulta   noviembre 2014.

SARRÍA OLCOS, Consuelo: "Acciones contencioso-administrativas, contenido y clases de sentencias". En: *AA.VV.: 1º
Jornadas Internacionales de Derecho Administrativo "Allan R.
Brewer-Carías". Contencioso-administrativo.* Fundación Estudios
de Derecho Administrativo. Caracas, 1995.

_____: ¿Acciones o pretensiones conten-
cioso administrativas? Ponencia presentada en las Jornadas de
Derecho Administrativo, realizadas en la Universidad Exter-
nado de Colombia, durante el 7, 8 y 9 de septiembre de 2010".
Revista digital de Derecho Administrativo Nº 4, segundo semes-
tre/2010. Universidad Externado de Colombia. Bogotá, 2010.
Documento en línea consultado octubre de 2015. file:///
C:/Users/User1/Downloads/Dialnet-AccionesOPretensiones
ContenciosoAdministrativas-5137223. pdf.

_____: "Medios de control". En: *AA.VV.
Código de Procedimiento Administrativo y de lo Contencioso-Administrativo. Ley 1437 de 2011.* Comentado y concordado. José Luis
Benavides Editor. Universidad Externado de Colombia. Bogotá,
2013.

_____: "Artículo 137". En: *AA.VV. Códi-
go de Procedimiento Administrativo y de lo Contencioso-Administrativo. Ley 1437 de 2011.* Comentado y concordado. José Luis
Benavides Editor. Universidad Externado de Colombia. Bogotá,
2013.

SESÍN, Domingo: *El control judicial de la discrecionalidad administrativa*. Documentación Administrativa. N° 269-270. 2004. Instituto Nacional de Administración Pública. Madrid, 2004.

SEVILLA MERINO, Ignacio: *La protección de las libertades públicas contra la vía de hecho administrativa*. Generalitat Valenciana. Editorial Civitas, S.A. Madrid, 1992.

SILVA ARANGUREN, Antonio: "Tras el rastro del engaño en la web de la Asamblea Nacional". *Revista de Derecho Público* N° 124. Editorial Jurídica Venezolana. Caracas, 2010.

SOSA WAGNER, Francisco y Tomás QUINTANA LÓPEZ: "La ejecución de las sentencias contencioso administrativas. Documentación Administrativa N° 209. La ejecución de las sentencias condenatorias de la Administración". Instituto Nacional de Administración Pública. Madrid, 1987.

SUÁREZ HERNÁNDEZ, Daniel: "El proceso ejecutivo ante la Jurisdicción de lo Contencioso Administrativo y el Cobro Coactivo. De los procesos de ejecución ante la Jurisdicción Contencioso Administrativa". *Revista del Instituto Colombiano de Derecho Procesal* N° 20. Bogotá, 1996. (Documento en línea: http://www.icdp.co/revista/articulos/20/DanielSuarez.pdf. Consulta noviembre 2014).

SUÁREZ M., Jorge Luis: "La acumulación de pretensiones de nulidad y condena en la nueva Ley Orgánica de la Jurisdicción Contencioso-Administrativa". En: HERNÁNDEZ-MENDIBLE, V.R. (Dir.): *La actividad e inactividad administrativa y la Jurisdicción Contencioso-Administrativa*. Colección Estudios Jurídicos N° 96. Editorial Jurídica Venezolana. Caracas, 2012.

SUMARIA BENAVENTE, Omar: "El Proceso "Urgente" Contencioso-Administrativo (Análisis, presupuestos y proyecciones)". *Revista de Derecho Administrativo*. Círculo de Derecho Administrativo. Lima, 2012.

TIRADO BARRERA, José Antonio: "La ejecución de sentencias contra la Administración Pública en la Jurisprudencia del Tribunal Constitucional". *Revista Jurídica del Perú N° 22.* Año LI. Editora Normas Legales. Lima, 2011.

_____: "Principio de proporcionalidad y sanciones administrativas en la Jurisprudencia Constitucional". *Revista de la Facultad de Derecho de la Pontificia Universidad Católica del Perú N° 67.* Lima, 2011, pp.457-467. Documento en línea consulta septiembre 2015: http://revistas.pucp.edu.pe /index.php /derechopucp/article/view/2996/3548.

_____: "Las reglas aplicables a la ejecución de sentencias contra entidades públicas en la Ley del Proceso Contencioso Administrativo". En: DANÓS ORDÓÑEZ, J., HUAPAYA TAPIA, R., ROJAS MONTES, V., TIRADO BARRERA, J.A. y VIGNOLO CUEVA, O. (Coords.), *Derecho Administrativo, Innovación, Cambio y Eficacia. Libro de Ponencias del Sexto Congreso Nacional de Derecho Administrativo.* ECB Ediciones-Thomson Reuters. Lima, 2014.

TOLOSA TRIBIÑO, César: "El incidente de ejecución de sentencias. Aspectos procesales". En: SÁNCHEZ LAMELAS, A. (Coord.): *La ejecución de sentencias contencioso-administrativas. IV Curso sobre la Jurisdicción Contencioso-Administrativa.* Editorial Aranzadi, S.A. Navarra, 2006.

TORNOS MÁS, Joaquín: "Discrecionalidad e intervención administrativa económica". En: HINOJOSA MARTÍNEZ, E. y GONZÁLEZ DELEITO-DOMÍNGUEZ, N. (Coords.): *Discrecionalidad administrativa y control judicial. I Jornadas del Gabinete Jurídico de la Junta de Andalucía.* Editorial Civitas, S.A. Madrid, 1996.

_____: "Ejecución de sentencias. Artículo 103.1, 2 y 3". *Revista Española de Derecho Administrativo* N° 100. Comentarios a la Ley de la Jurisdicción Contencioso-Administrativa de 1998. Editorial Civitas, S.A Madrid, 1998.

_____: "Ejecución de sentencias. Artículo 104". *Revista Española de Derecho Administrativo* N° 100. Comentarios a la Ley de la Jurisdicción Contencioso-Administrativa de 1998. Editorial Civitas, S.A Madrid, 1998.

TORREALBA SÁNCHEZ, Miguel Ángel: *Manual de Contencioso Administrativo (Parte general)*. Editorial Texto. Caracas, 2007.

_____: "El acto administrativo como objeto de la pretensión procesal administrativa y su tratamiento jurisprudencial en la Ley Orgánica del Tribunal Supremo de Justicia". En: *AA.VV.: El contencioso-administrativo a partir de la Ley Orgánica del Tribunal Supremo de Justicia*. Fundación Estudios de Derecho Administrativo (FUNEDA). Caracas, 2009.

_____: "Las demandas contra los entes públicos. En: *AA.VV.: Manual de Práctica Forense. Contencioso Administrativo*. Editorial Jurídica Venezolana. Caracas, 2009.

_____: "Las demandas de contenido patrimonial en la Ley Orgánica de la Jurisdicción Contencioso Administrativa. En: *AA.VV.: Comentarios a la Ley Orgánica de la Jurisdicción Contencioso Administrativa*". Volumen II. Fundación Estudios de Derecho Administrativo (FUNEDA). Caracas, 2011.

_____: *La vía de hecho en Venezuela*. Fundación Estudios de Derecho Administrativo (FUNEDA). Caracas, 2011.

_____: "Las demandas contra las vías de hecho en la jurisdicción contencioso-administrativa. En: *La Justicia Constitucional y la Justicia Administrativa como garante de los Derechos Humanos reconocidos en la Constitución*". Universidad Monteávila-Fundación Estudios de Derecho Administrativo. Caracas, 2013.

_____: "Hacia la ampliación del ámbito del proceso administrativo y su relación con el contenido y ejecución de la sentencia: Algunas tendencias legislativas en Iberoamérica. En: RODRÍGUEZ-ARANA MUÑOZ, J., GARCÍA PÉREZ, M. (Dirs.) AYMERICH CANO, C. y PERNAS GARCÍA, J. (Coords.): *Reforma del Estado y transformación del Derecho Administrativo*". Colección Libros de Actas de Congresos y Jornadas. Universidad Da Coruña. España, 2014. http://www.

bubok.es/libros/232196/Reforma-del-Estado-y-Transformacion-del-Derecho-Administrativo.

_____: *Problemas fundamentales del contencioso-administrativo venezolano en la actualidad.* Fundación Estudios de Derecho Administrativo (FUNEDA). Caracas, 2013.

_____: "La inembargabilidad absoluta de los bienes públicos: Un anacronismo desde la perspectiva Iberoamericana. (A propósito de la sentencia 1.582 del 21 de octubre de 2008 de la Sala Constitucional)". En: CANÓNICO SARABIA, A. (Coord): *Temas relevantes sobre los contratos, servicios y bienes públicos. VI Congreso Internacional de Derecho Administrativo, Margarita 2014.* Editorial Jurídica Venezolana-Centro de Adiestramiento Jurídico. Caracas, 2014.

_____: "Consideraciones sobre la ejecución de sentencias en el proceso administrativo venezolano". *Revista Aragonesa de Administración Pública (RArAP)* N° 43-44, Zaragoza, 2014, pp. 471-476 (Documento en línea: http://www.aragon.es/estaticos/GobiernoAragon/ Organismos/InstitutoAragonesAdministracionPublica/Documentos/13%20M%20Angel%20Torealba.pdf.

_____: "Notas sobre la situación actual de los Derechos Constitucionales Procesales en la Justicia Administrativa Venezolana". En: OTERO SALAS, F.; SALINAS GARZA, J.A. y RODRÍGUEZ LOZANO, L.G. (Coords).: *Derecho y Justicia Administrativa.* Universidad Autónoma de Nuevo León, Monterrey, México, 2015.

TORRES CUERVO, Mauricio: "El contencioso electoral en el Nuevo Código de Procedimiento Administrativo y de lo Contencioso Administrativo". En: *AA.VV. Memorias del Seminario Internacional de presentación del nuevo Código de Procedimiento Administrativo y de lo Contencioso Administrativo. Ley 1437 de 2011.* Consejo de Estado. Imprenta Nacional de Colombia, s/f. (documento en línea: http://www.consejo de estado.gov.co/ publicaciones/LIBRO%20MEMORIAS%20Nuevo%20CCA.pdf. Consulta noviembre 2014

TRUCHET, Didier: *Droit administratif.* 4° édition. Themis Droit. Presses Universitaires de France, Paris, 2012.

UROSA MAGGI, Daniela: *Tutela judicial frente a la inactividad administrativa en el Derecho Español y Venezolano.* Fundación Estudios de Derecho Administrativo (FUNEDA). Caracas, 2003.

_____: "De la actuación del Municipio en Juicio". En: *AA.VV.: Ley Orgánica del Poder Público Municipal.* Colección Textos Legislativos N° 34. 2° edición. Editorial Jurídica Venezolana. Caracas, 2005.

_____: "Avances recientes y situación actual de la tutela judicial frente a la inactividad administrativa en Venezuela". En: *AA.VV.: El contencioso administrativo a partir de la Ley Orgánica del Tribunal Supremo de Justicia.* Fundación Estudios de Derecho Administrativo (FUNEDA). Caracas, 2009.

_____: "Las pretensiones procesales en la nueva Ley Orgánica de la Jurisdicción Contencioso Administrativa". En: *AA.VV. Comentarios a la Ley Orgánica de la Jurisdicción Contencioso Administrativa.* Volumen I. Fundación Estudios de Derecho Administrativo (FUNEDA). Caracas, 2010.

_____: "Breves comentarios al Proyecto de Ley Orgánica de la Jurisdicción Contencioso-Administrativa". *Anuario de Derecho Público* N° 3. Centro de Estudios de Derecho Público. Universidad Monteávila. Fundación Estudios de Derecho Administrativo (FUNEDA). Caracas, 2011.

_____: "Demanda de prestación de servicios públicos. Estado actual y perspectivas de cambio". *Revista Electrónica Venezolana de Derecho Administrativo* N° 4. Centro de Estudios de Derecho Público de la Universidad Monteávila. Septiembre-Diciembre 2014, pp. 93-94. Documento en línea consulta octubre 2015: http://redav.com.ve/wp-content/uploads/2015/04/Daniela-Urosa-Maggi.pdf.

VALVERDE GONZÁLES, Manuel Enrique: "Notas sobre el ejercicio o limitaciones de la Plena Jurisdicción respecto a la Discrecionalidad Administrativa". *Revista de Derecho Administrativo.* Círculo de Derecho Administrativo. Lima, 2012.

VEDEL, Georges: *Derecho Administrativo*. Traducción de la 6° edición francesa. Aguilar S.A. Ediciones. Madrid, 1980.

VEGA CASTRO, José Luis: "La extensión a terceros de los efectos de las sentencias dictadas por los Tribunales de la Jurisdicción Contencioso-Administrativa en el seno de la vía de ejecución: Una solución problemática". En: MONTORO CHINER, M.J. (Coord.): *Libro Homenaje al Prof. Dr. D. Rafael Entrena Cuesta*. Atelier. Barcelona, España. 2003.

VILLAR PALASÍ, José Luis y José Luis VILLAR EZCURRA: *Principios de Derecho Administrativo*. Tomo II. Universidad Complutense de Madrid. Madrid, 1999.

_____: "Objeto del Recurso Contencioso Administrativo. Artículo 28". *Revista Española de Derecho Administrativo* N° 100. Comentarios a la Ley de la Jurisdicción Contencioso-Administrativa de 1998. Editorial Civitas, S.A Madrid, 1998.

VIGNOLO CUEVA, Orlando: *Discrecionalidad y arbitrariedad administrativa*. Palestra Editores. Lima, 2012.

ZAMBRANO CETINA, William: "Las sentencias de unificación jurisprudencial y la extensión de sus efectos en Colombia". En: RODRÍGUEZ-ARANA, J., VÁZQUEZ IRIZARRY, W. y RODRÍGUEZ MARTÍN-RETORTILLO, M. (Coords.): *Contenciosos Administrativos en Iberoamérica*. XIV Foro Iberoamericano de Derecho Administrativo. Tomo II. San Juan de Puerto Rico, 2015.

ÍNDICE

CAPÍTULO I

LA PAULATINA SUPERACIÓN DEL CARÁCTER REVISOR Y OBJETIVO DEL PROCESO ADMINISTRATIVO CENTRADO EN EL CONTROL DEL ACTO ADMINISTRATIVO

LA TENDENCIA A SU REEMPLAZO POR LA CONCEPCIÓN QUE PARTE DEL VÍNCULO ENTRE PRETENSIÓN PROCESAL ADMINISTRATIVA, GARANTÍA JURISDICCIONAL Y SENTENCIA

CAPÍTULO II

LOS TIPOS DE PRETENSIONES PROCESALES ADMINISTRATIVAS Y SUS CORRELATIVAS CLASES DE SENTENCIAS EN EL MARCO DE LAS TENDENCIAS LEGISLATIVAS ACTUALES DEL PROCESO ADMINISTRATIVO IBEROAMERICANO

LOS EFECTOS GENERALES Y ESPECÍFICOS DE LA SENTENCIA EN EL PROCESO ADMINISTRATIVO

CAPÍTULO IV

LOS REGÍMENES DE EJECUCIÓN DE LA SENTENCIA EN EL PROCESO ADMINISTRATIVO EN LAS LEYES BAJO ESTUDIO

CAPÍTULO V

PECULIARIDADES Y AVANCES EN LA EJECUCIÓN DE SENTENCIAS EN LAS DIVERSAS LEGISLACIONES EN MATERIA DE CONDENA A PRESTACIONES DE DAR CANTIDADES DE DINERO, A ENTREGAR BIENES GENÉRICOS O BIENES ESPECÍFICOS, ASÍ COMO A REALIZAR PRESTACIONES DE HACER Y DE NO HACER

CAPÍTULO VI

LAS LIMITACIONES PARA LA EJECUCIÓN FORZADA DE
SENTENCIAS EN EL PROCESO ADMINISTRATIVO
IMPUESTAS POR LAS PRERROGATIVAS PROCESALES
DE LA ADMINISTRACIÓN. TENDENCIAS
LEGISLATIVAS HACIA SU REDIMENSIONAMIENTO